2024

NCS

직업기초능력평가

500제

타임 NCS 연구소

2024
NCS 직업기초능력평가 500제

인쇄일 2024년 1월 5일 3판 1쇄 인쇄	**발행처** 시스컴 출판사
발행일 2024년 1월 10일 3판 1쇄 발행	**발행인** 송인식
등　록 제17-269호	**지은이** 타임 NCS 연구소
판　권 시스컴2024	

ISBN 979-11-6941-299-5 13320
정　가 19,000원

주소 서울시 금천구 가산디지털1로 225, 514호(가산포휴) | 홈페이지 www.nadoogong.com
E-mail siscombooks@naver.com | 전화 02)866-9311 | Fax 02)866-9312

INTRO

국가직무능력표준(NCS, National Competency Standards)은 산업현장에서 직무를 수행하기 위해 요구되는 지식 · 기술 · 소양 등의 내용을 국가가 산업부문별 · 수준별로 체계화한 것으로, 산업현장의 직무를 성공적으로 수행하기 위해 필요한 지식과 기술, 소양 등의 능력을 국가적 차원에서 표준화한 것을 의미한다.

이러한 NCS는 그동안의 스펙 중심의 채용에 따른 취업준비상의 부담과 과중한 취업 준비에 따른 사회적 부담 증가를 해소하기 위해, 국가가 중심이 되어 능력 중심의 인재를 선발하기 위해 마련한 제도라 할 수 있다.

NCS는 130여 개 이상의 공공기관에서 시행하고 있으며, 이에 따라 실제 공공기관의 채용 과정에서 NCS의 취지에 부합하는 출제 형태가 점점 늘어나고 있다. 대체적으로 암기를 요구하였던 문제 유형이 공직적격성평가(PSAT) 문제 형태와 결합한 문제가 출제되고 있는 추세이다. 따라서 이렇게 변화된 형태에 적절히 대비하는 것이 취업준비생에게는 무엇보다 필요한 일이라 하겠다.

본 교재는 이렇게 변화된 추세를 충실히 반영하고, 또한 실제 출제되는 문제 경향에 대비하기 위해 출간되었다. 주요 특징을 보면 다음과 같다.

우선 NCS 직업능력능력평가의 10개 영역을 충분히 분석하여 중요 내용을 모두 반영하였다. 기본문제의 구성은 평가 내용을 체계적으로 정리하고 실제 출제 가능한 중요 내용을 포함하는 형태의 문제로 구성하고, 해설을 충분히 하여 따로 공부를 할 필요가 없이 이해와 정리가 가능하도록 하였다. 다음으로는 실제 출제된 기출문제나 출제 가능한 형태로 변형된 문제를 정리하여 응용문제를 구성하였다.

본 교재는 총 500문제로 구성하여 기본 이론을 정리하고 변화하는 문제 유형을 수월하게 풀이 할 수 있도록 구성하였다. 본 교재가 취업을 준비하는 분들이 합격 할 수 있는 기회가 되기를 기대한다.

NCS(국가직무능력표준)란 무엇인가?

1. 표준의 개념

국가직무능력표준(NCS, national competency standards)은 산업현장에서 직무를 수행하기 위해 요구되는 지식·기술 소양 등의 내용을 국가가 산업부문별 수준별로 체계화한 것으로 산업현장의 직무를 성공적으로 수행하기 위해 필요한 능력(지식, 기술, 태도)을 국가적 차원에서 표준화한 것을 의미합니다.

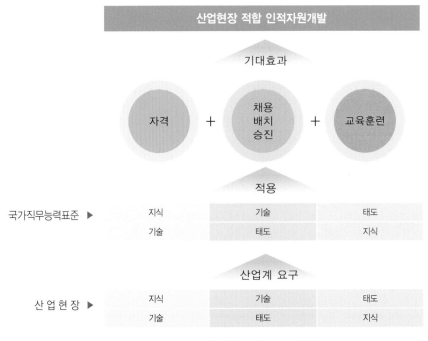

〈국가직무능력표준 개념도〉

2. 표준의 특성

I 한 사람의 근로자가 해당 직업 내에서 소관 업무를 성공적으로 수행하기 위하여 요구되는 실제적인 수행 능력을 의미합니다.

- 직무수행능력 평가를 위한 최종 결과의 내용 반영
- 최종 결과는 '무엇을 하여야 한다'보다는 '무엇을 할 수 있다'는 형식으로 제시

I 해당 직무를 수행하기 위한 모든 종류의 수행능력을 포괄하여 제시합니다.

- 직업능력 : 특정업무를 수행하기 위해 요구되는 능력
- 직업관리 능력 : 다양한 다른 직업을 계획하고 조직화하는 능력
- 돌발상황 대처능력 : 일상적인 업무가 마비되거나 예상치 못한 일이 발생했을 때 대처하는 능력
- 미래지향적 능력 : 해당 산업관련 기술적 및 환경적 변화를 예측하여 상황에 대처하는 능력

I 모듈(Module)형태의 구성

- 한 직업 내에서 근로자가 수행하는 개별 역할인 직무능력을 능력단위(unit)화하여 개발
- 국가직무능력표준은 여러 개의 능력단위 집합으로 구성

I 산업계 단체가 주도적으로 참여하여 개발

- 해당분야 산업별인적자원개발협의체(SC), 관련 단체 등이 참여하여 국가직무능력표준 개발
- 산업현장에서 우수한 성과를 내고 있는 근로자 또는 전문가가 국가직무능력표준 개발 단계마다 참여

3. 표준의 활용 영역

- 국가직무능력표준은 산업현장의 직무수요를 체계적으로 분석하여 제시함으로써 '일-교육·훈련-자격'을 연결하는 고리 즉 인적자원개발의 핵심 토대로 기능
- 한국산업인력공단에서는 국가직무능력표준을 활용하여 교육훈련과정, 훈련기준, 자격종목 설계, 출제기준 등 제·개정시 활용합니다.
- 한국직업능력개발원에서는 국가직무능력표준을 활용하여 전문대학 및 마이스터고·특성화고 교과과정을 개편합니다.

NCS 안내

– 국가직무능력표준은 교육훈련기관의 교육훈련과정, 직업능력개발 훈련기준 및 교재 개발 등에 활용되어 산업수요 맞춤형 인력양성에 기여합니다. 또한, 근로자를 대상으로 경력개발경로 개발, 직무기술서, 채용 · 배치 · 승진 체크리스트, 자가진단도구로 활용 가능합니다.

구 분		활용콘텐츠
산업현장	근로자	평생경력개발경로, 자가진단도구
	기 업	직무기술서, 채용 · 배치 · 승진 체크리스트
교육훈련기관		교육훈련과정, 훈련기준, 교육훈련교재
자격시험기관		자격종목설계, 출제기준, 시험문항, 평가방법

NCS 구성

능력단위

– 직무는 국가직무능력표준 분류체계의 세분류를 의미하고, 원칙상 세분류 단위에서 표준이 개발됩니다.
– 능력단위는 국가직무능력표준 분류체계의 하위단위로서 국가직무능력표준의 기본 구성요소에 해당 됩니다.

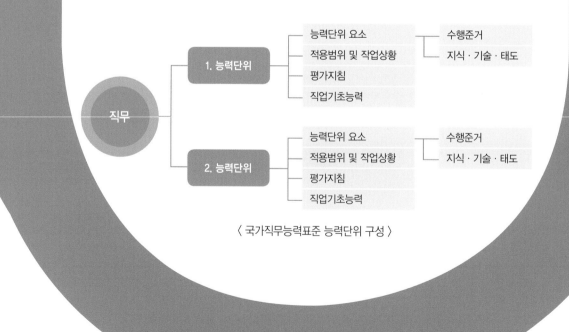

〈 국가직무능력표준 능력단위 구성 〉

구성항목	내 용
1. 능력단위 분류번호(Competency unit code)	- 능력단위를 구분하기 위하여 부여되는 일련번호로서 14자리로 표현
2. 능력단위명칭(Competency unit title)	- 능력단위의 명칭을 기입한 것
3. 능력단위정의(Competency unit description)	- 능력단위의 목적, 업무수행 및 활용범위를 개략적으로 기술
4. 능력단위요소(Competency unit element)	- 능력단위를 구성하는 중요한 핵심 하위능력을 기술
5. 수행준거(Performance criteria)	- 능력단위요소별로 성취여부를 판단하기 위하여 개인이 도달해야 하는 수행의 기준을 제시
6. 지식 · 기술 · 태도(KSA)	- 능력단위요소를 수행하는 데 필요한 지식 · 기술 · 태도
7. 적용범위 및 작업상황(Range of variable)	- 능력단위를 수행하는 데 있어 관련되는 범위와 물리적 혹은 환경적 조건 - 능력단위를 수행하는 데 있어 관련되는 자료, 서류, 장비, 도구, 재료
8. 평가지침(Guide of assessment)	- 능력단위의 성취여부를 평가하는 방법과 평가 시 고려되어야 할 사항
9. 직업기초능력(Key competency)	- 능력단위별로 업무 수행을 위해 기본적으로 갖추어야 할 직업능력

주요 공공기관 NCS 채용제도

기 관	NCS 채용제도
근로복지공단	입사지원서, 직업기초능력평가, 역량면접 등
한국가스공사	직업기초능력평가, 직무수행능력평가, 인성검사 등
한국수력원자력	직업기초능력평가, 직무수행능력평가 등
한국전력공사	자기소개서, 직무능력검사, 인성검사, 직무면접 등
한국중부발전	입사지원서, 직무적합도평가, 직무능력평가 등
한국철도공사	직업기초능력평가, 직무수행능력평가 등
한국토지주택공사	자기소개서, 직업기초능력평가, 직무수행능력평가 등

주요 공사 · 공단 채용 정보

국민건강보험공단

구분	내용	
응시자격	• 성별, 연령 제한 없음(만 60세 이상자 지원 불가) • '6급갑' 지원자 중 남자의 경우 병역필 또는 면제자 • 각 채용 직종, 직급 및 동일분야 채용에 중복 지원할 수 없으며 동일분야에 중복 지원 시 '자격미달' 처리	
전형절차	서류심사 → 필기시험 → 인성검사 → 면접심사 → 증빙확인 → 수습임용	
필기전형	NCS기반 직업기초능력평가(60분)	• 행정 · 건강 · 요양 · 기술직 : 의사소통(20), 수리(20), 문제해결(20) • 전산직 : 의사소통(5), 수리(5), 문제해결(5), 전산개발 기초능력(35)
	직무시험 (법률, 20문항)	• 행정 · 건강 · 전산 · 기술직 : 국민건강보험법(시행령, 시행규칙 제외) • 요양직 : 노인장기요양보험법(시행령, 시행규칙 제외)
면접전형	• 대상 : 필기시험 합격자 중 인성검사 완료자 • 면접형식 : 직무수행능력 평가를 위한 B.E.I.(경험행동면접) 60%+G.D(집단토론) 40%	

근로복지공단

구분			내용
전형 절차	필기 전형	NCS 직업기초능력	• NCS 직업기초능력 중 4가지 항목 70문항 – 의사소통능력, 문제해결능력, 자원관리능력, 수리능력
		NCS 직무기초지식	• 직무수행에 필요한 기초지식 평가 항목 30문항 – 법학, 행정학, 경영학, 경제학, 사회복지학(각 6문항)
		취업 지원대상자 우대사항	• 법령에 의한 취업지원대상자로 만점의 10% 또는 5%를 가점하는 자 • 산재보험 장해 3급 이상 판정을 받은 자 본인 • 산재보험 유자녀 또는 장해 3급 이상 판정을 받은 자의 자녀 • 「장애인 고용촉진 및 직업재활법 시행령」 제3조의 규정에 해당하는 장애인 • 「의사상자 등 예우 및 지원에 관한 법률」 제2조에 따른 의상자 또는 의사자 자녀 • 「국민기초생활보장법」상 수급자 및 차상위 계층자
	면접 전형	NCS 직업기초능력 직무수행능력	• 직무수행에 필요한 직업기초능력 및 직무수행능력 평가 – 의사소통능력 · 문제해결능력 · 직업윤리 및 공단이해도 · 자기개발계획 평가 – 1인 집중면접 실시
		우대사항	• 법령에 의한 취업지원대상자로 만점의 5% 또는 10%를 가점하는 자 ※ 법령에 의한 취업지원대상자는 최종 합격 3인 이하 채용의 경우 채용 전 단계에서 보훈가점 부여하지 않음

한국가스공사

구분		내용
지원자격	일반직 6급 (사무/기술)	• 토익 750 이상 수준의 유효 영어성적 보유자 (최근 2년 이내에 응시하고 접수마감일까지 발표한 국내 정기시험성적만 인정) • 유효 영어성적 점수표 (표 아래 참조) ※ 청각장애인 중 장애의 정도가 심한 장애인(기존 청각장애 2·3급)은 듣기평가를 제외한 점수가 토익 375점 이상, 텝스 193점 이상
	공통 지원자격	• 연령 제한 없음(단, 공사 임금피크제도에 따라 만 58세 미만인 자) • 남성의 경우, 군필 또는 병역 면제자 • 학력, 전공 제한 없음 • 한국가스공사 인사규정 제5조의 결격사유에 해당하지 아니한 자 • 공공기관에 부정한 방법으로 채용된 사실이 적발되어 합격취소, 직권면직 또는 파면·해임된 후 5년이 경과하지 않은 자 • 기술직군의 경우는 성별무관 교대근무 가능한 자 • 자격, 우대사항 대상 등 인정 기준일 : 접수마감일
전형절차		원서접수 → 서류전형 → 필기전형 → 면접전형 → 기초연수 → 수습채용
우대사항		• 고급자격증 보유자 : 서류전형 시 어학성적 충족조건 면제 및 필기전형 직무수행능력에서 만점의 10% 가점 부여 • 본사이전 지역인재 : 전형단계별 본사이전 지역인재의 합격자인원이 목표인원에 미달 시 추가합격처리 • 취업지원대상자(국가보훈) : 전형단계별 만점의 5% 또는 10% 가점부여 • 장애인 : 전형단계별 만점의 10% 가점부여 • 저소득층, 북한이탈주민, 다문화가족, 경력단절여성 : 전형단계별 만점의 5% 가점부여

유효 영어성적 점수표:

토익	텝스	토플	오픽	토익스피킹
750점 이상	322점 이상	85점 이상	IM2 이상	130점 이상

한국수력원자력

구분		내용
응시자격	공통사항	• 연령, 성별 제한 없음 • 병역 : 남자의 경우, 병역필 또는 면제자 • 기타 : 채용 결격사유 등에 해당함이 없는 자
	응시분야별 학력	• 응시분야별 관련학과 전공자 또는 관련 산업기사 이상 국가기술자격증·면허 보유자 ※ 고등학교·전문대학 : 응시분야별 관련학과 졸업(예정)자 대학 : 응시분야별 관련학과 2학년 이상의 교육과정을 이수한 자

구분	내용
전형절차	1차 전형(NCS직무역량검사) → 2차 전형(인성검사, 심리건강진단 적격자에 한해 면접 시행) → 최종합격자 전형(2차 전형 합격자 중 신체검사, 신원조사 및 비위면직자 조회 결과 적격자)

한국전력공사

구분		내용
채용분야		대졸수준 채용 : 사무, 전기, ICT, 토목, 건축, 기계
응시자격	학력 · 전공	해당 분야 전공자 또는 해당 분야 기사 이상 자격증 보유자 (단, 사무분야는 학력 및 전공 제한 없음) 전기분야는 산업기사 이상
	연 령	제한없음(단, 공사 정년에 도달한 자는 지원불가)
	외국어	• 대상 : 영어 등 10개 외국어 • 자격기준 : 700점 이상(TOEIC 기준) • 유효성적 : 최근 2년 이내에 응시하고 접수마감일까지 발표한 국내 정기시험성적만 인정 　※ 해외학위자도 국내외국어 유효성적을 보유해야 지원 가능함 　※ 고급자격증 보유자는 외국어성적 면제
	기 타	• 당사 인사관리규정 제11조 신규채용자의 결격사유가 없는 자 • 지원서 접수마감일 현재 한전 4직급 직원으로 재직 중이지 않은 자 • 입사일(신입사원 교육일)로부터 즉시 근무 가능한 자 • 광주전남권 지원시 해당권역 내 소재 학교(대학까지의 최종학력 기준, 대학원 이상 제외) 　졸업(예정) · 중퇴 · 재학 · 휴학중인 자만 지원 가능
전형절차		1차전형(외국어성적, 자격증가점, 자기소개서) → 2차전형(직무능력검사, 한전 인재상 · 핵심가치 등 적합도 결과) → 3차전형(직무면접, 2차 직무능력검사) → 4차전형(종합면접) → 신체검사 및 신원조사
우대사항		• 고급자격증 보유자 : 1차전형 면제, 2차전형 10% 가점 • 비수도권 및 본사이전지역 인재 　− 비수도권 : 1차전형 2% 가점 / 이전지역 : 1차전형 3% 가점 • 기타 우대사항 　− 취업지원대상자(국가유공자) : 1차 전형 면제, 단계별 5% 또는 10% 가점 　− 장애인 : 1차전형 면제, 단계별 10% 가점 　− 기초생활수급자 : 1차전형 면제 　− KEPCO 일렉스톤 경진대회 수상자 : 1차전형 면제 또는 10% 가점(ICT 분야에 한함, 수상 후 3년 이내) 　− 한전 발명특허대전 입상자 : 1차전형 면제 또는 10% 가점(수상 후 3년 이내) • 한전 전기공학장학생 : 1차전형 면제(전기 분야에 한함, 졸업 후 3년 이내) 　※ 우대내용이 중복되는 경우 최상위 1개만 인정

한국철도공사

구분	내용
지원자격	• 학력, 외국어, 연령 : 제한 없음(단, 만 18세 미만자 및 정년(만 60세) 초과자는 지원할 수 없음) • 병역 : 남성의 경우 군필 또는 면제자에 한함(고졸전형 및 여성 응시자는 해당없음) • 운전 전동차 지원은 철도차량운전면허 中 제2종 전기차량 운전면허 소지자, 토목 장비 지원은 철도차량 운전면허(제1종전기차량, 제2종전기차량, 디젤, 철도장비) 종별과 상관없이 1개 이상 소지자에 한함
전형절차	채용공고 입사지원 → 서류검증 → 필기시험 → 실기시험 → 면접시험(인성검사포함) → 철도적성검사, 채용신체검사 → 정규직 채용

구분	평가 과목	출제범위	문항수	시험시간
필기시험	• 직무수행능력평가(전공시험) • 직업기초능력평가(NCS) ※ 일반공채 기준	• 직업기초능력평가(NCS) : 의사소통능력, 수리능력, 문제해결능력 ※ 직무수행능력평가는 채용 홈페이지의 공고문을 참고	50문항 (전공25, 직업기초25)	60분 (과목 간 시간 구분 없음)

구분	내용
면접시험	• 면접시험 : 신입사원의 자세, 열정 및 마인드, 직무능력 등을 종합평가 • 인성검사 : 인성, 성격적 특성에 대한 검사로 적격 부적격 판정(면접당일 시행) • 실기시험 : 사무영업 수송분야, 토목분야에 한하여 시행(평가시간 : 10분)

한국중부발전

구분		내용
지원자격		• 학력, 전공, 연령, 성별 제한없음(단, 만 60세 이상인 자는 지원불가) • 병역 – 병역 기피사실이 없는 자 – 현역은 최종합격자 발표일 이전 전역 가능한 자 • 기타 – 우리 회사 인사관리규정 제10조의 결격사유가 없는 자 – 즉시 당사 근무 가능한 자
전형절차	채용조건	• 채용형태 : 채용형인턴 – 약 4개월 인턴 근무 후 종합성적에 따라 정규직 전환 조건을 충족하는 전원 정규직 전환
	직무적합도 평가 (인 · 적성검사)	• 전 분야 공통, 적 · 부 판정 – 회사 핵심가치 부합도 및 직업기초능력요소 중 인성요소 평가 – C∼D등급 부적합 [전체 S∼D(5단계) 등급] / 부적합 대상은 불합격 처리

전형절차	직무능력 평가 (필기전형)	• 한국사 및 직무지식평가(70문항, 50%) 　- 공통 : 한국사 10문항 　- 직군별 전공지식 : 50문항

직군	범위
사무	법, 행정, 경영, 경제, 회계 각 10문항 (법 : 헌법/민법/행정법/상법)
정보통신	[정보처리, 정보통신, 정보보안기사 과목] 데이터베이스, 전자계산기 구조, 소프트웨어공학, 데이터통신, 정보통신 시스템, 정보보안 등
발전기계	[일반기계기사 과목] 재료/유체/열역학, 동력학 등 기계일반
발전전기	[전기기사 과목] 전력공학, 전기기기, 회로/제어공학 등 전기일반
발전화학	[일반화학, 화공, 대기 및 수질환경기사 과목] 일반화학, 화학공학, 대기환경, 수질환경 등 화학일반

• 직업기초능력평가 중 인지요소 80문항(50%)

직군	범위			
사무	의사소통	조직이해	자원관리	수리능력
발전기계	의사소통	문제해결	자원관리	기술능력
발전전기	의사소통	문제해결	수리능력	기술능력
발전화학	의사소통	문제해결	자원관리	기술능력
정보통신	의사소통	문제해결	정보능력	기술능력

	심층면접(면접전형)	• 1차 면접 : 직군별 직무역량평가 　- PT면접/토론면접 등 　※ 당일 현장 종합인성검사 시행(본인 확인용) • 2차 면접 : 경영진 인성면접 　- 태도 및 인성부분 종합평가 　- 점수반영 : 필기(20%)+1차면접(30%)+2차면접(50%)
	신원조회/신체검사	• 전 분야 공통, 적 · 부 판정

한국토지주택공사

구분	내용
채용형 인턴 지원자격	※ 채용형 인턴은 교육 및 인턴기간(약 4개월) 종료 후 평가 결과 등에 따라 부적합자 제외 후 정규직 전환 예정(정규직 전환시 　일반직 5급) • 학력, 연령, 성별, 어학성적, 자격증 제한 없음 • 병역 : 남자의 경우, 병역필 또는 면제자 ※ 전역예정자로서 전형절차에 응시 가능한 경우에 지원 가능 • 기타 : 공사 직원채용 결격사유에 해당되지 않는 자, 즉시근무가 가능하고 인턴기간 중 1개월 내외 합숙교육 　이 가능한 자
서류전형	자기소개서 : 자기소개서(100점) + 가산점

				사무		기술
	구분		**문항수**	**일반**	**전문**	**기술**
직무능력 검사	NCS 직업기초능력(60%)		50	의사소통능력, 문제해결능력, 수리능력 등 (갑질 · 성희롱 · 직장내괴롭힘 분야 5% 수준 포함)		
	직무역량(40%)		30	직무관련 직업기초 능력 심화	전공시험	전공시험

필기전형

※ NCS 직업기초능력 또는 직무역량 평가결과 만점의 40% 미만 시 과락(불합격) 처리

면접전형

종합 심층면접(직무면접 + 인성면접)

※ 기한 내 온라인 인성검사 및 AI면접을 자택 등에서 응시하여야 하며, 기한내 미응시할 경우 지원의사가 없는 것으로 간주하여 면접전형 응시 불가

면접방식	평가항목
온라인 인성검사(면접 참고자료)	태도, 직업윤리 등 인성전반
AI면접(면접 참고자료)	
직무역량 및 인성 검증면접 (자기소개서, 인성검사결과지 등 활용 인터뷰형식)	• 문제해결 및 논리전개 능력 등 • 직업관, 가치관, 사회적 책임감 등

※ 코로나19 관련 사회적 거리두기 단계 상향 등 필요시 온라인 면접을 실시할 수 있으며, 면접방식 등 세부내용은 필기시험 합격자 발표 전후 홈페이지 안내 예정

우대사항	• 특별우대 가산점 : 취업지원대상자, 장애인, 국민기초생활수급자, 북한이탈주민, 다문화가족, 이전지역(경남) 　인재 등 해당자에게 각 전형단계별 만점의 5 또는 10% 가산점 부여 • 일반우대, 청년인턴 가산점 : 우대자격증 소지자, 수상경력 보유자, LH우수인턴 및 탁월인턴 등 해당자에게 　전형별 만점의 3, 5%, 10% 가산점 부여 또는 서류전형 면제
전형절차	서류전형 → 필기전형 → 면접전형(온라인 인성검사 · AI면접) → 최종

※ 본서에 수록된 채용내용은 추후 변경 가능성이 있으므로 반드시 응시 기간의 채용 홈페이지를 참고하시기 바랍니다.

구성과 특징

기본문제

영역별로 기본이 되어 반드시 공부해야 될 이론을 토대로 다수의 기본문제를 실었고, 각 영역별 기본문제는 상세한 해설과 함께 무엇을 알아야 하는지 쉽게 정리되어 있습니다.

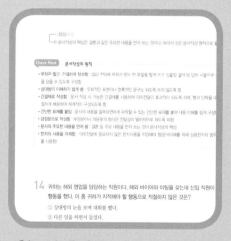

Check Point

문제와 관련된 중요이론을 Check Point를 통하여 정리하였습니다. Check Point를 통하여 NCS에 대한 중요이론을 공부함으로써 NCS에 대한 이해와 정리가 가능하도록 구성되어 있습니다.

08 다음은 자기 브랜드를 PR하는 방법에 대한 설명이다. 옳지 않은 것은?

① SNS를 통해 자신을 표현하고 알린다.
② 다른 사람과 동질적인 특징을 부각시킨다.
③ 인적네트워크를 만들어 활용하며, 경력 포트폴리오를 만든다.
④ 자신만의 명함을 통해 전형적인 틀에서 변신을 시도한다.

정답·오답해설

정답에 대한 해설뿐 아니라 오답에 대한 해설도 상세하게 설명하여, 문제에서 알아야 될 이론과 함정요소를 쉽게 이해할 수 있게 정리하였습니다.

응용문제

응용문제는 출제 가능한 유형의 변형된 문제들로 구성되어있어 문제를 통해 실제 시험에서의 다양한 변수들을 대처할 수 있게 정리되어 있습니다.

CONTENTS

의사소통능력

의사소통능력

기본문제

01 다음 중 의사소통의 사례로 옳지 않은 것은?

① 대리 A는 현장 직원들 간의 원활한 의사소통 환경 조성으로 능률 향상에 기여하였다.

② 팀장 B는 부서 내 구성원들의 사기 향상으로 원활한 의사소통을 가장 중요하게 생각한다.

③ 회의 중에 C는 동기와 의견 차이가 발생했고, 서로 자기주장만 내세우다 말싸움까지 했다.

④ D는 팀장의 지시로 업무를 진행하는 데 필요한 정보를 수집하여 팀장 및 팀원과 공유했다.

정답해설

조직은 공동의 목표를 추구하는 것이 집단의 존재 기반이자 성과를 결정하는 핵심 기능이다. 구성원 간 의견이 다를 경우, 주장만 내세우는 것이 아니라 설득을 통해 성과 향상과 집단의 결속 강화에 기여할 수 있다.

오답해설

① 의사소통은 상사 · 동료 · 부하 간의 지각 차이를 좁히면서 선입견을 줄이는 과정이다. 서로 간에 의사소통이 원활하게 이루어지면 조직 내 팀워크가 향상되며 사기 진작과 능률 향상으로 이어진다.

② 의사소통은 조직 또는 팀에 속한 구성원들의 사기를 진작시키는데 그 목적이 있다.

④ 의사소통은 구성원 간 정보와 지식을 전달하는 과정으로, 조직은 공동의 목표를 추구해야 하기 때문에 필요한 정보를 전달해야 한다.

02 다음 예문의 괄호 안에 들어갈 가장 적절한 단어는?

> A팀은 업무 문제로 B팀에 업무 협조를 구하기 위해 (   )를 작성했다.

① 기안서

② 공문서

③ 설명서

④ 기획서

정답해설

회사의 업무에 대한 협조를 구하거나 의견을 전달하기 위해 작성하는 문서를 기안서라 하며 사내 공문서라고도 불린다.

오답해설

② 공문서 : 정부 행정기관에서 대내외적 공무를 집행하기 위해 작성하는 문서다.

③ 설명서 : 상품의 또는 사물의 성질이나 가치 등의 과정을 소비자에게 설명하기 위해 작성한 문서다.

④ 기획서 : 마케팅 또는 대외적인 사업을 위해 자발적으로 아이디어를 내고 기획해 의뢰자 및 윗사람에게 기획내용을 전달, 설득시킬 목적으로 만드는 문서다.

03 의사표현의 종류에서 다음의 내용이 포함된 말하기 방법은 무엇인가?

> 펀드매니저 A씨는 이번 달에도 회사가 계획한 목표 수익률 이상을 달성했다. A씨는 회사로부터 부탁을 받아 회사에 입사한 신입 사원을 대상으로 개최하는 오리엔테이션에 참석해 수익률 상승 비결에 대해 말했다.
>
> "저는 먼저 고객의 재무 상태와 연령대를 파악하여 펀드운용구조를 구성했습니다. 청년층인 경우에는 위험 관리가 빠르기 때문에 채권 보다 주식 펀드의 비중을 높였고, 장년층인 경우에는 위험 관리가 느리기 때문에 채권 펀드의 비중을 높였습니다. 항상 기본적인 투자전략을 지켰기에 수익률 상승을 이루게 되었습니다."

① 직접적 말하기   ② 공식적 말하기

③ 의례적 말하기   ④ 친교적 말하기

정답해설

A씨는 회사의 요청으로 신입사원을 대상으로 개최된 오리엔테이션에서 연설을 하였으므로 공식적 말하기에 해당된다. 공식적 말하기는 준비된 내용을 대중에게 연설, 토론 등을 통해 말하는 것을 의미한다.

오답해설

① 직접적 말하기는 의사표현능력에 해당되지 않는다.

③ 의례적 말하기는 정치 · 문화적 행사와 같이 정해진 의례 절차에 따라 말하는 것을 뜻한다.

④ 친교적 말하기는 가까운 사이의 사람들에게 자연스럽게 말하는 것을 뜻한다.

04 다음 중 바람직한 의사소통을 저해하는 요인을 적용한 사례로 볼 수 없는 것은?

① A 과장은 의사 표현과 업무 이해가 서툴러 업무를 진행할 때마다 오해를 불러일으킨다.

② B 대리는 부하 직원이 모르는 부분에 대한 질문에 대해 아는 줄 알았다며 빈정댔다.

③ C 사원은 상사가 업무 내용을 복잡하게 설명한 탓에 더 이상 질문하는 것을 꺼리게 됐다.

④ D 대표는 사내 문화 개선의 일환으로 개방적이며 수평적인 의사소통 분위기를 지향한다.

정답해설

개방적인 분위기가 아니라 폐쇄적인 의사소통 분위기가 바람직한 의사소통을 저해하는 요인이 된다.

오답해설

① 표현 능력과 이해 능력의 부족 등은 의사소통을 저해하는 요인에 해당한다.

② 평가적이며 판단적인 태도, 잠재적 의도 등도 바람직한 의사소통을 저해하는 요인이 된다. '엇갈린 정보'를 바로 잡지 않은 채 커뮤니케이션을 하면 업무상 문제가 발생한다. 엇갈린 정보를 유발한 화자는 '전달했는데', '아는 줄 알았는데' 하며 착각에 빠져 있기 때문에 업무상 문제를 정보공유의 부족에서 오는 것이라고 생각하지 못한다. 이러한 착각은 서로에게 '엇갈린 정보'만 공유하게 된다.

③ 정보의 과다, 메시지의 복잡성과 경쟁 등도 의사소통을 저해하는 요인이 된다.

Check Point **바람직한 의사소통 저해요인**

- 미숙한 의사소통 기법, 표현 능력의 부족, 이해 능력의 부족
- 선입견과 고정관념, 과거의 경험
- 메시지의 복잡성, 메시지의 경쟁
- 잘못된 의사소통 매체의 선택
- 신뢰의 부족
- 평가적이며 판단적인 태도, 잠재적 의도
- 정보의 과다
- 상이한 지위와 과업지향성
- 폐쇄적인 의사소통 분위기

05 의사소통능력 학습평가의 절차에 대한 설명이다. 빈칸에 들어갈 절차로 알맞은 것은?

( )은 평가 기준의 명료화 이후에 각 내용별로 평가도구를 개발하는 과정이다. 주로 지필 검사, 포트폴리오, 관찰 등을 활용한다.

① 평가 도구의 개발
② 교수-학습의 환류
③ 활동 수행
④ 학습 모듈의 구체화

정답해설

의사소통능력 학습평가의 절차 중 빈칸은 '평가 도구의 개발'이다. 평가 기준이 결정되면, 이에 따라 각 내용별로 평가 도구를 개발하는 과정으로 지필검사, 포트폴리오, 관찰 등 여러 가지 방법들이 있다.

Check Point ── **의사소통능력 학습평가의 절차**

- ㉠ **교육목표의 이해 및 성취 기준의 구체화** : 교수–학습에서 실질적인 기준 역할을 할 수 있도록 학습모듈을 구체화하여 학생들이 성취해야 할 능력 혹은 특성의 형태로 진술한 것이다.
- ㉡ **평가 기준의 명료화** : 성취 기준이 결정되면 평가 기준을 정해야 하는데, 평가 기준은 교수자가 평가 문제 및 평가 상황의 내용과 수준을 결정할 때에 지침의 역할을 한다.
- ㉢ **평가 도구의 개발** : 평가 기준이 결정되면, 이에 따라 각 내용별로 평가 도구를 개발한다.
- ㉣ **평가 실시 및 결과 활용의 절차를 거쳐 수행** : 평가를 실시한 후에는 채점은 채점 기준에 따라 한다.

06 네 명의 사원이 매출 보고 회의에 참석하는 임원에게 전달할 문서를 작성했다. 문서를 작성할 시 주의사항을 지킨 것으로 적절하지 않은 것은?

① A 사원은 문서작성이 끝난 뒤에 다시 한 번 문서를 검토했다.

② B 사원은 매출 보고 자료 중 한 사안을 골라 한 장의 용지로 작성했다.

③ C 사원은 자신의 능력을 알리려고 첨부자료를 최대한 다양하고 풍부하게 첨부했다.

④ D 사원은 매출과 관련된 부분만큼은 금액, 수량, 일자 등은 정확성을 기해 기재했다.

정답해설

문서의 첨부자료는 전달하려는 바를 명확히 나타내야 하므로 반드시 필요한 자료 외에는 첨부하지 않도록 하여야 한다.

Check Point ── **문서작성 시 주의사항**

- 문서는 육하원칙에 의해서 써야 한다.
- 문서는 작성시기가 중요하다.
- 문서는 한 사안을 한 장의 용지에 작성해야 한다.
- 문서작성 후 반드시 다시 한 번 내용을 검토해야 한다.
- 문서 내용 중 금액, 수량, 일자 등의 기재에 정확성을 기하여야 한다.
- 문장표현은 작성자의 성의가 담기도록 경어나 단어사용에 신경을 써야한다.

07 A부서의 송 과장은 부하직원들에게 매일 같은 말만 계속 한다는 평가를 받고 있다. 이를 개선하기 위한 내용으로 옳지 않은 것은?

① 같은 내용을 전달한다고 해도 이야기를 새롭게 부각시켜 인상을 줄 필요가 있다.

② 자주 사용하는 표현을 반복적으로 활용해 상대방에게 인상을 깊게 남긴다.

③ 주위의 언어 정보에 민감하게 반응하고 활용할 수 있도록 노력해야 한다.

④ '다른 표현은 없을까?'라는 질문을 스스로 던져보도록 한다.

정답해설

인상적인 의사소통은 상대방에게 같은 내용이지만, 이야기를 새롭게 하여 좋은 인상을 남기는 것으로 자신에게 익숙한 표현을 반복적으로 사용하는 것은 옳지 않은 인상적인 의사소통이다.

08 다음 문서의 종류와 각 문서에 대한 설명으로 옳지 않은 것은?

① 기획서 – 상대방에게 기획의 내용을 전달하여 기획을 시행하도록 설득하는 문서

② 기안서 – 회사의 업무에 대한 협조나 의견을 전달시 작성하는 사내 공문서

③ 설명서 – 상품의 특성이나 가치, 작동 방법 등을 소비자에게 설명하기 위해 작성한 문서

④ 비즈니스 레터 – 업무상 체크해야 할 내용을 메모형식으로 작성한 문서

정답해설

업무상 체크해야 할 내용을 메모형식으로 작성한 문서를 비즈니스 메모라 한다. 비즈니스 레터는 사업상의 이유로 고객이나 단체에 관리 및 연락을 위해 사용하는 문서이다.

오답해설

① 기획서 – 적극적으로 아이디어를 내고 기획해 하나의 프로젝트를 문서형태로 만들어, 상대방에게 기획의 내용을 전달하여 기획을 시행하도록 설득하는 문서

② 기안서 – 회사의 업무에 대한 협조를 구하거나 의견을 전달할 때 작성하는 문서(사내 공문서)

③ 설명서 – 대개 상품의 특성이나 사물의 성질과 가치, 작동 방법이나 과정을 소비자에게 설명하는 것을 목적으로 작성한 문서

Check Point ···· 비즈니스 레터와 비즈니스 메모

㉠ 비즈니스 레터(E-mail)
- 사업상의 이유로 고객이나 단체에 쓰는 편지형식의 문서
- 직장업무나 개인 간의 연락, 방문이 어려운 고객관리 등을 위해 사용되는 비공식적 문서이나, 제안서나 보고서 등 공식적 문서를 전달하는데도 사용됨

㉡ 비즈니스 메모 : 업무상 필요한 중요한 일이나 체크해야 할 내용을 메모형식으로 작성하여 전달하는 글
- **전화 메모** : 업무적인 내용부터 개인적인 전화의 전달사항 등을 간단히 작성하여 당사자에게 전달하는 메모
- **회의 메모** : 회의에 참석하지 못한 상사나 동료에게 전달 사항이나 회의 내용에 대해 간략하게 적어 전달하거나, 회의 내용 자체를 기록하여 회의의 기록이나 참고자료로 남기기 위해 작성한 메모
- **업무 메모** : 개인이 추진하는 업무나 상대의 업무 추진 상황을 메모로 적는 형태

---

09 직장생활에서 사용되는 문서의 종류 중 다음 (A)와 (B)에 해당하는 것을 모두 알맞게 짝지은 것은?

(A) 사안의 수입과 지출결과를 보고하는 문서
(B) 언론을 상대로 자신의 정보가 기사로 보도되도록 하기 위해 보내는 자료

	(A)	(B)
①	영업보고서	비즈니스 레터
②	결산보고서	비즈니스 레터
③	영업보고서	보도자료
④	결산보고서	보도자료

정답해설

문서의 종류 중 (A)는 결산보고서, (B)는 보도자료에 대한 설명이다. 결산보고서는 보고서에 속하며 기업 또는 단체에서 연말 총 수입과 지출을 보고하는 문서이다. 보도자료는 정부 기관이나 기업체, 각종 단체 등이 언론을 상대로 자신들의 정보가 기사로 보도되도록 하기 위해 보내는 자료를 말한다.

Check Point ---- **보고서의 의미와 종류**

㉠ 의미 : 특정한 일에 관한 현황이나 그 진행 상황 또는 연구, 검토 결과 등을 보고하고자 할 때 작성하는 문서

㉡ 종류
- **영업보고서** : 재무제표와 달리 영업상황을 문장 형식으로 기재해 보고하는 문서
- **결산보고서** : 진행됐던 사안의 수입과 지출결과를 보고하는 문서
- **일일업무보고서** : 매일의 업무를 보고하는 문서
- **주간업무보고서** : 한 주간에 진행된 업무를 보고하는 문서
- **출장보고서** : 회사 업무로 출장을 다녀와 외부 업무나 그 결과를 보고하는 문서
- **회의보고서** : 회의 결과를 정리해 보고하는 문서

---

10 다음 중 문서이해를 위한 구체적인 절차를 순서대로 가장 바르게 나열한 것은?

① 문서의 목적 이해 → 현안문제의 파악 → 상대의 의도 및 요구되는 행동 분석 → 문서 작성의 배경과 주제 파악 → 행동의 결정

② 문서의 목적 이해 → 문서 작성의 배경과 주제 파악 → 현안문제의 파악 → 상대의 의도 및 요구되는 행동 분석 → 행동의 결정

③ 문서 작성의 배경과 주제 파악 → 문서의 목적 이해 → 현안문제의 파악 → 상대의 의도 및 요구되는 행동 분석 → 행동의 결정

④ 문서 작성의 배경과 주제 파악 → 현안문제의 파악 → 문서의 목적 이해 → 상대의 의도 및 요구되는 행동 분석 → 행동의 결정

정답해설

문서이해를 위한 구체적인 절차는 '문서의 목적 이해 → 작성 배경 및 주제 파악 → 현안 문제 파악 → 상대방의 의도 및 요구되는 행동 분석 → 행동의 결정'이 된다.

Check Point ---- **문서이해의 절차 및 필요 사항**

㉠ 문서이해의 구체적인 절차
- 문서의 목적 이해
- 문서 정보 규명 및 현안문제의 파악
- 목적 달성을 위한 행동의 생각 및 결정
- 문서 작성의 배경과 주제 파악
- 상대방의 욕구와 의도 및 요구되는 행동 내용의 분석
- 상대방의 의도에 대한 요약(메모) 및 정리

㉡ 문서이해를 위해 필요한 사항
- 알아야하는 중요한 내용만을 골라 필요한 정보를 획득하고, 수집 · 종합하는 능력
- 책이나 업무에 관련된 문서를 읽고 나만의 방식으로 소화하여 작성할 수 있는 능력
- 다양한 종류의 문서를 읽고, 구체적인 절차에 따라 이해하고 정리하는 습관을 통해 문서이해능력과 내용종합능력을 배양

---

11 다음 중 문서이해능력에 대한 설명으로 옳지 않은 것은?

① 문서이해능력은 업무와 관련된 필요한 문서를 읽고 내용을 이해하고 요점을 파악하는 능력을 말한다.

② 주어진 문장이나 정보를 읽고 이해하는 것을 말하며, 필요한 행동을 추론하는 것까지 요구하는 것은 아니다.

③ 도표, 수, 기호 등도 이해하고 표현할 수 있어야 한다.

④ 직업생활에서 문서이해능력은 원활한 업무처리를 위해 필수적이다.

정답해설

문서이해능력을 통해 주어진 문장이나 정보를 읽고 이해하여, 자신에게 필요한 행동을 추론할 수 있어야 한다. 즉, 문서이해를 통해 주어진 문서에 나타난 내용을 이해하고 말하고자 하는 요점을 파악하여 우리에게 필요한 행동을 추론하는 것이 문서이해능력의 목적이라 할 수 있다.

오답해설

① 문서이해능력이란 직업현장에서 자신의 업무와 관련된 인쇄물이나 기호화된 정보 등 필요한 문서를 확인하여 읽고, 내용을 이해하고 요점을 파악하는 능력이다.

③ 문서이해능력은 도표, 수, 기호 등도 이해하고 표현할 수 있는 능력을 의미한다.

④ 직장생활에서의 원활한 업무처리를 위해서 문서이해능력은 필수적이다. 직장생활을 통해 업무와 관련된 수많은 문서를 접하게 되는데, 이때 문서를 제대로 이해하지 못한다면 자신에게 주어진 업무가 무엇인지, 자신에게 요구된 행동이 무엇인지 파악하지 못해 원활한 직장생활을 영위할 수 없다.

12 다음 중 문서의 종류와 그 작성법에 대한 설명으로 옳지 않은 것은?

① 공문서 : 복잡한 내용은 '–다음–', 또는 '–아래–'와 같은 항목 별로 구분하며, 마지막에는 반드시 '끝'자로 마무리 한다.

② 설명서 : 복잡한 내용은 도표를 통해 시각화하며, 동일한 문장 반복보다는 다양한 표현을 사용한다.

③ 보고서 : 핵심사항만을 간결하게 작성하기 보다는 전체적인 내용을 이해할 수 있도록 반복하여 제시한다.

④ 기획서 : 상대에게 어필해 상대가 채택하게끔 설득력을 갖춰야하므로, 핵심 내용의 표현이나 효과적인 내용전달에 주의한다.

정답해설

보고서는 내용의 중복을 피하고 핵심사항만 추려내 전달성이 높은 단어를 사용하여 간결하게 작성한다.

Check Point ---- **종류에 따른 문서 작성법**

㉠ 공문서
- **일반적 작성 원칙** : 회사외부로 전달되는 문서이므로 누가, 언제, 어디서, 무엇을, 어떻게 등이 정확히 드러나도록 작성함
- **날짜 작성 시 유의사항** : 연도와 월일을 반드시 함께 기입하며, 날짜 다음에 괄호를 사용할 경우에는 마침표를 찍지 않음
- **내용 작성 시 유의사항**
  - 한 장에 담아내는 것을 원칙으로 함
  - 마지막엔 반드시 '끝'자로 마무리 함
  - 복잡한 내용은 항목 별로 구분함('-다음-', '-아래-' 등)
  - 대외문서이며 장기간 보관되는 문서성격에 따라 정확하게 기술함
㉡ 설명서
- 명령문보다 평서형으로 작성함
- 상품이나 제품에 대해 설명하는 글의 성격에 맞춰 정확하게 기술함
- 정확한 내용전달을 위해 간결하게 작성함
- 소비자들이 이해하기 어려운 전문용어는 가급적 사용을 삼감
- 복잡한 내용은 도표를 통해 시각화하여 이해도를 높임
- 동일한 문장 반복을 피하고 다양하게 표현함
㉢ 기획서
- **작성 전 유의사항**
  - 기획서의 목적을 달성할 수 있는 핵심 사항이 정확하게 기입되었는지 확인함
  - 상대에게 어필해 상대가 채택하게끔 설득력을 갖춰야하므로, 상대가 요구하는 것이 무엇인지 고려하여 작성함
- **내용 작성 시 유의사항**
  - 내용이 한눈에 파악되도록 체계적으로 목차를 구성하도록 함
  - 핵심 내용의 표현에 신경을 써야 함
  - 효과적인 내용전달을 위해 내용과 적합한 표나 그래프를 활용하여 시각화함
㉣ 보고서
- 업무 진행 과정에서 쓰는 보고서인 경우, 진행과정에 대한 핵심내용을 구체적으로 제시하도록 작성함
- 핵심사항만을 산뜻하고 간결하게 작성함(내용의 중복을 피하도록 함)
- 복잡한 내용일 때에는 도표나 그림을 활용함

13 다음 문서작성의 원칙에 대한 설명 중 옳지 않은 것은?

① 이해하기 쉽게 쓰며, 우회적인 표현은 가급적 쓰지 않는다.

② 문장은 간결하게 작성하며, 간단한 표제를 붙인다.

③ 관련된 논거와 상황을 모두 제시한 후에 결론을 마지막에 쓴다.

④ 한자의 사용은 되도록 자제해야 한다.

정답해설

문서작성의 핵심은 결론과 같은 주요한 내용을 먼저 쓰는 것이다. 따라서 ③은 문서작성 원칙으로 옳지 않다.

Check Point — **문서작성의 원칙**

- **문장은 짧고, 간결하게 작성함** : 의미 전달에 문제가 없는 한 문장을 짧게 쓰고 신중한 경어 및 단어 사용으로 실질적인 내용을 담을 수 있도록 구성함
- **상대방이 이해하기 쉽게 씀** : 우회적인 표현이나 현혹적인 문구는 되도록 쓰지 않도록 함
- **간결체로 작성함** : 문서 작성 시 가능한 간결체를 사용하여 의미전달이 효과적이 되도록 하며, 행과 단락을 내용에 따라 적절하게 배분하여 체계적이 구성되도록 함
- **간단한 표제를 붙임** : 문서의 내용을 일목요연하게 파악할 수 있는 간단한 표제를 붙여 내용 이해를 쉽게 구성함
- **긍정문으로 작성함** : 부정문이나 의문문의 형식은 전달성이 떨어지므로 되도록 피함
- **문서의 주요한 내용을 먼저 씀** : 결론 등 주요 내용을 먼저 쓰는 것이 문서작성의 핵심
- **한자의 사용을 자제함** : 의미전달에 중요하지 않은 한자사용을 지양해야 함(문서이해를 위해 상용한자의 범위 내에서 한자를 사용함)

14 귀하는 해외 영업을 담당하는 직원이다. 해외 바이어와 미팅을 갖는데 신입 직원이 다음과 같은 행동을 했다. 이 중 귀하가 지적해야 할 행동으로 적절하지 않은 것은?

① 상대방의 눈을 보며 대화를 했다.

② 다른 일을 하면서 들었다.

③ 상대가 말을 하는데 자료만 들여다봤다.

④ 펜을 돌리면서 상대방의 말을 들었다.

정답해설

눈을 마주보며 쳐다보는 것은 상대방의 말에 관심과 흥미가 있음을 보여주는 것으로 지적해야 할 행동이 아니다.

Check Point — **외국인과의 의사소통에서 피해야 할 행동**

- 상대를 볼 때 흘겨보거나, 노려보거나, 아예 보지 않는 행동
- 팔이나 다리를 꼬는 행동
- 표정이 없는 것
- 다리를 흔들거나 펜을 돌리는 행동
- 맞장구를 치지 않거나, 고개를 끄덕이지 않는 행동
- 자료만 들여다보는 행동
- 상대방에게 이름이나 호칭을 어떻게 부를지 묻지 않고 마음대로 부르는 행동

15 다음 중 문서작성 시 고려해야할 사항으로 적절하지 않은 것은?

① 대상 및 목적
② 시기
③ 고객의 요구
④ 기대효과

정답해설

고객의 요구는 문서작성 시 고려사항에 해당하지 않는다. 문서작성 시 고려해야 할 사항으로는 대상과 목적, 시기가 포함되며, 기획서나 제안서 등 종류에 따라 기대효과 등이 추가되어야 한다.

Check Point ---- **문서작성**

㉠ **문서의 의미** : 문서란 제안서 · 보고서 · 기획서 · 편지 · 메모 · 공지사항 등이 문자로 구성된 것을 말함
㉡ **직장생활에서의 문서작성** : 직장생활에서의 문서작성은 업무와 관련된 일로 조직의 비전을 실현시키는 것으로, 개인의 의사소통을 위한 과정일 뿐만 아니라 이를 넘어 조직의 사활이 걸린 중요한 업무이기도 하다는 점에서 중요성이 부각되고 있음
㉢ **문서작성 시 고려사항** : 대상과 목적, 시기, 기대효과 등

16 다음 중 문서작성 시 주의해야할 사항으로 적절하지 않는 것은?

① 문서는 육하원칙에 따르는 것이 원칙이며, 그 작성시기는 중요하지 않다.
② 문서는 한 사안을 한 장의 용지에 작성해야 하며, 첨부자료는 반드시 필요한 경우 외에는 첨부하지 않는다.
③ 문서작성 후 반드시 다시 한 번 내용을 검토해야 한다.
④ 문장표현은 작성자의 성의가 담기도록 경어나 단어사용에 신경을 써야 한다.

정답해설

문서가 작성되는 시기는 문서가 담고 있어야 하는 내용에 상당한 영향을 미치므로, 적절한 문서 작성 시기는 중요하다고 할 수 있다.

Check Point ---- **문서작성 시의 주의사항**

• 문서는 육하원칙에 의해서 써야 함
• 문서는 그 작성시기가 중요함
• 문서작성 후 반드시 다시 한 번 내용을 검토해야 함
• 문서내용 중 금액, 수량, 일자 등의 기재에 정확성을 기하여야 함
• 문장표현은 작성자의 성의가 담기도록 경어나 단어사용에 신경을 써야 함

17 의사소통을 하기 위한 기본적인 자세에 해당하는 경청의 방법에 대한 설명으로 적절하지 않은 것은?

① 시선을 맞추며, 말하는 순서를 지킨다.

② 의견이 다른 경우 곧바로 반박하여 이해시킨다.

③ 귀로만 듣지 말고 오감을 통해 경청한다.

④ 혼자서 대화를 독점하지 않는다.

정답해설

의견이 다른 경우 일단 수용하는 것이 적절한 경청의 방법이다. 논쟁에서는 먼저 상대방의 주장을 들어주는 것이 경청에서 가장 중요한 요소이다.

오답해설

① 상대에게 시선(Eye-Contact)을 맞추고, 말을 가로채지 않으며, 말하는 순서를 지키는 것이 중요하다.

③ 귀로만 듣는 것이 아니라 오감을 동원해 적극적으로 경청하는 것이 중요하다.

④ 혼자서 대화를 독점하지 않고 상대방이 하는 이야기를 가로막지 않아야 한다.

18 다음 글에서 알 수 없는 것은?

현대 심신의학의 기초를 수립한 연구는 1974년 심리학자 애더에 의해 이루어졌다. 애더는 쥐의 면역계에서 학습이 가능하다는 주장을 발표하였는데, 그것은 면역계에서는 학습이 이루어지지 않는다고 믿었던 당시의 과학적 견해를 뒤엎는 발표였다. 당시까지는 학습이란 뇌와 같은 중추신경계에서만 일어날 수 있을 뿐 면역계에서는 일어날 수 없다고 생각했다.

애더는 시클로포스파미드가 면역세포인 T세포의 수를 감소시켜 쥐의 면역계 기능을 억제한다는 사실을 알고 있었다. 어느 날 그는 구토를 야기하는 시클로포스파미드를 투여하기 전 사카린 용액을 먼저 쥐에게 투여했다. 그러자 그 쥐는 이후 사카린 용액을 회피하는 반응을 일으켰다. 그 원인을 찾던 애더는 쥐에게 시클로포스파미드는 투여하지 않고 단지 사카린 용액만 먹여도 쥐의 혈류 속에서 T세포의 수가 감소된다는 것을 알아내었다. 이것은 사카린 용액이라는 조건자극이 T세포 수의 감소라는 반응을 일으킨 것을 의미한다.

심리학자들은 자극-반응 관계 중 우리가 태어날 때부터 가지고 있는 것을 '무조건자극-반응'이라고 부른다. '음식물-침 분비'를 예로 들 수 있고, 애더의 실험에서는 '시클로포스파미드-T세포 수의 감소'가 그 예이다. 반면에 무조건자극이 새로운 조건자극과 연결되어 반응이 일어나는 과정을 '파블로프의 조건형성'이라고 부른다. 애더의 실험에서 쥐는 조건형성 때문에 사카린 용액만 먹어도 시클로포스파미드를 투여 받았을 때처럼 T세포 수의 감소 반응을 일으킨 것이다. 이런 조건형성 과정은 경험을 통한 행동의 변화라는 의미에서 학습과정이라 할 수 있다.

이 연구 결과는 몇 가지 점에서 중요하다고 할 수 있다. 심리적 학습은 중추신경계의 작용으로 이루어진다. 그런데 면역계에서도 학습이 이루어진다는 것은 중추신경계와 면역계가 독립적이지 않으며 어떤 방식으로든 상호작용한다는 것을 말해준다. 이 발견으로 연구자들은 마음의 작용이나 정서 상태에 의해 중추신경계의 뇌세포에서 분비된 신경전달물질이나 호르몬이 우리의 신체 상태에 어떠한 영향을 끼치게 되는지를 더 면밀히 탐구하게 되었다.

① 애더의 실험에서 사카린 용액은 새로운 조건자극의 역할을 한다.

② 쥐에게 시클로포스파미드를 투여하면 T세포 수가 감소한다.

③ 애더의 실험 이전에는 중추신경계에서 학습이 가능하다는 것이 알려지지 않았다.

④ 애더의 실험은 면역계가 중추신경계와 상호작용할 수 있음을 보여준다.

정답해설

첫째 단락의 마지막 문장에서 '당시까지는 학습이란 뇌와 같은 중추신경계에서만 일어날 수 있을 뿐 면역계에서는 일어날 수 없다고 생각했다'라고 하였으므로, 애더의 실험 이전에는 중추신경계에서만 학습이 가능하다는 것이 알려져 있었음을 알 수 있다.

19 다음 중 경청을 하는데 있어서 올바른 자세에 해당하지 않는 것은?

① 우호적인 태도를 취하되, 직접 눈이 마주치지 않도록 주의한다.

② 개방적인 자세를 취하며, 손이나 다리를 꼬지 않도록 주의한다.

③ 경청의 자세를 보이기 위해 상대방을 향해 상체를 기울이는 자세를 취한다.

④ 편안한 자세를 취해 전문가다운 자신만만함과 편안함을 보인다.

정답해설

상대를 정면으로 마주하는 자세는 상대와 의논할 준비가 되었음을 알리는 자세로서 경청의 올바른 자세가 된다. 또한 우호적으로 눈을 마주침으로서 상대에게 관심을 가지고 있다는 사실을 알리게 되는데, 눈을 피하게 되면 상대방에게 의논할 자세가 안 되었다는 느낌을 줄 수 있으므로 주의해야 한다.

오답해설

② 손이나 다리를 꼬지 않는 소위 개방적 자세를 취하는 것은 상대에게 마음을 열어놓고 있다는 표시이다.

③ 상대방을 향하여 상체를 기울여 다가앉은 자세는 자신이 열심히 듣고 있다는 사실을 강조하는 것이다.

④ 비교적 편안한 자세를 취하는 것은 전문가다운 자신만만함과 아울러 편안한 마음을 상대방에게 전하는 것이다.

20 당신은 지금 협상에 임하는 중이다. 상대방 중 한 사람은 열심히 말을 하고 있는데 다른 한 명은 전혀 맞장구도 치지 않고 관심조차 보이지 않고 있다. 당신이 그 사람에게 말을 걸수록 더욱 무시하는 태도를 보이고 있다. 이런 상황에서 가장 적절한 의사표현 방법으로 옳은 것은?

① 약점을 보여주어 심리적 거리를 좁힌다.

② 여운을 남기는 말로 상대방의 감정을 누그러뜨린다.

③ 하던 말을 멈춤으로써 상대방의 주위를 끈다.

④ 말하고 있는 상대방의 단점을 끄집어 말하며 자존심을 건드린다.

정답해설

당신이 처한 상황은 심리적으로 상대방이 우위에 있을 때 발생하는 경우가 많다. 감정을 드러내어 설득하려고 하면 상대방은 더욱 쌀쌀한 태도로 나올 수 있다. 이럴 땐 이야기하는 도중에 목소리의 크기를 갑자기 낮춘다거나, 잠시 말을 멈추거나 하여 소리에 변화를 준다면 듣고 있던 사람도 반응을 보이며 마음의 문을 열 수 있다.

21 다음 경청에 대한 설명 중 옳지 않은 것은?

① 경청능력은 연습하여 개발할 수 있다.

② 대화법을 통한 경청훈련은 모든 인간관계에서 적용할 수 있다.

③ 적절한 맞장구는 대화하는데 필수적이다.

④ 동의 또는 재촉하는 맞장구는 대화법을 통한 경청훈련에 해당한다.

정답해설

대화법은 경청 훈련을 통해 습득할 수 있는 것으로, 동의 또는 재촉하는 맞장구는 경청훈련의 대표적인 훈련방식에 해당된다.

오답해설

① 경청능력은 훈련을 통해 개발할 수 있는데, 대표적인 훈련방식으로는 대화법을 통한 경청훈련, 적절한 맞장구를 통한 경청훈련, 놀이를 통한 경청훈련 등이 있다.

② 대화법을 통한 경청훈련은 부부관계와 부모–자녀관계, 친구관계, 직장동료 관계, 직장 상사와 부하직원과의 관계 등 모든 인간관계에서 그대로 적용될 수 있다.

③ 적절한 맞장구는 말하는 사람의 의욕을 북돋아 더욱 열의를 갖고 이야기를 할 수 있게 하므로, 적절한 맞장구는 대화에 필수적인 요소라 할 수 있다.

경청훈련

⊙ 대화법을 통한 경청훈련
- 주의 기울이기(바라보기, 듣기, 따라하기)
- 정확성을 위해 요약하기
- '왜'라는 질문 피하기

- 상대방의 경험을 인정하고 더 많은 정보 요청하기
- 개방적인 질문하기

ⓒ 적절한 맞장구를 통한 경청훈련
- 치켜 올리듯 가볍게 하는 맞장구(저런! 그렇습니까! 잘됐습니다)
- 동의하는 맞장구(그렇겠군요, 알겠습니다)
- 정리하는 맞장구(말하자면 이런 것입니까?)
- 재촉하는 맞장구(그래서 어떻게 됐습니까?)

---

22 다음 의사표현에 대한 설명 중 옳지 않은 것은?

① 의사표현은 의사소통의 중요한 수단으로서, 말하는 이가 듣는 이에게 언어로 표현하는 행위를 말한다.

② 의사표현에는 입말로 표현하는 음성언어와 몸말을 의미하는 신체언어가 있다.

③ 의사표현의 종류는 공식적 말하기, 의례적 말하기, 친교적 말하기로 구분된다.

④ 공식적 말하기는 주례나 회의 등과 같이 정치적·문화적 행사 절차에서 말하기를 의미한다.

정답해설

주례나 회의, 식사 등과 같이 정치적·문화적 행사에서와 같이 의례 절차에 따라 말하기는 '의례적 말하기'이다. 공식적 말하기는 사전에 준비된 내용을 대중을 상대로 하여 말하는 것으로 연설, 토의, 토론 등이 있다.

오답해설

① 의사표현은 말하는 이가 자신의 생각과 감정을 듣는 이에게 음성 언어나 신체언어로 표현하는 행위이다. 즉, 한마디로 말하기이다.

② 의사표현에는 입말로 표현하는 구어인 음성언어와 신체의 한 부분인 표정, 손짓, 발짓, 몸짓 등으로 표현하는 신체언어(몸말)가 있다.

③ 의사표현의 종류는 상황이나 환경에 관련하여 공식적 말하기, 의례적 말하기, 친교적 말하기로 구분하며, 구체적으로 대화, 토론, 연설, 인터뷰, 낭독, 소개하기, 전화로 말하기, 안내 등이 있다.

23 다음 중 성공하는 사람의 이미지를 위한 의사표현에 대한 설명으로 옳지 않은 것은?

① 부정적인 말을 하기보다는 항상 긍정적으로 말하는 것이 필요하다.

② 항상 '죄송합니다', '미안합니다'는 표현을 입에 붙들고 사는 자세가 필요하다.

③ 상대의 말을 듣고 그에 대해 긍정적으로 대답하여야 한다.

④ 자신의 대화 패턴을 주의 깊게 살펴보고 불필요한 어휘나 거부감을 주는 표현을 쓰지 않도록 한다.

정답해설

성공하는 사람의 이미지를 위해서는 의사표현 시 자신을 너무 과소평가하지 않는 자세가 필요하다. 안 좋은 일을 항상 자신의 탓으로 표현한다든지 '죄송합니다', '미안합니다'라는 표현을 입에 붙들고 사는 자세는 자신의 낮은 자존감과 열등감을 표현하는 것임을 인식하는 것이 중요하다.

오답해설

① 성공하는 사람을 이미지를 위해서는 부정적인 말투를 긍정적으로 고쳐야 한다. 무엇이든지 긍정적으로 말하고 힘이 부족하면 도움을 요청하며, 감사의 말을 하고 더 많이 감사할 일이 있을까를 생각하는 것이 중요하다.

③ 상대의 말에 공감하는 것이 중요하다. 즉, 상대의 말을 듣고 그럴 수도 있다고 생각하고 상대가 원하는 대답을 해주는 것이 필요하다. 상대는 매우 고마워할 것이며, 상대방에게 긍정적인 대답을 들을 수 있다.

④ 자신의 대화 패턴을 주의 깊게 살펴봄으로써 불필요한 어휘 또는 부정적이거나 거부감을 주는 표현을 많이 쓰지 않는지 상대방이 못 알아듣는 전문용어나 사투리를 사용하지 않았는지 점검해보는 것이 필요하다.

24 경청에 대한 교육 후 각자 자신의 듣기 태도에 어떤 문제가 있는지 토론하는 시간을 가졌다. 다음 발언 내용을 보고 교육 내용을 제대로 듣지 않은 사람을 고르면?

- A : 난 상대방의 대화에 너무 감정적으로 반응하려 했던 것 같아. 상대방의 문제를 해결하는데 직접적인 도움이 되도록 조언에 좀 더 신경 써야겠어.
- B : 난 대화 중에 주변의 잡음에 신경을 쓰곤 했어. 경청을 위해서 잡음을 무시하고 대화에 정신력 집중을 할 필요가 있을 거 같아.
- C : 나는 남의 말을 들을 때 상대방의 말을 듣기보다 내 생각에 들어맞는지 확인만 하려했던 거 같아. 상대방이 하는 말의 내용을 무시하지 않도록 조심해야겠어.
- D : 나는 대화를 할 때 어려운 이야기를 흘려듣는 경향이 있었어. 앞으로 강의, 토론과 같이 어려운 이야기를 자주 듣고 집중하는 훈련을 해야겠어.

① A

② B

③ C

④ D

정답해설

A의 조언하기는 올바른 경청을 방해하는 요인 중 하나에 해당한다. 상대방의 말끝마다 조언하려고 끼어들면 상대방은 제대로 말을 끝맺을 수 없다. 지나친 간섭과 무조건 해결해 주려는 태도는 마음을 털어놓고 이야기하고 싶은 상대방의 바람이 좌절되고 만다.

오답해설

B, C, D는 경청을 방해하는 요소를 제대로 파악했고 관련내용도 적절하게 제시하고 있다.

25 다음은 의사표현의 방해요인을 제거하는 방법을 설명한 것이다. 옳지 않은 것은?

① 숨을 얕게 들이미시기보다는 깊게 들이마시는 것이 음성을 좋게 한다.

② 팔짱을 끼거나 주머니에 손을 넣지 않도록 주의하며, 시선을 고루 배분한다.

③ 자신의 실패담은 이야기하지 않도록 하며, 서툴러도 항상 유머를 구사한다.

④ 기발한 아이디어를 찾고 습관적인 사고방식은 배제한다.

정답해설

의사표현에 있어 자신의 실패담을 이야기하는 것도 좋은 방법이 된다. 또한 유머를 활용하는 데 있어 서투른 유머를 해서는 안 되며 무리하게 웃기려고 하지 않아야 한다. 특히 진지한 내용의 연설을 전개할 때 유머 삽입은 가능하면 피하는 것이 좋다.

오답해설

① 숨을 얕게 들이마시면 목소리가 떨리기 때문에 숨을 깊게 들이마시는 것이 음성을 좋게 하는 방법이 된다.

② 의사표현 시 몸짓을 자연스럽게 하는 것도 필요한데 뒷짐지기나 팔짱 끼기, 주머니에 손넣기 등을 하지 않도록 주의하며, 시선을 골고루 배분하고 불안하게 두지 않는 것이 필요하다.

④ 기발하고 참신한 자료를 찾고, 습관적인 사고방식을 배제하며, 항상 청자를 염두에 둔 이야기를 선택한다.

26 다음 중 상황과 대상에 따른 의사표현법의 설명으로 옳지 않은 것은?

① 상대방의 잘못을 지적하는 경우 상대방이 알 수 있도록 확실히 지적한다.

② 상대방의 요구를 거절하는 경우 안 된다고 딱 부러지게 말하는 것이 좋다.

③ 처음 만나는 사람에게 말을 하는 경우 칭찬으로 시작하는 것이 좋다.

④ 상대방에게 부탁하는 경우 기간, 비용 등을 명확하게 제시하는 것이 좋다.

정답해설

상대방의 요구를 거절해야 하는 경우 정색을 하면서 안 된다고 딱 부러지게 말을 하면 상대가 감정을 갖게 되고 인간관계까지 나빠질 수 있으므로 주의해야 한다. 거절을 하는 경우에도 테크닉이 필요한데 우선은 거절한 것에 대해 사과한 후, 응할 수 없는 이유를 설명하는 것이 좋다. 불가능하다고 여겨질 때는 모호한 태도를 보이는 것보다 이유를 분명하게 말하고나서 단호하게 거절하는 것이 좋다.

오답해설

① 상대방의 잘못을 지적할 때는 상대방이 알 수 있도록 확실하게 지적하는 것이 좋다. 모호한 표현은 설득력을 약화시킬 수 있다.

③ 처음 만나는 사람에게 말을 할 때는 먼저 칭찬으로 시작하는 것이 좋다. 칭찬은 큰 노력 없이 항상 상대방을 기분 좋게 만들 수 있으므로, 함부로 여겨지지 않도록 센스있게 하는 것이 중요하다.

④ 상대방에게 부탁해야 할 때는 기간이나 비용, 순서 등을 명확하게 제시하면 상대방이 한결 받아들이기 쉽다. 일반적으로는 부탁할 상대의 사정을 들어 상대의 사정을 우선시하는 태도를 보여준 후 응하기 쉽게 구체적으로 부탁하는 것이 좋다. 거절을 당해도 싫은 내색을 하도록 한다.

27 다음은 원활한 의사표현을 위한 방법에 대한 설명이다. 옳지 않은 것은?

① 올바른 의사표현과 유창한 말솜씨를 갖기 위해 독서를 충분히 한다.

② 상대편의 말에 귀를 기울이고 상대보다 나중에 이야기하는 좋은 청중이 된다.

③ 상대편의 말에 긍정적인 맞장구를 쳐주어 상대방이 편안함과 친근감을 느낄 수 있도록 한다.

④ 축약된 문장을 적절히 사용하여 상대가 보다 편하고 빠르게 이해할 수 있도록 한다.

정답해설

축약된 문장은 무례하거나 건방지다는 느낌을 줄 수 있으므로, 완전한 문장을 말하는 것이 필요하다. 완전한 문장은 말하는 이의 품격을 높여줄 뿐 아니라 원활한 의사소통에도 도움이 된다.

오답해설

① 의사표현법의 기본은 풍부한 독서에서 형성된다. 유창하고 능숙한 말솜씨를 가지려면 풍부한 어휘력이 필요한데, 어휘력을 기르는 데는 독서가 큰 도움이 된다.

② 원활한 의사표현을 위해서는 좋은 청중이 되는 것이 필요하다. 결국 말을 잘 하고 평판이 좋은 사람은 대체로 말수가 적고 상대편보다 나중에 이야기하며, 다른 사람의 말에 세심히 귀를 기울이는 사람이다.

③ 상대편의 말에 공감하고 긍정적인 맞장구를 쳐 주는 경우 상대방은 편안함과 안정감, 친근감을 느끼게 된다.

Check Point **원활한 의사표현을 위한 지침**

- 올바른 화법을 위해 독서를 하라.
- 칭찬을 아끼지 마라.
- 겸손은 최고의 미덕임을 잊지 마라.
- '뒷말'을 숨기지 마라
  (중의적 표현, 비꼬거나 빈정대는 표현을 삼가라).
- '첫마디' 말을 준비하라.
- 좋은 청중이 되라(남의 말을 경청하는 사람이 되라).
- 공감하고, 긍정적으로 보이게 하라.
- 과감하게 공개하라(상대에게 먼저 자신의 속내를 드러내라).
- 이성과 감성의 조화를 꾀해라.
- 축약된 말보다는 문장을 완전하게 말해라.
- 대화의 룰을 지켜라.
  - 상대방의 말을 가로막지 않는다.
  - 혼자서 의사표현을 독점하지 않는다.
  - 의견을 제시할 땐 반론 기회를 준다.
  - 임의로 화제를 바꾸지 않는다.

28 다음 내용이 설명하는 설득력 있는 의사표현의 지침으로 가장 알맞은 것은?

> 회사에 불만이 가득한 부하 직원이 있다고 하자. 이런 부하 직원을 회사 일에 적극적으로 협조하게 만들려면 그와 공동의 적을 만드는 방법이 있다. "이번에도 실적이 떨어지면 자네와 나는 지방 영업소로 밀려나겠지."라는 식으로 가상의 적을 만들면 불평만 늘어놓던 부하 직원은 상사에게 협력하게 된다. 또한 라이벌 의식을 부추기는 것도 한 가지 방법이 될 수 있다. 이러한 것은 모두 대부분의 다른 사람들과 같은 행동을 하고 싶어하는 마음을 이용하는 것이다.

① 대비 효과로 분발심을 불러 일으켜라.
② 상대방의 불평이 가져올 결과를 강조하라.
③ 동조 심리를 이용하여 설득하라.
④ 변명의 여지를 만들어 주고 설득하라.

정답해설

제시문의 마지막 부분에 언급된 '대부분의 다른 사람들과 같은 행동을 하고 싶어하는 마음(심리)'를 동조 심리라 한다. 인간은 동조심리에 의해 행동하는 수가 많은데, 유행하는 옷, 음식, 장소를 쫓는 현상을 생각하면 쉽게 알 수 있다. 다른 사람들과 같아지고 싶은 충동이 유행을 추구하게 만드는 것이다. 제시된 가상의 적이나 라이벌 의식을 부추기는 것도 이러한 동조 심리를 이용하여 설득하는 예라 할 수 있다.

Check Point --- **논리적이고 설득력 있는 의사표현의 지침**

- 'Yes'를 유도하여 미리 설득 분위기를 조성하라.
- 침묵을 지키는 사람의 참여도를 높여라.
- 하던 말을 갑자기 멈춤으로써 상대방의 주의를 끌어라.
- 끄집어 말하여 자존심을 건드려라.
- 상대방의 불평이 가져올 결과를 강조하라.
- 약점을 보여 주어 심리적 거리를 좁혀라.
- 자신의 잘못도 솔직하게 인정하라.
- 동조 심리를 이용하여 설득하라.
- 담당자가 대변자 역할을 하도록 하여 윗사람을 설득하게 하라.
- 변명의 여지를 만들어 주고 설득하라.
- 대비 효과로 분발심을 불러 일으켜라.
- 여운을 남기는 말로 상대방의 감정을 누그러뜨려라.
- 호칭을 바꿔서 심리적 간격을 좁혀라.
- 정보전달 공식을 이용하여 설득하라.
- 권위 있는 사람의 말이나 작품을 인용하라.
- 이상과 현실의 구체적 차이를 확인시켜라.
- 집단의 요구를 거절하려면 개개인의 의견을 물어라.
- 지금까지의 노고를 치하한 뒤 새로운 요구를 하라.
- 겉치레 양보로 기선을 제압하라.
- 혼자 말하는 척하면서 상대의 잘못을 지적하라.

29 다음의 기초외국어능력에 대한 설명 중 옳지 않은 것은?

① 기초외국어능력은 외국인들과 유창하게 의사소통할 수 있는 능력을 의미한다.

② 기초외국어능력은 직업생활에 필요한 문서작성과 의사표현 등을 기초적인 외국어로서 가능하게 하는 능력이다.

③ 외국어로 된 메일을 받거나 외국인으로부터 걸려온 전화 응대 등의 상황에서 필요한 능력을 말한다.

④ 기초외국어능력은 외국인들과 업무가 잦은 특정 직업인에게만 필요한 것은 아니다.

정답해설

기초외국어능력이란 직업생활에 있어 우리의 무대가 세계로 넓어지면서 한국어만이 아닌 다른 나라의 언어로 의사소통을 하는 능력을 말하며, 외국인들과의 유창한 의사소통을 할 수 있는 능력을 뜻하는 것은 아니다.

오답해설

② 기초외국어능력은 직업생활 중에 필요한 문서이해나 문서작성, 의사표현, 경청 등 기초적인 의사소통을 기초적인 외국어로서 가능하게 하는 능력을 말한다.

③ 기초외국어능력은 외국어로 된 메일을 받고 이를 해결하는 상황, 외국인으로부터 걸려온 전화 응대, 외국어로 된 업무관련 자료를 읽는 경우, 외국인 고객을 상대하는 경우 등 다양한 상황에서 필요한 능력이다.

④ 기초외국어능력은 외국인들과의 업무가 잦은 특정 직업인의 경우에만 필요한 능력은 아니다.

30 다음 중 기초외국어능력이 필요한 상황과 관련된 설명으로 옳지 않은 것은?

① 직업인이 외국인을 설득하거나 이해시켜야 할 과정은 모든 업무에서 동일하게 이루어지지는 않는다.

② 기초외국어능력에서의 외국어는 세계 공용어인 영어를 의미한다.

③ 자신에게 기초외국어능력이 언제 필요한지 잘 숙지하고 필요한 외국어를 구사하는 것이 무엇보다 중요하다.

④ 기초외국어로 의사소통을 하기 위해서는 사고력과 표현력이 필수적이다.

정답해설

기초외국어능력에서 중시되거나 필요한 외국어는 꼭 영어만을 말하는 것은 아니며, 각 직업인이 속한 분야에서 주로 상대해야하는 외국인 고객이나 외국회사에 따라 요구되는 언어는 다양하다.

오답해설
① 직업인은 자신이 속한 조직의 목적을 달성하기 위해 외국인을 설득하거나 이해시켜야 하지만, 이런 설득이나 이해의 과정이 모든 업무에서 똑같이 이루어지지 않는다. 예를 들어, 비서업무를 보는 사람은 외국인과의 의사소통 상황에서 전화응대나, 안내 등의 기초외국어를 숙지하는 것이 필요하고, 공장에서 일하는 사람의 경우에는 기계의 사용방법과 오작동 대처에 대한 의사소통을 해야하는 상황에서 기초외국어능력이 필요하며, 일반 회사원의 경우 주로 외국으로 보낼 서류를 작성하거나, 외국에서 온 서류를 이해하여 업무를 추진해야 하는 상황과 관련된 기초외국어능력이 필요하다.

③ 무엇보다 중요한 것은 자신에게 기초외국어능력이 언제 필요한지 잘 숙지하고, 업무에 필요한 기초외국어를 적절하게 구사하는 것이다.

④ 외국어 의사소통에서 중요한 것은 왜 의사소통을 하려고 하는지 상대방과 목적을 공유하는 것이며, 이를 위해서는 스스로 전달하고 싶은 것을 먼저 생각하는 사고력과 생각한 내용을 어떤 형태로 표현할 것인가를 결정하는 표현력이 필수적이다.

31 다음은 외국인과의 의사소통 중 비언어적인 의사소통에 대한 설명이다. 옳지 않은 것은?

① 눈을 쳐다보는 것은 관심을 나타내며, 눈을 피하는 것은 무관심을 나타낸다.

② 어조가 낮은 경우 만족이나 안심을 나타낸다.

③ 말의 속도가 빠른 경우 긴장이나 저항을, 느린 경우 공포나 노여움을 나타낸다.

④ 큰 목소리는 내용을 강조하거나 흥분하였다는 것을 나타낸다.

정답해설

말의 속도가 빠르거나 짧게 얘기하는 경우 공포나 노여움을 나타내며, 말이 중단되거나 속도가 느린 경우 결정적인 의견이 없거나 긴장 또는 저항을 나타낸다.

오답해설

① 눈을 쳐다보는 것은 흥미와 관심이 있음을 나타내며, 눈은 보지 않는 것은 무관심하다는 것을 의미한다.

② 어조가 높은 경우 적대감이나 대립감을 나타내며, 어조가 낮은 경우 만족이나 안심을 나타낸다.

④ 큰 목소리는 내용을 강조하거나 흥분 또는 불만족을 나타내며, 작은 목소리는 자신감 결여를 나타낸다.

32 다음은 현대 표준어 생활에 있어서 방언의 사용에 대한 문서이다. 제시된 문서에서 잘못 쓰인 글자는 모두 몇 개인가?

서론 : 많은 사람들이 표준어는 우아하고 방언은 천박하다고 생각한다.

본론 : 1. 표준어와 방언의 특징

     1) 표준어는 통일된 언어를 위해 기준을 새운 것으로 공적이며 규범적이다.

     2) 방언은 일정한 지역에서 소통되는 언어로 자생적으로 발생하였으며 정감이 있고 항토적이다.

  2. 방언의 가치

     1) 훌륭한 언어 채계를 가지고 있다.

     2) 표준어의 부족한 점을 보완해 준다.

     3) 소설이나 드라마 등에서 효과를 더욱 높여준다.

결론 : 방언의 가치를 인식하여 표준어와의 상호 접촉을 통해 언어생활을 풍부이 하자.

---

① 1개   ② 2개

③ 3개   ④ 4개

정답해설

잘못 쓰인 글자 수는 모두 4개이다.

새운 것으로 → 세운 것으로

항토적이다. → 향토적이다.

언어 채계를 → 언어 체계를

풍부이 하자. → 풍부히 하자.

틀린 글자는 총 4개이다.

응용문제

01 다음 중 정부 행정기관에서 대내외적 공무를 집행하기 위해 작성한 문서의 종류는?

① 공문서　　　　　　　　　　　　　② 설명서
③ 기획서　　　　　　　　　　　　　④ 보고서

정답해설
공문서는 정부 행정기관에서 대내외적 공무를 집행하기 위해 작성하는 문서이다.

02 다음 중 외국인과의 비언어적인 의사소통의 특징으로 옳지 않은 것은?

① 눈을 마주 쳐다보는 것은 흥미와 관심을 나타낸다.
② 말의 어조가 낮은 경우 긴장감이나 대립감을 나타낸다.
③ 목소리 크기가 큰 경우 흥분이나 불만족을 나타낸다.
④ 말의 속도가 빠른 경우 공포나 노여움을 나타낸다.

정답해설
말의 어조가 낮은 경우 만족이나 안심을 나타내며, 어조가 높은 것은 적대감이나 대립감을 나타낸다.

03 신입사원이 기획부 과장인 당신에게 공문서를 작성하여 검토를 요청하였다. 다음 중 직접적인 관련이 없는 내용은?

① 날짜 작성 시 연도와 월일을 반드시 함께 기입하며, 날짜 다음에 괄호를 사용할 경우에는 마침표를 찍지 않는다.
② 한 장에 담아내는 것을 원칙으로 하며, 마지막엔 반드시 '끝'자로 마무리 한다.
③ 복잡한 세부 내용은 '-다음-', '-아래-' 등을 사용하여 항목 별로 구분한다.
④ 복잡한 내용은 도표로 시각화하고, 동일한 문장 반복은 피한다.

정답해설
복잡한 내용은 도표를 통해 시각화하여 이해도를 높이며, 동일한 문장 반복을 피하고 다양하게 표현하는 것은 설명서의 작성법에 해당한다. 나머지는 모두 공문서 작성 시의 유의사항에 해당한다.

04 당신은 보험회사의 마케팅 부서의 사원이다. 하루는 팀장이 문서 파일을 주면서 "오늘 회의에 필요한 것만 간추려 분류하라"는 요청을 하였다. 팀장이 요청한 업무를 처리하기 위해 당신에게 필요한 능력으로 가장 알맞은 것은?

① 다른 사람의 말을 주의 깊게 듣고 공감하는 능력

② 자신의 생각과 감정을 언어로 표현하는 능력

③ 구체적인 정보를 획득 · 수집하고, 종합하기 위한 능력

④ 외국어로 된 간단한 자료를 이해하거나 의사표현을 이해하는 능력

정답해설

요청한 업무를 처리하기 위해 필요한 것은 업무에 관련된 문서를 통해 구체적인 정보를 획득 · 수집하고, 종합하기 위한 능력, 즉 직업현장에서 자신의 업무와 관련된 인쇄물이나 기호화된 정보 등 필요한 문서를 확인하여 문서를 읽고, 내용을 이해하고 요점을 파악하는 능력이다. 이를 문서이해능력이라고 하며 문서에서 주어진 문장이나 정보를 읽고 이해하여, 자신에게 필요한 행동이 무엇인지 추론할 수 있어야 하며, 도표, 수, 기호 등도 이해하고 표현할 수 있는 능력을 의미한다.

05 한 회사의 상품기획팀 사원인 당신은 거래처 직원과의 미팅이 길어져 사무실에 조금 늦게 복귀하게 되었다. 당신은 A팀장에게 늦게 복귀하게 된 상황을 설명하려고 한다. 다음 대화에서 이러한 상황에서 A팀장이 가져야할 경청의 방법으로 가장 적절한 것은?

> 나 : 팀장님, 외근 다녀왔습니다. 늦어서 죄송합니다. 미팅이 길어지는 바람에 늦게……
> A팀장 : 왜 이렇게 늦은 거야? 12시에 급한 회의가 있으니, 11시 30분까지는 복귀하라고 했잖아. 지금 도대체 몇 시야? 미팅이 다 끝나고 오면 어떡해?
> 나 : 죄송합니다, 팀장님. 미팅 중 거래처 공장에서 갑자기 일이 발생해……
> A팀장 : 알았으니까 30분 뒤에 외근 업무 내용 보고해.

① 무엇을 말한 것인지를 추측하려고 노력한다.

② 질문은 통해 경청의 적극성을 부여한다.

③ 의견이 다르더라도 일단 수용한다.

④ 상대방의 말을 가로막지 않는다.

정답해설

경청이란 다른 사람의 말을 주의 깊게 듣고 공감하는 능력을 말한다. 제시된 사례의 A팀장의 경우 상대의 이야기가 채 끝나기 전에 자신이 말을 함으로써 상대의 발언을 가로막고 있다. 따라서 A팀장이 가져야할 경청의 방법으로 상대방의 말을 가로막지 않는 것이다.

06 다음의 전산팀 담당자가 참고하여야 할 자료로 가장 알맞은 것은?

> 전산팀 담당자 A는 회사의 컴퓨터에 대한 교육을 담당하고 있는데, 그는 컴퓨터의 기능과 사용방법, 보수 및 유지관리, A/S, 컴퓨터의 폐기와 관련된 모든 정보를 신입사원에게 교육하는 것이 주된 업무이다. 또한 컴퓨터를 통해 직무를 수행해 나가는 방법에 대해서도 전달하는 업무를 담당하고 있다.

① 기획서
② 매뉴얼
③ 계약서
④ 약관

정답해설

매뉴얼은 기계나 컴퓨터, 각종 제품 등의 사용방법이나 기능, 용도, 보수 및 관리 등을 알기 쉽게 설명한 책이다. 직원이 업무를 수행하는데 필요한 관련 지식과 진행방법 등에 관해 기본적인 사항을 체계적으로 정리한 지도서를 일컫는다. 직원 교육의 일환으로서의 매뉴얼은 주로 표준화할 수 있는 일의 작업지시서를 말하며, 작업의 순서와 방법, 수준 등을 순서에 따라 자세하고 구체적으로 문서화한 것을 말한다. 따라서 전산팀 담당자는 컴퓨터에 관한 매뉴얼을 참고하는 것이 가장 적절하다.

07 다음 대화에서 드러난 '팀장'의 의사소통 방식으로 가장 알맞은 것은?

> A : 우리 팀의 C팀장님을 보면 고장난명(孤掌難鳴)이라는 말이 생각나.
> B : 무슨 말이야?
> A : 업무 진행이나 의사소통 방식이 완전 독불장군 스타일이야.
> B : 구체적으로 어떤데?
> A : 저번에 힘들게 올린 기안서 전부 무시하고 자기 마음대로 일을 진행하셨지.

① 중요한 업무는 직관적으로 판단한다.
② 상대의 의견은 무시하고 자기 생각을 강요한다.
③ 권위 있는 사람의 말이나 결정에 의존한다.
④ 다수의 의견을 맹목적으로 따르려 한다.

정답해설

고장난명(孤掌難鳴)이나 독불장군(獨不將軍)에서 짐작할 수 있듯이, 제시된 대화의 팀장은 상대방의 의견을 무시하고 자기 마음대로 일을 진행함으로써 자기 생각을 강요하는 방식을 취하고 있다. 고장난명(孤掌難鳴)은 '손바닥도 마주쳐야 소리가 난다', 즉 '상대가 있어야 무슨일이든 할 수 있다'는 의미이며, 독불장군(獨不將軍)은 '무슨 일이든 자기 생각대로 혼자 처리하는 사람'을 뜻한다.

08 당신은 의사사통에 대한 특강을 듣고 있다. 강사는 원활한 의사소통을 위해서는 무엇보다 바르게 경청하는 것이 중요하다고 설명한다. 강의 내용에 따를 때, 다음 대화 중 가장 적절한 대화는?

① A : 1월 5일, 오늘이 내 생일이야.

　　 B : 그래, 축하한다! 선물은 준비를 못했고, 저녁 시간에 축하주 한잔 살게.

② A : 1월 5일, 오늘이 내 생일이야.

　　 B : 그래? 오늘은 우리 업무가 밀렸으니, 내일 다시 이야기하자.

③ A : 1월 5일, 오늘이 내 생일이야.

　　 B : 5일이 생일인 것은 알아. 네가 전에 말했잖아.

④ A : 1월 5일, 오늘이 내 생일이야.

　　 B : 음, 나는 이달 30일이 생일이야. 나는 매년 생일 챙기는 거 이제 조금 귀찮고 그래.

정답해설

A는 오늘이 자기 생일이라고 말하여 축하를 받고 싶어 한다. 경청은 다른 사람의 말을 주의 깊게 듣고 공감하는 능력을 말하므로, A의 이러한 의도에 가장 부합하는 대화는 ①이다. 나머지는 모두 경청의 바른 태도에 부합하지 않는다.

09 당신은 상사의 의사소통 방식에 대해 동료와 이야기하고 있다. 다음 대화의 빈칸에 들어갈 말로 가장 적절하지 않은 것은?

> A : 우리 A부장님은 의사소통 방식이 무척 개방적인 것 같아요.
> B : 그게 무슨 뜻이에요?
> A : _____

① 다른 분들에 비해 한 가지 방식만 고수하지는 않으시죠.

② 소통 방식이나 생각이 열려 있는 분이죠.

③ 여러 의견에 대해 무척 신중한 결정을 하시죠.

④ 반대 의견도 기꺼이 수용하시는 분이죠.

정답해설

의사소통 방식이 개방적이라는 것은 생각이나 태도가 숨김이나 막힘이 없이 열려있는 것을 의미한다. 이러한 태도는 한 가지 의견이나 방식을 고집하지 않고 다른 의견이나 방식을 잘 수용한다는 것으로 볼 수 있다. 따라서 다른 의견에 대해 무척 신중한 태도를 취하는 것은 다른 의견 수용을 곤란하게 하는 부정적 측면이 있다.

10 당신은 대형 백화점의 안내데스크에서 근무하고 있다. 하루는 회사에서 "노약자나 임산부 등의 고객이 길을 물어볼 경우 가급적 해당 장소까지 직접 안내해 드리도록 하라"는 지침이 내려왔다. 다음 중 당신이 취할 행동으로 가장 알맞은 것은?

① 만삭인 젊은 여성이 길을 물어볼 경우 해당 장소까지 안내한다.

② 50대 부부가 길을 물어볼 경우 해당 장소까지 안내한다.

③ 60대 노인이 길을 물어볼 경우 같은 장소를 가는 다른 고객에게 안내를 부탁한다.

④ 휠체어를 탄 고객이 길을 물어볼 경우 상사에게 보고해 지시에 따른다.

정답해설

회사의 지시 내용은 노약자나 임산부가 길을 물어볼 경우 고객을 해당 장소까지 직접 안내해 드리라는 것이므로, 만삭인 여성의 경우에는 해당 장소까지 안내하는 것이 적절하다.

오답해설

② 통상 노인은 60대 이상을 의미하므로, 50대 부부의 경우 직접 안내할 대상에 해당되지 않는다.

③ · ④ 노인이나 환자 등의 노약자는 직접 안내해 드려야 하는 대상이다.

11 다음은 신문기사를 읽은 후 나눈 대화의 일부이다. 대화의 흐름상 빈칸에 들어갈 말로 가장 알맞은 것은?

○○일보

○○일보 제12345호 ┃ △△△△년 ◇◇월 ○○일   안내전화 : 02-△△△△-△△△△

　'죽은 왕녀를 위한 파반느'라는 곡으로 유명한 프랑스 음악가 모리스 라벨(1875~1937)이 작곡한 '볼레로'가 그의 치매로 인해 탄생한 곡이라고 한다. 이 곡의 특징은 하나의 리듬이 169번이나 반복되면서 2개의 멜로디가 15분 넘게 이어짐에도 불구하고 악기의 음색이 조금씩 바뀜으로써 지루함의 가능성을 배제했다는 점이다. 그런데 이러한 반복적인 리듬이 당시 그가 앓고 있던 진행성 언어장애 타입의 전두측두치매로 인해 나타났을 것이라는 주장이 있다. 즉, 이 병을 앓게 되면 특별한 이유 없이 하던 행동 또는 생각을 계속 반복하는 증세를 보이게 되는데, 모리스 라벨의 '볼레로'에 나타난 반복적 리듬과 멜로디가 그러하다는 것이다.
　'볼레로' 외에도 치매로 인해 탄생한 것으로 보이는 작품은 미술계에도 존재한다. 캐나다의 화가 앤 아담스의 그림 '볼레로를 해석하며'가 그것인데, 이 역시 볼레로의 음악처럼 비슷한 도형이 반복되는 형식으로 표현된 작품이다. 앤 아담스는 이 그림을 완성하고 몇 년 뒤 진행성 언어장애 타입의 전두측두치매 진단을 받은 바 있다.
　이처럼 치매가 예술로 승화된 예가 있어 사람들의 흥미를 일으키고 있다.

A : 신기하다. 치매가 예술을 탄생시킨 하나의 촉매가 된 거나 다름없네.
B : 그러게. 언어장애를 꼭 불행으로만 단정 지을 수도 없겠어. 안 그래?
C : 내 생각은 달라. _____
D : 다 그런 건 아니겠지만 그래도 불행에서 싹튼 예술을 우리가 향유할 수 있으니, 불행과 예술은 전혀 뗄 수만은 없는 관계인 것 같기는 해.

---

① 치매가 있지만 저런 예술 작품을 남길 수 있다는 것은 놀랄만한 일이야.

② 전두측두치매가 예술적 재능을 촉발할 수 있다는 사실은 이미 검증된 사실이야.

③ 예술 작품을 남길 당시는 치매가 호전되었다는 주장이 있어.

④ 전두측두치매에 걸린 사람이 모두 저런 재능을 보이는 건 아니야.

정답해설
앞의 A와 B는 전두측두치매가 예술적 재능을 촉발한 촉매가 되었다는데 동의하고 있는데, C는 이와 다르게 생각한다는 것을 알 수 있다. 따라서 전두측두치매가 예술적 재능과 관련이 없을 수 있음을 설명하는 대화가 가장 적절하다.

12 다음은 신문기사를 읽고 사원들이 나눈 대화 내용에 해당한다. 신문기사의 내용을 정확하게 파악하지 못한 사람은 누구인가?

○○신문

○○신문 제12345호 ｜ △△△△년 ◇◇월 ○○일   안내전화 : 02-△△△△-△△△△

달걀의 콜레스테롤, 걱정하지 마세요!

　농촌진흥청이 달걀에 대한 잘못된 상식을 바로 잡기 위한 정보제공에 앞장서고 있다. 달걀 1개의 열량은 75kcal~80kcal로 열량이 낮고 영양이 풍부해 콜레스테롤 걱정을 하지 않고 섭취해도 된다고 설명했다.

　농촌진흥청은 달걀에는 시력보호 물질로 노른자에 풍부한 루테인과 지아잔틴이 풍부해 항산화작용과 자외선 차단 및 노화를 방지하는 역할을 한다고 설명했다. 또 콜린은 두뇌 발달과 기억력 증진에, 인지질인 레시틴은 항산화와 피부 건강에 도움을 준다고 강조했다. 농진청은 달걀이 콜레스테롤이 높다는 잘못된 상식이 퍼지고 있지만 건강한 사람의 경우 하루 3~4알 정도는 자유롭게 먹어도 괜찮다고 피력했다.

　농진청은 5주 동안 실험용 쥐에 달걀을 먹인 결과 총 콜레스테롤 수치는 늘지 않았고 오히려 몸에 좋은 콜레스테롤인 HDL 수치가 약 20% 증가했으며, 과다 섭취한 콜레스테롤은 몸에 쌓이지 않고 배설된 것으로 파악됐다. 뿐만 아니라 농진청은 "오히려 달걀에 함유된 레시틴은 콜레스테롤 수치를 떨어뜨리는 역할을 한다"는 결과를 덧붙였다.

---

① A 사원 : 달걀은 하루 3~4알 이상을 섭취하면 콜레스테롤이 축적되므로 조심해야 하겠군요.

② B 사원 : 달걀의 열량이 낮다고 하니 다이어트를 위해서도 애용할 수 있겠군요.

③ C 사원 : 달걀이 항산화작용뿐만 아니라 두뇌의 활성화를 돕는다는 것은 무척 놀라운 사실이네요.

④ D 사원 : 레시틴 성분이 피부 건강에 도움이 된다는 매일 먹어야 하겠네요.

정답해설

첫 번째 단락에서 달걀은 열량이 낮고 영양이 풍부해 콜레스테롤 걱정을 하지 않고 섭취해도 된다고 하였고, 세 번째 단락에서 과다 섭취한 콜레스테롤은 몸에 쌓이지 않고 배설되며, 달걀에 함유된 레시틴은 콜레스테롤 수치를 떨어뜨리는 역할을 한다고 하였다. 따라서 달걀을 과다 섭취하는 경우 콜레스테롤이 축적된다는 A 사원의 말은 신문기사의 내용을 정확하게 파악하지 못한 대화 내용이다.

13 다음은 전세보증금반환보증의 약관 중 일부 규정이다. 약관의 내용 중 잘못된 글자는 모두 몇 개인가?

제4조(보증조건의 변경)

① 주채무자 및 보증채권자는 보증회사로부터 서면에 의한 동위를 받지 아니하고는 보증조건을 변경할 수 없습니다.

② 보증조건의 변화는 보증회사가 변경사항을 주채무자 및 보증채권자에게 서면으로 알리거나 보증서의 보증조건을 정정하여 재교부한 경우에만 성립합니다.

제5조(통지의무)

① 주채무자 또는 보증채권자는 다음 각 호의 어느 하나에 해당하는 사유가 발생한 경우에는 1월 이내에 서면으로 그 내용을 보증회사에 통달하여야 합니다.

   1. 주채무자 또는 보증채권자가 변경되었을 때

   2. 주채무자, 보증채권자, 연대보증인의 주소가 변경되었을 때

   3. 경 · 공매의 개시 결정을 통보받았을 때

   4. 보증사고가 발생하였을 때

   5. 보증사고 사유가 훼소되었을 때

   6. 전세계약이 종료되었을 때

   7. 기타 보증회사의 보증채무에 영향을 미치는 사항이 발생하였을 때

② 보증회사는 주채무자 또는 보증채권자가 정당한 사유 없이 제1항의 통지를 지연하거나 하지 않음으로써 증가된 채무는 담당하지 아니합니다.

① 3개   ② 4개

③ 5개   ④ 6개

정답해설

잘못된 글자 수는 모두 5개이다.

제4조(보증조건의 변경)

① 주채무자 및 보증채권자는 보증회사로부터 서면에 의한 <u>동의</u>를 받지 아니하고는 보증조건을 변경할 수 없습니다.

② 보증조건의 <u>변경은</u> 보증회사가 변경사항을 주채무자 및 보증채권자에게 서면으로 알리거나 보증서의 보증조건을 정정하여 재교부한 경우에만 성립합니다.

제5조(통지의무)

① 주채무자 또는 보증채권자는 다음 각 호의 어느 하나에 해당하는 사유가 발생한 경우에는 1월 이내에 서면으로 그 내용을 보증회사에 <u>통지</u>하여야 합니다.

   5. 보증사고 사유가 <u>해소</u>되었을 때

② 보증회사는 주채무자 또는 보증채권자가 정당한 사유 없이 제1항의 통지를 지연하거나 하지 않음으로써 증가된 채무는 <u>부담</u>하지 아니합니다.

14 다음 서식에서 잘못 쓰인 글자 수는 모두 몇 개인가?

				☐ 임대인용
	전 세 계 약 서			☐ 임차인용
				☐ 사무소 보관용

No. _____

부동산의 표식	소재지				
	구 조		용 도	면 적	

전세보증금	금	원정 ₩ _____

제1조 위 부동산의 임대인과 임차인 합의하에 아래와 같이 계약함.

제2조 위 부동산의 임대차에 있어 임차인은 전세보증금을 아래와 같이 지불기로 함.

계약금	원정은 계약 시에 지불하고
중도금	원정은 년 월 일에 지불하며
잔 금	원정은 년 월 일에 중개업자의 입회하에 지불함.

제3조 위 부동산 명도는   년   월   일로 함.

제4조 임대차 기간은   년   월   일로부터 (   )개월로 함.

제5조 임차인은 임대인의 승인 하에 개축 또는 변조할 수 있으나 계약 대상물을 명도 시에는 임차인이 일절 비용을 부담하여 원상복구 하여야 함.

제6조 임대인과 중개업자는 별첨 중개물건 확인설명서를 작성하여 서명 날인하고 임차인은 이를 확인 제공함. 다만 임대인은 중개물건 확인설명에 필요한 자료를 중개업자에게 제공하거나 자료수집에 따른 법령에 규정한 설비를 지급하고 대행케 하여야 함.

제7조 본 계약을 임대인이 위약 시는 계약금의 배액을 변상하며 임차인이 위약 시는 계약금을 무효로 하고 반환을 청구 할 수 없음.

제8조 부동산 중개업법 제20조 규정에 의하여 중개료는 계약당시 쌍방에서 법정수수료를 중개인에게 수령하여야 함.

위 계약조건을 확실히 하고 훗일에 증하기 위하여 본 계약서를 작성하고 각 1통씩 보관한다.

년   월   일

임대인	주 소				
	주민등록번호		전화번호	성 명	㊞
임차인	주 소				
	주민등록번호		전화번호	성 명	㊞
중개업자	주 소			허가번호	
	상 호		전화번호	성 명	㊞

① 5개   ② 6개

③ 7개   ④ 8개

정답해설

○ 잘못 쓰인 글자 수는 모두 6개이다.

부동산의 표식 → 부동산의 표시

아래와 같이 지불기로 함 → 아래와 같이 지불키로 함

임차인이 일절 비용을 부담하여 → 임차인이 일체 비용을 부담하여

임차인은 이를 확인 제공함 → 임차인은 이를 확인 수령함

법정수수료를 중개인에게 수령하여야 함 → 법정수수료를 중개인에게 지불하여야 함

허가빈호 → 허가번호

15 당신은 중소기업 총무팀에서 근무하고 있다. 어느 날 팀장이 아래의 기사를 제시하며 내용을 검토해 보고하라고 하였다. 다음 중 기사를 읽고 보고한 내용으로 가장 알맞은 것은?

중소기업진흥공단 '내일채움공제'
"중소기업 근로자에게 금전적 보상, 장기 재직 유도"

중소기업진흥공단(이하 '중진공'이라고 한다)은 중소기업 근로자의 장기 재직과 인력양성을 위해 운영하는 정책성 공제인 '내일채움공제' 사업으로 많은 중소기업과 핵심인력들에게 높은 관심을 받고 있다.

내일채움공제는 중소기업 핵심인력의 인력난을 해소하고, 장기 재직을 유도하기 위해 중진공에서 공식 출범한 공제 사업이다. 이 제도를 통해 기업주와 핵심인력은 5년간 매월 일정 금액을 공동으로 적립하고, 핵심인력 근로자가 만기까지 재직 시 성과보상금으로 공동적립금을 지급한다. 핵심인력이 매달 10만 원을 적립할 때 중소기업은 20만 원 이상을 적립하도록 규정하고 있기 때문에 장기재직을 유도하는 방안으로 꼽히고 있다.

조세소위 심사자료에 따르면 내일채움공제에 가입한 근로자는 올해 9월 기준, 3,441개 업체 8,398명이다. 이들은 월 평균 12만 7000원, 기업은 월 평균 30만 6000원을 납입하고 있고, 5년 후 공제금 수령 예상액은 평균 2,756만 원(세전) 수준이다.

내일채움공제에 가입한 기업은 공제납입금에 대해 손금(필요경비) 인정과 함께 연구 및 인력개발비 세액공제 혜택을 받을 수 있으며, 과세표준구간에 따라 최소 31%, 최대 63%의 절세효과를 누릴 수 있는 이점을 가지고 있다.

가입한 핵심인력 또한 만기공제금 수령 시 소득세의 50%를 감면해주는 제도가 2015년 세법 개정(안)에 반영됨에 따라 근로자들의 실질적인 재산증식 효과도 가져올 수 있을 것으로 기대를 모으고 있다.

---

① 내일채움공제 가입 시 근로자와 중소기업 중 공동 적립하며, 만기 시 배분하여 지급받는다.

② 공제에 가입한 근로자는 만기 시까지 적립한 후 공동적립금을 지급받는다.

③ 중소기업의 핵심인력은 매달 10만 원, 중소기업은 20만 원을 상한으로 적립할 수 있다.

④ 중소기업의 핵심인력이 공제의 대상이며, 만기공제금 수령 시 소득세의 50%을 감면받는다.

정답해설

내일채움공제는 중소기업 핵심인력의 장기 재직을 유도하기 위해 출범한 공제 사업이므로 중소기업의 핵심인력이 대상이며, 마지막 문장에 가입한 핵심인력이 만기공제금 수령 시 소득세의 50%를 감면해주도록 세법이 개정되었다.

오답해설

① 만기 시 배분하여 지급받는다는 내용은 기사에 언급되지 않았다. 기업주와 핵심인력은 5년간 매월 일정 금액을 공동으로 적립하며, 핵심인력 근로자가 만기까지 재직할 경우 성과보상금으로 공동적립금을 지급받는다고 하였다.

② 두 번째 단락에서 '기업주와 핵심인력은 5년간 매월 일정 금액을 공동으로 적립하고, 핵심인력 근로자가 만기까지 재직 시 성과보상금으로 공동적립금을 지급한다'고 하였다. 즉, 만기 시까지 적립하는 것은 아니다.

③ 핵심인력이 매달 10만 원을 적립할 때 중소기업은 20만 원 이상을 적립하도록 한 것은 적립 비율에 대한 규정 내용이며, 이것이 적립금의 상한을 정한 것은 아니다. 실제로 세 번째 단락에서도, 근로자는 월 평균 12만 7000원, 기업은 월 평균 30만 6000원을 납입하고 있다고 하였다.

16 다음에 제시된 글의 내용과 일치하지 않는 것은?

> 대기업의 고객만족 콜센터에서 상담원으로 8년째 근무하고 있는 김모씨(30세·남)는 매일 아침마다 극심한 두통에 시달리며 잠에서 깬다. 김씨는 "욕설을 듣지 않는 날이 손에 꼽을 정도다"라며, "물론 보람을 느낄 때도 있지만, 대부분 자괴감이 드는 날이 많다"고 '감정노동자'들의 고충을 호소하였다.
>
> 이처럼 콜센터 안내원, 호텔관리자, 스튜어디스 등 직접 사람을 마주해야 하는 서비스업 종사자의 감정노동 스트레스는 심각한 수준으로 나타났다. 특히 텔레마케터의 경우 730개 직업 가운데 감정노동 강도가 가장 높았다. 최근 지방자치단체와 시민단체, 기업 등을 중심으로 감정노동자 보호를 위한 대안들이 나오고 있지만 서비스업 종사자들이 느끼는 감정노동의 현실이 개선되기까지는 여전히 많은 시간이 걸릴 것으로 보인다.
>
> 문제는 감정노동자들의 스트레스가 병으로도 이어질 수 있다는 점이다. 산업안전보건공단에 따르면 감정노동자들 중 80%가 인격 모독과 욕설 등을 경험했고, 38%가 우울증을 앓고 있는 것으로 조사됐다. 이는 심한 경우 불안장애증상이나 공황장애 등의 질환으로 발전할 수 있어 전문가들은 감정노동자들에게 각별한 주의를 요하고 있다.
>
> 하지만 이런 현실에 비해 아직 우리 사회의 노력은 많이 부족하다. 많은 감정노동자들이 스트레스로 인한 우울증과 정신질환을 앓고 있지만, 재계의 반대로 '산업재해보상보험법 시행령 및 시행규칙 개정안'은 여전히 공중에 맴돌고 있는 상태이다. 서비스업 특성상 질병의 인과관계를 밝혀내기 어렵기 때문에 기업들은 산재보험료 인상으로 기업의 비용이 부담된다며 반대의 목소리를 내고 있다.

① 감정노동자들의 대부분이 인격 모독과 욕설 등을 경험하였다.

② 지방자치단체나 기업의 반대로 산업재해보상보험법령이 개정되지 않는 상태이다.

③ 텔레마케터의 경우 감정노동으로 인한 스트레스가 가장 심한 직업 유형이다.

④ 감정노동자들이 겪는 스트레스는 심각한 정신 질환을 유발할 수 있다.

정답해설

두 번째 단락에서 '지방자치단체와 시민단체, 기업 등을 중심으로 감정노동자 보호를 위한 대안들이 나오고 있다'고 하였다는 점에서, 지방자치단체나 기업이 감정노동자 관련 법령이 개정되지 않는 것은 아니다. 마지막 단락에서 제시한 바와 같이 재계와 산재보험료 인상을 우려한 기업들이 법령의 개정에 반대하고 있다.

오답해설

① 세 번째 단락에서 '감정노동자들 중 80%가 인격 모독과 욕설 등을 경험'하였다고 했으므로, 대부분의 감정노동자들이 이러한 경험이 있다고 볼 수 있다.

③ 두 번째 단락의 '텔레마케터의 경우 730개 직업 가운데 감정노동 강도가 가장 높았다'는 문장에서 알 수 있는 내용이다.

④ 세 번째 단락의 마지막 문장에서 '감정노동으로 인한 스트레스가 심한 경우 불안장애증상이나 공황장애 등의 질환으로 발전할 수 있다'고 하였다.

17 다음 글의 주제 또는 중심내용으로 가장 알맞은 것은?

수요 공급 법칙에 따르면 수요보다 공급이 과하면 가격이 내려가게 되고, 가격이 내려가면 과잉공급 상태는 해소되며 가격은 다시 균형을 찾게 된다. 따라서 대졸자가 지금처럼 공급과잉 상태가 되면 대졸자의 평균 임금은 당연히 하락해야 한다. 하지만 한 번 오른 임금은 경제 여건이 변해도 쉽게 내려갈 생각을 하지 않는데, 이를 '임금의 하방 경직성'이라 한다. 임금이 하방 경직성을 띠는 이유는 노동조합의 존재, 균형 임금보다 높은 최저 임금, 균형 임금보다 높은 효율 임금, 장기 근로 계약 등이 있다. 이렇게 대졸자의 임금이 높게 유지되므로 대학진학률 역시 고공행진을 이어가고 있다. 이는 학력 공급의 탄력성으로도 설명해 볼 수 있다. 학사 이상의 학력을 갖추는 데에는 적어도 3~4년의 세월이 필요하므로 시장의 수요에 즉각 반응할 수 없다. 공급이 비탄력적이므로 노동시장의 변화에 대응하는 속도가 늦어 공급과잉이 쉽게 해소되지 못하는 것이다.

대학을 중시하는 사회 풍토는 기업의 요직을 차지하고 있는 부모세대의 경험과도 관련이 있다. 대졸자가 고졸자보다 사회적으로 많은 혜택을 누리는 경우를 직접 경험했거나 목격한 부모가 자신의 자식에게 대학을 졸업하는 것에 대한 장점을 지속해서 주지시키면서 결국 자식 세대는 별다른 의심이나 고민 없이 대학에 진학하는 것이다.

이처럼 대학을 졸업하는 사람이 사회에서 필요로 하는 것보다 훨씬 더 많은 지금의 사태는 한쪽 측면에서 단순하게 고려할 문제가 아니다. 경제적인 요인과 사회적인 요인이 서로 영향을 주고받으며 이러한 현상을 공고하게 하는 것이다. 이것은 대학 진학에 대한 문제가 교육 정책만으로 해결할 수 있는 것이 아니라 한국 사회에 대한 깊은 고찰이 수반되어야 함을 의미한다. 다양한 분야의 전문가가 함께하는 자리 없이는 우리 사회의 뿌리박힌 교육 문제를 해결하기 어려우며, 수많은 방안 역시 근본적인 해결책이 될 수는 없다.

① 대졸자의 평균 임금은 수요 공급 법칙에 따라 변동한다.

② 학력에 따른 임금 격차를 줄이기 위한 방안이 시급히 마련되어야 한다.

③ 대졸자의 공급과잉 문제를 해결하기 위해서는 여러 요인을 함께 고려하여야 한다.

④ 평균 임금에 영향을 미치는 요소에는 학력 외에 다양한 요소가 있다.

첫 번째와 두 번째 단락에서는 우리 사회에서 높은 대학진학률이 지속되고 있는 이유를 설명하고 있다. 그리고 세 번째 단락은 이것이 한쪽 측면에서 단순하게 고려할 문제가 아니며, 그것은 경제적 요인과 사회적 요인을 비롯한 여러 요인이 함께 고찰되어야 한다고 하였다.

① 첫 번째 단락에서 대졸자의 평균 임금은 '임금의 하방 경직성'이 작용하므로, 공급과잉 상태가 되어도 쉽게 떨어지지 않는다고 하였다. 따라서 수요 공급의 법칙에 따라 움직이는 것이 아니라 할 수 있다.
② 제시된 글을 통해 유추해 볼 수 있는 내용이나 글의 주제문으로 보기는 어렵다. 제시된 글은 높은 대학진학률을 보이는 이유를 언급하면서 대졸자의 평균 임금이 높다는 것을 한 원인으로 설명하고 있다.
④ 제시문에서 직접 언급된 내용이 아니다.

18 다음 글의 주제문으로 가장 알맞은 것은?

어떤 경제 주체의 행위가 자신과 거래하지 않는 제3자에게 의도하지 않게 이익이나 손해를 주는 것을 '외부성'이라 한다. 과수원의 과일 생산이 인접한 양봉업자에게 벌꿀 생산과 관련한 이익을 준다든지, 공장의 제품 생산이 강물을 오염시켜 주민들에게 피해를 주는 것 등이 대표적인 사례이다.

외부성은 사회 전체로 보면 이익이 극대화되지 않는 비효율성을 초래할 수 있다. 개별 경제 주체가 제3 자의 이익이나 손해까지 고려하여 행동하지는 않을 것이기 때문이다. 예를 들어, 과수원의 이윤을 극대화하는 생산량이 Q라고 할 때, 생산량을 Q보다 늘리면 과수원의 이윤은 줄어든다. 하지만 이로 인한 과수원의 이윤 감소보다 인접 양봉업자의 이윤 증가가 더 크다면, 생산량을 Q보다 늘리는 것이 사회적으로 바람직하다. 하지만 과수원이 자발적으로 양봉업자의 이익까지 고려하여 생산량을 Q보다 늘릴 이유는 없다. 전통적인 경제학은 이러한 비효율성의 해결책이 보조금이나 벌금과 같은 정부의 개입이라고 생각한다. 보조금을 받거나 벌금을 내게 되면, 제3자에게 주는 이익이나 손해가 더 이상 자신의 이익과 무관하지 않게 되므로, 자신의 이익에 충실한 선택이 사회적으로 바람직한 결과로 이어진다는 것이다.

① 외부성에 따른 사회적 비효율
② 외부성이 초래하는 문제를 해결하기 위한 정부의 개입
③ 제3자의 손익을 고려하지 않는 개별 경제 주체
④ 비효율성 해결을 위한 정부의 개입이 초래하는 해악

제시된 글은 외부성으로 인해 발생하는 비효율성 문제를 예를 들어 설명하였고, 이에 대한 해결책으로 전통적인 경제학에서 제시한 보조금 또는 벌금과 같은 정부의 개입을 제시하였다.

[19~20] 다음 글을 읽고 물음에 알맞은 답을 고르시오.

디지털 이미지는 사용자가 가장 손쉽게 정보를 전달할 수 있는 멀티미디어 객체이다. 일반적으로 디지털 이미지는 화소에 의해 정보가 표현되는데, M×N개의 화소로 이루어져 있다. 여기서 M과 N은 가로와 세로의 화소 수를 의미하며, M 곱하기 N을 한 값을 해상도라 한다.

무선 네트워크와 모바일 기기의 사용이 보편화되면서 다양한 스마트 기기의 보급이 진행되고 있다. 스마트 기기는 그 사용 목적이나 제조 방식, 가격 등의 요인에 의해 각각의 화면 표시 장치들이 서로 다른 해상도와 화면비율을 가진다. 이에 대응하여 동일한 이미지를 다양한 화면 표시 장치 환경에 맞출 필요성이 발생했다. 하나의 멀티미디어의 객체를 텔레비전용, 영화용, 모바일 기기용 등 표준적인 화면 표시 장치에 맞추어 각기 독립적인 이미지 소스로 따로 제공하는 것이 아니라, 하나의 이미지 소스를 다양한 화면 표시 장치에 맞도록 적절히 변환하는 기술을 요구하고 있다.

이러한 변환 기술을 '이미지 리타겟팅'이라고 한다. 이는 A×B의 이미지를 C×D 화면에 맞추기 위해 해상도와 화면 비율을 조절하거나 이미지의 일부를 잘라 내는 방법 등으로 이미지를 수정하는 것이다. 이러한 수정에서 입력 이미지에 있는 콘텐츠 중 주요 콘텐츠는 그대로 유지되어야 한다. 즉 리타겟팅 처리 후에도 원래 이미지의 중요한 부분을 그대로 유지하면서 동시에 왜곡을 최소화하는 형태로 주어진 화면에 맞게 이미지를 변형하여야 한다. 이러한 조건을 만족하기 위해 ㉠ 다양한 접근이 일어나고 있는데, 이미지의 주요한 콘텐츠 및 구조를 분석하는 방법과 분석된 주요 사항을 바탕으로 어떤 식으로 이미지 해상도를 조절하느냐가 주요 연구 방향이다.

19 다음 중 글의 내용과 일치하지 않는 것은?

① 디지털 이미지는 가로와 세로의 화소 수에 따라 해상도가 결정된다.

② 무선 네트워크와 모바일 기술을 이용한 스마트 기기의 경우 그 사용 목적이나 제조 방식 등에 따라 화면 표시 장치의 해상도와 화면 비율이 다양하다.

③ 스마트 기기에 대응하기 위해서는 하나의 이미지 소스를 표준적인 화면 표시 장치에 맞추어 개별적으로 제공할 필요가 있다.

④ 이미지 리타겟팅 처리 이후에도 이미지의 중요 콘텐츠는 그대로 유지하는 것이 필요하다.

정답해설

둘째 단락에서 '하나의 멀티미디어의 객체를 텔레비전용, 영화용, 모바일 기기용 등 표준적인 화면 표시 장치에 맞추어 각기 독립적인 이미지 소스로 따로 제공하는 것이 아니라, 하나의 이미지 소스를 다양한 화면 표시 장치에 맞도록 적절히 변환하는 기술을 요구하고 있다'라고 하였는데, 이를 통해 다양한 스마트 기기에 대응하기 위해서는 동일한 이미지를 다양한 화면 표시 장치라는 환경에 맞추어 적절히 변환하는 것이 필요하다는 것을 알 수 있다.

오답해설

① 첫째 단락의 '일반적으로 디지털 이미지는 화소에 의해 정보가 표현되는데, M×N개의 화소로 이루어져 있다. 여기서 M과 N은 가로와 세로의 화소 수를 의미하며, M 곱하기 N을 한 값을 해상도라 한다'라는 내용과 일치되는 내용이다.

② 둘째 단락의 '무선 네트워크와 모바일 기기의 사용이 보편화되면서 다양한 스마트 기기의 보급이 진행되고 있다. 스마트 기기는 그 사용 목적이나 제조 방식, 가격 등의 요인에 의해 각각의 화면 표시 장치들이 서로 다른 해상도와 화면 비율을 가진다'라는 내용과 일치된다.
④ 셋째 단락의 '이러한 수정에서 입력 이미지에 있는 콘텐츠 중 주요 콘텐츠는 그대로 유지되어야 한다. 즉 리타겟팅 처리 후에도 원래 이미지의 중요한 부분을 그대로 유지하면서 동시에 왜곡을 최소화하는 형태로 주어진 화면에 맞게 이미지를 변형하여야 한다'라는 글과 일치되는 내용이다.

20 다음 글의 ㉠의 사례로 보기 어려운 것은?

① 광고 사진에서 화면 전반에 걸쳐 흩어져 있는 콘텐츠를 무작위로 추출하여 화면을 재구성하는 방법
② 풍경 사진에서 전체 풍경에 대한 구도를 추출하고 구도가 그대로 유지될 수 있도록 해상도를 조절하는 방법
③ 인물 사진에서 얼굴 추출 기법을 사용하여 인물의 주요 부분을 왜곡하지 않고 필요 없는 부분을 잘라 내는 방법
④ 상품 사진에서 상품을 충분히 인지할 수 있을 정도의 범위 내에서 가로와 세로의 비율을 화면에 맞게 조절하는 방법

정답해설
㉠의 '다양한 접근'은 원래 이미지의 중요한 부분을 그대로 유지하면서 동시에 왜곡을 최소화하는 형태로 주어진 화면에 맞게 이미지를 변형하는 다양한 접근법을 말한다. 그런데 화면 전반에 흩어져 있는 콘텐츠를 무작위로 추출하여 화면을 재구성하는 방법은 ㉠의 조건에 부합하는 사례로 볼 수 없다.

오답해설
② 전체 풍경에 대한 구도가 그대로 유지될 수 있도록 풍경 사진의 해상도를 조절하는 방법은 원래 이미지의 중요 부분을 그대로 유지하면서 화면에 맞게 이미지를 변형하는 방법이 될 수 있으므로, ㉠의 다양한 접근에서 언급한 조건에 부합한다.
③ 인물 사진에서 인물의 주요 부분을 왜곡하지 않고 필요 없는 부분을 잘라 내는 방법도 ㉠의 조건에 부합하는 사례가 된다.
④ 상품 사진에서 상품을 충분히 인지할 수 있을 정도의 범위 내에서 가로 · 세로 비율을 조절하는 방법도 ㉠의 조건에 부합하는 사례가 된다.

정답 **20.** ①

수리능력

수리능력

기본문제

01 다음 단위환산의 등호가 성립될 때 괄호에 들어갈 수로 적합하지 않은 것은?

① 2.5L＝(2500)cc

② 25kg＝(25000)g

③ 4m/s＝(0.4)km/s

④ 182mm＝(18.2)cm

┌ **정답**해설
└○ 1m/s=0.001km/s, 4m/s=0.004m/s

┌ **오답**해설
└○ ① 1L=1000cc, 2.5L=2500cc
　② 1kg=1000g, 25kg=25000g
　④ 1mm=0.1cm, 182mm=18.2cm

02 나열된 수의 규칙을 찾아 빈칸에 들어갈 알맞은 수를 고른 것은?

$\frac{1}{2}$,	2,	8,	( ),	128

① 16

② 24

③ 32

④ 40

정답해설

나열된 수를 살펴보면

$\frac{1}{2} \times 4 = 2$, $2 \times 4 = 8$로 오른쪽으로 갈수록 ($\times 4$)씩 커지고 있다.

따라서 빈칸에 들어갈 수는 $8 \times 4 = 32$이다.

03 어느 반 학생들이 야영을 하는데 텐트 한 개에 4명씩 들어가면 3명이 남고, 텐트 한 개에 5명씩 들어가면 마지막 텐트에는 1명만 들어가게 된다. 이때 야영을 간 학생의 수를 구하면?

① 30명
② 31명
③ 32명
④ 33명

정답해설

텐트의 개수를 x, 전체 학생의 수를 a라 하면

텐트 한 개에 4명씩 들어가면 3명이 남으므로 $a = 4x + 3$ … ㉠

텐트 한 개에 5명씩 들어가면 마지막 텐트에는 1명만 들어가므로 $a = 5(x-1) + 1$, $a = 5x - 4$ … ㉡

㉠, ㉡을 연립하면 $x = 7$이므로 ㉠에 대입하면 $a = 31$

따라서 야영을 간 학생의 수는 31명이다.

04 다음을 인수분해 한 것으로 옳지 않은 것은?

① $x^2 - 4x + 4 = (x-2)^2$

② $4x^2 - 9 = (2x - 3)^2$

③ $25x^2 + 10xy + y^2 = (5x + y)^2$

④ $6x^2 - 7x - 3 = (3x + 1)(2x - 3)$

정답해설

$4x^2 - 9 = (2x)^2 - 3^2 = (2x + 3)(2x - 3)$

오답해설

① $x^2 - 4x + 4 = x^2 + 2 \times (-2) \times x + (-2)^2 = (x-2)^2$

③ $25x^2 + 10xy + y^2 = (5x)^2 + 2 \times 5 \times x \times y + y^2 = (5x + y)^2$

④ $6x^2 - 7x - 3 = (3x + 1)(2x - 3)$

Check Point — 곱셈공식과 인수분해공식

㉠ 곱셈공식
- $(a+b)^2=a^2+2ab+b^2$
- $(a-b)^2=a^2-2ab+b^2$
- $(a+b)(a-b)=a^2-b^2$
- $(x+a)(x+b)=x^2+(a+b)x+ab$
- $(ax+b)(cx+d)=acx^2+(ad+bc)x+bd$

㉡ 인수분해공식
- $a^2+2ab+b^2=(a+b)^2$
- $a^2-2ab+b^2=(a-b)^2$
- $a^2-b^2=(a+b)(a-b)$
- $x^2+(a+b)x+ab=(x+a)(x+b)$
- $acx^2+(ad+bc)x+bd=(ax+b)(cx+d)$

05 연속하는 세 홀수의 합이 591일 때 가장 작은 홀수를 x, 연속하는 세 짝수의 합이 714일 때 가장 작은 짝수를 y라 할 때, '$x+y$'의 값은?

① 429   ② 431
③ 433   ④ 435

정답해설

연속하는 세 홀수를 x, $x+2$, $x+4$라 하면, '$x+(x+2)+(x+4)=593$'이 된다.
따라서 '$3x+6=591$'이므로, $x=195$가 된다.
연속하는 세 짝수를 y, $y+2$, $y+4$라 하면, '$y+(y+2)+(y+4)=714$'가 된다.
따라서 '$3y+6=714$'이므로, $y=236$이 된다.

Check Point — 연속하는 수에 관한 문제의 미지수 정하기

- 연속하는 두 정수 : x, $x+1$
- 연속하는 세 정수 : x, $x+1$, $x+2$ 또는 $x-1$, x, $x+1$
- 연속하는 두 짝수(홀수) : x, $x+2$
- 연속하는 세 짝수(홀수) : x, $x+2$, $x+4$ 또는 $x-2$, x, $x+2$
- 두 자리의 자연수 : $10x+y$

06 A가 혼자 작업을 하는 경우 6일, B가 혼자 하는 경우 9일 걸리는 일이 있다. A가 먼저 2일간 작업을 하고 남은 일을 B가 완료한다고 할 때, B는 며칠 동안 일을 해야 완료할 수 있는가?

① 4일   ② 5일

③ 6일   ④ 7일

정답해설

전체 작업량을 1이라 하면, A가 하루 동안 하는 작업량은 $\frac{1}{6}$, B가 하루에 하는 작업량은 $\frac{1}{9}$이 된다. 여기서 B가

일해야 하는 일수를 x(일)라 하면, '$1 = \frac{1}{6} \times 2 + \frac{1}{9} \times x$'가 된다.

따라서 $x = 6$(일)이다.

07 집에서 회사까지 갈 때는 시속 3km, 회사에서 집으로 올 때는 시속 5km의 속력으로 걸어서 집에서 회사까지 왕복하는데 2시간이 걸렸다고 한다. 집에서 회사까지의 거리를 구하면?

① 3.5km   ② 3.75km

③ 4km   ④ 4.25km

정답해설

집에서 회사까지의 거리를 $x(\text{km})$라 하면, 갈 때 걸린 시간은 $\frac{x}{3}$(시간), 올 때 걸린 시간은 $\frac{x}{5}$(시간)이 된다. 따라

서 '$\frac{x}{3} + \frac{x}{5} = 2$'이므로, '$5x + 3x = 30$'이 된다.

따라서 $x = 3.75(\text{km})$이다.

Check Point **거리, 속력, 시간에 관한 문제**

• 거리＝속력×시간

• 시간＝$\dfrac{거리}{속력}$

• 속력＝$\dfrac{거리}{시간}$

08

10%의 소금물 300g과 16%의 소금물을 섞었더니 14%의 소금물이 되었다. 이때 섞은 16% 의 소금물의 양을 구하면?

① 500g

② 550g

③ 600g

④ 650g

정답해설

'소금물의 농도 $=\dfrac{(소금의\ 양)}{(소금물의\ 양)} \times 100(\%)$'이다. 구하는 16%의 소금물의 양을 $x(\mathrm{g})$라 하면,

'$300 \times \dfrac{10}{100} + x \times \dfrac{16}{100} = (300+x) \times \dfrac{14}{100}$'이 성립한다.

$3000 + 16x = 4200 + 14x \Rightarrow 2x = 1200$

따라서 $x = 600(\mathrm{g})$이다.

Check Point — 농도에 관한 문제

• 소금의 양 $=$ (소금물의 양) $\times \dfrac{(농도)}{100}$

• 소금물의 농도 $=\dfrac{(소금의\ 양)}{(소금물의\ 양)} \times 100(\%)$

09

12월 16일이 월요일인 경우 100일 후에는 무슨 요일인가?

① 일요일

② 월요일

③ 화요일

④ 수요일

정답해설

일주일은 7일인데, 100일 7로 나누면 몫이 14 나머지가 2가 된다. 나머지가 2이므로 100일 후에는 수요일이 된다.

10 부부와 한 명의 딸로 구성된 가족이 있다. 현재 부부 나이의 합은 딸 나이의 6배인데, 10년 전에는 부부 나이의 합이 딸 나이의 14배였다고 한다. 지금으로부터 몇 년 후 부부 나이의 합이 딸 나이의 5배가 된다고 할 때, 그 때 딸의 나이는?

① 16살 ② 18살

③ 20살 ④ 22살

정답해설

현재 딸의 나이를 x라 하면 현재 부부 나이의 합은 $6x$

10년 전에는 부부 나이의 합이 딸 나이의 14배이므로

$6x-(10\times 2)=14(x-10)$

$6x-20=14x-140$

$8x=120$, $x=15$

즉 현재 딸은 15살, 현재 부부 나이의 합은 90살이다.

지금부터 부부 나이의 합이 딸 나이의 5배가 되는데 걸리는 시간을 y(년)이라 하면

$90+(y\times 2)=5(15+y)$

$90+2y=75+5y$

$3y=15$, $y=5$

따라서 부부 나이의 합이 딸 나이의 5배가 될 때 딸의 나이는 15+5=20살이다.

11 현재 형과 동생의 나이의 비는 3:2이다. 10년 후 나이의 비가 4:3이 될 때, 현재 나이의 차는 얼마인가?

① 1세 ② 5세

③ 10세 ④ 15세

정답해설

현재 나이의 비에 따라 형과 동생의 나이를 각각 $3x$, $2x$라 할 때, 10년 후 형의 나이는 '$3x+10$'이고 동생의 나이는 '$2x+10$'이 된다.

10년 후 나이의 비가 4:3이므로, '$(3x+10):(2x+10)=4:3$'이 된다.

이 비례식을 풀면 '$8x+40=9x+30$'이므로, $x=10$이다.

따라서 형의 나이는 30세, 동생의 나이는 20세이며, 나이차는 10세이다.

12 길이 L인 끈이 있는데, A가 끈의 절반을 가져가고, B가 남은 끈의 절반을 가져갔으며, C가 다시 남은 끈의 절반을 가져갔다. 이후 D가 다시 남은 끈의 $\frac{2}{3}$을 가져갔다. 남은 끈의 길이가 50cm라면, 원래 끈의 길이 L은 얼마인가?

① 5.6m

② 6m

③ 6.4m

④ 6.8m

정답해설

A가 끈의 절반을 가져간 후 남은 끈의 길이는 $\frac{1}{2}L$이다. B와 C가 가져가고 남은 끈의 길이는 $\frac{1}{8}L$ 된다.

이후 D가 남은 끈의 $\frac{2}{3}$을 가져갔으므로, 남은 끈의 길이는 '$\frac{1}{8}L \times \frac{2}{3}$'이 된다. 이 길이가 50cm이므로,

'$\frac{1}{8}L \times \frac{2}{3} = 50(\text{cm})$'이다. '$\frac{1}{12}L = 50$'이므로, '$L = 600\text{cm} = 6\text{m}$'이다.

13 한 사람이 장갑, 모자, 목도리를 사는데 모두 75,000원을 지불하였다. 장갑은 모자보다 9,000원이 비쌌으며, 장갑과 모자의 값을 합친 것은 목도리 2개보다 15,000원이 비쌌다. 장갑의 가격은 얼마인가?

① 30,000원

② 31,000원

③ 32,000원

④ 33,000원

정답해설

장갑의 가격을 g, 모자의 가격을 h, 목도리의 가격을 n이라 하면,

$g + h + n = 75,000$(㉠)

$g = h + 9,000$(㉡)

$g + h = 2n + 15,000$(㉢)이 성립한다.

㉠에서 $g + h = 75,000 - n$이 되며, ㉢에서 $g + h = 2n + 15,000$이므로

'$2n + 15,000 = 75,000 - n$'이 된다.

$3n = 60,000$이므로 $n = 20,000$이다.

㉡을 ㉠에 대입하면, '$h + 9,000 + h + 20,000 = 75,000$'이므로

$2h = 46,000$이며, 따라서 $h = 23,000$이다.

이를 ㉡에 대입하면, $g = 32,000$(원)이 된다.

14 다음 설명 중 옳지 않은 것은?

① 통계란 집단현상에 대한 구체적인 양적 표현을 반영하는 숫자를 의미한다.

② 빈도(도수)란 어떤 측정값의 측정된 회수 또는 각 계급에 속하는 자료의 개수를 의미한다.

③ 백분율의 기호는 ％(퍼센트)이며, 100분의 1이 1％에 해당된다.

④ 평균은 전체의 수량을 100으로 하여 생각하는 수량이 몇이 되는가를 가리키는 수를 말한다.

정답해설

평균이 아니라 백분율에 대한 설명이다. 평균은 모든 사례의 수치를 합한 후에 총 사례수(자료값의 개수)로 나눈값을 말한다. 평균은 대상집단의 특징을 함축하여 나타내고 계산이 쉬워 많이 사용된다. 자료에 대한 일종의 무게중심으로 볼 수 있다.

오답해설

① 통계란 집단현상에 대한 구체적인 양적 표현을 반영한 숫자를 의미한다. 특히 사회집단 또는 자연집단의 상황을 숫자로 나타낸 것이다.

② 빈도(도수, 빈도수)는 어떤 사건이 일어나거나 증상이 나타나는 정도를 말한다.

15 다음 제시된 자료들로부터 평균, 분산, 표준편차를 각각 구한 것으로 옳은 것은?

| | 80, | 83, | 74, | 96, | 87 |

	평균	분산	표준편차
①	84	52	$\sqrt{52}$
②	85	53	$\sqrt{53}$
③	84	54	$\sqrt{54}$
④	85	55	$\sqrt{55}$

정답해설

• 평균 : 제시된 자료의 평균을 구하면, $\frac{80+83+74+96+87}{5}=84$'이다.

• 분산 : 분산은 각 관찰값과 평균값과의 차이의 제곱을 모두 합한 값을 개체의 수로 나눈 값을 의미하므로, $\frac{(80-84)^2+(83-84)^2+(74-84)^2+(96-84)^2+(87-84)^2}{5}=54$'가 된다.

• 표준편차 : 표준편차란 분산값의 제곱근 값을 의미하므로, $\sqrt{54}=(3\sqrt{6})$'이다.

Check Point --- **범위, 평균, 분산, 표준편차** -----

㉠ **범위** : 관찰값의 흩어진 정도를 나타내는 도구로써 최고값과 최저값을 가지고 파악하며, 최고값에서 최저값을 뺀 값에 1을 더한 값을 의미함

㉡ **평균** : 관찰값 전부에 대한 정보를 담고 있어 대상집단의 성격을 함축적으로 나타낼 수 있는 값으로, 평균(산술평균)은 전체 관찰값을 모두 더한 후 관찰값의 개수로 나눈 값을 의미함

㉢ **분산** : 분산이란 자료의 퍼져있는 정도를 구체적인 수치로 알려주는 도구로, 각 관찰값과 평균값과의 차이의 제곱을 모두 합한 값을 개체의 수로 나눈 값을 의미함

㉣ **표준편차** : 표준편차란 분산값의 제곱근(양의 제곱근) 값을 의미하며, 개념적으로는 평균으로부터 얼마나 떨어져 있는가를 나타냄

---

16 다음 제시된 자료들로부터 최솟값, 중앙값, 최댓값을 각각 구한 것으로 옳은 것은?

| 5, | 2, | 9, | 8, | 7, | 8, | 3 |

	최솟값	중앙값	최댓값
①	1	6	9
②	2	7	9
③	1	6	8
④	2	7	8

정답해설

- **최솟값** : 최솟값은 원자료 중 값의 크기가 가장 작은 값을 의미하므로, '2'이 된다.
- **중앙값** : 중앙값이란 정확하게 중간(순서상의 중앙)에 있는 값을 의미하므로 여기서는 '7'이 된다.
- **최댓값** : 최댓값이란 원자료 중 값의 크기가 가장 큰 값을 의미하므로, '9'가 최댓값이 된다.

17 다섯 명의 사원 중 대표 1명과 부대표 1명을 뽑는 경우의 수와, 대표 2명을 뽑는 경우의 수를 모두 바르게 고른 것은?

	대표와 부대표를 1명씩 뽑는 경우의 수	대표 2명을 뽑는 경우의 수
①	20	10
②	10	10
③	20	5
④	10	5

정답해설

5명의 사원 중에서 대표, 부대표를 뽑는 경우의 수는 '$5 \times (5-1) = 20$(가지)'이다.

5명의 사원 중에서 대표 2명을 뽑는 경우의 수는 '$\dfrac{5 \times (5-1)}{2} = 10$(가지)'이다.

Check Point ── **대표 뽑기의 경우의 수**

• 뽑는 순서가 있는 경우
 − n명 중에서 대표와 부대표 뽑는 경우의 수 : $n \times (n-1)$(가지)
 − n명 중에서 대표, 부대표, 총무를 뽑는 경우의 수 : $n \times (n-1) \times (n-2)$(가지)
• 뽑는 순서가 상관없는 경우
 − n명 중에서 2명의 대표를 뽑는 경우의 수 : $\dfrac{n \times (n-1)}{2}$(가지)
 − n명 중에서 3명의 대표를 뽑는 경우의 수 : $\dfrac{n \times (n-1) \times (n-2)}{3 \times 2 \times 1}$(가지)
• 한 줄로 세우기
 − n명 중에서 2명을 뽑아 한 줄로 세우는 경우의 수 : $n \times (n-1)$(가지)
 − n명 중에서 3명을 뽑아 한 줄로 세우는 경우의 수 : $n \times (n-1) \times (n-2)$(가지)
 − n명을 한 줄로 세우는 경우의 수 : $n \times (n-1) \times (n-2) \times \cdots 2 \times 1$(가지)

18 A상자에는 공이 6개, B상자에는 공이 5개가 있다. A상자와 B상자에는 각각 흰색 공이 3개씩 있다고 할 때, 각 상자에서 하나씩 뽑을 때 2개 모두 흰색이 공이 나올 확률은?

① $\dfrac{2}{5}$　　　　　　　② $\dfrac{7}{20}$

③ $\dfrac{1}{3}$　　　　　　　④ $\dfrac{3}{10}$

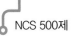
정답해설

A상자에서 흰색 공을 뽑을 확률은 $\frac{3}{6}$이고, B상자에서 흰색 공을 뽑을 확률은 $\frac{3}{5}$이다.

따라서 두 상자에서 하나씩 뽑을 때 2개 모두 흰색일 확률은 '$\frac{3}{6} \times \frac{3}{5} = \frac{3}{10}$'이다.

Check Point — **확률**

㉠ **확률의 계산**
- **확률의 덧셈 정리** : 사건 A와 B가 동시에 일어나지 않을 때, 사건 A가 일어날 확률은 p, 사건 B가 일어날 확률은 q라고 하면, '사건 A 또는 사건 B가 일어날 확률$=p+q$'
- **확률의 곱셈 정리** : 사건 A와 B가 서로 영향을 미치지 않을 때, 사건 A가 일어날 확률은 p, 사건 B가 일어날 확률은 q라고 하면, '사건 A와 사건 B가 동시에 일어날 확률$=p \times q$'

㉡ **연속하여 뽑는 경우의 확률**
- **처음 사건이 영향을 미치지 않는 경우** : 처음에 뽑은 것을 다시 넣고 연속하여 뽑는 경우, 처음에 뽑을 때와 나중에 뽑을 때의 조건이 동일함
- **처음 사건이 나중 사건에 영향을 미치는 경우** : 처음에 뽑은 것을 다시 넣지 않고 연속하여 뽑는 경우, 처음에 뽑을 때와 나중에 뽑을 때의 조건이 다름(처음 뽑을 때의 전체 개수와 나중에 뽑을 때의 전체 개수가 다름)

---

19 도표는 목적이나 상황에 따라 올바르게 활용할 때 효율성을 극대화 할 수 있다고 할 때, 다음 설명한 경에 가장 적합한 도표의 종류를 모두 바르게 짝지은 것은?

> ㉠ 꺾은 선으로 시간적 추이를 표시하고자 할 때 활용한다.
> ㉡ 내역이나 내용의 구성비를 분할하여 나타내고자 하는 경우 활용한다.
> ㉢ 다양한 요소를 비교하거나 경과를 나타내고자 하는 경우 주로 활용한다.

㉠	㉡	㉢
① 막대 그래프	원 그래프	층별 그래프
② 선 그래프	점 그래프	레이더 차트
③ 막대 그래프	점 그래프	층별 그래프
④ 선 그래프	원 그래프	레이더 차트

정답해설

㉠은 선(절선) 그래프, ㉡은 원 그래프, ㉢은 레이더 차트(거미줄 그래프, 방사형 그래프)에 대한 설명이다.

02
수리
능력

Check Point 　도표의 활용

- **선(절선) 그래프** : 시간의 경과에 따라 수량에 의한 변화의 상황을 절선의 기울기로 나타내는 그래프로, 기본적으로 시간적 추이(시계열 변화)를 표시하는데 적합함
　ex. 연도별 매출액 추이 변화 등
- **막대 그래프** : 비교하고자 하는 수량을 막대 길이로 표시하고 그 길이를 비교하여 각 수량간의 대소관계를 나타내고자 할 때 가장 기본적으로 활용할 수 있는 그래프로서, 내역, 비교, 경과, 도수 등을 표시하는 용도로 활용
　ex. 영업소별 매출액, 성별 인원분포 등
- **원 그래프** : 일반적으로 내역이나 내용의 구성비를 원을 분할하여 작성하는 그래프로서, 전체에 대한 구성비를 표현할 때 다양하게 활용할 수 있는 그래프
　ex. 제품별 매출액 구성비 등
- **점 그래프** : 지역분포를 비롯하여 도시, 지방, 기업, 상품 등의 평가나 위치, 성격을 표시하는데 활용할 수 있는 그래프
　ex. 광고비율과 이익률의 관계 등
- **층별 그래프** : 선의 움직임보다는 선과 선 사이의 크기로써 데이터 변화를 나타내는 그래프로서, 합계와 각 부분의 크기를 백분율로 나타내고 시간적 변화를 보고자 할 때, 합계와 각 부분의 크기를 실수로 나타내고 시간적 변화를 보고자 할 때 활용할 수 있는 그래프
　ex. 상품별 매출액 추이 등
- **레이더 차트(거미줄 그래프, 방사형 그래프)** : 비교하는 수량을 직경 또는 반경으로 나누어 원의 중심에서의 거리에 따라 각 수량의 관계를 나타내는 그래프로서, 다양한 요소를 비교할 때나 경과를 나타낼 때 활용할 수 있는 그래프
　ex. 매출액의 계절변동 등

[20~21] 다음 표를 보고 물음에 답하시오.

- 다음은 A영업소, B영업소, C영업소의 최근 3년간 매출액의 변화추이를 나타낸 것이다.

영업소	2018년	2019년	2020년
A영업소	105	130	150
B영업소	130	125	115
C영업소	60	70	90

[영업소별 연간 매출액(단위 : 억 원)]

20 B영업소의 연도별 변화 추이를 도표로 나타내려면, 다음 중 어떠한 종류의 도표를 활용하는 것이 가장 적절한가?

① 선 그래프　　　　　　② 막대 그래프
③ 원 그래프　　　　　　④ 거미줄 그래프

연도별 매출액 추이 변화를 나타내는데 적합한 그래프는 선 그래프이다. 선 그래프는 시간의 경과에 따라 수량에 의한 변화의 상황을 나타내는 그래프로, 시간적 추이를 표시하는데 적합하다.

21 다음 중 2021년도의 영업소별 매출액 구성비율을 도표로 나타내려면 어떠한 종류의 도표를 활용하는 것이 가장 적절한가?

① 선 그래프　　　　　　　　　　　② 막대 그래프
③ 원 그래프　　　　　　　　　　　④ 점 그래프

정답해설
매출액 구성비를 나타낼 때 가장 적절한 도표는 원 그래프이다. 원 그래프는 내역이나 내용의 구성비를 원을 분할하여 작성하는 그래프로서, 전체에 대한 구성비를 표현할 때 다양하게 활용할 수 있다.

22 다음 제시된 도표는 E사의 2021년 1분기(3개월간)의 전체 매출에서 핸드폰과 TV가 차지하는 비율을 나타낸 매출현황이다. 이것을 보고 직원들이 해석한 내용으로 옳은 것은?

구분	핸드폰	TV
1월	21	30
2월	35	33
3월	43	34

(단위 : %)

① A군 : 3개월간의 평균 매출점유율은 TV가 더 높군요.
② B군 : 1월, 2월만 본다면 핸드폰의 매출점유율이 더 높군요.
③ C군 : 주력 제품이 바뀌긴 했지만, 두 제품의 A사의 주력 제품임에는 틀림없군요.
④ D군 : 전체적으로 핸드폰의 매출이 더욱 고르다고 할 수 있겠군요.

정답해설
주력 제품이 1월에는 TV였지만, 2월과 3월에는 핸드폰으로 바뀌었다. 핸드폰과 TV 매출 비중이 항상 전체 매출의 50%를 초과하고 있으므로, A사의 주력 제품이라고 할 수 있다.

오답해설
① 3개월간의 핸드폰 매출점유율은 $\frac{21+35+43}{3}=33(\%)$'이며, TV 매출점유율은 $\frac{30+33+34}{3}≒32.33(\%)$'이다. 따라서 핸드폰의 매출점유율이 더 높다.
② 1, 2월의 핸드폰 매출점유율은 $\frac{21+35}{2}=28(\%)$'이며, TV 매출점유율은 $\frac{30+33}{2}=31.5(\%)$'이다. 따라서 TV가 더 높다.
④ 전체적으로 TV의 매출점유율이 고르다. 핸드폰의 경우 매월 증가폭이 크다.

68 ㅣ Chapter 02 수리능력

23 다음은 한 회사 직원의 4년간의 연봉 인상률을 도표로 나타낸 것이다. A와 B의 평균 연봉 인상률을 구하면?

구분	2014년	2015년	2016년	2017년
A군	180	188	200	215
B군	150	156	163	170

(단위 : 만 원)

	A군	B군
①	19.44%	13.33%
②	18.32%	12.78%
③	6.48%	4.44%
④	6.11%	4.26%

정답해설

A군의 연봉 인상률은 $\cdot \frac{(188-180)}{180} \times 100 + \frac{(200-188)}{188} \times 100 + \frac{(215-200)}{200} \times 100 ≒ 18.32\%$'이다.

따라서 연봉 평균 인상률은 '18.32÷3≒6.11%'가 된다.

B군의 연봉 인상률은 $\cdot \frac{(156-150)}{150} \times 100 + \frac{(163-156)}{156} \times 100 + \frac{(170-163)}{163} \times 100 ≒ 12.78\%$'이다.

따라서 연봉 평균 인상률은 '12.78÷3≒4.26%'가 된다.

24 다음은 어떤 시험에 응시한 남녀 응시자와 합격자 수를 나타낸 것이다. 이에 대한 설명으로 옳지 않은 것은?

구분	응시자	합격자
남자	2,536	331
여자	1,127	147

(단위 : 명)

① 총 응시자 중 남자 비율은 대략 69.23%이다.

② 응시자 대비 합격률은 남자보다 여자가 높다.

③ 여자의 응시자 대비 합격률은 대략 13.04%이다.

④ 총 응시자의 합격률은 13%가 조금 넘는 수준이다.

정답해설

남자의 응시자 대비 합격률은 '$\frac{331}{2536} \times 100 = 13.05\%$'이며, 여자의 응시자 대비 합격률은 '$\frac{147}{1127} \times 100 = 13.04\%$'이다. 따라서 응시자 대비 합격률은 여자보다 남자가 높다.

오답해설

① 총 응시자는 '2536＋1127＝3663(명)'이므로, 총 응시자 중 남자 비율은 '$\frac{2536}{3663} \times 100 = 69.23\%$'이다.

③ 여자의 응시자 대비 합격률은 대략 13.04%이다.

④ 총 합격자 수는 478명이므로, 총 응시자의 합격률은 '$\frac{478}{3663} \times 100 = 13.05\%$'이다. 따라서 13%가 조금 넘는 수준이다.

25 다음은 도표작성 시 수행해야할 일을 순서대로 나타낸 것이다. 빈칸에 알맞은 순서를 아래 〈보기〉에서 찾아 바르게 나열한 것은?

> [도표작성절차]
> • 어떠한 도표로 작성할 것인지를 결정한다.
> • _____
> • _____
> • _____
> • 도표를 작성하고 제목 및 단위를 표시한다.

┤ 보 기 ├

> ㉠ 가로축과 세로축에 나타낼 것을 결정한다.
> ㉡ 가로축과 세로축의 눈금의 크기를 결정한다.
> ㉢ 자료를 가로축과 세로축이 만나는 곳에 표시한다.

① ㉠ → ㉡ → ㉢　　　　　　　　② ㉠ → ㉢ → ㉡

③ ㉡ → ㉠ → ㉢　　　　　　　　④ ㉡ → ㉢ → ㉠

정답해설

[도표작성절차]
- 어떠한 도표로 작성할 것인지를 결정한다.
- 가로축과 세로축에 나타낼 것을 결정한다.
- 가로축과 세로축의 눈금의 크기를 결정한다.
- 자료를 가로축과 세로축이 만나는 곳에 표시한다.
- 표시된 점에 따라 도표를 작성한다.
- 도표의 제목 및 단위 등을 표시한다.

응용문제

01 $A=\sqrt{(x-1)^2}+\sqrt{(x+1)^2}$일 때, 다음 중 옳은 것은?

> ㉠ $x>1$이면 $A=2x$
> ㉡ $-1\le x<1$이면 $A=-2$
> ㉢ $x<-1$이면 $A=-2x$

① ㉠   ② ㉡

③ ㉠, ㉢   ④ ㉠, ㉡, ㉢

정답해설

㉠ $x>1$이면 $A=(x-1)+(x+1)=2x$
㉢ $x<-1$이면 $A=-(x-1)-(x+1)=-2x$

오답해설

㉡ $-1\le x<1$이면 $A=-(x-1)+(x+1)=2$

02 어느 회사의 작년 직원 수는 올해보다 5% 많았고 내년은 올해보다 4% 늘려 28명을 고용할 예정이다. 회사의 작년 직원 수와 내년 직원 수의 차이는 몇 명인가?

① 7명   ② 8명

③ 9명   ④ 10명

정답해설

작년 직원 수=올해 직원 수×$(1+0.05)$
내년 직원 수=올해 직원 수×$(1+0.04)$
          =올해 직원 수+28
이때, 올해 직원 수를 x라 하면
$1.04x=x+28$, $0.04x=28$, $x=700$(명)
따라서 작년 직원 수와 내년 직원 수의 차이는 $1.05x-1.04x=0.01x$이므로
$\therefore 0.01\times700=7$(명)

03 그릇에 담겨 있는 물에 식염 60g을 넣어 녹였을 때 이 식염수의 농도는 15%가 된다고 한다. 원래 그릇에 담겨 있는 물의 양으로 알맞은 것은?

① 320g
② 340g
③ 360g
④ 380g

정답해설

'식염수의 양＝물의 양＋식염의 양'이며, '식염수의 농도＝$\dfrac{\text{식염의 양}}{\text{식염수의 양}} \times 100(\%)$'이 된다. 여기서 처음 그릇에 담겨 있는 물의 양을 $x(\text{g})$이라고 하면, '$\dfrac{60}{(x+60)} \times 100 = 15(\%)$'가 성립한다. 이를 풀면 '$x = 340(\text{g})$'이 된다.

04 다음 식이 완성되도록 빈칸에 들어갈 수학 기호를 고르면?

$$14 \times 8 - 70 \ (\quad) \ 10 - 5 = 100$$

① ＋
② －
③ ×
④ ÷

정답해설

$(14 \times 8) - (70 \div 10) - 5 = 112 - 7 - 5 = 100$
따라서 빈칸에 들어갈 수학 기호는 '÷'이다.

05 다음 중 가장 큰 수를 고르면?

① $\dfrac{3}{4}$의 $\dfrac{2}{3}$
② $\dfrac{3}{7}$의 $\dfrac{8}{5}$
③ $\dfrac{5}{8}$의 $\dfrac{3}{4}$
④ $\dfrac{7}{4}$의 $\dfrac{1}{3}$

02

수리
능력

정답해설

① $\dfrac{3}{4} \times \dfrac{2}{3} = \dfrac{2}{4} = 0.5$

② $\dfrac{3}{7} \times \dfrac{8}{5} = \dfrac{24}{35} \fallingdotseq 0.69$

③ $\dfrac{5}{8} \times \dfrac{3}{4} = \dfrac{15}{32} = 0.46875$

④ $\dfrac{7}{4} \times \dfrac{1}{3} = \dfrac{7}{12} \fallingdotseq 0.58$

따라서 가장 큰 수는 ②이다.

06 다음에서 공통된 규칙을 찾아 빈칸에 알맞은 것을 고르면?

7	13	25	49	( )

① 95 　　　　　　　　　　② 97

③ 99 　　　　　　　　　　④ 101

정답해설

다음의 수는 바로 앞의 수를 2배한 후 1을 뺀 값이 된다.

즉 '13 = 7 × 2 − 1'이며, '25 = 13 × 2 − 1'이다.

따라서 '( ) = 49 × 2 − 1 = 97'이 된다.

07 $A \bullet B = A^2 + B^2$, $A \square B = B^2 - A^2$일 때, $(3 \bullet 1) \bullet (2 \square 3)$은 얼마인가?

① −75 　　　　　　　　　② 53

③ 75 　　　　　　　　　　④ 125

정답해설

$(3 \bullet 1) = 3^2 + 1^2 = 9 + 1 = 10$

$(2 \square 3) = 3^2 - 2^2 = 9 - 4 = 5$

따라서 $(3 \bullet 1) \bullet (2 \square 3) = 10 \bullet 5 = 10^2 + 5^2 = 100 + 25 = 125$

08 $A \blacklozenge B = (A-B)^2$, $A \triangle B = A^2 - B^2$일 때, $(3\triangle2)\triangle(3\blacklozenge5)$는 얼마인가?

① 5   ② 7

③ 9   ④ 11

정답해설

$(3\triangle2) = 3^2 - 2^2 = 9-4 = 5$

$(3\blacklozenge5) = (3-5)^2 = (-2)^2 = 4$

따라서 $(3\triangle2)\triangle(3\blacklozenge5) = 5\triangle4 = 5^2 - 4^2 = 25-16 = 9$

09 A의 자동차 연비는 16km/L이며, 휘발유 가격은 1L당 2,000원이다. A가 자동차에 기름이 하나도 없는 상태에서 주유하여 560km를 달린 후 기름이 모두 소진되었다면, A가 주유한 휘발유 가격은 모두 얼마인가?

① 50,000원   ② 60,000원

③ 70,000원   ④ 80,000원

정답해설

자동차 연비는 16km/L이므로, 560km를 달려 휘발유가 모두 소진된 경우 주유한 휘발유의 양은 '560÷16=35(L)'이다.

따라서 주유한 휘발유의 가격은 '35×2,000=70,000원'이 된다.

10 B는 과일 가게에서 사과와 배를 모두 합쳐 4.5kg을 샀다. 사과의 무게는 200g, 배는 300g이라 할 때, 배를 3개 산 경우 구입한 사과의 개수는 몇 개인가?

① 15개   ② 16개

③ 17개   ④ 18개

정답해설

사과와 배를 합쳐서 4.5kg(4,500g)을 구입하였는데, 구입한 배는 3개(900g)이므로 구입한 사과의 무게는 '4,500-900=3,600(g)'이다.

구입한 사과의 개수를 x라 하면, '$200x=3,600$'이므로 $x=18$(개)이 된다.

11

컴퓨터 판매부서에 근무하는 A, B 두 사람은 6월 달에 모두 합해서 250대의 컴퓨터를 판매하였다. 7월 달의 판매량을 조사한 결과 A는 6월에 비해 판매량이 30% 증가하였고, B는 40%가 감소했으며, 두 사람이 모두 합해서 6월 달에 비해 12% 감소하였다. 다음 중 A의 7월 컴퓨터 판매량은?

① 130대   ② 120대
③ 110대   ④ 100대

정답해설

6월 달 A의 컴퓨터 판매대수를 x(대), B의 컴퓨터 판매대수를 y(대)라 할 때, '$x+y=250$'이 된다. A는 7월 판매량이 30% 증가했고 B는 40% 감소하여, 두 사람이 합해서 12% 감소했다고 하였으므로, '$(1+0.3)x+(1-0.4)y=250\times(1-0.12)$'가 되며, 이를 풀면 '$1.3x+0.6y=220$'이 된다.

여기서 위의 '$y=250-x$'를 '$1.3x+0.6y=220$'에 대입하여 풀면,

$\Rightarrow 1.3x+0.6(250-x)=220$

$\Rightarrow 1.3x+150-0.6x=220$

$\Rightarrow 0.7x=70$ $\therefore x=100$(대)

따라서 A의 7월 판매량은 '$100(1+0.3)=130$(대)'이다.

12

갑이 혼자서 완료하는 데는 5시간, 을이 혼자서 완료하는 데는 7시간 걸리는 프로젝트가 있다. 이 프로젝트를 갑, 을 2명이 협력해서 수행하는 경우 완료하기까지 걸리는 시간은?

① 2시간 30분   ② 2시간 45분
③ 2시간 55분   ④ 3시간 10분

정답해설

전체 프로젝트의 양을 '1'이라 하면, 갑의 시간당 일한 양은 '$\frac{1}{5}$', 을의 시간당 일한 양은 '$\frac{1}{7}$'이 된다. 일을 완료하는데 소요되는 시간은 '전체 일의 양÷시간당 일의 양'이므로, 갑, 을 2명이 협력해서 완료하는데 걸리는 시간은 '$1\div(\frac{1}{5}+\frac{1}{7})=\frac{35}{12}$(시간)'이다. 따라서 '$\frac{35}{12}=2+\frac{11}{12}=2+\frac{55}{60}=$2시간 55분'이다.

13 60명의 승진 대상자 중 70%만 2단계 시험을 응시하였고, 2단계 응시자 중 $\frac{1}{3}$만 3단계 시험에 응시하였다. 3단계에서 11명이 떨어지고 나머지가 승진했다면, 승진자는 처음 대상자 60명의 몇 %인가?

① 5%   ② 10%

③ 15%   ④ 20%

정답해설

60명의 승진 대상자 중 70%만 2단계 시험을 응시하였으므로, 2단계 응시자는 '$60 \times \frac{70}{100} = 42$(명)'이다.

2단계 응시자의 $\frac{1}{3}$만 3단계 시험에 응시하였으므로, 3단계 시험 응시자는 '$42 \times \frac{1}{3} = 14$(명)'이다.

3단계에서 11명이 떨어졌으므로, 승진자는 '$14 - 11 = 3$(명)'이다.

따라서 승진자 3명은 처음 대상자 60명의 5%가 된다.

14 하나의 작업을 완료하는데 A는 18일, B는 24일이 걸린다. A와 B가 공동으로 작업을 시작하였는데, 중간에 B는 잠시 휴가를 떠났다. 공동 작업이 완료되는데 총 15일이 소요되었다면, B가 떠난 휴가 일수는 얼마인가?

① 8일   ② 9일

③ 10일   ④ 11일

정답해설

전체 작업의 양을 1이라 하면, A가 하루 동안 하는 작업량은 $\frac{1}{18}$, B가 하루 동안 하는 작업량은 $\frac{1}{24}$가 된다. 따라서 A가 15일 동안 한 일의 양은 '$\frac{1}{18} \times 15$'이다.

B의 휴가 일수를 x라 하면, B가 15일 중 일한 날 수는 '$15 - x$'이므로, B가 한 일의 양은 '$\frac{1}{24} \times (15 - x)$'가 된다. 전체 일의 양은 A와 B가 한 일의 양의 합과 같으므로, '$1 = \frac{1}{18} \times 15 + \frac{1}{24} \times (15 - x)$'이다. 이를 풀면 $x = 11$이다.

따라서 B가 떠난 휴가 일수는 11일이다.

15 같은 집에 사는 회사 동료 A와 B는 각각 시속 60km/h, 40km/h의 속력으로 운전하여 회사에 간다. A와 B가 집에서 같은 시간에 출발하였을 때 A가 30분 빨리 회사에 도착했다면, 집에서 회사까지의 거리는 얼마인가? (회사까지의 거리는 직선이라 가정한다.)

① 40km   ② 50km

③ 60km   ④ 70km

정답해설

집과 회사의 거리를 $x(\text{km})$라 하면, '시간$=\dfrac{\text{거리}}{\text{속력}}$'이므로 A와 B가 회사까지 걸린 시간은 각각 $\dfrac{x}{60}$, $\dfrac{x}{40}$이 된다. 같은 시간에 출발한 경우 A가 0.5시간(30분) 빨리 도착하므로, '$\dfrac{x}{40}-\dfrac{x}{60}=0.5$'이다. '$3x-2x=60$'이므로, $x=60(\text{km})$이다.

16 A사원은 갑(甲) 지역으로, B사원은 이와 500km 떨어진 을(乙) 지역으로 각각 출장을 갔다. 이후 업무상 미팅이 있어 갑 지역과 200km 거리에 있는 병(丙) 지역에서 만나기로 하였다. A사원이 시속 100km/h의 속력으로 가서 B사원보다 2시간 빨리 도착했다면, B사원의 속력으로 가장 알맞은 것은? (갑, 을, 병 지역은 직선상에 위치하며, B사원의 속력은 100km/h 이하이다.)

① 50km/h   ② 60km/h

③ 75km/h   ④ 90km/h

정답해설

갑 지역과 을 지역이 500km 떨어져 있고 병 지역은 갑 지역과 200km 떨어져 있으므로, 병 지역은 갑 지역의 왼쪽에 위치하거나(병-갑-을), 갑, 을 지역 사이에 위치할 수 있다(갑-병-을).

우선 A사원은 200km 거리에 있는 병(丙) 지역을 시속 100km/h의 속력으로 달렸으므로, 걸린 시간은 '$\dfrac{200}{100}=2$(시간)'이다. B사원은 병 지역에 도착하는데 이보다 2시간이 더 걸렸으므로, 모두 4시간이 소요되었음을 알 수 있다.

병 지역은 갑 지역의 왼쪽에 위치하는 경우(병-갑-을), 을 지역은 병 지역과 700km가 되므로, B사원의 속력은 '$\dfrac{700}{4}=175(\text{km/h})$'이다. B사원의 속력은 100km/h이하이므로, 이는 옳지 않다. 따라서 병 지역은 갑 지역과 을 지역 사이에 위치한다(갑-병-을).

이 경우 병 지역은 을 지역의 거리는 '500km−200km=300km'이므로, B사원의 속력은 '$\dfrac{300}{4}=75(\text{km/h})$'가 된다.

17 5%의 소금물 300g에 물을 추가하여 농도가 3%의 소금물을 만들려고 한다. 추가하여야 하는 물의 양은 얼마인가?

① 100g   ② 150g

③ 200g   ④ 250g

정답해설

'소금의 양=(소금물의 양)$\times\dfrac{\text{농도}}{100}$'이므로, 5%의 소금물 300g에 들어있는 소금의 양을 구하면

'$300\times\dfrac{5}{100}=15(\text{g})$'가 된다.

농도가 3%인 소금물을 만들기 위해 추가해야 하는 물의 양을 $x(\text{g})$이라 하면,

'소금물의 농도=$\dfrac{(\text{소금의 양})}{(\text{소금물의 양})}\times100(\%)$'이므로 '$3=\dfrac{15}{300+x}\times100$'가 성립한다.

이를 정리하면 '$3(300+x)=1{,}500$'이므로, $x=200(\text{g})$이 된다.

18 A사 마케팅팀에서는 매주 월요일 아침 업무회의를 진행하는데, 업무회의를 시작한지 30분이 경과한 현재 시각은 오전 9시 45분이다. 업무회의가 1시간 20분 동안 진행되었다고 할 때, 업무회의를 마친 시각의 시침과 분침이 이루는 각도는 얼마인가?

① 107.5°   ② 109°

③ 110.5°   ④ 112°

정답해설

업무회의를 시작한지 30분이 경과한 시각이 9시 45분이므로, 업무회의를 9시 15분에 시작되었음을 알 수 있다. 업무회의는 1시간 20분간 진행되므로, 업무회의를 마치는 시간은 오전 10시 35분이 된다.

시침이 한 시간 동안 이동하는 각도는 '$\dfrac{360°}{12}=30°$'이고, 시침이 1분 동안 이동하는 각도는 '$\dfrac{30°}{60}=0.5°$'이며, 분침이 1분 동안 이동하는 각도는 '$\dfrac{360°}{60}=6°$'이다. 따라서 a시 b분의 시침과 분침이 이루는 각도는 '$|30a+0.5b-6b|$'가 된다.

따라서 10시 35분의 시침과 분침의 각도는 '$|(30\times10)+(0.5\times35)-(6\times35)|$'이므로, 시침과 분침이 이루는 각도는 '107.5°'가 된다.

19 어떤 가게에서 1,000원에 판매하던 아이스크림의 가격을 $a\%$ 할인하였다가, 이를 다시 $a\%$ 인상하였더니 처음 판매하였던 가격보다 9% 저렴해졌다. 이때 a에 해당하는 수치는?

① 20% 　　　　　　　　　　② 30%

③ 40% 　　　　　　　　　　④ 50%

정답해설

원가 x원에서 $a\%$ 인상하면 $x\left(1+\dfrac{a}{100}\right)$원이 되며, 원가 x원에서 $a\%$ 할인을 하면 $x\left(1-\dfrac{a}{100}\right)$원이 된다.

1,000원이던 아이스크림 가격을 $a\%$ 할인한 가격은 '$1,000\times\left(1-\dfrac{a}{100}\right)$'이며, 이를 다시 $a\%$ 인상한 가격은 '$1,000\times\left(1-\dfrac{a}{100}\right)\times\left(1+\dfrac{a}{100}\right)$'이 된다. 할인하였다가 인상한 가격이 원가보다 9% 저렴해졌다고 했으므로, '$1,000\times\left(1-\dfrac{a}{100}\right)\times\left(1+\dfrac{a}{100}\right)=1,000\times\dfrac{91}{100}$'이 성립한다.

이를 간단히 정리하면, '$1-\dfrac{a^2}{10,000}=\dfrac{91}{100}$'이므로 '$a^2=900$', 따라서 $a=30(\%)$이다.

20 한 가게의 주인 A는 손님에게 3만 원인 물건을 팔고 5만 원권을 받았다. 잔돈이 없어 옆 가게에서 5만 원권을 만 원권 5장으로 바꾸어 거스름돈 2만 원을 손님에게 주었다. 그런데 이후 그 돈이 위조지폐로 판명이 되어 옆 가게 주인에게 5만 원을 변상하게 되었다. 주인 A가 이 일로 손해를 입은 금액은 모두 얼마인가?

① 5만 원 　　　　　　　　　　② 8만 원

③ 10만 원 　　　　　　　　　　④ 13만 원

정답해설

주인 A의 경우 실제로 손해를 본 금액은 물건값 3만 원과 거스름돈 2만 원이다. 옆 가게 주인에게 변상한 5만 원은 위조지폐로 5만 원을 얻었다 그대로 돌려준 셈이 되므로, 여기서 손해가 발생한 것은 아니다. A는 위조지폐를 준 손님과의 거래에서만 손해가 발생하였다.

21 한 인쇄소에 A, B 두 대의 인쇄기가 있는데, A는 하루에 60,000장을 인쇄하고, B는 40,000장을 인쇄할 수 있다. A의 불량률은 2%이고 B의 불량률은 2.5%라 할 때, 하루에 출력된 불량 인쇄물이 A에서 나왔을 확률은 얼마인가? (소수점 첫째 자리에서 반올림한다.)

① 52%   ② 53%

③ 54%   ④ 55%

정답해설

- A의 불량률이 2%이고 하루 60,000장을 인쇄하므로, 하루에 나오는 불량 인쇄물은 '$60,000 \times \dfrac{2}{100} = 1,200$ 장'이다.

- B의 불량률은 2.5%이고 하루 40,000장을 인쇄하므로, 하루에 나오는 불량 인쇄물은 '$40,000 \times \dfrac{2.5}{100} = 1,000$ 장'이다.

따라서 한 장의 불량 인쇄물이 A에서 나올 확률은 '$\dfrac{1,200}{1,200+1,000} \times 100 \fallingdotseq 55(\%)$'이다.

22 어떤 사람이 '61＋18'이 적힌 전표를 보고 두 수의 합을 100이라고 하였다. 이와 같은 방식으로 전표를 읽는 경우 다음의 합은 얼마인가?

86 ＋ 99

① 197   ② 185

③ 164   ④ 155

정답해설

'61＋18'이 적힌 전표를 180도 뒤집어 읽으면 '81 ＋19'이므로, 두 수의 합이 100이 된다.
따라서 '86＋99'도 뒤집어 읽는 경우 '66＋98'이므로 두 수의 합은 '164'이다.

23 바둑돌로 'ㄷ'자 모양을 만들려고 한다. 첫 번째 'ㄷ'은 돌 5개로, 두 번째 'ㄷ'은 돌 9개로, 세 번째 'ㄷ'은 돌 13개로 만들려고 한다. 이런 단계로 바둑돌을 놓을 경우 19번째 'ㄷ'은 몇 개의 돌이 필요한가?

① 69   ② 73

③ 77   ④ 81

정답해설

첫 번째 'ㄷ'에 필요한 바둑돌의 개수는 5(초항)이며, 바둑돌의 개수는 각 단계마다 4(공차)개씩 늘어나므로, 각 단계에서 필요한 바둑돌의 개수는 '$a_n = 5 + (n-1)4 = 4n+1$'이 된다.

따라서 19번째 'ㄷ'의 경우 '$a_{19} = 4 \times 19 + 1 = 77$(개)'의 돌이 필요하다.

Check Point ── **등차수열 n항**

초항이 a_1, 공차가 d인 경우 등차수열의 공식은 '$a_n = a_1 + (n-1)d$'이다.

24 서로 다른 2개의 주사위를 동시에 던질 때, 눈의 합 또는 눈의 곱이 4가 되는 경우의 수는?

① 4   ② 5

③ 6   ④ 7

정답해설

눈의 합이 4인 경우 : (1, 3), (2, 2), (3, 1)

눈의 곱이 4인 경우 : (1, 4), (2, 2), (4, 1)

따라서 눈의 합이나 곱이 4인 경우의 수는 5가지이다.

25 다음에서 공통된 규칙을 찾아 빈칸에 알맞은 말을 것을 고르면?

| 1 | 3 | 4 | 8 | 13 | 18 | 40 | 38 | 121 | ( ) | 364 |

① 78

② 93

③ 119

④ 208

정답해설

홀수 번째 숫자를 나열하면 1, 4, 13, 40, 121, 364이다. 여기서 다음의 수는 바로 앞의 수를 3배한 후에 1을 더한 값이 된다. 즉, '$4=1\times3+1$'이며, '$13=4\times3+1$', '$40=13\times3+1$'이 된다.

짝수 번째 숫자를 나열하면 3, 8, 18, 38, ( )이다. 여기서 다음의 수는 바로 앞의 수를 2배한 후에 2를 더한 값이 된다. 즉, '$8=3\times2+2$'이며, '$18=8\times2+2$', '$38=18\times2+2$'가 된다. 따라서 '( )$=38\times2+2=78$'이다.

26 100원, 50원, 10원짜리 동전이 각각 5개씩 있다. 600원짜리 물건을 하나 사는 경우 지불할 수 있는 경우의 수는 모두 몇 가지인가?

① 3가지

② 4가지

③ 5가지

④ 6가지

정답해설

가지고 있는 동전으로 600원을 만들 수 있는 경우의 수를 만들어 보면 다음과 같다.

- 100원짜리 5개＋50원짜리 2개
- 100원짜리 5개＋50원짜리 1개＋10원짜리 5개
- 100원짜리 4개＋50원짜리 4개
- 100원짜리 4개＋50원짜리 3개＋10원짜리 5개
- 100원짜리 4개＋50원짜리 5개＋10원짜리 5개

따라서 동전으로 600원을 지불할 수 있는 경우의 수는 모두 5가지이다.

27 화장품 회사에서 근무 중인 A는 신제품 샘플을 3개의 거래처에 동시에 보내야 한다. 고속버스 터미널에서 고속버스 화물 택배로 보내기 위해 9시 40분에 터미널에 전화를 하였는데, 10분 전에 각 거래처로 가는 버스가 동시에 출발하였다고 한다. 배차 간격을 알아보니 세 버스는 각각 12분, 20분, 24분의 배차 간격을 가지고 있다고 한다. 화물 택배를 의뢰하는 시간이 20분 소요된다고 할 때, A가 택배를 최대한 빨리 보내기 위해서 늦어도 몇 시까지 터미널에 도착해야 하는가?

① 10시 10분   ② 10시 30분

③ 10시 50분   ④ 11시 10분

정답해설

○ 거래처 3곳을 가는 버스의 배차 간격은 12분, 20분, 24분이므로, 세 수의 최소공배수를 구하면 120(분)이다.

9시 40분 통화에서 10분 전에 3곳을 가는 버스가 동시에 출발하였다고 했으므로, 동시에 출발한 시간은 9시 30분이며, 다음에 동시에 출발하는 시간은 120분 후인 11시 30분이 된다.

따라서 택배를 보내기 위해 의뢰하는 시간이 20분 소요되므로, A는 늦어도 11시 10분까지는 터미널에 도착하여야 한다.

28 증권회사에 근무 중인 B는 자사의 제품의 인지도를 파악하기 위해 설문조사 계획을 수립하려고 한다. 설문조사의 장소는 하루 유동인구가 5만 명인 명동에서 실시하며, 시간은 퇴근시간대인 16:00~20:00시에, 대상은 30~40대를 대상으로 실시하고자 한다. 설문조사를 진행하기 위해 설문지를 준비하려고 하는데, 유동인구 관련 자료에서 일부 정보가 다음과 같이 누락되었음을 알게 되었다. B는 30~40대에게 배포하기 위하여 최소 몇 장의 설문지를 준비해야 하는가?

구 분	10대	20대	30대	40대	50대	60대	70대 이상	소계
08~12시	0	1	2	3	2	1	1	10
12~16시	1	3	3		2	1	0	13
16~20시		3			2	1	1	36
20~24시	5	6		11		2	0	41
소계	8	13	31		11		2	100

① 12,500장   ② 13,000장

③ 13,500장   ④ 14,000장

정답해설

누락된 자료를 채우면 다음과 같다.

구 분	10대	20대	30대	40대	50대	60대	70대 이상	소계
08~12시	0	1	2	3	2	1	1	10
12~16시	1	3	3	3	2	1	0	13
16~20시	2	3	<u>14</u>	<u>13</u>	2	1	1	36
20~24시	5	6	12	11	5	2	0	41
소계	8	13	31	30	11	5	2	100

따라서 16:00~20:00시, 30~40대의 유동인구 비율은 '14+13=27%'임을 알 수 있다.

하루 전체 유동인구가 50,000명이므로, 준비해야 할 설문지 수는 '50,000×0.27=13,500(장)'이다.

29 다음은 국토교통부에서 제공한 국제 여객·화물 수송량을 나타낸 자료이다. 이에 대한 설명 중 옳지 않은 것은?

구 분		2013년	2014년	2015년	2016년	2017년
여객	해운	2,534	2,089	2,761	2,660	2,881
	항공	35,341	33,514	40,061	42,649	47,703
	합계	37,875	35,603	42,822	45,309	50,584
해운	해운	894,693	848,299	966,193	1,069,556	1,108,538
	항공	2,997	2,872	3,327	3,238	3,209
	합계	897,690	851,171	969,520	1,072,794	1,111,747

[단위 : 여객(천명), 화물(천톤)]

① 2015년과 2017년의 해운 여객 수송량 평균은 2,821,000명이다.

② 2016년 항공 화물 수송량은 전년에 비해 3% 이상 감소하였다.

③ 항공과 해운의 여객 수송량은 2014년 이후 지속적으로 증가하였다.

④ 여객의 수송은 항공이 절대적 비중을 차지하고 화물의 수송은 해운이 절대적 비중을 차지하고 있다.

정답해설

2016년 항공 화물 수송량은 3,238(천톤)이며, 2015년도 항공 화물 수송량은 3,327(천톤)이다. 따라서 2016년도 수송량은 전년도에 비해 '$\frac{3,238-3,327}{3,238}\times100 ≒ -2.7\%$' 변동되었다. 따라서 3% 이상 감소한 것은 아니므로, 옳지 않은 설명이다.

오답해설

① 2015년 해운 여객 수송인원은 2,761(천명)이며, 2017년 해운 여객 수송인원은 2,881(천명)이다. 두 해의 평균은 '$\frac{2,761+2,881}{2}=2,821$(천명)'이다.

③ 항공과 해운의 여객 수송량은 모두 2014년 이후 계속하여 증가하고 있다.

④ 해운과 항공의 수송량과 합계를 볼 때, 여객의 경우 항공 수송이 절대적으로 비중이 높고, 화물 소송의 경우 해운이 절대적으로 비중이 높음을 알 수 있다.

30 한 은행의 수신업무를 담당하고 있는 A는 본사로부터 2020년도 고객서비스 만족도 전수평가를 위해 조사기간 동안 내방한 고객들을 대상으로 실시하여 보고하라는 지침을 받았다. A가 상담한 고객을 중심으로 만족도에 대한 응답을 요청하여 얻은 결과는 아래와 같다. 이에 대한 설명 중 옳지 않은 것은?

만족도	응답자수(명)	비율(%)
매우 만족	㉠	22%
만족	60	㉡
보통	㉢	㉣
불만족	28	14%
매우 불만족	㉤	3%
합계	200	100%

① 매우 만족을 나타내는 응답자수는 보통을 응답한 수의 절반 이상이다.

② ㉡의 비율은 ㉣의 비율보다 조금 높은 수준이다.

③ 매우 불만족을 응답한 고객의 수는 6명이다.

④ 은행에 내방한 고객 중 200명을 대상으로 만족도를 조사하였다.

정답해설

따라서 ㉡의 비율은 '$\frac{60}{200}\times100=30$(%)'이며, ㉣의 비율은 '$100-69=31$(%)'이므로, ㉣의 비율이 조금 높다.

빈칸을 채우면 아래와 같다.

만족도	응답자수(명)	비율(%)
매우 만족	㉠ (44)	22%
만족	60	㉡ (30%)
보통	㉢ 62	㉣ (31%)
불만족	28	14%
매우 불만족	㉤ (6)	3%
합계	200	100%

정답 **29.** ② | **30.** ②

① 매우 만족을 나타내는 응답자 수는 44명이므로, 보통을 나타낸 응답자수는 62명의 절반 이상이 된다.

③ 매우 불만족의 비율은 3%이므로, '200 × 0.03 = 6(명)'이 매우 불만족으로 응답하였다.

④ 조사 대상자 수는 모두 200명이다.

[31~32] 다음 자료를 보고 물음에 답하시오.

[연도별 농기구 보유 대수]

구 분	2015년	2016년	2017년
경운기	711,095	666,897	639,517
트랙터	258,662	267,871	277,649
이앙기	282,854	253,660	235,612
콤바인	79,561	79,188	78,854
관리기	406,055	398,596	407,571
곡물건조기	75,944	77,151	78,282
스피드스프레이어	44,064	43,369	49,069
농산물건조기	198,304	204,522	221,405

(단위 : 대)

31 연도별 농기 보유 대수의 자료와 관련된 설명으로 옳지 않은 것은?

① 2016년에 비해 2017년 보유 대수가 가장 줄어든 것은 경운기이다.

② 트랙터는 꾸준히 증가하고 있으나, 콤바인은 감소하고 있다.

③ 이앙기와 관리기는 같은 증감 추이를 나타내고 있다.

④ 곡물건조기와 농산물건조기는 모두 증가하고 있다.

정답해설
이앙기는 계속해서 감소하고 있는데 비해, 관리기는 2015년에 비해 2016년 감소하였다가 2017년 다시 증가하였다. 따라서 동일한 증감 추이를 보인다고 할 수 없다.

오답해설
① 2016년에 비해 2017년 보유 대수가 줄어든 농기구는 경운기와, 이앙기, 콤바인이다. 경운기는 '666,897 − 639,517 = 27,380(대)'가 줄었고, 이앙기는 '253,660 − 235,612 = 18,048(대)'가 줄었으며, 콤바인은 '79,188 − 78,854 = 334(대)'가 줄었다. 따라서 가장 많이 줄어든 것은 경운기이다.

② 트랙터는 해가 갈수록 증가하고 있으나, 콤바인은 조금씩 감소하고 있다.

④ 곡물건조기와 농산물건조기는 모두 증가하는 추세이다.

32 다음 중 2015년과 비해 2017년 보유 대수가 가장 많이 증가한 농기구는?

① 트랙터　　　　　　　　　　　② 콤바인

③ 관리기　　　　　　　　　　　④ 스피드스프레이어

정답해설

2015년에 비해 2017년 증가한 대수는 다음과 같다.

- 트랙터의 증가 대수＝277,649－258,662＝18,987(대)
- 콤바인은 감소함
- 관리기의 증가 대수＝407,571－406,055＝1,516(대)
- 스피드스프레이어 증가 대수＝49,069－44,064＝5,005(대)

따라서 보유 대수가 가장 많이 증가한 농기구는 트랙터이다.

문제해결능력

기본문제

01 다음 중 문제 해결 시 방해요소의 사례로 볼 수 있는 것은?

① A는 변화한 사내 문화에 맞추어 기존의 고정관념에서 벗어나려고 노력한다.

② B는 위키 및 커뮤니티 사이트에 나오는 정보를 수집하여 서류를 작성하지 않는다.

③ D는 문제가 발생하면 다른 사람에게 문제 발생에 대한 책임과 분석을 떠넘긴다.

④ C는 보고서를 작성할 때 많은 정보가 아닌 필요한 정보만 골라 정리한다.

정답해설

문제를 철저하게 분석하지 않는 경우에는 문제 발생 시 직관에 의한 성급한 판단을 하게 된다. 그 결과, 문제의 본질을 명확하게 분석하지 못해 표면적인 대책안만 수립하고 실행하게 되면 근본적인 문제해결을 하지 못하고 장기적으로 비슷한 문제가 생길 수 있으며, 새로운 문제를 야기하는 결과를 초래할 수 있다.

02 문제해결 시 갖추어야 할 사고로 옳지 않은 것은?

① 문제 해결을 위해 기술, 재료, 방법 및 사람 등 다양한 자원을 활용하고자 노력한다.

② 현상과 원인분석 이전에 지식과 경험을 바탕으로 과정이나 결과, 결론을 도출한다.

③ 전체를 각각의 요소로 나눈 뒤, 우선순위를 부여해 구체적인 문제해결방법을 계획한다.

④ 기존에 갖고 있는 사물과 세상을 본받아 이를 지키려는 사고를 지향한다.

정답해설

발상의 전환은 기존에 갖고 있던 사물과 세상의 틀을 새로운 관점에서 보는 것이다.

오답해설

① 기술, 재료, 방법, 사람 등 내·외부자원 확보 계획을 수립, 효과적으로 활용한다.

②·③ 전체를 각각의 요소로 나누어 그 요소의 의미를 도출하고, 우선순위를 부여해 구체적인 문제해결방법을 실행한다.

03 다음은 창의적 문제와 분석적 문제에 대한 진술이다. 이 중 분석적 문제에 대한 진술에 해당하는 것은?

① 현재 문제가 없더라도 보다 나은 방법을 찾기 위한 문제

② 해답의 수가 적고 한정되어 있는 문제

③ 많은 아이디어의 작성을 통해 해결하는 문제

④ 직관적 · 감각적 · 개별적 특징에 의존하는 문제

정답해설

분석적 문제는 문제 해결 방법에 있어 해답의 수가 적으며 한정되어 있다는 것이 특징이다. 나머지는 모두 창의적 문제에 해당하는 설명이다.

Check Point ---- **창의적 문제와 분석적 문제의 구분** ------------

구분	분석적 문제	창의적 문제
문제제시 방법	• 현재의 문제점이나 미래의 문제로 예견될 것에 대한 문제 탐구 • 문제 자체가 명확함	• 현재 문제가 없더라도 보다 나은 방법을 찾기 위한 문제 탐구 • 문제 자체가 명확하지 않음
해결 방법	논리적 방법(분석, 논리, 귀납 등)을 통해 해결	창의력에 의한 많은 아이디어의 작성을 통해 해결
해답의 수	정답의 수가 적으며, 한정되어 있음	해답의 수가 많으며, 많은 답 가운데 보다 나은 것을 선택
주요 특징	객관적 · 일반적 · 논리적 · 이성적 · 정량적 · 공통성	주관적 · 개별적 · 직관적 · 정성적 · 감각적 · 특수성

04 다음 중 '문제점'에 관한 설명과 가장 거리가 먼 것은?

① 손을 쓰지 않아도 되나 개선이 필요한 사항

② 문제의 원인이 되는 사항

③ 문제해결에 필요한 열쇠의 핵심 사항

④ 문제 발생을 미리 방지할 수 있는 사항

정답해설

문제점은 개선해야 할 사항이나 손을 써야 할 사항이다. 즉, 문제해결을 위해서 손을 써야 할 대상을 말한다.

오답해설

② · ③ 문제점이란 문제의 근본원인이 되는 사항으로 문제 해결에 필요한 열쇠의 핵심사항을 말한다.

④ 문제점은 그에 의해 문제가 해결될 수 있고 문제의 발생을 미리 방지할 수 있는 사항을 말한다. 예컨대 난폭운전으로 사고가 발생한 경우, 사고의 발생이 문제이며 난폭운전은 문제점이 된다.

05 다음 중 문제해결을 위한 기본요소와 가장 거리가 먼 것은?

① 문제해결방법에 대한 지식

② 문제해결을 위한 동료나 선배의 조언

③ 문제해결자의 의지와 도전의식, 끈기

④ 체계적 접근을 통한 문제 분석

정답해설

문제해결을 위해 동료나 직장선배가 조언을 줄 수는 있으나, 이것이 문제해결을 위해 개인이 갖추어야 할 기본요소가 될 수는 없다. 문제해결을 위한 기본요소로는 체계적인 교육훈련과 문제해결방법에 대한 지식, 문제관련 지식에 대한 가용성, 문제해결자의 도전의식과 끈기, 문제에 대한 체계적인 접근, 체계적인 교육훈련 등의 5가지가 있다.

Check Point — 문제해결을 위한 기본요소

• **체계적인 교육훈련** : 문제해결을 위해서는 문제해결방법에 대한 체계적인 교육훈련을 통해 창조적 문제해결능력을 향상시켜야 한다. 즉, 고정관념과 편견 등 심리적 타성 및 기존의 패러다임 극복하고 새로운 아이디어를 효과적으로 낼 수 있는 창조적 문제해결능력에 필요한 스킬 등을 습득하는 것이 필요하다. 개인은 이를 위해 사내 · 외의 체계적인 교육훈련을 통해 문제해결을 위한 기본 지식과 스킬을 습득해야 한다.

• **문제해결방법에 대한 지식** : 문제해결을 위해서는 다양한 문제해결방법에 관한 지식을 습득 하여야 하며, 이를 적절하게 사용할 수 있어야 한다. 여기에는 일반적인 문제에 적용되는 해결방법과 전문영역(R&D, 마케팅)에 따른 해결방법이 있는데, 개인은 이러한 문제의 다양한 해결방법을 알아야 하며, 이는 효과적인 문제해결의 출발점이 될 수 있다.

• **문제에 관련된 해당지식 가용성** : 문제해결방법에 대한 지식이 아무리 많다 하여도 해결하고자 하는 문제와 해당 업무에 대한 지식이 없다면 문제해결은 불가능할 것이다. 따라서 담당 업무에 대한 풍부한 지식과 경험을 통해서 해결하고자 하는 문제에 대한 지식을 갖출 것이 요구된다.

• **문제해결자의 도전의식과 끈기** : 문제를 해결하여 성과를 도출하고자 하는 문제해결자의 문제해결의지, 도전의식과 끈기를 필요로 한다. 특히 현상에 대한 도전의식과 새로운 것을 추구하려는 자세, 난관에 봉착했을 때 헤쳐 나가려는 태도 등이 문제해결의 밑바탕이 된다.

• **문제에 대한 체계적인 접근** : 문제해결을 위해서는 문제를 체계적으로 접근하는 것이 필요하다. 문제를 전체적 관점에서 바라보지 않고 각 기능단위별로 문제점을 분석하고 해결안을 도출한다면, 각 기능과 기능사이의 사각지대는 지속적으로 문제가 상존하여 문제해결의 결과가 성과에 미치는 영향이 아주 미미한 경우가 있다. 따라서 효과적인 문제해결을 위해서는 체계적 접근을 통해 문제를 분석하고 해결해야 한다.

06 문제를 효과적으로 해결하기 위해 문제의 유형을 파악하는 것이 우선시 되어야 한다. 다음 중 문제의 유형과 서로 관련된 것끼리 바르게 짝지은 것은?

> ㉠ 눈앞에 직면하여 당장 걱정하고 해결을 고민하는 문제
> ㉡ 현재의 상황을 개선하거나 효율을 높이기 위한 문제
> ㉢ 미래 경영전략의 문제로, 앞으로 어떻게 할 것인가 하는 문제

	㉠	㉡	㉢
①	설정형 문제	발생형 문제	탐색형 문제
②	설정형 문제	탐색형 문제	발생형 문제
③	발생형 문제	설정형 문제	탐색형 문제
④	발생형 문제	탐색형 문제	설정형 문제

정답해설

㉠ 발생형 문제(보이는 문제)는 우리 눈앞에 발생되어 당장 걱정하고 해결하기 위해 고민하는 문제를 의미한다.

㉡ 탐색형 문제(찾는 문제)는 더 잘해야 하는 문제로 현재의 상황을 개선하거나 효율을 높이기 위한 문제를 의미한다. 탐색형 문제는 눈에 보이지 않는 문제로, 문제를 방치하면 뒤에 큰 손실이 따르거나 결국 해결할 수 없는 문제로 나타나게 된다.

㉢ 설정형 문제(미래 문제)는 미래상황에 대응하는 장래의 경영전략의 문제로 앞으로 어떻게 할 것인가 하는 문제를 의미한다. 설정형 문제는 지금까지 해오던 것과 전혀 관계없이 미래 지향적으로 새로운 과제 또는 목표를 설정함에 따라 일어나는 문제로서, 목표 지향적 문제라도 한다.

Check Point ---- **문제의 유형 및 기준에 따른 구분**

- **기능에 따른 문제 유형** : 제조 문제, 판매 문제, 자금 문제, 인사 문제, 경리 문제, 기술상 문제
- **해결방법에 따른 문제 유형** : 논리적 문제, 창의적 문제
- **시간에 따른 문제 유형** : 과거 문제, 현재 문제, 미래 문제
- **업무수행과정중 발생한 문제 유형** : 발생형 문제(보이는 문제), 탐색형 문제(찾는 문제), 설정형 문제(미래 문제)

07 다음 중 탐색형 문제(찾는 문제)와 관련된 내용에 해당하는 것은?

① 원인지향적인 문제

② 일탈문제와 미달문제

③ 잠재문제, 예측문제, 발견문제

④ 창조적 문제

정답해설

탐색형 문제(찾는 문제)는 잠재문제, 예측문제, 발견문제의 세 가지 형태로 구분된다. 잠재문제는 문제가 잠재되어 있어 보지 못하고 인식하지 못하다가 결국은 문제가 확대되어 해결이 어려운 문제를 의미한다. 이와 같은 문제는 존재하나 숨어있기 때문에 조사 및 분석을 통해서 찾아야 할 필요가 있다. 예측문제는 지금 현재로는 문제가 없으나 현 상태의 진행 상황을 예측이라는 방법을 사용하여 찾아야 앞으로 일어날 수 있는 문제가 보이는 문제를 의미한다. 발견문제는 현재로서는 담당 업무에 아무런 문제가 없으나 유사 타 기업의 업무방식이나 선진기업의 업무방법 등의 정보를 얻음으로써 보다 좋은 제도나 기법, 기술을 발견하여 개선, 향상시킬 수 있는 문제를 말한다.

오답해설

①·② 발생형 문제(보이는 문제)는 눈에 보이는 이미 일어난 문제로, 어떤 기준을 일탈함으로써 생기는 일탈문제와 기준에 미달하여 생기는 미달문제로 구분된다. 또한 문제의 원인이 내재되어 있기 때문에 원인지향적인 문제라고도 한다.

④ 설정형 문제(미래 문제)는 미래 지향적으로 새로운 과제 또는 목표를 설정함에 따라 일어나는 문제로서, 이러한 과제나 목표를 달성하는데 따른 문제해결에는 지금까지 경험한 바가 없기 때문에 많은 창조적인 노력이 요구되므로 이를 창조적 문제라 하기도 한다.

08 다음 문제해결과 관련된 설명 중 옳지 않은 것은?

① 문제해결이란 목표와 현상을 분석하고 그 결과를 토대로 과제를 도출하여 최적의 해결책을 찾아 실행·평가하는 활동을 의미한다.

② 문제해결은 조직과 상품, 고객의 세 가지 측면에서 도움을 줄 수 있다.

③ 문제해결을 위해서는 고정관념 등의 심리적 타성과 기존의 패러다임을 극복해야 한다.

④ 문제해결에는 새로운 아이디어 발휘를 위한 창조적 문제해결 스킬이 필요하다.

정답해설

문제해결에 도움이 되는 세 가지 측면은 조직, 고객, 자신이다. 조직측면에서는 자신의 속한 조직의 관련분야에서 세계 일류수준을 지향하며, 경쟁사와 대비하여 탁월하게 우위를 확보하기 위해서 끊임없는 문제해결이 요구된다. 고객측면에서는 고객이 불편하게 느끼는 부분을 찾아 개선과 고객감동을 통한 고객만족을 높이는 측면에서 문제해결이 요구된다. 자기 자신 측면에서는 불필요한 업무를 제거하거나 단순화하여 업무를 효율적으로 처리하게 됨으로써 자신을 경쟁력 있는 사람으로 만들어 나가는데 문제해결이 요구된다.

오답해설

① 문제해결이란 목표와 현상을 분석하고, 이 분석 결과를 토대로 주요과제를 도출 바람직한 상태나 기대되는 결과가 나타나도록 최적의 해결안을 찾아 실행, 평가해 가는 활동을 의미한다.

③ 문제해결을 위해서는 고정관념, 편견 등 심리적 타성 및 기존의 패러다임을 극복해야 한다.

④ 새로운 아이디어를 효과적으로 발휘할 수 있는 창조적 문제해결 능력에 필요한 스킬 등을 습득하는 것이 필요하다.

09 분석적 사고가 요구되는 문제의 유형 중, 현상 및 원인분석 전에 일의 과정이나 결론을 가정한 후 일을 수행하는 문제의 종류는?

① 가설 지향의 문제
② 사실 지향의 문제
③ 성과 지향의 문제
④ 산출 지향의 문제

정답해설
분석적 사고는 문제가 성과 지향의 문제이냐 가설 지향 또는 사실 지향의 문제인가에 따라 그 유형이 구분되는데, 현상 및 원인분석 전에 지식과 경험을 바탕으로 일의 과정이나 결론을 가정한 후 다음 단계를 수행하는 것은 가설 지향의 문제인 경우에 해당한다.

Check Point — 분석적 사고가 요구되는 문제의 종류

• **성과 지향의 문제** : 기대하는 결과를 명시하고 효과적으로 달성하는 방법을 사전에 구상하고 실행에 옮긴다.
• **가설 지향의 문제** : 현상 및 원인분석 전에 지식과 경험을 바탕으로 일의 과정이나 결과, 결론을 가정한 다음, 검증 후 사실일 경우 다음 단계의 일을 수행한다.
• **사실 지향의 문제** : 일상 업무에서 일어나는 상식, 편견을 타파하여 객관적 사실로부터 사고와 행동을 출발한다.

10 다음 중 문제해결을 위해 기본적으로 갖추어야 할 사고에 대한 설명으로 적절하지 않은 것은?

① 당면 문제와 해결방법만 집착하지 않고 그 상위 시스템 또는 다른 문제와의 연결성을 생각하는 전략적 사고가 필요하다.
② 전체를 각각의 요소로 나누어 각 의미를 도출한 후 우선순위를 부여하는 분석적 사고가 필요하다.
③ 사물을 바라보는 인식의 틀을 전환하는 발상의 전환을 방지하는 사고가 필요하다.
④ 문제해결에 필요한 조직 내·외부 자원을 효과적으로 활용해야 한다.

정답해설
문제해결을 효과적으로 하기 위해서는 발상의 전환을 할 필요가 있다. 즉, 기존에 가지고 있는 사물과 세상을 바라보는 인식의 틀을 전환하여 새로운 관점에서 보는 사고를 지향하여야 한다.

오답해설
① 문제해결을 효과적으로 수행하기 위해서는 전략적 사고를 해야 한다. 즉, 현재 당면하고 있는 문제와 그 해결방법에만 집착하지 말고, 그 문제와 해결방안이 상위 시스템 또는 다른 문제와 어떻게 연결되어 있는지를 생각하는 것이 필요하다.
② 문제해결을 잘하기 위해서는 분석적 사고를 해야 한다. 즉, 전체를 각각의 요소로 나누어 그 요소의 의미를 도출한 다음 우선순위를 부여하고 구체적인 문제해결방법을 실행하는 것이 요구된다.
④ 문제해결 시 기술, 재료, 방법, 사람 등 필요한 자원 확보 계획을 수립하고 내·외부 자원을 효과적으로 활용하도록 해야 한다.

11 다음 중 문제해결을 위한 장애요소와 가장 거리가 먼 것은?

① 직관에 의한 문제의 성급한 판단

② 단순한 정보에의 의지

③ 많은 자료를 얻으려는 노력

④ 새로운 아이디어와 가능성의 수용

정답해설

고정관념에 얽매여 새로운 아이디어와 가능성을 무시해 버리는 경우 문제해결의 장애가 된다. 따라서 새로운 아이디어와 가능성을 수용하는 것은 장애요소라 볼 수 없다.

오답해설

① 문제가 발생하면 직관에 의해 성급하게 판단함으로써 문제를 명확하게 분석하지 않고 대책 안을 수립 · 실행하는 것은 문제해결의 장애요인이 된다.

② 쉽게 떠오르는 단순한 정보에 의지하는 경우도 문제해결의 장애요인에 해당한다.

③ 너무 많은 자료를 수집하려고 노력하는 경우도 문제해결의 장애요인이다. 구체적 절차를 무시하는 계획없는 자료 수집은 제대로 된 자료가 무엇인지 알 수 없게 한다.

Check Point ---- **문제해결의 장애요인**

• **문제를 절저하게 분석하지 않는 경우** : 문제가 무엇인지 문제의 구도를 심도 있게 분석하지 않으면 문제해결이 어려워진다. 즉 어떤 문제가 발생하면 직관에 의해 성급하게 판단하여 문제의 본질을 명확하게 분석하지 않고 대책 안을 수립 · 실행함으로써 근본적인 문제해결을 하지 못하거나 새로운 문제를 야기하는 결과를 초래할 수 있다.

• **고정관념에 얽매이는 경우** : 상황이 무엇인지를 분석하기 전에 개인적인 경험이나 습관, 편견 등을 통해 정해진 규정과 틀에 얽매임으로써 새로운 아이디어와 가능성을 무시해 버리는 경우 문제해결의 장애가 된다.

• **쉽게 떠오르는 단순한 정보에 의지하는 경우** : 문제해결에 있어 알고 있는 단순한 정보들에 의존하는 경우 문제를 해결하지 못하거나 오류를 범하게 된다.

• **너무 많은 자료를 수집하려고 노력하는 경우** : 자료 수집에 있어 구체적 절차를 무시하고 많은 자료를 얻으려는 노력에만 집중하는 경우 제대로 문제해결을 할 수 없게 된다. 무계획적인 자료 수집은 무엇이 제대로 된 자료인지를 알지 못하는 우를 범할 우려가 많다.

12 다음 중 문제해결의 방법에 대한 설명 중 옳지 않은 것은?

① 소프트 어프로치에서는 문제해결을 위해 직접적인 표현은 바람직하지 않다고 여기며, 무언가를 시사하거나 암시를 통해 의사를 전달한다.

② 하드 어프로치에 의한 문제해결방법은 생각을 직설적으로 주장하고 논쟁이나 협상을 통해 서로의 의견을 조정해 가는 방법이다.

③ 퍼실리테이션(facilitation)에 의한 문제해결에서 코디네이터는 권위나 공감에 의지하여 의견을 중재하고, 타협과 조정을 통하여 해결을 도모한다.

④ 최근 많은 조직에서는 보다 생산적 결과를 가져오고 주제에 대한 공감을 이룰 수 있도록 능숙하게 도와주는 퍼실리테이터를 활용하고 있다.

정답해설

코디네이터 역할을 하는 제3자가 권위나 공감에 의지하여 의견을 중재하고 타협과 조정을 통하여 해결을 도모하는 것은 소프트 어프로치에 의한 문제해결방법에 해당한다.

오답해설

① 소프트 어프로치에 의한 문제해결방법은 대부분의 기업에서 볼 수 있는 전형적인 스타일로, 문제해결을 위해서 직접적인 표현이 바람직하지 않다고 여기며 무언가를 시사하거나 암시를 통하여 의사를 전달함으로써 문제해결을 도모하려고 한다.

② 하드 어프로치에 의한 문제해결방법은 서로의 생각을 직설적으로 주장하고 논쟁이나 협상을 통해 서로의 의견을 조정해 가는 방법이다.

④ 최근 많은 조직에서는 보다 생산적인 결과를 가져올 수 있도록 그룹이 어떤 방향으로 나아갈지 알려주고 주제에 대한 공감을 이룰 수 있도록 능숙하게 도와주는 퍼실리테이터를 활용하고 있다.

Check Point ── **문제해결을 위한 방법**

㉠ 소프트 어프로치에 의한 문제해결
- 대부분의 기업에서 볼 수 있는 전형적인 스타일로 조직 구성원들은 같은 문화적 토양을 가지고 이심전심으로 서로를 이해하는 상황을 가정함
- 문제해결을 위해서 직접적인 표현이 바람직하지 않다고 여기며, 무언가를 시사하거나 암시를 통하여 의사를 전달하고 기분을 서로 통하게 함으로써 문제해결을 도모함
- 코디네이터 역할을 하는 제3자는 결론으로 끌고 갈 지점을 미리 머릿속에 그려가면서 권위나 공감에 의지하여 의견을 중재하고, 타협과 조정을 통하여 해결을 도모함

㉡ 하드 어프로치에 의한 문제해결
- 상이한 문화적 토양을 가지고 있는 구성원을 가정하고, 서로의 생각을 직설적으로 주장하고 논쟁이나 협상을 통해 서로의 의견을 조정해 가는 방법
- 중심적 역할을 하는 것이 논리, 즉 사실과 원칙에 근거한 토론이며, 제3자는 이것을 기반으로 구성원에게 지도·설득하고 전원이 합의하는 일치점을 찾아내려고 함
- 방법은 합리적이긴 하나 잘못하면 단순한 이해관계의 조정에 그치며, 창조적 아이디어나 높은 만족감을 이끌어 내기 어려움

㉢ 퍼실리테이션에 의한 문제해결
- 퍼실리테이션(facilitation)이란 '촉진'을 의미하며, 어떤 그룹이나 집단이 의사결정을 잘 하도록 도와주는 일을 의미함
- 퍼실리테이션에 의한 문제해결방법은 깊이 있는 커뮤니케이션을 통해 서로의 문제점을 이해하고 공감함으로써 창조적인 문제해결을 도모함
- 문제해결은 구성원이 자율적으로 실행하는 것이며, 제3자가 합의점이나 줄거리를 준비해놓고 예정대로 결론이 도출되어 가는 것이어서는 안 됨
- 소프트 어프로치나 하드 어프로치 방법은 단순한 타협점의 조정에 그치지만 퍼실리테이션에 의한 방법은 초기에 생각하지 못했던 창조적인 해결방법이 도출되며, 구성원의 동기가 강화되고 팀워크도 한층 강화된다는 특징을 지님
- 최근 많은 조직에서는 보다 생산적인 결과를 가져올 수 있도록 그룹이 어떤 방향으로 나아갈지 알려주고, 주제에 대한 공감을 이룰 수 있도록 능숙하게 도와주는 퍼실리테이터를 활용하고 있음

13 다음 중 창의적 사고에 대한 설명으로 적절하지 않은 것은?

① 창의적 사고란 당면 문제를 해결하기 위해 경험지식을 해체하여 새로운 아이디어를 도출하는 것을 말한다.

② 정형화된 문제를 빠르게 해결한 사람은 창의적인 사람이라고 할 수 있다.

③ 창의적인 사고는 기발하고 독창적인 것을 말하며, 통상적인 것을 의미하지는 않는다.

④ 창의적 사고는 후천적 노력에 의해 개발이 가능하다.

정답해설

어떤 사람이 정형화된 문제를 빠르게 해결한다고 해서 창의적이라고 할 수 없으며, 잘 안 풀리는 문제나 해답이 많은 문제, 또는 정답이 없는 문제를 해결하는 사람이 창의적인 사람이라 할 수 있다.

오답해설

① 창의적인 사고란 당면 문제를 해결하기 위해 경험지식을 해체하여 새로운 아이디어를 다시 도출하는 것으로, 개인이 가지고 있는 경험과 지식을 통해 새로운 가치 있는 아이디어로 다시 결합함으로써 참신한 아이디어를 산출하는 사고를 말한다.

③ 창의적인 사고는 통상적인 것이 아니라 기발하거나 독창적인 것을 의미한다.

④ 창의적 사고는 선천적으로 타고나는 것으로만 정해지는 것이 아니라 후천적 노력에 의해 개발이 가능하다.

Check Point ── **창의적 사고의 의미** ─────────────────────────────

• 창의적 사고는 발산적(확산적) 사고로서, 아이디어가 많고 다양하며 독특한 것을 의미한다.

• 새롭고 유용한 아이디어를 생산해 내는 정신적인 과정이다.

• 통상적인 것이 아니라 기발하거나 독창적이며, 신기한 것을 말한다.

• 유용하고 적절하며, 가치가 있어야 한다.

• 기존의 정보들을 특정 요구조건에 맞거나 유용하도록 새롭게 조합시킨 것이다.

---

14 다음 설명 중 창의적 사고의 3가지 특징과 가장 거리가 먼 것은?

① 정보를 조합하고 이를 해답으로 통합해야 하는 것이 창의적 사고의 첫 걸음이다.

② 창의적 사고는 개인 또는 사회에 새로운 가치를 창출한다.

③ 창의적 사고에는 전인격적인 가능성까지도 포함하므로, 자유분방함보다는 적절한 조절과 통제가 창의력을 높일 수 있다.

④ 창의적 사고에는 문제를 사전에 찾아내는 힘과 문제해결을 위해 끈기 있게 도전하는 태도 등이 포함된다.

정답해설

창의적인 사고는 창의력 교육훈련을 통해서 개발할 수 있으며, 모험심과 호기심, 집념과 끈기를 지니고 적극적 · 예술적 · 자유분방할수록 높은 창의력을 보인다.

오답해설

① 창의적 사고란 정보와 정보의 조합이다. 이러한 정보를 조합하고 그 조합을 최종적인 해답으로 통합해야 하는 것이 창의적 사고의 첫 걸음이다.

② 창의적 사고는 사회나 개인에게 새로운 가치를 창출한다. 창의적 사고는 개인이 갖춘 창의적 사고와 사회적으로 새로운 가치를 가지는 창의적 사고의 두 가지로 구분되며, 단순히 사회에 대한 영향력 외에도 개인이 창의적 사고를 얼마나 발전시킬 수 있는가 하는 점도 고려해야 한다.

④ 창의적 사고는 창조적인 가능성이다. 여기에는 문제를 사전에 찾아내는 힘과 문제해결에 있어서 다각도로 힌트를 찾아내는 힘, 문제해결을 위해 끈기 있게 도전하는 태도 등이 포함된다. 즉, 창의적 사고에는 사고력을 비롯해서 성격, 태도에 걸친 전인격적인 가능성까지도 포함된다.

03
문제해결
능력

15 다음은 창의적 사고를 개발하는 방법과 구체적인 기법에 대한 설명이다. 연결이 잘못된 것은?

① 자유연상법 – 브레인스토밍
② 강제연상법 – 체크리스트
③ 비교발상법 – Synectics
④ 자유연상법 – NM법

정답해설

비교발상법은 주제의 본질과 닮은 것을 힌트로 발생해내는 것으로, NM법과 Synectics 기법 등이 있다.

오답해설

① 자유연상법은 어떤 주제에서 생각나는 대로 자유롭게 발상하는 방법으로, 브레인스토밍이 대표적인 기법이다.
② 강제연상법은 각종 힌트에 따라 강제적으로 연결지어 새로운 아이디어를 생각해내는 방법으로, 체크리스트 방법이 대표적 기법에 해당한다.

16 다음 중 창의적인 사고를 개발하기 위한 발산방법 중 가장 흔히 사용되는 방법으로, 두뇌에 폭풍을 일으킨다는 뜻의 발상법은 무엇인가?

① 브레인스토밍
② 체크리스트
③ NM법
④ Synectics법

정답 **13.** ② | **14.** ③ | **15.** ④ | **16.** ①

정답해설

브레인스토밍(Brain Storming)법은 미국의 알렉스 오즈번이 고안한 그룹발산기법으로, 창의적인 사고를 위한 발산방법 중 가장 흔히 사용되는 대표적 방법이다. 브레인스토밍은 집단의 효과를 살려서 아이디어의 연쇄반응을 일으켜 자유분방한 아이디어를 내고자 하는 것이다.

오답해설

② 체크리스트법은 개선점을 구하기 위하여 모든 질문을 설정하고 하나씩 점검 하면서 아이디어를 내는 발상법이다.
③ NM법은 비교발상법의 하나로, 주제와 본질적으로 닮은 것을 힌트로 하여 새로운 아이디어를 얻는 방법이다.

Check Point ---- **브레인스토밍의 구체적 진행 방법**

• 주제를 구체적이고 명확하게 정한다.
• 구성원의 얼굴을 볼 수 있는 자석 배치와 큰 용지를 준비한다.
• 구성원들의 다양한 의견을 도출할 수 있는 사람을 리더로 선출한다.
• 구성원은 다양한 분야의 사람들로 5~8명 정도로 구성한다.
• 발언은 누구나 자유롭게 할 수 있도록 하며, 모든 발언 내용을 기록한다.
• 아이디어에 대한 평가는 비판해서는 안 되며, 독자성과 실현가능성을 고려해 최적 방안을 찾는다.

17 브레인스토밍(Brain Storming)의 4대 원칙으로 적절하지 않은 것은?

① 비판엄금   ② 자유분방
③ 양보다 질   ④ 결합과 개선

정답해설

브레인스토밍의 4대 원칙의 하나는 '질보다 양(Speed)'이다. 즉, 양(量)이 질(質)을 낳는다는 원리로, 질에는 관계없이 가능한 많은 아이디어들을 생성해내도록 격려하는 것으로, 많은 아이디어를 생성해 낼 때 유용한 아이디어가 들어있을 가능성이 더 커진다는 것을 전제로 한다. 브레인스토밍 활동 시 시간을 정해주거나 아이디어의 개수를 정해주기도 하는데, 이는 두뇌를 긴장시켜 빠른 시간에 많은 아이디어를 생성하도록 유도하는 것이다.

오답해설

① 브레인스토밍의 4대 원칙의 하나인 '비판엄금(Support)'은 평가 단계 이전에 결코 비판이나 판단을 해서는 안 되며 평가는 나중까지 유보한다는 것이다. 브레인스토밍의 특징은 개방에 있으며, 비판은 커뮤니케이션의 폐쇄와 연결되므로 금지되는 것이 원칙이다.
② '자유분방(Silly)'은 무엇이든 자유롭게 말하는 것을 의미하며, 이런 바보 같은 소리를 해서는 안 된다는 등의 생각은 하지 않아야 한다.
④ 다른 사람의 아이디어에 자극되어 보다 좋은 생각이 떠오르며, 이를 서로 조합하면 재미있는 아이디어가 될 것같은 생각이 드는 경우 즉시 조합시킴으로써 얻은 힌트를 헛되게 해서는 안 된다. 이를 '결합과 개선(Synergy)'의 원칙이라 한다.

18 다음 중 논리적 사고를 구성하는 요소와 가장 거리가 먼 것은?

① 생각하는 습관   ② 자기 논리를 기준으로 하는 생각
③ 구체적인 생각   ④ 설득

> **정답해설**
> 논리적인 사고를 하기 위한 구성요소에는 생각하는 습관, 상대 논리의 구조화, 구체적인 생각, 타인에 대한 이해, 설득의 5가지를 들 수 있다. 자신이 생각처럼 되지 않을 때 자신의 논리로만 생각하면 독선에 빠지기 쉽다. 이때에는 상대의 논리를 구조화하는 것이 필요하다.

03
문제해결
능력

19 논리적 사고의 구성요소 중, 자신의 사상을 강요하지 않고 함께 일을 진행하는 상대와 의논하는 가운데 자신이 깨닫지 못했던 새로운 가치를 발견하는 과정으로 가장 알맞은 것은?

① 생각하는 습관   ② 상대 논리의 구조화
③ 타인에 대한 이해   ④ 설득

> **정답해설**
> 논리적인 사고의 구성요소 중 설득은 자신의 사상을 강요하지 않고, 자신이 함께 일을 진행하는 상대와 의논하기도 하고 설득해 나가는 가운데 자신이 깨닫지 못했던 새로운 가치를 발견하고 생각해 내는 과정을 의미한다.

Check Point ---- **논리적 사고의 구성요소** ----

- **생각하는 습관** : 논리적 사고의 가장 기본이 되는 것은 항상 생각하는 습관을 들이는 것이다. 생각할 문제는 우리 주변에 쉽게 찾아볼 수 있으며, 특정한 문제에 대해서만 생각하는 것이 아니라 일상적인 대화, 회사의 문서, 신문의 사설 등 어디서 어떤 것을 접하든지 늘 생각하는 습관을 들이는 것이 중요하다.
- **상대 논리의 구조화** : 자신이 제출한 기획안이 거부되거나 자신이 추진한 프로젝트가 거부당한 경우 이유나 원인을 생각하는 과정에서 자신의 논리로만 생각하면 독선에 빠지기 쉬우므로, 이 경우 상대의 논리를 구조화하는 것이 필요하다. 상대의 논리에서 약점을 찾고 자신의 생각을 재구축한다면 다른 메시지를 전달할 수 있으며, 자신의 주장이 받아들여지지 않는 원인 중에 상대 주장에 대한 이해가 부족하다는 것도 알 수 있다.
- **구체적인 생각** : 상대의 말을 잘 알 수 없을 때에는 구체적으로 생각해 보는 것이 도움이 되는데, 업무 결과에 대한 구체적인 이미지를 떠올려 보거나 숫자를 적용하여 표현하는 등 구체적 이미지를 활용하는 것은 한번에 논리를 이해할 수 있는 경우도 많다.
- **타인에 대한 이해** : 상대의 주장에 반론을 제시하는 경우 상대 주장의 전부를 부정하지 않아야 하며, 상대의 인격을 부정해서도 안 된다. 반론을 하던 찬성을 하던 논의를 함으로써 논점을 명확히 하고, 깊이 있는 이해를 통해 새로운 지식을 얻는 것이 바람직하다.
- **설득** : 설득의 과정은 나의 주장을 다른 사람에게 이해 · 납득시켜 내가 원하는 행동을 하게 만드는 것이다. 논리적 사고는 고정된 견해를 도출하거나 자신의 사상을 강요하는 것이 아니다. 자신이 함께 일을 진행하는 상대와 의논하기도 하고 설득해 나가는 가운데 자신이 깨닫지 못했던 새로운 가치를 발견하고 생각해 낼 수가 있다. 또한 상대에게 반론을 하는 가운데 상대가 미처 깨닫지 못했던 중요한 포인트를 발견할 수 있다. 이러한 설득은 공감을 필요로 하며 논증을 통해 더욱 정교해지는데, 이러한 공감은 논리적 사고가 기본이 된다.

20 다음 중 논리적 사고를 개발하는 방법의 하나로, 하위의 사실이나 현상부터 사고함으로써 상위의 주장을 만들어가는 방법을 무엇이라 하는가?

① 마름모형 구조 방법 ② 피라미드 구조 방법
③ So what 방법 ④ Why so 방법

정답해설

논리적 사고를 개발하기 위한 흔히 사용되는 방법으로 '피라미드 구조를 이용하는 방법'과 'so what 기법'의 두 가지가 있다. 피라미드 구조는 하위의 사실이나 현상부터 사고함으로써 상위의 주장을 만들어가는 방법으로, 보조 메시지들을 통해 주요 메인 메시지를 얻고 다시 메인 메시지를 종합한 최종 적인 정보를 도출해 내는 방법이다. 예를 들어 현재 제품 판매 업무를 맡고 있는 한 부서에서 발견할 수 있는 현상(보조 메시지)이 제품 A의 판매 부진, 고객들의 불만 건수 증가, 경쟁사의 제품 B의 매출 증가가 발견되었다고 한다면, 메인 메시지로 '우리 회사의 제품 A에 대한 홍보가 부족하고, 고객의 만족도가 떨어지고 있다'라는 메인 메시지를 도출할 수 있을 것이다. 이러한 메인 메시지들을 모아서 최종적으로 결론을 도출하는 방법이 피라미드 구조이다. 이러한 피라미드 구조를 사용함으로써 주변 사람들과 논리적인 이해가 가능하다.

오답해설

③ so what 방법은 '그래서 무엇이지'하고 자문자답하는 의미로, 눈앞에 있는 정보로부터 의미를 찾아내어 가치 있는 정보를 이끌어 내는 사고를 말한다. 'so what'은 단어나 체언만으로 표현하는 것이 아니라 주어와 술어가 있는 글로 표현함으로써 '어떻게 될 것인가', '어떻게 해야 한다'라는 내용이 포함되어야 한다.

21 다음 중 비판적 사고의 의미에 대한 설명으로 옳지 않은 것은?

① 비판적 사고는 어떤 주제나 주장에 대해서 적극적으로 분석 · 평가하는 사고를 의미한다.
② 비판적 사고는 어떤 논증이나 추론을 표현한 사례를 타당한 것으로 수용할 것인가 여부에 대한 결정에서 요구되는 사고력이다.
③ 비판적 사고는 지엽적인 것을 확대하여 문제로 삼는 것이 필요한 과정이다.
④ 지식이나 정보를 토대로 합당한 근거에 기초를 두고 현상을 분석 · 평가하는 것이다.

정답해설

비판적 사고는 지엽적인 문제까지 물고 늘어지거나 이를 확대하여 문제로 삼는 것이 아니라 문제의 핵심을 중요 대상으로 한다. 비판적 사고는 제기된 주장에 어떤 오류나 잘못이 있는가를 찾아내기 위하여 지엽적인 부분을 지식 · 정보를 바탕으로 한 합당한 근거에 기초를 두고 현상을 분석하고 평가하는 사고이다.

오답해설

① 비판적 사고는 어떤 주제나 주장 등에 대해서 적극적으로 분석 · 종합 · 평가하는 능동적인 사고이다.
② 비판적 사고는 어떤 논증 · 추론 · 증거 · 가치를 표현한 사례를 타당한 것으로 수용할 것인가 또는 불합리한 것으로 거절할 것인가에 대한 결정을 내릴 때 요구되는 사고력이다.

22 다음 중 비판적 사고를 개발하기 위한 태도로 적절하지 않은 것은?

① 지적 호기심   ② 주관성

③ 지적 회의성   ④ 지속성

정답해설

비판적 사고를 개발 · 발휘하기 위해 요구되는 태도에는 지적 호기심, 객관성, 개방성, 융통성, 지적 회의성, 지적 정직성, 체계성, 지속성, 결단성, 다른 관점에 대한 존중 등이 있다. 결론에 도달하는데 있어 감정적 · 주관적 요소를 배제하는 것이 필요하므로, 주관성 있는 태도는 옳지 않은 개발 태도이다.

Check Point ---- **비판적 사고의 개발 태도** ------------------------------------

- **지적 호기심** : 다양한 질문이나 문제에 대한 해답을 탐색하고 사건의 원인과 설명을 구하기 위하여 왜, 언제, 누가, 어디서, 어떻게, 무엇을 등에 관한 질문을 제기한다.
- **객관성** : 결론에 도달하는데 있어서 감정적 · 주관적 요소를 배제하고 경험적 증거나 타당한 논증을 근거로 한다.
- **개방성** : 다양한 신념들이 진실일 수 있다는 것을 받아들이며, 편견이나 선입견에 의하여 결정을 내리지 않는다.
- **융통성** : 특정 신념의 지배를 받는 고정성이나 독단적 태도, 경직성을 배격하며, 우리가 모든 해답을 알지는 못하다는 것을 이해하고 신념이나 탐구방법을 변경할 수 있어야 한다.
- **지적 회의성** : 모든 신념은 의심스러운 것으로 개방하는 것을 말하며, 적절한 결론이 제시되지 않는 한 결론이 참이라고 받아들이지 않는다.
- **지적 정직성** : 어떤 진술이 우리가 바라는 신념과 대치되는 것이라 할지라도 충분한 증거가 있으면 진실로 받아들인다.
- **체계성** : 결론에 이르기까지 논리적 일관성을 유지하며, 논의하고 있는 문제의 핵심에서 벗어나지 않도록 한다.
- **지속성** : 쟁점의 해답을 얻을 때까지 인내심을 갖고 끈질기게 탐색하며, 증거나 논증의 추구를 포기하지 않는다.
- **결단성** : 증거가 타당할 땐 결론을 맺는다. 모든 필요한 정보가 획득될 때까지 불필요한 논증이나 속단을 피하고 모든 결정을 유보한다.
- **다른 관점에 대한 존중** : 항상 내가 틀릴 수 있고 내가 거절한 아이디어가 옳을 수 있다는 것을 기꺼이 수용하는 태도이다. 이를 위해 타인의 관점을 경청하고 들은 것에 대하여 정확하게 반응하는 것이 필요하다.

23 다음 중 비판적 사고를 저해하는 것으로, 사물을 바라보는 편견이나 편협적인 시각을 의미하는 것은?

① 문제의식   ② 독창성

③ 고정관념   ④ 발상의 전환

정답해설

비판적 사고를 하기 위해 필요한 것은 고정관념을 탈피하는 것인데, 고정관념은 사물을 바라보는 편견이나 편협적인 시각을 의미하는 것으로 사물을 바로 보는 시각에 영향을 줄 수 있으며 일방적인 평가를 내리기 쉬운 문제를 지닌다. 비판적 사고를 위해서는 지각의 폭을 넓히는 것이 필요한데, 지각의 폭을 넓히는 것은 정보에 대한 개방성을 가지고 편견을 갖지 않는 것이다.

① 문제의식은 비판적인 사고를 위해서 가장 먼저 필요한 것이다. 문제의식을 가지고 있다면 주변에서 발생하는 사소한 일에서도 정보를 수집할 수 있으며, 이러한 정보를 통해서 새로운 아이디어를 끊임없이 생산해 낼 수 있다. 문제의식은 당장 눈앞의 문제를 자신의 문제로 여기고 진지하게 다룰 생각이 있어야 형성될 수 있는데, 자신이 지니고 있는 문제와 목적을 확실하고 정확하게 파악하는 것이 비판적인 사고의 시작이라 할 수 있다.
② 독창성이란 남의 것을 모방하지 않고 독자적으로 새롭고 독특한 것을 만들어 내는 성질 또는 독자적으로 작품의 아이디어를 만들어 내는 성질을 말한다.
④ 사소한 현상에 문제의식을 갖고 끊임없는 탐구와 발상의 전환을 통하여 비판적 사고를 개발하여야 한다.

24 다음 문제처리능력의 일반적인 절차 또는 과정 순서대로 바르게 나열한 것은?

① 원인분석 → 문제도출 → 문제인식 → 해결안 개발 → 실행 및 평가
② 원인분석 → 문제인식 → 문제도출 → 실행 및 평가 → 해결안 개발
③ 문제인식 → 원인분석 → 문제도출 → 실행 및 평가 → 해결안 개발
④ 문제인식 → 문제도출 → 원인분석 → 해결안 개발 → 실행 및 평가

정답해설
일반적인 문제처리능력의 과정(단계)는 '문제 인식 – 문제 도출 – 원인 분석 – 해결안 개발 – 실행 및 평가'의 5단계를 따른다. 문제처리능력은 문제해결능력 중 가장 적절한 절차에 따라 발생한 문제를 해결해 나가는 과정으로, 목표와 현상을 분석하고 이 분석결과를 토대로 문제를 도출하여 최적의 해결책을 찾아 실행·평가를 처리하는 활동을 수행하는 능력이라 할 수 있다.

Check Point — 문제해결절차
• 문제 인식 : 해결해야 할 전체 문제를 파악하여 우선순위를 정하고, 선정문제에 대한 목표를 명확히 하는 단계
• 문제 도출 : 선정된 문제를 분석하여 해결해야 할 것이 무엇인지를 명확히 하는 단계
• 원인 분석 : 파악된 핵심문제에 대한 분석을 통해 근본 원인을 도출하는 단계
• 해결안 개발 : 문제로부터 도출된 근본원인을 효과적으로 해결할 수 있는 최적의 해결방안을 수립하는 단계
• 실행 및 평가 : 해결안 개발을 통해 만들어진 실행계획을 실제 상황에 적용하는 활동으로, 당초 장애가 되는 문제의 원인들을 해결안을 사용하여 제거하는 단계

25 환경 분석을 위한 주요 기법 중 사업 환경을 구성하고 있는 자사, 경쟁사, 고객에 대한 체계적인 분석을 무엇이라 하는가?

① 3C 분석　　　　　　　　② SWOT 분석
③ MECE 사고　　　　　　　④ SMART 기법

정답해설

환경 분석을 위한 주요 기법으로는 3C 분석, SWOT 분석방법이 있는데, 3C 분석은 사업 환경을 구성하고 있는 요소인 자사(Company), 경쟁사(Competition), 고객(Customer)에 대한 체계적인 분석을 통해서 환경 분석을 수행하는 것을 말한다. 3C분석에서 고객 분석에서는 '고객은 자사의 상품·서비스에 만족하고 있는지'를, 자사 분석에서는 '자사가 세운 달성목표와 현상 간에 차이가 없는지'를 경쟁사 분석에서는 '경쟁기업의 우수한 점과 자사의 현상과 차이가 없는지'에 대한 질문을 통해서 환경을 분석하게 된다.

오답해설

② SWOT 분석은 기업내부의 강점·약점과 외부환경의 기회·위협요인을 분석 평가하고 이들을 서로 연관지어 전략을 개발하고 문제해결 방안을 개발하는 방법이다.

③ MECE(Mutually Exclusive and Collectively Exhaustive)란 서로 배타적이며 중복되지 않게 문제를 분류할 수 있도록 하는 기법으로, 어떤 사항과 개념을 중복 없이, 그리고 전체로서 누락 없는 부분집합으로 파악하는 것이라고 할 수 있다.

④ SMART 기법은 구체성, 평가가능성, 어렵지만 달성 가능한 목표, 관련성, 시간 등 5가지 항목을 기초로 하는 목표 설정 방법이다.

26 다음은 SWOT분석에 의한 발전전략의 수립 방법을 나열한 것이다. 관련된 것을 모두 바르게 나타낸 것은?

> ⊙ 외부 환경의 기회를 활용하기 위해 강점을 사용하는 전략
> ⓒ 외부 환경의 위협을 회피하기 위해 강점을 사용하는 전략
> ⓒ 자신의 약점을 극복함으로써 외부 환경의 기회를 활용하는 전략
> ⓔ 외부 환경의 위협을 회피하고 자신의 약점을 최소화하는 전략

	⊙	ⓒ	ⓒ	ⓔ
①	SO전략	WO전략	ST전략	WT전략
②	WO전략	SO전략	WT전략	ST전략
③	SO전략	ST전략	WO전략	WT전략
④	WO전략	WT전략	SO전략	ST전략

정답해설

SWOT 분석은 내부 환경요인과 외부 환경요인의 2개의 축으로 구성되어 있다. 우선 내부 환경요인은 자사 내부의 환경을 분석하는 것으로 다시 자사의 '강점(Strengths)'과 '약점(Weaknesses)'으로 분석되는데, 경쟁자와 비교하여 나의 강점과 약점을 분석한다. 외부 환경요인은 자사 외부의 환경을 분석하는 것으로, 분석은 다시 '기회(Opportunities)'와 '위협(Threats)'으로 구분된다. 좋은 쪽으로 작용하는 것은 기회, 나쁜 쪽으로 작용하는 것은 위협으로 분류한다. 이를 통해 내부의 강점과 약점을 외부의 기회와 위협을 대응시켜 기업의 목표를 달성하려는 발전전략을 SO전략, ST전략, WO전략, WT전략으로 구성한다.

27 다음 문제 도출 단계에 관한 설명 중 옳지 않은 것은?

① 문제 도출은 선정된 문제를 분석해 무엇을 해결해야 할 것인지를 명확히 하는 단계이다.

② 문제 도출 단계는 문제해결과정 중 문제 인식 단계 다음으로 수행되는 단계이다.

③ 문제 도출은 문제 구조 파악과 핵심 문제 선정의 절차를 거쳐 수행되는데, 문제 구조 파악에서 중요한 것은 문제 발생 배경이나 메커니즘을 분명히 하는 것이다.

④ 핵심 문제 선정은 문제를 작고 다룰 수 있는 세부문제로 쪼개는 과정이다.

정답해설

전체 문제를 개별화된 세부 문제로 쪼개는 과정은 핵심 문제 선정이 아니라 문제 구조 파악에 해당한다. 이는 문제의 내용 및 미치고 있는 영향 등을 파악하여 문제의 구조를 도출해내는 것을 말한다. 핵심 문제 선정은 문제에 영향력이 큰 이슈를 핵심이슈로 선정하는 것이다.

오답해설

① · ② 문제 도출 단계는 문제해결과정 중 문제 인식 단계 다음으로 수행되는 단계로, 선정된 문제를 분석하여 해결해야 할 것이 무엇인지를 명확히 하는 단계이다. 이는 현상에 대하여 문제를 분해하여 인과관계 및 구조를 파악하는 것이라 할 수 있다.

③ 문제 구조 파악에서 중요한 것은 본래 문제가 발생한 배경이나 문제를 일으키는 메커니즘을 분명히 하는 것이다. 또한 문제 구조 파악을 위해서는 현상에 얽매이지 말고 문제의 본질과 실제를 봐야 하며, 한쪽만 보지 말고 다면적으로 보며, 눈앞의 결과만 보지 말고 넓은 시야로 문제를 바라봐야 한다.

28 주요 과제를 나무모양으로 분해 · 정리하는 Logic Tree를 작성할 때 주의할 사항과 거리가 먼 것은?

① 전체 과제를 명확히 해야 한다.

② 업무 마감일을 설정해야 한다.

③ 분해해가는 가지의 수준을 맞춰야 한다.

④ 원인이 중복되거나 누락되지 않고 각각의 합이 전체를 포함해야 한다.

정답해설

업무 마감일의 설정은 목표설정 방법인 SMART 기법의 5가지 항목 중 하나이다. 나머지는 모두 Logic Tree를 작성할 때에는 주의해야 할 사항에 해당한다. Logic Tree 방법은 문제의 원인을 파악한다든지 해결책을 구체화할 때 제한된 시간 속에 넓이와 깊이를 추구하는데 도움이 되는 기술로, 주요 과제를 나무모양으로 분해 · 정리하는 방법이다. 이는 전체 문제를 세부 문제로 쪼개는 과정을 통해 문제의 구조를 파악하는 방법에 해당한다.

SMART 기법의 5가지 항목
- **구체성(specific)** : 업무 목표를 구체화해야 함
- **평가가능성(measurable)** : 업무가 평가 가능해야 함
- **어렵지만 달성 가능한 목표(aggressive yet achievable)**
- **관련성(relevant)** : 업무 과제 성격과 관련되어 있어야 함
- **시간(time-bound)** : 업무 마감일을 설정해야 함

03
문제해결
능력

29 원인 분석 단계와 관련된 설명 중 옳지 않은 것은?

① 원인 분석은 핵심 이슈에 대한 가설을 설정한 후 필요한 데이터를 수집·분석하여 문제의 근본 원인을 도출해 나가는 것이다.

② Issue 분석 중 가설 설정은 간단명료하고 논리적이며, 객관적이어야 한다.

③ Data 분석 내용은 Data 수집계획 수립, 정리 및 가공, 해석으로 구성된다.

④ 원인과 결과사이에 패턴 중 복잡한 인과관계는 원인과 결과를 구분하기 어려운 경우에 나타난다.

정답해설

원인 파악 시에 나타날 수 있는 원인과 결과사이에 패턴 중 원인과 결과를 구분하기 어려운 경우에 나타나는 패턴은 닭과 계란의 인과관계이다. 복잡한 인과관계는 두 가지 유형이 복잡하게 얽혀 있는 경우 나타나는 패턴이다.

오답해설

① 원인 분석은 Issue분석, Data 분석, 원인 파악의 절차로 진행된다. 즉 핵심 이슈에 대한 가설을 설정한 후, 가설 검증을 위해 필요한 데이터를 수집·분석하여 문제의 근본원인을 도출해 나가는 것이다.

② 가설 설정은 관련자료, 인터뷰 등을 통해 검증할 수 있어야 하며, 간단명료하고 논리적이며, 객관적이어야 한다. 일반적으로 이슈 분석은 핵심이슈 설정, 가설 설정, output 이미지 결정의 절차를 거쳐 수행되는데, 핵심이슈가 설정된 후에는 이슈에 대해 자신의 직관, 경험, 지식, 정보 등에 의존하여 일시적인 결론을 예측해보는 가설을 설정한다.

③ Data 분석 내용은 Data 수집계획 수립, Data 정리·가공, Data 해석으로 구성된다. Data 분석은 데이터 수집계획 수립, 데이터 수집 및 분석의 절차를 거쳐 수행되는데, 데이터 수집 시에는 목적에 따라 데이터 수집 범위를 정하고 일부를 전체로 해석할 수 있는 자료는 제외해야 하며, 데이터 수집 후에는 목적에 따라 수집된 정보를 항목별로 분류 정리한 후 'what', 'why', 'how' 측면에서 의미를 해석해야 한다.

30 해결안을 도출함에 있어 같은 해결안을 정리하는 절차에 대한 설명 중 옳지 않은 것은?

① 근본 원인으로 열거된 내용을 선택할 방법을 명확히 한다.

② 독창적이고 혁신적인 방안을 도출한다.

③ 전체적인 관점에서 해결의 방향이 같은 것을 그룹핑한다.

④ 최종 해결안을 정리한다.

정답해설

해결안 도출은 열거된 근본 원인을 어떠한 시각과 방법으로 제거할 것인지에 대한 독창적이고 혁신적인 아이디어를 도출하고, 같은 해결안은 그룹핑하는 과정을 통해서 해결안을 정리하는 과정이다. 나머지는 모두 해결안을 정리하는 과정으로 적절하다.

31 다음 중 해결안을 평가 · 선정할 때 실현 가능성의 평가 기준에 해당하지 않는 것은?

① 문제해결

② 개발기간

③ 적용가능성

④ 개발능력

정답해설

해결안을 평가 · 선정할 때는 중요도와 실현가능성 등을 고려하여 평가하는데, 문제해결과 고객만족도는 중요도의 평가 기준에 해당하며, 개발기간 · 개발능력 · 적용가능성은 실현 가능성의 평가 기준에 해당한다.

32 다음 중 실행계획을 수립할 때 고려해야 되는 사항이 아닌 것은?

① 인적 · 물적 자원과 예산, 시간에 대한 고려를 통해 수립해야 한다.

② 실행상의 장애요인을 해결하기 위해 monitoring 체제를 구축해야 한다.

③ 세부 실행내용은 가급적 구체적으로 세워야 한다.

④ 실행의 목적과 과정별 진행내용을 일목요연하게 파악하도록 한다.

03

문제해결
능력

정답해설

실행상의 장애요인 해결을 위한 monitoring 체제 구축은 실행계획 수립 시가 아니라 실행 및 Follow-up 단계에서 고려해야 할 내용이다. 실행 및 Follow-up 단계는 가능한 사항부터 실행하며 그 과정에서 나온 문제점을 해결해 가면서 해결안의 완성도를 높이고, 일정한 수준에 도달하면 전면적으로 전개해 나가는 것이 필요하다. 특히 실행상의 문제점 및 장애요인을 신속히 해결하기 위해서 monitoring 체제를 구축하는 것이 바람직하다.

오답해설

① 실행계획 수립은 무엇을(what), 어떤 목적으로(why), 언제(when), 어디서(where), 누가(who), 어떤 방법으로(how)의 물음에 대한 답을 가지고 계획하는 단계로, 자원(인적, 물적, 예산, 시간)을 고려하여 수립해야 한다.

③ 실행계획 수립 시에는 세부 실행내용의 난이도를 고려하여 가급적 구체적으로 세워야 한다.

④ 각 해결안별 구체 실행계획서를 작성함으로써 실행의 목적과 과정별 진행내용을 일목요연하게 정리하도록 한다.

Check Point ── **실행상의 모니터링(monitoring) 체제 구축 시 고려해야 할 사항** ────────

• 바람직한 상태가 달성되었는가.

• 문제가 재발하지 않을 것을 확신할 수 있는가.

• 사전에 목표한 기간 및 비용은 계획대로 지켜졌는가.

• 혹시 또 다른 문제를 발생시키지 않았는가.

• 해결책이 주는 영향은 무엇인가.

응용문제

01 다음 2가지 사례를 읽고 문제해결을 위해서 갖추어야 하는 사고로 옳은 것은?

〈사례1〉
C씨는 영업부서의 신입사원이다. C가 입사한 회사는 보험업에서 다른 기업에 비해 성과가 뒤떨어지는 회사였고, 그 기업에 근무하는 사람들은 모두 현실을 받아들이고 있었다. C는 이러한 상황에 불만을 느끼고 다른 기업과 자신의 기업과의 차이를 분석하게 되었다. 그 결과 C씨는 자신의 회사가 영업사원의 판매교육이 부족하다는 것을 알게 되었고, 이를 문제, 원인, 해결안을 보고서로 제출하였지만, 결국 회사의 전략으로 채택되지 못했다.

〈사례2〉
설계, 기술, 영업, 서비스 각 부문의 핵심 인력들이 모여 최근에 경합하고 있는 B사에 추월당할 우려가 있다는 상황에 대한 회의가 열렸다. 설계부서에서는 우리 회사의 기술이 상대적으로 뒤처져 있는 것을 지적하였으며, 영업부서에서는 제품의 결함이 문제라고 지적하였다. 서비스 부서에서는 매상목표를 달성할 수 없다는 문제를 지적하였으며, 기술 부서에서는 고객의 클레임에 대한 대응이 너무 느리다는 지적이 있었다. 결국 이 회의에서는 회사 내의 내외부적인 자원을 활용하지 못한 채 서로의 문제만을 지적하고 특별한 해결책을 제시하지 못한 채 끝나고 말았다.

① 전략적 사고, 발상의 전환
② 분석적 사고, 발상의 전환
③ 전략적 사고, 내·외부 자원의 효과적인 활용
④ 분석적 사고, 내·외부 자원의 효과적인 활용

정답해설
〈사례 1〉은 분석적 사고가 필요함을 나타내는 사례로, C가 분석적인 사고를 통해서 제출한 보고서를 회사가 수용하지 못한 문제점을 보여준다. 〈사례 2〉는 내·외부 자원의 효과적인 활용이 중요함을 의미하는 사례로, 조직의 내·외부자원의 활용을 효과적으로 하지 못하는 회사의 모습을 보여준다.

02 다음 중 퍼실리테이션에 의한 문제해결 방법으로 옳은 것은?

> ㉠ 어떤 그룹이나 집단이 의사결정을 잘 하도록 도와주는 일이다.
> ㉡ 커뮤니케이션을 통해 서로의 문제점을 이해하고 공감함으로써 창조적인 문제해결을 도모할 수 있다.
> ㉢ 대부분의 기업에서 볼 수 있는 전형적인 문제해결 방법이다.
> ㉣ 사실과 원칙에 근거한 토론으로 해결하는 방법이다.
> ㉤ 결론이 애매하게 끝나는 경우가 적지 않다.

① ㉠, ㉡

② ㉠, ㉢

③ ㉢, ㉤

④ ㉡, ㉢, ㉣

03

문제해결
능력

정답해설

㉠ 어떤 그룹 또는 집단이 의사결정을 잘 하도록 하여 동기 강화 및 팀워크가 강화된다.

㉡ 깊이 있는 커뮤니케이션을 통해 서로의 문제점을 이해하고 공감하여 창조적인 문제해결과 합의를 도출하기 위한 갈등관리를 할 수 있다.

오답해설

㉢ 소프트 어프로치는 대부분의 기업에서 볼 수 있으며 의사를 시사·암시하여 전달한다.

㉣ 하드 어프로치는 사실·원칙에 근거한 토론을 통해 직설적으로 주장하여 의견을 조정한다.

㉤ 소프트 어프로치는 보통 결론이 애매하게 끝나나 이심전심을 유도하여 파악한다.

03 분석적 사고에 대한 설명 중 옳지 않은 것은?

① 분석적 사고를 위해서는 전체를 각각의 요소로 나누어 그 의미를 도출한 후 구체적인 문제해결 방법을 실행하여야 한다.

② 분석적 사고는 문제가 성과 지향의 문제이냐 가설 지향 또는 사실 지향의 문제인가에 따라 유형이 구분된다.

③ 성과 지향의 문제는 기대하는 결과를 명시하고 그 달성 방법을 구상한 후 실행에 옮겨야 한다.

④ 사실 지향의 문제는 원인분석 전에 일의 과정이나 결론을 가정한 후 이를 검증하여 사실일 경우 다음 단계의 일을 수행해야 한다.

정답해설

현상 및 원인분석 전에 지식과 경험을 토대로 일의 과정이나 결론을 가정한 다음 검증 하여 사실일 경우 다음 단계의 일을 수행하는 것은 가설 지향의 문제이다. 사실 지향의 문제는 일상 업무에서 일어나는 상식·편견을 타파하여 객관적 사실로부터 사고와 행동을 출발하는 것을 말한다.

오답해설
① 분석적 사고란 문제해결을 잘하기 위해 필요한 것으로, 분석적 사고를 위해서는 전체를 각각의 요소로 나누어 그 요소의 의미를 도출한 다음 우선순위를 부여하고 구체적인 문제해결방법을 실행하는 것이 요구된다.

② 분석적 사고는 문제가 성과 지향의 문제이냐 가설 지향 또는 사실 지향인가에 따라 각각 성과 지향의 문제, 가설 지향의 문제, 사실 지향의 문제로 유형이 구분된다.

③ 성과 지향의 문제는 기대하는 결과를 명시하고 효과적으로 달성하는 방법을 사전에 구상하고 실행에 옮겨야 한다.

04 ○○회사는 창의적인 사고를 가장 중요한 능력으로 여겨, 매년 직원을 대상으로 창의공모대회를 개최하여 최고의 창의적 인재를 선발해 수상하고 있다. 이번 해에 직원 A는 동료들과 창의공모대회에 참가하고자 결정하고, 대회에 참가하는 동료들과 함께 창의적 사고에 대해 생각을 공유하는 시간을 가졌다. 다음 중 A가 받아들이기 가장 어려운 대화는 무엇인가?

① B : "창의적인 사람은 새로운 아이디어가 많고 다소 독창적인 사람을 말하는 것 같아."

② C : "그래, 그들의 독특하고 기발한 재능은 선천적으로 타고나는 것이라 할 수 있어."

③ D : "창의적인 사고는 개인의 경험과 지식을 통해 새로운 아이디어로 다시 결합해 참신한 아이디어를 산출하는 것이 아닐까?"

④ E : "그러한 아이디어는 유용하고 적절해야 하고, 무엇보다 가치가 있어야 한다고 봐. 창의적 사고에는 사고력 외에 전인격적 가능성까지도 포함되는 것이거든."

정답해설
창의적 사고는 선천적으로 타고나는 것으로만 정해지는 것이 아니라 후천적 노력에 의해 개발이 가능하며, 창의력 교육훈련을 통해서 개발할 수 있다. 따라서 C의 대화가 받아들이기 가장 어렵다고 할 수 있다.

05 다음 제시된 명제가 모두 옳을 때, 아래 내용 중 참이 되는 것을 고르면?

- A를 구매하는 사람은 B를 구매한다.
- C를 구매하지 않는 사람은 B도 구매하지 않는다.
- C를 구매하는 사람은 D를 구매하지 않는다.

① A를 구매한 사람은 D를 구매하지 않는다.

② B를 구매한 사람은 C를 구매하지 않는다.

③ C를 구매하지 않는 사람은 D를 구매하지 않는다.

④ D를 구매하지 않는 사람은 A를 구매한다.

정답해설

제시된 두 번째 문장의 대우명제는 'B를 구매하는 사람은 C를 구매한다.'이다. 그러므로 이 문장과 제시된 문장을 삼단논법에 따라 순서대로 종합하면, 'A를 구매 ⇒ B를 구매', 'B를 구매 ⇒ C를 구매', 'C를 구매 ⇒ D를 구매하지 않음'이 성립한다. 따라서 'A를 구매한 사람은 D를 구매하지 않는다.'가 성립한다.

오답해설

② 두 번째 문장의 대우명제인 'B를 구매하는 사람은 C를 구매한다.'가 성립한다. 따라서 참이 아니다.

③ 세 번째 문장에서 'C를 구매하는 사람은 D를 구매하지 않는다.'고 했으므로, 참이 아니다.

④ 'A를 구매하는 사람은 D를 구매하지 않는다.'의 역에 해당하므로, 항상 참이라 할 수 없다.

문제해결
능력

Check Point ── **명제의 역, 이, 대우와 그 성질** ─────────

㉠ 명제의 역, 이, 대우
- **명제** : p → q(가정이 p, 결론이 q인 명제)
- **역** : q → p(가정과 결론을 바꾸어 만든 명제)
- **이** : ~p → ~q(가정과 결론을 부정하여 만든 명제)
- **대우** : ~q → ~p(명제의 역과 이를 동시에 적용시킨 명제)

㉡ 명제의 역, 이, 대우의 성질
- 명제가 참인 경우 그 명제의 대우는 참이다.
- 명제가 거짓인 경우 그 명제의 대우는 거짓이다.
- 명제가 참일 경우 그 명제의 역과 이는 반드시 참인 것은 아니다.
- 명제가 거짓을 경우 그 명제의 역과 이는 반드시 거짓인 것은 아니다.

06 다음 제시된 문장이 모두 옳을 때, 아래 내용 중 옳은 것은?

- 녹차를 좋아하는 사람은 커피를 좋아한다.
- 커피를 좋아하는 사람은 우유를 좋아한다.
- 우유를 좋아하는 사람은 홍차를 좋아하지 않는다.

① 녹차를 좋아하는 사람은 홍차를 좋아하지 않는다.

② 커피를 좋아하는 사람은 녹차를 좋아한다.

③ 우유를 좋아하지 않는 사람은 홍차를 좋아하지 않는다.

④ 홍차를 좋아하는 사람은 커피를 좋아한다.

정답해설

제시된 문장을 통해 '녹차를 좋아함 ⇒ 커피를 좋아함, 커피를 좋아함 ⇒ 우유를 좋아함, 우유를 좋아함 ⇒ 홍차를 좋아하지 않음'을 알 수 있다. 따라서 삼단논법에 따라 '녹차를 좋아하는 사람은 홍차를 좋아하지 않는다.'는 문장은 옳다.

오답해설

② '녹차를 좋아하는 사람은 커피를 좋아한다.'가 성립하므로, 그 역인 '커피를 좋아하는 사람은 녹차를 좋아한다.'는 일반적으로 성립한다고 할 수 없다.

③ 우유를 좋아하는 사람은 홍차를 좋아하지 않는다.

④ 제시된 문장에서 '커피를 좋아하는 사람은 홍차를 좋아하지 않는다.'가 성립하므로, 그 대우명제인 '홍차를 좋아하면 커피를 좋아하지 않는다.'가 성립한다.

07 다음 문장 중 의미가 다른 하나는?

① 그는 회의실에 들어갈 때 결코 보고서를 들고 가지 않는다.

② 그가 회의실에 들어가지 않을 때는 보고서를 들고 간다.

③ 그가 회의실에 들어가는 모든 때는 보고서를 들고 가는 때가 아니다.

④ 그가 회의실에 들어가는 모든 때는 보고서를 들고 가지 않는 때이다.

정답해설

'그가 회의실에 들어가지 않을 때는 보고서를 들고 간다.'의 대우명제는 '보고서를 들고 가지 않을 때는 그가 회의실에 들어간다.'이며, 나머지 ① · ③ · ④의 대우명제는 '보고서를 들고 가는 (모든) 때는 그가 회의실에 들어가지 않는다.'이다. 따라서 ②를 제외한 나머지는 모두 의미가 같다.

08 다음 명제가 참이라 할 때, 아래 문장에서 반드시 참인 것을 고르면?

- 사장이 외근을 하면 업무처리가 지연된다.
- 거래처에서 컴플레인이 발생하면 승진 평가에서 불리하다.
- 업무처리가 늦어지면 거래처의 컴플레인이 발생한다.

① 업무처리가 지연되면 사장이 외근을 한 것이다.

② 거래처에서 컴플레인이 발생하지 않으면 승진 평가에서 불리하지 않다.

③ 거래처에서 컴플레인이 발생하면 업무처리가 지연되지 않는다.

④ 승진 평가에서 불리하지 않으면 사장이 외근을 하지 않는다.

정답해설

제시된 문장을 모두 종합하면, '사장이 외근을 함 ⇒ 업무처리가 지연됨 ⇒ 거래처의 컴플레인이 발생함 ⇒ 승진 평가에서 불리함'이 성립한다. 따라서 '사장이 외근을 함 ⇒ 승진평가에서 불리함'이 성립하므로, 이 명제의 대우명제인 '승진 평가에서 불리하지 않음 ⇒ 사장이 외근을 하지 않음'도 성립하므로 항상 참이 된다.

오답해설
① 첫 번째 문장의 역에 해당하므로, 반드시 참이라고 할 수는 없다.
② 두 번째 문장의 이에 해당하므로, 반드시 참이 되는 것은 아니다.
③ 세 번째 문장의 대우명제는 '거래처에서 컴플레인이 발생하지 않으면 업무처리가 늦어지지 않는다.'이다.
따라서 반드시 참이라고 할 수 없다.

09 다음 문장을 읽고 그 내용에 가장 부합하는 문장을 고르면?

- A는 같은 부서 직원 중 항상 가장 먼저 출근한다.
- A와 같은 부서에 근무하는 B는 매일 8시 30분에 출근한다.
- B와 같은 부서에 근무하는 C는 가끔 7시 30분에 출근한다.

① B는 C보다 늦게 출근한다.
② A는 항상 8시 30분 이전에 출근한다.
③ C는 가끔 A보다 먼저 출근한다.
④ D는 A보다 늦게 출근한다.

정답해설
첫 번째 문장에서 A가 같은 부서 직원 중 항상 가장 먼저 출근한다고 하였고, 두 번째 문장에서는 같은 부서의 B는 항상 8시 30분에 출근한다고 하였다. 따라서 A는 항상 8시 30분 이전에 출근한다는 것을 알 수 있다.

오답해설
① 세 번째 문장에서 C는 가끔 7시 30분에 출근한다고 하였고, 두 번째 문장에서 B는 매일 8시 30분에 출근한다고 하였다. 따라서 C가 7시 30분에 출근하는 날은 B보다 먼저 출근하지만, 8시 30분보다 늦은 시간에 출근하는 날에는 B보다 늦게 출근하게 된다.
③ 첫 번째 문장에서 A는 항상 가장 먼저 출근한다고 하였으므로, A가 C보다 항상 먼저 출근한다.
④ D에 관한 자료는 제시되지 않았으며 A와 같은 부서의 직원인지도 알 수 없으므로, 출근시간을 비교할 수 없다.

10 다음 문장이 모두 옳을 때, 이를 통해 유추할 수 있는 내용으로 옳은 것은?

> • 달리기를 좋아하는 사람은 체력이 좋고 끈기가 있다.
> • 공부를 잘하는 사람은 체력이 좋다.
> • 적극적인 사람은 달리기를 좋아한다.

① 적극적인 사람은 공부를 잘한다.

② 체력이 좋지 않은 사람은 공부를 잘한다.

③ 적극적인 사람은 끈기가 있다.

④ 달리기를 좋아하는 사람은 적극적인 사람이다.

정답해설

세 번째 문장과 첫 번째 문장을 종합할 때 '적극적인 사람 ⇒ 달리기를 좋아함, 달리기를 좋아함 ⇒ 체력이 좋고 끈기가 있음'이 성립하므로, 삼단논법에 따라 '적극적인 사람은 끈기가 있다'가 성립한다. 따라서 유추할 수 있는 내용으로 옳은 것이 된다.

오답해설

① 적극적인 사람과 공부를 잘하는 사람의 관계는 제시된 문장만으로 유추할 수 없다.

② 두 번째 문장의 대우명제인 '체력이 좋지 않은 사람은 공부를 잘하지 못한다.'가 옳은 문장이므로, '체력이 좋지 않은 사람은 공부를 잘한다.'는 옳지 않은 문상이 된다.

④ 세 번째 문장의 역에 해당하므로, 반드시 옳은 것은 아니다. 따라서 유추할 수 있는 내용으로 적절하지 않다.

11 다음 문장을 읽고 빈칸에 가장 알맞은 것을 고르면?

> • A는 면접점수가 가장 높고, 필기점수는 B보다 낮다.
> • B는 C보다 면접점수가 낮지만 필기점수는 높다.
> • 따라서 세 사람 중 _____

① A는 필기점수가 가장 낮다.

② B는 필기점수가 가장 높다.

③ A는 C보다 면접점수는 높지만 필기점수는 낮다.

④ B는 면접점수와 필기점수를 합한 총점이 2번째이다.

정답해설

우선 세 문장을 통해 면접점수가 높은 순서대로 보면, 'A 〉 C 〉 B'가 된다. 다음으로 필기점수는 'B 〉 A'이고 'B 〉 C'이다. 따라서 B는 세 사람 중 필기점수가 가장 높다.

오답해설

① 필기점수의 경우 A와 C의 필기점수가 B보다 낮다는 것만 알 수 있다. 따라서 A와 C 중 누가 더 필기점수가 낮은지 알 수 없다.

③ 면접점수는 A가 C보다 높지만, A는 C와 필기점수는 누가 높은지 알 수 없다.

④ B는 면접점수는 가장 낮고 필기점수는 가장 높은데, 위에 제시된 문장만으로는 점수의 상대적 우열을 알 수 있을 뿐 구체적 점수를 산출할 수는 없으므로, 총점의 순위를 매길 수 없다.

12 사건 A, B, C, D, E가 어떤 순서로 일어났는지에 대해 알아보기 위해 다음의 갑, 을, 병, 정 네 사람에게 조언을 구했다. 이 조언이 참이라면, 네 번째로 일어난 사건으로 가장 알맞은 것은?

> 갑 : "A는 B와 E(또는 E와 B) 사이에 일어났다."
> 을 : "C는 A와 D(또는 D와 A) 사이에 일어났다."
> 병 : "D가 가장 먼저 일어났다."
> 정 : "A와 C는 연이어 일어나지 않았다."

① A   ② B

③ C   ④ E

정답해설

병의 조언을 통해 D가 가장 먼저 일어났다는 사실을 알 수 있다. 다음으로 갑의 조언에서 'B – A – E' 또는 'E – A – B'의 순서가 되며, 을의 조언에서 'A – C – D' 또는 'D – C – A'의 순서가 된다는 것을 알 수 있다. 그런데 D가 가장 먼저 일어났다는 것은 참이므로, 을의 조언에서 'D – C – A'의 순서(㉠)만 참이 된다. 정의 조언에 따라 A와 C는 연이어 일어나지 않았으므로, ㉠에 갑의 조언을 연결시키면 'D – C – B – A – E' 또는 'D – C – E – A – B'가 참이 된다는 것을 알 수 있다. 따라서 어떤 경우이든 네 번째로 일어난 사건은 'A'가 된다.

13 동일한 거리를 5대의 자동차가 최고 속도로 운행한 결과가 다음과 같다고 할 때, 이를 통해 추론한 것으로 올바른 것을 고르면?

> • 자동차 A는 C보다 앞서 들어왔으나 D보다는 늦게 들어왔다.
> • 자동차 B는 C보다 앞서 들어왔으나 E보다는 늦게 들어왔다.
> • 자동차 E는 A와 D 사이에 들어왔다.

① 최고 속도는 D가 두 번째로 빠르고 C가 가장 느리다.

② 최고 속도는 'D - E - B - A - C'순으로 빠르다.

③ C는 A와 B 사이에 들어왔다.

④ E는 최고 속도는 A와 B보다 빠르다.

정답해설

제시된 문장을 통해 빠른 순서대로 보면, 첫 번째 문장에서 'D 〉A 〉C', 두 번째 문장에서 'E 〉B 〉C'의 순서임을 알 수 있다. 그런데 세 번째 내용에서 E는 A와 D사이에 들어왔다고 했으므로 'D 〉E 〉B 〉A 〉C' 또는 'D 〉E 〉A 〉B 〉C'의 순서가 된다. 여기서 A와 B는 어떤 것이 빠른지 알 수 없다. 따라서 어느 경우든 E의 최고 속도가 A와 B의 속도보다 빠르다는 것을 알 수 있다.

오답해설

① D가 가장 빠르다.

② 'D - E - A - B - C'의 순서도 가능하므로, 'D - E - B - A - C'순과 같이 단정할 수 없다.

③ C는 가장 느리므로 A와 B 뒤에 들어왔다.

14 집에서 지하철역으로 가는 길에는 A, B, C, D 4개의 커피숍이 있다. 다음 조건을 고려할 때, 집에서 가까운 커피숍을 순서대로 알맞게 나열한 것은? (집과 지하철역은 일직선이며, 커피숍은 각각 떨어져 있다.)

> • A는 B보다 지하철역에서 멀고, C보다는 가깝다.
> • D는 C보다 집에서 멀고 B보다 가깝다.
> • A는 지하철역에서 두 번째로 가깝다.

① C - B - A - D

② D - C - A - B

③ C - D - A - B

④ D - B - A - C

- 첫 번째 문장에서 A는 B보다 지하철역에서 멀고(집에서 가깝고), C보다는 지하철역에서 가깝다(집에서 멀다)고 했으므로, 이에 따라 집에서 가까운 커피숍을 순서대로 나타내면, 'C − A − B'가 된다.
- 두 번째 문장에서 D는 C보다 집에서 멀고 B보다 집에서 가깝다고 했으므로, 'C − D − A − B' 또는 'C − A − D − B'의 순서가 된다.
- 세 번째 문장에서 A는 지하철역에서 두 번째로 가깝다(집에서 세 번째로 멀다)고 했으므로, 집에서 가까운 순서대로 나열하면 'C − D − A − B'가 된다.

15 어제까지 한국 나이로 18세이고 만 나이로 17세인 한 학생이, 어제부터 366일 후에는 한국 나이로 20세가 되기 때문에 자격증을 취득할 수 있다고 한다. 이 조건이 충족되기 위해서 전제되는 조건으로 모두 옳은 것은?

> ㉠ 그 해는 윤년이어야 한다.
> ㉡ 어제는 12월 31일이어야 한다.
> ㉢ 양력으로 계산하여야 한다.
> ㉣ 어제부터 366일 후에는 1월 2일이 되어야 한다.

① ㉠, ㉡   ② ㉡, ㉢

③ ㉠, ㉢   ④ ㉡, ㉣

㉡ 1년은 365일이므로, 어제까지 한국 나이로 18세인 학생이 366일 후에 한국 나이로 20세가 되기 위해서는 어제는 12월 31일이 되어야 한다.
㉢ 1년을 365일로 계산한 것이므로 양력으로 계산한 것이다.

㉠ 윤년이 되는 경우 1년이 366일이 되므로, 어제(12월 31일)부터 366일 후는 한국 나이로 19세가 된다. 따라서 윤년이어서는 안 된다.
㉣ 어제(12월 31일)부터 366일 후에는 1월 1일이 된다.

16 7층 건물에 설치된 엘리베이터 안에는 A, B, C, D, E, F가 타고 있다. 엘리베이터가 1층에서 올라가기 시작하였는데, F는 A보다 늦게 내렸지만 D보다 빨리 내렸다. E는 B보다 한 층 더 가서 내렸고 D보다는 세 층 전에 내렸다. D가 마지막 7층에서 내린 것이 아니라고 할 때, 다음 중 홀수 층에서 내린 사람을 맞게 연결한 것은? (모두 다른 층에 살고 있으며, 1층에서 내린 사람은 없다.)

	3층	5층	7층
①	B	F	C
②	E	A	C
③	E	F	C
④	B	D	C

정답해설

F는 A보다 늦게 내렸고 D보다는 빨리 내렸으므로, 내린 순서는 'A − F − D'이다.
E는 B보다 한 층 더 가서 내렸고 D보다는 세 층 전에 내렸으므로, 'B − E − ( ) − ( ) − D'가 된다.
D가 마지막 7층에서 내린 것이 아니므로, C가 7층에 내린 것이 된다.
이를 종합하면, 2층부터 내린 순서는 'B(2층) − E(3층) − A(4층) − F(5층) − D(6층) − C(7층)'이 된다.
따라서 홀수 층에서 내린 사람은 'E(3층), F(5층), C(7층)'가 된다.

17 어느 회사의 퇴사 요인을 정밀 분석한 결과 퇴사 요인에는 A, B, C가 있다고 한다. 다음의 내용을 참고로 할 때, 반드시 참이라 할 수 없는 진술은 무엇인가?

- 퇴사한 철수는 A, B, C요인을 모두 가지고 있다.
- 재직 중인 영희는 A, B요인만 있다고 한다.
- 퇴사한 미희는 A, C요인만 있다고 한다.
- 재직 중인 만수는 B요인만 있고 A, C요인은 없다고 한다.

① 퇴사한 사람은 A요인이 가장 큰 영향을 미친다.
② 재직 중인 사람은 C요인을 가지고 있지 않다.
③ 재직 중인 사람은 모두 B요인을 가지고 있다.
④ 퇴사한 사람만 놓고 보면 A와 C요인이 큰 영향을 미친다.

정답해설

퇴사한 사람은 철수와 미희인데, 철수는 A, B, C요인을 모두 가지고 있고 미희는 A, C요인을 가지고 있으므로, A와 C가 퇴사에 영향을 미치는 요인이라 할 수 있다. 그런데 A요인과 C요인 중 어떤 것이 퇴사에 더 큰 영향을 미치는지는 제시된 내용만으로 알 수 없다. 따라서 ①은 반드시 참이라 할 수는 없다.

오답해설

② · ③ 재직 중인 사람은 영희와 만수인데, 영희는 A요인과 B요인이 있으며, 만수는 B요인만 가지고 있다. 따라서 재중 중인 사람은 모두 B요인을 가지고 있으며, C요인은 가지고 있지 않다. 따라서 모두 참인 진술이다.

④ 철수는 A, B, C요인이 모두 영향을 미치며, 미희는 A와 C요인이 영향을 미쳤다. 따라서 퇴사한 사람만 놓고 보면 A와 C요인이 큰 영향을 미친다고 할 수 있다.

18 A는 한 은행의 프라이빗뱅킹(PB) 서비스를 제공하는 업무를 담당하고 있는데, 최근 실적이 감소하고 있어 그 원인을 파악하고 있다. 아래에 제시된 '5Why'를 참고로 할 때, 다음 중 원인들의 인과관계상 가장 근본적인 원인은 무엇인가?

문제해결을 위한 사고법 – 5Why

문제에 대한 근본적인 원인과 핵심에 대해 구체적으로 파고드는 기법으로, 첫 번째 프로세스는 해결해야 할 사항이나 문제를 한 문장으로 적고 5번의 Why(왜)를 통하여 표면으로 나타나는 이유가 아닌 진정한 원인을 찾아내어 각 관점의 명확한 원인을 발견하는 것이다. 체중 감소를 둘러싼 태도와 행동을 이해하기 위한 인터뷰를 예로 들면 다음과 같다.

Why? #1 : 왜 당신은 운동하는가? – 건강 때문이다.
Why? #2 : 왜 건강인가? – 심박수를 높이기 때문이다.
Why? #3 : 왜 그것이 중요한가? – 그러면 많은 칼로리를 소모한다.
Why? #4 : 왜 그것을 하고 싶어하는가? – 체중을 줄이기 위함이다.
Why? #5 : 왜 체중을 줄이고 싶은가? – 건강해 보이도록 사회적 압력을 느낀다.

---

① 고객의 PB서비스 계약 감소
② 고객정보의 수집 부족
③ 금융상품의 다양성 부족
④ 절대적인 고객 수의 감소

정답해설

'5Why' 기법의 첫 번째 프로세스는 해결해야 할 사항이나 문제를 한 문장으로 적는 것인데, 문제에서 제시된 문제점은 '최근 실적의 감소'이다. 이러한 실적이 감소하는 가장 직접적인 원인은 '고객의 PB서비스 계약 감소'라 할 수 있다. 다음으로 고객의 PB서비스 계약이 감소하는 원인은 '절대적인 고객 수의 감소'가 될 것이다. 그리고 절대적인 고객 수가 감소하는 것은 고객 서비스 등에 만족하지 못한 것이 원인이 될 수 있는데, 여기서는 '금융상품의 다양성 부족'으로 고객의 불만족이 발생한 것이 원인이 된다. 금융상품의 다양성이 부족한 것은 고객이 무엇을 원하는지 제대로 파악하지 못하였기 때문이라 할 수 있다. 따라서 고객의 수요 파악을 위한 '고객정보의 수집 부족'이 가장 근본적인 원인이 된다.

 16. ③ | 17. ① | 18. ②

19 다음 정보를 따를 때 추론할 수 없는 것은?

- 혈당이 낮아지면 혈중 L의 양이 줄어들고, 혈당이 높아지면 그 양이 늘어난다.
- 혈중 L의 양이 늘어나면 시상하부 알파 부분에서 호르몬 A가 분비되고, 혈중 L의 양이 줄어들면 시상하부 알파 부분에서 호르몬 B가 분비된다.
- 시상하부 알파 부분에서 호르몬 A가 분비되면, 시상하부 베타 부분에서 호르몬 C가 분비되고 시상하부 감마 부분의 호르몬 D의 분비가 억제된다.
- 시상하부 알파 부분에서 호르몬 B가 분비되면, 시상하부 감마 부분에서 호르몬 D가 분비되고 시상하부 베타 부분의 호르몬 C의 분비가 억제된다.
- 시상하부 베타 부분에서 분비되는 호르몬 C는 물질대사를 증가시키고, 이 호르몬의 분비가 억제될 경우 물질대사가 감소한다.
- 시상하부 감마 부분에서 분비되는 호르몬 D는 식욕을 증가시키고, 이 호르몬의 분비가 억제될 경우 식욕이 감소한다.

① 혈당이 낮아지면, 식욕이 증가한다.

② 혈당이 높아지면, 물질대사가 증가한다.

③ 혈당이 높아지면, 시상하부 알파 부분과 베타 부분에서 각각 분비되는 호르몬이 있다.

④ 혈당이 낮아지면, 시상하부 감마 부분에서 호르몬의 분비가 억제된다.

정답해설

혈당이 낮아지면 혈중 L의 양이 줄어들고, 혈중 L의 양이 줄어들면 시상하부 알파 부분에서 호르몬 B가 분비되는데, 시상하부 알파 부분에서 호르몬 B가 분비되는 경우 시상하부 감마 부분에서 호르몬 D가 분비된다. 따라서 혈당이 낮아지면 시상하부 감마 부분에서 호르몬 분비가 억제된다는 것은 옳지 않은 추론이다.

오답해설

① 혈당이 낮아지면 혈중 L의 양이 줄어들고 이로 인해 시상하부 알파 부분에서 호르몬 B가 분비된다. 또한 시상하부 알파 부분에서 호르몬 B가 분비되면, 시상하부 감마 부분에서 호르몬 D가 분비되며, 이 호르몬 D는 식욕을 증가시키게 된다.

② 혈당이 높아지면 혈중 L의 양이 늘어나게 되며, 이는 시상하부 알파 부분에서 호르몬 A 분비를 유도한다. 그리고 호르몬 A가 분비되는 경우 시상하부 베타 부분에서 호르몬 C가 분비되는데, 이는 물질대사를 증가시키는 호르몬이다. 따라서 올바른 추론이 된다.

③ 혈당이 높아지면 혈중 L의 양이 늘어나고, 혈중 L의 양이 늘어나는 경우 시상하부 알파 부분에서 호르몬 A가 분비되며, 시상하부 알파 부분의 호르몬 A는 시상하부 베타 부분에서 호르몬 C가 분비되게 된다. 따라서 혈당이 높아지면 시상하부 알파 부분과 베타 부분에서 각각 호르몬 A와 C를 분비하게 되므로 올바른 추론이 된다.

20 다음 중 아래 〈원칙〉을 바르게 적용한 것을 〈보기〉에서 모두 고르면?

- 문장 X가 참일 경우 문장 Y는 반드시 참이지만 그 역은 성립하지 않는다면, 문장 Y의 확률은 문장 X의 확률보다 높다.
- 문장 X의 확률이 문장 Y의 확률보다 낮다면, 문장 X가 담고 있는 정보의 양은 문장 Y가 담고 있는 정보의 양보다 많다.

┤ 보 기 ├

- ㄱ. "정상적인 주사위를 던질 때 3이 나올 것이다"는 "정상적인 동전을 던질 때 앞면이 나올 것이다"보다 더 많은 정보를 담고 있다.
- ㄴ. "월성 원자력 발전소에 문제가 생기거나 고리 원자력 발전소에 문제가 생긴다"는 "월성 원자력 발전소에 문제가 생긴다"보다 더 많은 정보를 담고 있다.
- ㄷ. "내년 예산에서는 국가균형발전 예산, 복지 예산, 에너지절감 관련 기술개발 예산이 모두 늘어난다"는 "내년 예산에서는 국가균형발전 예산, 에너지절감 관련 기술개발 예산이 모두 늘어난다"보다 더 적은 정보를 담고 있다.

① ㄱ
② ㄴ
③ ㄱ, ㄷ
④ ㄴ, ㄷ

정답해설

제시된 〈원칙〉을 통해 알 수 있는 사실은 X의 확률이 Y의 확률보다 낮다면, 담고 있는 정보의 양은 X가 Y보다 많다는 것이다. 'ㄱ'의 경우와 같이 주사위를 던져 3이 나올 확률(X의 확률)은 동전을 던질 때 앞면이 나올 확률(Y의 확률)보다 낮다. 따라서 "정상적인 주사위를 던질 때 3이 나올 것이다"는 "정상적인 동전을 던질 때 앞면이 나올 것이다"보다 더 많은 정보를 담고 있다(X가 담고 있는 정보의 양이 Y가 담고 있는 정보의 양보다 더 많다). 따라서 'ㄱ'은 원칙을 바르게 적용한 것이다.

오답해설

- ㄴ. "월성 원자력 발전소에 문제가 생기거나 고리 원자력 발전소에 문제가 생긴다"는 "월성 원자력 발전소에 문제가 생긴다"보다 확률이 높으므로, 더 많은 정보를 담고 있는 것이 아니다. 따라서 'ㄴ'은 제시된 원칙을 바르게 적용한 것이 아니다.
- ㄷ. 앞의 내용이 더 많은 정보를 담고 있으므로, 원칙을 바르게 적용한 것으로 옳지 않다.

21 다음은 ○○공사의 여비규정과 A의 출장 일정을 나타낸 것이다. A가 받을 총 출장여비는 얼마인가?

[여비규정]

제10조(일반출장)
　① 일반출장여비는 운임, 일비, 숙박비, 식비로 한다.
　② 출발일과 도착일은 여행일수에 포함한다.

제11조(운임의 구분과 적용)
　① 운임은 철도임, 버스임으로 구분한다.
　② 철도임은 철도여행에, 버스임은 철도 외의 육로여행에 각각 적용한다.

제12조(일비)
　① 일비는 '별표 제1호'에 따라 지급한다.
　② 일비는 여행일수에 따라 지급한다.

제13조(숙박비)　숙박비는 '별표 제1호'의 상한액 내에서 실비를 지급한다.

제14조(식비)　식비는 1일 2식비를 기준으로 '별표 제1호'에 따라 지급하되, 숙박의 경우 1식비를 추가로 지급한다.

[별표 제1호]

(단위 : 원)

구 분	운 임		일비(1일당)	숙박비 (1일당 상한액)	식비(1일당)
	철도임	버스임			
직 원	실 비	실 비	18,000	60,000	20,000

[직원 A의 일반출장 일정]

날 짜	일 정	시 각	비 고
1일차	출 발	10 : 00	철도 이용 22,500원
	식 사	13 : 00	식사 이용 9,000원
	숙 박	–	숙박비 70,000원
2일차	회 의	09 : 00	–
	만 찬	17 : 00	–
	숙 박	–	숙박비 50,000원
3일차	복 귀	11 : 00	철도 이용 25,500원

① 290,000원　　　　　　　　② 292,000원

③ 295,000원　　　　　　　　④ 300,000원

정답해설

일반출장여비의 경우 운임과 일비, 숙박비, 식비의 합계를 구하면 된다.

먼저 운임의 경우 철도임을 실비로 지급하므로, '22,500 + 25,500 = 48,000(원)'이 된다.

일비의 경우 1일당 18,000원을 지급하므로, '3 × 18,000 = 54,000(원)'이다.

숙박비의 경우 70,000원과 50,000원이 지급되었지만, 1일당 상한액이 60,000원이고 상한액 내에서 실비로 지급되므로, 지급되는 금액은 '60,000 + 50,000 = 110,000(원)'이 된다.

식비의 경우 식비는 1일 2식비를 기준으로 지급하므로 1식비는 10,000원이 된다. 숙박의 경우 1식비를 추가로 지급되므로 1일차와 2일차의 경우 '20,000 + 10,000 = 30,000(원)'이 지급되며, 3일차의 경우 '20,000(원)'이 된다. 따라서 식비는 모두 '60,000 + 20,000 = 80,000(원)'이 지급된다.

이상을 종합하면, A가 받을 총 출장여비는 '48,000 + 54,000 + 110,000 + 80,000 = 292,000(원)'이다.

22 S은행의 고객인 A는 S은행으로부터 예금만기 문자를 받고 은행을 방문하였다. 다음 조건을 토대로 A고객이 은행으로부터 수령할 수 있는 이자는 얼마인가?

- 상품명 : S은행 드림드림 예금상품
- 가입자 : A(본인)
- 계약기간 : 30개월
- 저축금액 : 1천만원
- 저축방법 : 거치식
- 이자지급방식 : 만기일시지급, 단리식
- 기본이자율(계약당시, 세전)

1개월	6개월	12개월	24개월	36개월	48개월
연 0.5%	연 1%	연 1.3%	연 1.6%	연 1.8%	연 1.9%

- 우대금리(세전)
  - 계약당시 자신이 세운 목표 또는 꿈을 성취했을 경우 : 0.1%
  - 본인의 추천으로 지인이 해당 상품을 가입한 경우 : 0.05%
  - 타인의 추천으로 해당 상품을 본인이 가입한 경우 : 0.05%
- 기타 사항
  - A는 지인으로부터 추천을 받아 해당 상품을 가입하였음
  - 해당 상품 계약 시 세운 목표를 성취하여 은행이 이를 확인하였음
  - 해당 상품에서 발생하는 이자는 15%가 과세됨

---

① 304,000원

② 330,375원

③ 351,750원

④ 371,875원

정답해설

A의 계약기간이 30개월이므로 기본이자율은 1.6%이다. 여기서 상품 계약 시 세운 목표를 성취하였고, 지인의 추천으로 해당 상품을 가입하였으므로 0.15%가 추가된다. 따라서 적용되는 금리는 모두 1.75%이다.

A는 30개월(24개월 + 6개월)을 가입하였고 이자는 단리식이 적용된다고 하였으므로, 이자는 '$(10,000,000 \times 1.75\% \times 2) + \left(10,000,000 \times 1.75\% \times \frac{6}{12}\right) = 350,000 + 87,500 = 437,500$(원)'이다. 그런데 이는 세전 금리이므로, 지급되는 이자는 여기서 15%를 제외해야 한다. 따라서 '$437,500 \times 85\% = 371,875$(원)'이 된다.

[23~24] 아래의 내용은 한 항공사에서 부서배치를 위해 신입사원 A~G를 대상으로 실시한 시험의 결과이다. 이 내용을 참고하여 다음 물음에 답하시오.

[신입사원 시험 결과]

(단위 : 점)

구 분	1차 시험	2차 시험	3차 시험	희망 부서
A	8	8	4	토목관리팀
B	7	8	6	전력관리팀
C	3	8	6	전산관리팀
D	9	6	7	공항운영팀
E	7	9	4	전산관리팀
F	7	6	7	공항운영팀
G	8	7	5	전력관리팀

※ 각 시험은 10점 만점이다.

[부서별 결원 현황]

(단위 : 명)

부 서	결원 수	부 서	결원 수
경영관리팀	2	토목관리팀	1
전력관리팀	1	전산관리팀	1
경영지원팀	1	공항운영팀	2

23 신입사원들 중 1명을 다음 제시된 기준에 따라 핵심인재로 선정한다고 할 때, 해당자는 누구인가?

- 1차 시험 점수는 20점 만점으로 환산한다.
- 2차 시험 점수는 30점 만점으로 환산한다.
- 3차 시험 점수는 40점 만점으로 환산한다.
- 환산 점수가 가장 높은 사람이 핵심 인재로 선정한다.
- 시험에서 4점 이하를 받은 자는 선정 대상에서 제외된다.

① B   ② D
③ E   ④ F

정답해설

시험에서 4점 이하를 받은 자는 선정 대상에서 제외되므로, A, C, E는 제외된다.

B, D, F, G를 대상으로 각 시험에서 받은 점수를 환산하면 다음과 같다.

구 분	1차 시험 환산 점수	2차 시험 환산 점수	3차 시험 환산 점수	합계
B	14	24	24	62
D	18	18	28	64
F	14	18	28	60
G	16	21	20	57

따라서 환산 점수가 가장 높은 D가 핵심 인재로 선정된다.

24 1~3차 시험의 점수를 환산한 점수의 합계가 높은 순서대로 희망 부서에 배치한다고 할 때, 다음 중 자신의 희망 부서에 배치되지 못하는 신입사원은 누구인가?

① A   ② B
③ E   ④ G

정답해설

부서의 결원 수와 희망 지원자 수를 비교하여 지원자 수가 더 많은 곳에서 희망 부서에 배치되지 못하는 사람이 나오게 된다. 전력관리팀과 전산관리팀은 모두 결원 수가 1명이나 지원자 수는 2명이므로, 여기에 지원한 사람의 환산 점수를 계산하면 다음과 같다.

지원자(지원한 팀)	1차 시험 환산 점수	2차 시험 환산 점수	3차 시험 환산 점수	합계
B(전력관리팀)	14	24	24	62
C(전산관리팀)	6	24	24	54
E(전산관리팀)	14	27	16	57
G(전력관리팀)	16	21	20	57

따라서 희망 부서에 배치되지 못하는 사람은 C와 G이다.

[25~26] 한 전력회사에 근무하는 사원 A는 주택용 전기요금 산정과 관련된 온라인 고객 상담 게시판을 담당하여 고객의 문의사항을 해결하는 업무를 담당하고 있다. 아래 제시된 내용을 토대로 다음 물음에 답하시오.

[주택용 전력(저압)]

기본요금(원/호)		전력량 요금(원/kWh)	
100kWh 이하 사용	410	처음 100kWh 까지	60.5
101 ~ 200kWh 사용	900	다음 100kWh 까지	125.5
201 ~ 300kWh 사용	1,600	다음 100kWh 까지	184.8
301 ~ 400kWh 사용	3,800	다음 100kWh 까지	278.2
401 ~ 500kWh 사용	7,200	다음 100kWh 까지	410.6
500kWh 초과 사용	12,750	500kWh 초과	700.5

※ 저압 : 표준전압 220V, 380V

[주택용 전력(고압)]

기본요금(원/호)		전력량 요금(원/kWh)	
100kWh 이하 사용	400	처음 100kWh 까지	57.2
101 ~ 200kWh 사용	720	다음 100kWh 까지	100.4
201 ~ 300kWh 사용	1,450	다음 100kWh 까지	149.6
301 ~ 400kWh 사용	3,120	다음 100kWh 까지	224.2
401 ~ 500kWh 사용	6,180	다음 100kWh 까지	332.8
500kWh 초과 사용	10,960	500kWh 초과	580.2

※ 고압 : 표준전압 3,300V 이상 66,000V 이하

[전기요금 산정방법]

(1) 전기요금계 : 기본요금과 전력량 요금의 합
(2) 부가가치세 : 전기요금계의 10%
(3) 전력산업기반기금 : 전기요금계의 4%
(4) 청구금액 : 전기요금계와 부가가치세, 전력산업기반기금의 합
(5) 비주거용 주택 : 비주거용 주택에서 사용된 주택용 전력은 사용된 전력의 1단계 사용량에 대하여 2단계 기본요금과 전력량요금을 적용함
(6) 청구금액의 절사 : 전기요금계, 부가가치세, 전력산업기반기금에서 10원 미만의 금액은 절사함

25 다음 글을 게시한 고객에게 청구될 이번 달 전기요금은 얼마인가?

> [고객 상담 게시판]
>
> 제목 : 전기요금 계산
>
> 저희 집은 이번 한 달 동은 98kWh를 사용하였습니다. 표준전압은 220V이고, 현재 비주거용 주택으로 되어 있습니다. 이번 달 전기요금은 얼마나 나올까요?

① 14,120원
② 14,570원
③ 15,020원
④ 15,470원

정답해설

표준전압이 220V이므로 '주택용 전력(저압)'의 전력요금이 적용된다. 이번 한 달 동안 100kWh 이하를 사용하였는데, 비주거용 주택에 거주하고 있으므로 2단계 기본요금과 전력량요금이 적용된다. 따라서 청구될 전기요금을 구하면 다음과 같다.

- **기본요금** : 900(원)
- **전력량 요금** : 98 × 125.5 = 12,299 → 10원 미만 금액 절사로 12,290(원)
- **전기요금계** : 900 + 12,290 = 13,190(원)
- **부가가치세** : 13,190 × 0.1 = 1,319 → 10원 미만 금액 절사로 1,310원
- **전력산업기반기금** : 13,190 × 0.04 = 525.5 → 10원 미만 금액 절사로 520원

따라서 청구될 전기요금은 '13,190 + 1,310 + 520 = 15,020(원)'이 된다.

26 다음의 고객에게 부과될 1월 달 전기요금 부가가치세는 얼마인가?

> [고객 상담 게시판]
>
> 제목 : 부가가치세 알려주세요.
>
> 1월 전기요금 부가가치세를 정확히 알려주세요. 저희 집은 주거용 주택이고, 1월에 350kWh의 전력을 사용했습니다. 표준전압은 3,600V입니다.

① 3,380(원)
② 3,890(원)
③ 4,190(원)
④ 4,500(원)

정답해설

표준전압이 3,300V 이상이므로 '주택용 전력(고압)'이 적용된다. 부가가치세는 전기요금의 10%이므로 먼저 전기요금을 구해야 한다. 제시된 고객은 1월에 350kWh의 전력을 사용했으므로 전기요금은 다음과 같다.

- **기본요금** : 3,120(원)
- **전력량 요금**
  - 1단계 : 100 × 57.2 = 5,720(원)
  - 2단계 : 100 × 100.4 = 10,040(원)

정답 **25.** ③ | **26.** ④

－ 3단계 : 100 × 149.6 = 14,960(원)
　　　　－ 4단계 : 50 × 224.2 = 11,210(원)
　　따라서 전기요금계는 '3,120 + 5,720 + 10,040 + 14,960 + 11,210 = 45,050(원)'이다.
　　부가가치세는 전기요금계의 10%이므로, 부가가치세는 '45,050 × 0.1 = 4,505(원)'이다. 10원 미만 금액 절사되므로,
　　1월에 고객에게 청구될 부가가치세는 '4,500(원)'이 된다.

[27~28] 다음은 리모델링 자금보증에 대한 내용이다. 제시된 내용을 토대로 물음에 맞는 답을 고르시오.

1. 개요

보증대상	리모델링 허가를 취득한 리모델링사업
보증구분	조합원이주비보증, 조합원부담금보증, 조합사업비보증
보증채권자	「은행법」에 따른 금융기관, 산업은행, 기업은행, 농협, 수협
보증채무자	보증채권자로부터 리모델링 자금 대출을 받는 차주
보증금액	이주비대출원금, 부담금대출원금, 사업비대출원금
보증기간	대출 실행일부터 대출원금 상환일까지

※ 리모델링 자금보증 : 리모델링 주택조합이 필요한 사업자금 조달을 위해 금융기관으로부터 대출받은 사업비대
출금의 원리금 상환을 책임지는 보증상품

2. 보증한도

구 분	보증한도	주채무자(연대보증인)
조합원이주비보증	조합원별 종전자산 평가액의 60%	조합원(조합)
조합원부담금보증	조합원별 부담금의 55%	조합원(조합)
조합사업비보증	총 사업비의 50%	조합

3. 보증료

• 보증료 산정식 : 보증료 = 보증금액 × 보증료율 × $\dfrac{\text{보증기간에 해당하는 일수}}{365}$

• 심사등급별 보증료율

상품명	이주비	부담금	사업비		
			1등급	2등급	3등급
보증료율(연)	0.3%	0.2%	0.4%	0.65%	0.9%

27 조합원인 A의 종전자산 평가액이 7억 5천만 원이고, 보증기간이 90일이다. A가 보증회사로부터 받을 수 있는 이주비보증료는 얼마인가? (백원 자리에서 반올림한다.)

① 32.8만 원
② 33.2만 원
③ 33.6만 원
④ 34만 원

정답해설

조합원 A의 종전자산 평가액은 7억 5천만 원이고, 보증한도는 조합원별 종전자산 평가액의 60%이므로 A의 보증금액은 '7.5 × 0.6 = 4.5(억 원)'이다.

따라서 A의 이주비보증료는 '$450{,}000{,}000 \times 0.003 \times \frac{90}{365} \fallingdotseq 33.6$(만 원)'이다.

28 다음 4개의 조합은 사업비보증을 받으려고 한다. 이 중 사업비보증료가 가장 큰 조합은? (천원 자리에서 반올림한다.)

조 합	보증금액	등 급	보증기간
A	175억 원	1등급	120일
B	60억 원	3등급	150일
C	220억 원	2등급	60일
D	110억 원	3등급	90일

① A
② B
③ C
④ D

정답해설

조합별 사업비보증료를 계산해 보면 다음과 같다.

- A : $17{,}500{,}000{,}000 \times 0.004 \times \frac{120}{365} \fallingdotseq 2{,}301$(만 원)
- B : $6{,}000{,}000{,}000 \times 0.009 \times \frac{150}{365} \fallingdotseq 2{,}219$(만 원)
- C : $22{,}000{,}000{,}000 \times 0.0065 \times \frac{60}{365} \fallingdotseq 2{,}351$(만 원)
- D : $11{,}000{,}000{,}000 \times 0.009 \times \frac{90}{365} \fallingdotseq 2{,}440$(만 원)

따라서 보증료가 가장 큰 조합은 D이다.

정답 27. ③ | 28. ④

자기개발능력

Chapter 04

자기개발능력

기본문제

01 다음 중 자기개발의 특징으로 옳지 않은 것은?

① 일반적으로 부모 및 회사 사람으로부터 이루어지며 이들이 세운 계획에 따르는 과정이다.

② 일과 관련하여 이루어지고 인간관계에 있어 중요하므로 자신의 역할 및 능력을 점검한다.

③ 일시적이지 않기 때문에 꾸준히 목표를 달성하여 실생활에 적용할 수 있게 해야 한다.

④ 사람마다 지향하는 것과 선호 방법 등의 차이가 크므로 자신에게 맞는 방법을 찾는다.

정답해설

개발의 주체는 타인이 아니라 자기 자신으로, 스스로 계획하고 실행하며 성취하는 과정이다.

오답해설

② 직업인으로서 일과 관련해 인간관계를 맺고, 역할 및 능력을 점검해 이를 개발한다.

③ 평생에 걸쳐 이루어지며, 실생활에 적응하기 위해 지속적으로 해야 한다.

④ 자신의 이해를 바탕으로 적합한 목표 설정과 전략 및 방법을 선정해야 한다.

Check Point ─ **자기개발의 특징**

• 자기개발에서 개발의 주체는 타인이 아니라 자기 자신이다. 자기를 개발한다고 하는 것은 스스로 계획하고 실행한다는 의미로, 발전 목표를 스스로 수립하여 성취하는 것으로 이해될 수 있다.

• 자기개발은 개별적인 과정으로, 자기개발을 통해 지향하는 바와 선호하는 방법 등이 사람마다 다르다. 따라서 개인은 자신의 이해를 바탕으로 적합한 목표를 설정하며, 자신에게 알맞은 자기개발전략이나 방법을 선정하여야 한다.

• 자기개발은 평생에 걸쳐서 이루어지는 과정이다. 사람들은 흔히 자기개발을 학교단계에서 이루어지는 교육이라고 생각하거나 일시적으로 이루어지는 과정이라고 생각하기도 하지만, 학교교육에서는 원리, 원칙에 대한 교육이 이루어질 뿐이므로 실생활에서 적응하기 위해서는 지속적인 자기개발이 필요하다.

• 자기개발은 일과 관련하여 이루어지는 활동이다. 우리는 대부분 일과 관련하여 인간관계를 맺으며, 능력을 발휘하고 이를 개발하고자 한다.

• 자기개발은 자신의 생활 또는 현재의 직무, 직업세계 속에서 이루어져야 한다. 특정 교육훈련기관보다도 자신이 현재 하고 있는 직무 혹은 지향하는 직업세계와 관련하여 자신의 역할 및 능력을 점검하고 개발계획을 수립하며, 대인관계를 맺고 의사소통을 한다.

• 자기개발은 특정한 사람만 하는 것이 아니라 모든 사람이 해야 하는 것이다. 즉, 자신을 개발하여 효과적으로 업무를 수행하고 급속히 변화하는 환경에 적응하고자 하며, 자신이 설정한 목표를 달성하고 보다 보람되고 나은 삶을 영위하고자 노력하는 사람이라면 누구나 해야 되는 것이다.

02 자기개발과 관련된 다음 설명 중 옳지 않은 것은?

① 자기개발은 자신의 능력과 적성 등에 있어 강점과 약점을 찾아 성장을 위한 기회로 활용하는 것이다.

② 자기개발능력은 직업인으로서의 발전 목표를 스스로 수립·성취해나가는 능력을 말한다.

③ 자기개발은 긍정적 인간관계의 형성이 아닌 달성하려는 목표 성취를 위해 필요하다.

④ 자기개발을 통해 자신감을 얻고 보람된 삶을 살 수 있다.

정답해설

자기 개발은 달성하려는 목표의 성취뿐만 아니라 주변 사람과의 긍정적 인간관계 형성을 위해서도 필요하다.

오답해설

① 자기개발은 자신의 능력과 적성, 특성 등에 있어서 강점과 약점을 확인하여, 강점을 강화시키고 약점을 관리하여 성장을 위한 기회로 활용하는 것을 말한다.

② 직업기초능력으로서 자기개발능력은 직업인으로서 자신의 능력과 적성, 특성 등의 이해를 기초로 자기 발전 목표를 스스로 수립하고 성취해나가는 능력을 말한다.

④ 자기개발을 하는 경우 자신감을 얻게 되며, 삶의 질이 향상되어 보다 보람된 삶을 살 수 있다.

> **Check Point** — **자기개발의 이유(필요성)**
> • 직장생활에서의 자기개발은 업무의 효과적 처리 및 업무의 성과 향상을 위해 이루어진다.
> • 변화하는 환경에 적응하기 위해서 자기개발이 이루어진다. 지속적이고 급속한 환경변화 속에서 우리의 지식이나 기술이 과거의 것이 되지 않도록 하기 위해 지속적인 자기개발의 노력이 요구된다.
> • 주변 사람들과 긍정적인 인간관계를 형성하기 위해서 필요하다. 자기관리 자체가 긍정적인 인간관계를 형성하는 기초가 되며, 자기개발에 있어서 자기관리는 매우 중요한 요소로서 좋은 인간관계 형성 및 유지의 기반이 된다.
> • 자기개발은 자신이 달성하고자 하는 목표 성취를 위해서도 필요하다. 자기개발은 자신의 비전과 목표를 발견하고 이를 성취하도록 도와준다.
> • 보람된 삶을 살기 위해서 자기개발을 한다. 자기개발을 하게 되면 자신감을 얻게 되며, 삶의 질 향상으로 더 보람된 삶을 살 수 있다.

03 자기개발의 경우 제한적인 정보와 사고 습관으로 인해 자신을 객관적으로 파악하는데 실패하며, 현재 익숙한 상황에 정착하려는 경향 때문에 어려움을 겪게 된다. 다음 중 자기개발에 어려움을 주는 장애요인에 대한 설명으로 적절하지 않은 것은?

① 인간에게 작용하는 욕구와 감정을 통제한다.

② 인간은 제한적으로 사고하는 경향이 있다.

③ 문화적인 틀 안에서 사고하고 행동한다.

④ 어디서, 어떻게 자기개발을 하는지를 잘 모른다.

정답해설

자기개발을 할 때에는 인간의 욕구와 감정이 작용하여 자기개발에 대한 태도를 형성하는데, 이러한 욕구와 감정이 합리적으로 통제되지 않으면 자기개발이 이루어지기가 어렵다.

오답해설

② 인간의 제한적인 사고는 자신의 장단점을 객관적으로 파악하는데 장애요인으로 작용하여 자기개발의 방향설정을 방해한다. 인간의 자기중심적 사고나 자신의 행동을 합리화하려는 경향, 자신의 주장과 반대되는 주장의 배척, 선입견의 작용하는 경우 사고 과정이 편향되어 자기개발을 방해하게 된다.

③ 인간을 둘러싼 문화적인 장애에 부딪히기 때문에 자기개발은 한계에 직면하게 된다. 우리는 문화와 끊임없이 상호작용하며 문화의 틀 안에서 관성의 법칙에 따라 사고하고 행동하게 되는데, 현재 익숙해 있는 일과 환경을 지속하려는 이러한 습성은 새로운 자기개발을 방해하는 요소가 된다.

④ 자기개발 방법을 잘 모른다는 것도 자기개발의 장애요인이 된다. 사람들이 어디서, 어떻게 자기개발을 할 수 있는지 방법을 모르는 경우 자기개발은 어려움을 겪게 된다.

04 직업인은 직장생활에서 자신의 능력과 적성을 파악하고 그에 적합한 자신의 목표를 수립·성취해 나가는 역량을 개발해야 한다. 다음 중 이러한 자기개발을 구성하는 요소와 가장 거리가 먼 것은?

① 자아인식　　　　　　　　　　② 기술개발

③ 자기관리　　　　　　　　　　④ 경력개발

정답해설

자기개발은 자신의 특성을 이해하는 자아인식과 자신의 특성과 상황에 따라 행동 및 업무수행을 관리·조정하는 자아관리, 평생 동안 일과 관련된 경험을 계획·관리하는 경력개발로 구성된다. 따라서 자기개발과 가장 거리가 먼 것은 기술개발이다.

── **자기개발의 구성 요소**

- **자아인식** : 직업인의 자아인식이란 직업생활과 관련한 자신의 가치나 신념, 적성, 성격 등을 통해 자신이 누구인지 파악하는 것으로, 자기개발의 첫 단계에 해당한다. 자신이 어떠한 특성을 지니고 있는지 인식할 수 있어야 적절한 자기개발이 가능한데, 자신을 알아가는 방법에는 내가 아는 나를 확인하는 방법, 타인과의 대화를 통해 알아가는 방법, 표준화된 검사 척도를 이용하는 방법 등이 있다.
- **자기관리** : 자신을 이해하고 목표를 성취하기 위해 행동 및 업무수행을 관리·조정하는 것을 말한다. 이러한 자기관리는 자신에 대한 이해를 토대로 한 비전과 목표 수립, 과제의 발견, 일정 수립 및 조정을 통한 자기관리 수행, 반성 및 피드백의 과정으로 이루어진다.
- **경력개발** : 개인의 경력목표와 전략을 수립·실행하며 피드백하는 과정을 말한다. 경력개발은 자신과 상황을 인식하고 경력 관련 목표를 설정하여 이를 달성하기 위한 과정인 경력계획과, 경력계획을 준비·실행하고 피드백하는 경력관리로 이루어진다.

04
자기개발
능력

05 자기개발 계획을 수립하기 위해 고려해야 할 전략에 대한 설명 중 옳지 않은 것은?

① 장기목표는 4~5년 동안의 목표를 의미하는 것으로, 단기목표 이룩하기 위한 기본단계가 된다.

② 주변의 인간관계를 고려해야 하고 타인과의 관계를 발전시키는 것이 필요하다.

③ 직무를 담당하는데 필요한 능력과 자신의 수준을 고려해야 한다.

④ 애매모호한 방법보다 구체적인 방법으로 계획해야 한다.

정답해설

자기개발 계획을 수립하는 데에는 장단기 목표를 모두 세워야 하는데, 보통 장기목표는 5~20년, 단기목표는 1~3년 동안의 목표를 의미한다. 또한 단기목표는 장기목표를 이룩하기 위한 기본단계가 된다. 장기목표는 자신의 욕구나 가치, 흥미, 적성 및 기대를 고려하여 수립하며, 직무의 특성, 타인과의 관계 등을 고려해야 한다. 단기목표는 필요한 직무관련 경험, 개발해야 될 능력 및 자격증, 인간관계 등을 고려하여 수립해야 한다.

오답해설

② 자기개발 계획 수립을 위해서는 가족과 친구, 직장동료, 부하직원, 상사, 고객 등 많은 인간관계를 고려하여야 하며, 다른 사람과의 관계를 발전시키는 것도 하나의 자기개발 목표가 될 수 있다.
③ 자기개발 계획의 수립을 위해서는 현재의 직무를 고려하는 것이 필요하다. 현재의 직무상황과 이에 대한 만족도가 계획 수립에 중요한 역할을 담당하게 되므로, 직무를 담당하는데 필요한 능력과 이에 대한 자신의 수준, 개발해야 할 능력, 관련된 적성 등을 고려해야 한다.
④ 애매모호한 방법보다 구체적인 방법으로 계획하는 것이 필요하다. 애매모호한 방법으로 계획하게 되면 어떻게 해야 되는지 명확하게 알 수 없고 비효율적인 낭비가 발생하게 되므로, 수행해야할 자기개발 방법을 명확하고 구체적으로 수립하도록 노력해야 한다. 이를 통해 효율성을 확보할 수 있고 진행과정도 손쉽게 파악할 수 있다. 다만 장기목표일 경우, 때에 따라 매우 구체적인 방법을 계획하는 것이 어렵거나 바람직하지 않을 수 있다는 점에 주의한다.

06 인간의 욕구와 감정이 작용하여 자기개발에 실패하는 경우가 있다. 매슬로우(A. Maslow)에 따르면 인간의 욕구는 위계적이어서, 더 기본적인 하위욕구가 먼저 충족되어야 최상위의 자기실현의 욕구가 충족된다고 한다. 다음 중 매슬로우의 욕구를 하위욕구부터 상위욕구로 바르게 나열한 것은?

① 안정의 욕구 → 생리적 욕구 → 존경의 욕구 → 사회적 욕구 → 자아실현의 욕구
② 생리적 욕구 → 안정의 요구 → 사회적 욕구 → 자아실현의 욕구 → 존경의 욕구
③ 안정의 욕구 → 사회적 욕구 → 생리적 욕구 → 자아실현의 욕구 → 존경의 욕구
④ 생리적 욕구 → 안정의 욕구 → 사회적 욕구 → 존경의 욕구 → 자아실현의 욕구

정답해설
매슬로우는 인간의 욕구는 저차원으로부터 고차원의 욕구로 단계적 상승한다는 전제하에 인간이 공통적으로 소유하고 있는 기본적인 욕구를 5단계로 제안하였다. 인간은 생리적 욕구부터 시작되어 안정의 욕구, 사회적 욕구(애정의 욕구)를 거쳐 존경의 욕구, 자아실현의 욕구를 추구한다고 하였다. 그는 인간의 욕망은 충동적이며 항상 욕구가 있고 더 많은 욕구 충족을 위해 노력한다는 것을 전제로, 저차원의 욕구가 어느 정도 충족된 후 다음 상위차원의 욕구가 나타난다고 주장하였다. 이는 인간의 복잡한 욕구체계를 명확히 분석한 것으로, 욕구는 단계가 있고 각자의 현실적 중요도에 따라 이동한다고 본 것에 연구 의의가 있다.

07 다음 중 자기개발 계획 수립의 장애요인에 대한 설명으로 가장 적절하지 않은 것은?

① 자신의 흥미나 장점, 라이프 스타일에 대한 정보의 부족
② 외부 작업정보와 내부 작업정보의 부족
③ 의사결정시의 과다한 자신감
④ 재정, 시간 등 주변상황의 제약

정답해설
의사결정시 자신감이 부족하다는 것이 장애요인에 해당한다. 자기개발과 관련된 결정을 내릴 때 자신감이 부족한 경우 자기개발 계획 수립이 어렵게 된다.

오답해설
① 자신의 흥미나 장점, 가치, 라이프 스타일을 충분히 이해하지 못하는 등 자기정보가 부족한 경우 자기개발 계획 수립에 장애가 된다.
② 회사 내의 경력기회 및 직무 가능성에 대해 충분히 알지 못하는 등 내부 작업정보가 부족한 경우와, 다른 직업이나 회사 밖의 기회에 대해 충분히 알지 못하는 등 외부 작업정보가 부족한 것도 장애요인이 된다.
④ 재정적 문제나 연령, 시간 등 주변상황의 제약도 자기개발 계획 수립을 방해하는 요인이 된다.

08 다음은 자기 브랜드를 PR하는 방법에 대한 설명이다. 옳지 않은 것은?

① SNS를 통해 자신을 표현하고 알린다.

② 다른 사람과 동질적인 특징을 부각시킨다.

③ 인적네트워크를 만들어 활용하며, 경력 포트폴리오를 만든다.

④ 자신만의 명함을 통해 전형적인 틀에서 변신을 시도한다.

정답해설

개인에 대한 브랜드화는 단순히 자신을 알리는 것을 넘어, 자신을 다른 사람과 차별화 하는 특징을 밝혀내고 이를 부각시키기 위해 지속적인 자기개발을 하며 알리는 것을 말한다. 따라서 동질적인 특징의 부각은 자신의 브랜드화 와 거리가 먼 설명이며, 자기 브랜드를 PR하는 방법으로도 적합하지 않다.

오답해설

① 트위터, 페이스북, 인스타그램 등 SNS를 통해 PR을 하는 것은 자신의 브랜드를 알리는 좋은 방법이 된다. 소셜 네트워크는 형식의 제약 없이 자유롭게 자신을 표현할 수 있고 별도의 비용이나 전문적인 기술 없이 이용할 수 있으며, 자신의 실무지식과 업무 경험, 성과물 등을 직접적으로 연결할 수 있는 장점을 지닌다.

③ 사람들은 자신이 신뢰하는 다른 사람의 말은 비판 없이 받아들이고 수용하는 경향이 있으므로, 자신에 대해 긍정적인 말을 전하는 적극적인 지지자를 확보하기 위해 보다 넓은 인적네트워크를 형성·활용하는 것이 필요하다. 또한, 자신의 전문적인 능력이 무엇인지, 자신이 그동안 어떻게 인간관계를 쌓아왔고 어떠한 자기개발 노력을 해왔는지를 다른 사람에게 명확하게 보여줄 수 있는 경력 포트폴리오를 만들어 활용하고, 꾸준히 업데이트하는 노력이 필요하다.

④ 자신의 사진을 넣거나, 재질이나 칼라를 다양화하는 등 기존의 전형적인 틀에서 벗어난 자신만의 명함은 자신을 알리는 강력한 마케팅 도구가 된다.

09 다음 자아인식에 관한 설명 중 옳지 않은 것은?

① 나를 안다는 것은 자신의 가치나 신념을 아는 것을 넘어 이것이 행동에 어떻게 영향을 미치는가를 아는 것이다.

② 직업인으로서 자아인식이란 다양한 방법을 통해 자신의 흥미와 능력 등을 종합적으로 분석·이해하는 것이다.

③ 올바른 자아인식은 자아정체감을 확인시켜 주며 자기개발의 토대가 된다.

④ 외면적 자아란 적성과 흥미, 성격 등 측정하기 어려운 특징을 가지는 요소이다.

정답해설

자아는 크게 내면적 자아와 외면적 자아로 구분해 볼 수 있는데, 내면적 자아란 자신의 내면을 구성하는 적성이나 흥미, 성격, 가치관 등의 요소를 말하며, 이는 측정하기 어려운 특징을 지닌다. 외면적 자아는 자신의 외면을 구성하는 외모나 나이 등의 요소를 말한다.

① 나를 안다는 것은 자신의 가치나 신념, 태도 등을 아는 것을 넘어, 이것들이 자신의 행동에 어떻게 영향을 미치는가를 안다는 것을 의미한다.
② 직업인으로서 자아인식이란 다양한 방법을 활용해 자신의 흥미와 소유한 능력, 좋아하는 행동 등을 종합적으로 분석·이해하는 것을 말한다.
③ 올바른 자아인식은 자아정체감을 확인시켜 주고 성장욕구를 증가시키며, 자기개발의 토대가 된다. 또한 자신의 능력과 기술을 이해함으로써 개인과 팀의 성과를 높이는데도 기여할 수 있다.

10 다음은 자신과 다른 사람의 두 가지 관점을 통해 자기를 파악해 보는 자기인식 모델인 '조하리의 창(Johari's Window)'을 통해 자아를 구분한 것이다. 빈칸에 알맞은 것을 모두 맞게 짝지은 것은?

구 분	내가 아는 나	내가 모르는 나
타인이 아는 나	공개된 자아	㉠
타인이 모르는 나	㉡	아무도 모르는 자아

	㉠	㉡
①	비공개된 자아	나만 아는 자아
②	눈먼 자아	비밀스런 자아
③	눈먼 자아	숨겨진 자아
④	비공개된 자아	주관적 자아

자기인식 또는 자기 이해의 모델인 '조하리의 창(Johari's Window)'에서는 보다 객관적으로 자신을 인식하기 위해 내가 아는 나의 모습 외에 다른 방법을 적용할 필요가 있다고 보아, 자신과 다른 사람의 두 가지 관점을 통해 자아를 '공개된 자아, 눈먼 자아(보이지 않는 자아), 숨겨진 자아, 아무도 모르는 자아(미지의 자아)'로 분류하였다.

구 분	내가 아는 나	내가 모르는 나
타인이 아는 나	공개된 자아(Open Self)	눈먼 자아(Blind Self)
타인이 모르는 나	숨겨진 자아(Hidden Self)	아무도 모르는 자아(Unknown Self)

따라서 ㉠, ㉡에 알맞은 것끼리 바르게 짝지은 것은 ③이다.

11 자신을 인식하는 방법을 분류할 때, 다음 중 다른 사람과의 커뮤니케이션을 통해 자아를 인식하는 방법에 대한 설명으로 적절한 것은?

① 내면이나 감정을 알 수 있다는 특징을 지닌다.

② 내가 몰랐던 내 자신을 발견하는 중요한 수단이 된다.

③ 객관적으로 자아특성을 다른 사람과 비교해 볼 수 있게 한다.

④ 인터넷을 통해 검사 도구를 손쉽게 이용할 수 있는 장점이 있다.

정답해설

다른 사람과의 커뮤니케이션을 통해 자신을 인식하는 방법은 다른 사람과 대화를 통해 내가 간과하고 넘어갔던 부분을 알게 되고 다른 사람들이 나의 행동을 어떻게 판단하고 보고 있는지 객관적으로 알 수 있으며, 내가 몰랐던 내 자신을 발견하는 중요한 수단이 된다는 장점을 지닌다.

오답해설

① 자아를 인식하는 방법 중 내가 아는 나를 확인하는 방법은 객관적인 한계를 지니기도 하지만, 다른 사람이 알 수 없는 내면이나 감정을 알 수 있다는 특징을 가진다.

③ · ④ 자아인식의 한 방법으로 표준화된 검사 도구를 활용하는 방법은 각종 검사 도구를 활용하여 자신을 발견하고 진로를 설계하는 것으로, 객관적으로 자아특성을 다른 사람과 비교해볼 수 있는 척도를 제공할 수 있으며, 인터넷 등을 통해 표준화된 검사 도구를 손쉽게 이용할 수 있다는 장점을 지닌다.

12 흥미와 적성에 관한 다음 설명 중 옳지 않은 것은?

① 흥미는 개인의 잠재적인 재능을 의미하며, 적성이란 일에 대한 관심을 의미한다.

② 흥미와 적성은 개인에 따라 다르기 마련이다.

③ 흥미나 적성은 선천적으로 부여되는 측면도 있고 후천적으로 개발되는 측면도 있다.

④ 마인드 컨트롤은 흥미와 적성을 개발하기 위한 방법 중 자신을 의식적으로 관리하는 것을 말한다.

정답해설

흥미는 일에 대한 관심이나 재미를 의미하며 적성이란 개인이 잠재적으로 가지고 있는 재능이나 주어진 학습 능력을 의미한다.

오답해설

② 흥미와 적성은 개인마다 다르기 때문에 각자 관심을 가지고 잘 할 수 있는 일이나 분야도 다르다.

③ 흥미나 적성은 선천적으로 부여되는 것이기도 하지만 후천적으로 개발되어야 되는 측면도 있다. 따라서 경험을 통해 자신의 흥미나 적성을 발견하고 적극적으로 개발하려는 노력이 필요하다.

④ 흥미와 적성을 개발하기 위한 방법 중 마인드 컨트롤은 자신을 의식적으로 관리하는 방법으로, 이 방법을 사용하여 문제 상황을 해결할 수 있으며 지속적인 사용을 통해 자신감을 얻게 되고 흥미나 적성을 개발할 수 있게 된다. 마인드 컨트롤 외에 작은 성공의 경험을 축적하여 조금씩 성취감을 느끼는 것, 기업의 문화와 풍토를 잘 이해하고 활용하는 것 등도 흥미와 적성을 개발하기 위한 방법이 된다.

13 성찰의 필요성과 관련된 다음 설명 중 옳지 않은 것은?

① 다른 일을 하는데 필요한 노하우를 축적하게 해준다.

② 현재의 부족한 부분을 파악하고 미래의 실수를 미연에 방지할 수 있게 한다.

③ 성찰을 통해서도 같은 실수는 반복되므로, 실수를 원초적으로 방지하기 위한 성찰이 필요하다.

④ 성찰을 지속하다 보면 어느 순간 창의적인 생각이 나오게 된다.

정답해설

성찰을 하게 되면 현재의 실수에 대한 원인을 파악하고 수정하게 되므로 다시는 같은 실수를 하지 않게 되며, 이를 통해 성찰은 다른 사람에게 신뢰감을 형성하는 원천을 제공한다.

오답해설

① 어떤 일을 마친 후 성찰을 통해 잘한 일은 무엇이고 개선할 점을 무엇인지 깊이 생각해보는 것은 앞으로 다른 일을 해결해 나가는 노하우를 축적할 수 있게 해준다.

② 지속적인 성찰은 지속적인 성장의 기회를 제공하며, 성찰을 통해 현재의 부족한 부분을 파악하여 보완할 수 있고 미래의 목표에 따라 실수를 미연에 방지할 수 있다. 성찰은 지속적인 연습을 통하여 보다 잘 할 수 있게 된다는 점에서 성찰은 지속적인 연습의 과정이라 할 수 있다.

④ 성찰은 창의적인 사고 능력 개발의 기회를 제공하므로, 성찰을 지속하다 보면 어느 순간 무릎을 탁 칠만한 창의적인 생각이 나오게 된다.

14 다음 중 자기관리가 이루어지는 단계를 순서대로 바르게 나타낸 것은?

① 일정 수립 → 과제 발견 → 비전 및 목적 정립 → 수행 → 반성 및 피드백

② 비전 및 목적 정립 → 일정 수립 → 과제 발견 → 수행 → 반성 및 피드백

③ 일정 수립 → 비전 및 목적 정립 → 과제 발견 → 수행 → 반성 및 피드백

④ 비전 및 목적 정립 → 과제 발견 → 일정 수립 → 수행 → 반성 및 피드백

정답해설

자기관리는 목표를 성취하기 위하여 행동, 업무수행을 관리, 조정하는 것이다.

Check Point ---- **자기관리의 단계**

- **1단계 – 비전 및 목적 정립** : 자신에게 가장 중요한 것을 파악, 가치관 · 원칙 · 삶의 목적 정립, 삶의 의미 파악
- **2단계 – 과제 발견** : 현재 주어진 역할 및 능력, 역할에 따른 활동목표, 우선순위를 설정
- **3단계 – 일정 수립** : 하루나 주간, 월간 계획을 수립
- **4단계 – 수행** : 수행과 관련된 요소의 분석, 수행방법 찾기
- **5단계 – 반성 및 피드백** : 수행결과 분석, 피드백

15 자기관리의 단계에 관한 설명 중 옳지 않은 것은?

① 비전과 목적은 행동의 기초가 되며, 의사결정에 있어서 가장 중요한 지침이 된다.

② 역할에 상응하는 활동목표는 실제적이고 성취 가능하도록 설정해야 한다.

③ 빨리 해결해야 할 긴급한 문제는 우선순위를 높게 잡고 이를 중심으로 계획을 세워야 한다.

④ 일정에 따른 수행 시 내가 하려는 일은 무엇인지, 영향을 미치는 요소와 관리방법에는 어떤 것이 있는지 등을 찾아 수행되도록 한다.

정답해설

일의 우선순위에 따라 구체적인 일정을 수립하는데, 빨리 해결해야 될 긴급한 문제라고 하여 우선순위를 높게 잡고 이를 중심으로 계획을 세우게 된다면 오히려 중요한 일을 놓치게 되는 잘못을 저지르게 된다는 점을 주의해야 한다. 따라서 우선순위에 따라 중요한 일을 모두 수행할 수 있도록 계획을 세우는 지혜가 필요하다.

오답해설

① 어떤 행동을 하거나 일을 수행하기 위해서는 비전과 목적을 정립하여 방향성을 가지는 것이 중요한데, 비전과 목적은 행동 또는 업무의 기초가 되며 의사결정에 있어서 가장 중요한 지침이 된다.

② 자신이 수행해야 될 역할에 상응하는 활동목표를 설정하는 경우 실제적이고 성취 가능한 목표를 설정하도록 한다. 활동목표는 너무 크거나 높은 경우 세부목표로 나누고 실행 가능한 목표로 조정한다.

④ 구체적인 일정을 수립하면 이에 따라 수행을 하는데, 이 경우 내가 하려는 일은 무엇인지, 이 일에 영향을 미치는 요소는 무엇인지, 관리방법에는 어떤 것이 있는지를 찾아 계획한대로 수행되도록 한다.

04
자기개발
능력

16 다음 중 인내심과 긍정적 마음에 대한 설명으로 가장 적절하지 않은 것은?

① 인내심을 갖지 못한 사람은 감정적인 사람으로 보이며 신뢰감을 주지 못한다.

② 자신의 목표를 분명히 정립하기보다 상대의 목표에 집중하는 것이 인내심 배양에 도움이 된다.

③ 인내심을 키우기 위해서는 한 가지 시각으로 상황을 분석하기보다 새로운 시각으로 상황을 분석해야 한다.

④ 긍정적인 마음을 가지기 위해서는 먼저 자신을 긍정하고 있는 그대로를 받아들여야 한다.

정답해설

인내심을 배양하기 위해서는 자신의 목표를 분명하게 정립하고, 이를 성취하기 위해 현재의 어려움을 인내하는 것이 한 방법이 된다.

오답해설

① 인내심을 갖지 못하고 화를 내거나 일을 자꾸 변경하는 사람은 객관적이기 보다 감정적인 사람으로 보이며, 신뢰감을 주지 못한다.

③ 새로운 시각으로 상황을 분석함으로써 어떤 사물이나 현상을 다른 시각으로 보는 것도 인내심 배양에 도움이 된다.

④ 긍정적인 마음을 가지기 위해서는 먼저 자신을 긍정해야 하며, 자신의 능력과 가치를 신뢰하고 있는 그대로의 자신을 받아들여 건강한 자아상을 확립해야 한다.

17 직업인은 자신의 직장에서 업무수행 성과를 높이는 것이 가장 중요한 자기개발에 해당한다고 할 수 있다. 다음 중 직업인의 업무수행 성과에 영향을 미치는 요인으로 보기 어려운 것은?

① 자원
② 동료의 지지
③ 직장에서의 직급
④ 업무지침

정답해설

직장 내의 직급은 업무수행 성과에 영향을 미치는 요인과 거리가 멀다. 일반적으로 직업인의 업무수행 성과에는 시간이나 물질과 같은 자원, 업무지침, 상사나 동료의지지, 개인의 능력(지식 · 기술 등) 등의 요인이 영향을 미친다.

18 다음은 합리적인 의사결정 과정에 대한 그림이다. '3~6'에 들어갈 내용을 순서대로 바르게 나열한 것은?

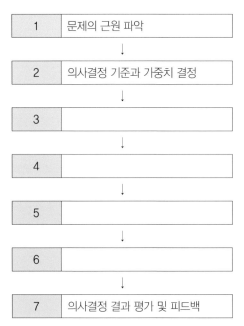

1	문제의 근원 파악
2	의사결정 기준과 가중치 결정
3	
4	
5	
6	
7	의사결정 결과 평가 및 피드백

① 의사결정 정보 수집 → 최적 안 선택 → 대안 탐색 → 대안 분석 및 평가
② 의사결정 정보 수집 → 대안 탐색 → 대안 분석 및 평가 → 최적 안 선택
③ 대안 탐색 → 의사결정 정보 수집 → 대안 분석 및 평가 → 최적 안 선택
④ 대안 탐색 → 의사결정 정보 수집 → 최적 안 선택 → 대안 분석 및 평가

○ 합리적인 의사결정 과정의 순서는 다음과 같다. 첫째, 의사결정에 앞서 발생된 문제가 어떤 원인에 의한 것인지 문제의 특성이나 유형을 파악한다. 둘째, 의사결정의 기준과 가중치를 정한다. 셋째, 의사결정에 필요한 적절한 정보를 수집한다. 넷째, 의사결정을 하기 위한 가능한 모든 대안을 찾는다. 다섯째, 가능한 대안들을 앞서 수집한 자료에 기초하여 의사결정 기준에 따라 장단점을 분석·평가한다. 여섯째, 가장 최적의 안을 선택 또는 결정한다. 일곱째, 의사결정의 결과를 분석하고 다음에 더 좋은 의사결정을 내리기 위하여 피드백 한다.

19 다음 중 경력개발능력이 필요한 이유 중 조직요구 차원의 요구에 해당하는 것은?

① 가치관과 신념 변화
② 삶의 질 추구
③ 능력주의 문화
④ 전문성 축적

○ 경력개발능력이 필요한 이유 중 조직요구 차원의 요구에 해당하는 것으로는 경영전략 변화, 승진적체, 직무환경 변화, 능력주의 문화 등이 있다.

○ ①·④ 가치관과 신념 변화, 전문성 축적은 모두 개인차원의 요구에 해당한다. 경력개발능력이 필요한 개인차원의 이유로는 발달단계에 따른 가치관과 신념의 변화, 전문성 축적 및 성장 요구 증가, 개인의 고용시장 가치 증대 등이 있다.
② 삶의 질 추구는 환경변화에 따른 경력개발능력이 필요한 이유이다. 이러한 차원의 요구로는 삶의 질 추구 외에도 지식정보의 급속한 변화, 인력난 심화, 중견사원의 이직 증가 등이 있다.

20 사람이 일반적으로 평생 동안 '직업선택 – 조직입사 – 경력초기 – 경력중기 – 경력말기'의 경력 단계를 거친다고 할 때, 다음 설명 중 옳지 않은 것은?

① 직업선택 단계에서는 자신의 장단점과 적성 등에 대한 탐색과 원하는 직업에 대한 탐색이 동시에 이루어진다.
② 조직입사 단계는 자신이 선택한 일자리를 얻고 직무를 선택하는 과정이다.
③ 경력초기 단계는 직무와 조직의 규범에 대해서 배우게 된다.
④ 경력말기 단계는 그동안 성취한 것을 재평가하고 생산성을 유지하는 단계이다.

○ 자신이 그동안 성취한 것을 재평가하고 생산성을 그대로 유지하는 단계는 경력중기 단계이다. 경력말기 단계에서는 조직의 생산적인 기여자로 남고 자신의 가치를 지속적으로 유지하기 위하여 노력하며, 동시에 퇴직을 고려하게 되는 단계이다. 경력말기로 갈수록 경력중기에 경험했던 새로운 환경 변화에 대처하는데 더 어려움을 겪게 되며, 퇴직에 대한 개인적인 고민과 함께 조직의 압력을 받기도 한다.

오답해설

① 직업선택 단계는 자신에게 적합한 직업이 무엇인지를 탐색·선택하고 필요한 능력을 배양하는 과정이다. 이를 위해서 자신의 장단점과 흥미, 적성, 가치관 등에 대한 탐색과 자신이 원하는 직업에서 요구하는 능력과 가능성, 보상 등 직업에 대한 탐색이 동시에 이루어져야 한다.

② 조직입사 단계는 일반적으로 학교를 졸업하고 자신이 선택한 경력분야에서 원하는 조직의 일자리를 얻고 직무를 선택하는 과정이다. 직무를 선택할 때도 직업선택 과정과 마찬가지로 환경과 자신의 특성을 고려해야 하며, 특히 자신이 들어갈 조직의 특성을 알아보아야 한다.

③ 경력초기 단계는 조직에 입사해 직무와 조직의 규칙과 규범에 대해서 배우게 되는 단계로, 자신이 맡은 업무의 내용을 파악하고 새로 들어간 조직의 규칙이나 규범, 분위기를 알고 적응해 나가는 것이 중요한 과제가 된다.

21 다음 중 경력개발 계획을 수립하고 실행하는 단계를 순서대로 바르게 나타낸 것은?

① 직무정보 탐색 → 경력목표 설정 → 자신과 환경 이해 → 경력개발 전략수립 → 실행 및 평가
② 자신과 환경 이해 → 경력목표 설정 → 직무정보 탐색 → 경력개발 전략수립 → 실행 및 평가
③ 직무정보 탐색 → 자신과 환경 이해 → 경력목표 설정 → 경력개발 전략수립 → 실행 및 평가
④ 자신과 환경 이해 → 직무정보 탐색 → 경력개발 전략수립 → 경력목표 설정 → 실행 및 평가

정답해설

경력개발 계획을 수립·실행하는 단계는 다음과 같다. 경력개발은 경력을 탐색하고 자신에게 적합한 경력목표를 설정하며, 이에 따른 전략을 수립해서 실행·평가하는 단계로 이루어진다.

Check Point ─ **경력개발 계획의 수립·실행 단계** ─

• **직무정보 탐색** : 경력개발은 1차적으로 직무정보 탐색을 통하여 이루어진다. 직무정보 탐색은 관심 있는 직무에서는 어떠한 일을 하는지, 필요한 자질은 무엇인지, 보수나 업무환경은 어떠한지, 고용이나 승진의 전망은 어떤지, 종사자의 직무 만족도는 어느 정도인지 등 해당 직무와 관련된 모든 정보를 알아내는 단계이다.
• **자신과 환경 이해** : 경력목표 설정에 도움이 될 수 있도록 자신의 능력과 흥미, 적성, 가치관 등을 파악하고, 직무와 관련된 환경 및 장애요인에 대하여 분석하는 단계이다.
• **경력목표 설정** : 직무와 자신 및 환경에 대한 정보를 토대로 자신이 하고 싶은 일은 어떤 것인지, 이를 달성하기 위해서는 어떻게 능력이나 자질을 개발해야 하는지에 대하여 단계별 목표(장기목표·단기목표)를 설정하는 단계이다.
• **경력개발 전략 수립** : 경력목표를 수립하면 이를 달성하기 위한 활동계획을 수립해야 한다.
• **실행 및 평가** : 경력개발 전략에 따라 목표달성을 위해 실행·평가하는 단계이다. 실행 시에는 자신이 수립한 전략이 경력목표를 달성하기에 충분한지, 경력목표 자체가 달성가능성이 있는 것인지를 검토하며, 이러한 실행 과정을 통해 도출된 결과를 검토하고 수정한다.

22 경력목표를 설정하는데 도움이 될 수 있도록 자신과 환경을 탐색하는 방법 중 주변 환경에 대한 탐색방법에 해당하지 않는 것은?

① 표준화된 검사

② 회사의 연간 보고서

③ 특정 직무와 직업에 대한 설명자료

④ 직업 관련 기관의 홈페이지

정답해설

표준화된 검사나 자기 인식관련 워크샵 참여, 전문기관의 전문가 면담, 일기 등을 통한 성찰과정은 모두 자기탐색의 방법에 해당한다. 이에 비해 회사의 연간 보고서, 특정직무와 직업에 대한 설명자료, 전직 및 경력 상담 회사 및 기관 방문, 주변 지인과의 대화, 직업관련 홈페이지 탐색 등은 모두 환경탐색의 방법이다. 따라서 표준화된 검사는 환경을 탐색하는 방법이 아니라 자기탐색 방법에 해당한다.

04

자기개발 능력

응용문제

01 다음 중 자기개발의 필요성과 관련된 설명으로 가장 적절하지 않은 것은?

① 직장생활에서의 자기개발은 업무처리의 효율성과 성과 향상을 위해 필요하다.

② 주변 사람들과 긍정적인 인간관계 형성을 위해 필요하다.

③ 오늘날의 급속한 환경변화에 연연하지 않는 계획적인 자기개발 노력이 요구된다.

④ 비전과 목표를 발견하고 성취할 수 있도록 하기 위해 필요하다.

정답해설

지속적이고 급속히 변화하는 환경에 적응하고 지식이나 기술이 과거의 것이 되지 않도록 하기 위해 지속적인 자기개발 노력이 필요하다.

오답해설

① 직장생활에서의 자기개발은 업무의 효과적 처리 및 업무의 성과 향상을 위해 이루어진다.

② 자기개발은 사람들과 긍정적 인간관계 형성을 위해서 필요하다. 자기관리는 긍정적 인간관계 형성의 기초가 되는데, 자기개발에 있어서 자기관리는 좋은 인간관계 형성 및 유지의 기반이 된다.

④ 자기개발은 자신의 비전과 달성하고자 하는 목표를 발견하고 이를 성취하도록 도와준다.

02 아래 글을 읽고 괄호 안에 들어갈 말로 적절한 것은?

> (   )란 용어는 원래 일하는 여성들의 일과 가정의 양립에 한정된 용어였다. 최근 라이프스타일의 다양화로 직장인에게까지 의미가 확장되었다. 일 이외에도 소비 활동과 자기 개발로 영역이 넓어졌고, 기업에서는 사기 진작을 이유로 제도화하고 있다.

① 워킹맘   ② 워라밸

③ 번아웃   ④ 웰빙

정답해설

높은 업무 강도에 시달리거나, 퇴근 후에 하는 업무 지시, 잦은 야근 등으로 인해 개인적인 삶이 없어진 현대사회에서 직장이나 직업을 고려하는 중요한 요소로 떠올랐다. 일과 생활의 균형을 뜻하는 워라밸은 사원의 업무에 대한 만족감 증진, 충성심과 사기를 향상시키기 때문에 우수한 인재를 확보하려는 기업에서는 다양한 워라밸 제도를 통해 사원들은 자기개발로 삶의 질을 향상시키고 있다.

03 다음 질문을 통해 파악할 수 있는 자기개발의 요소로 가장 알맞은 것은?

> • 나의 업무수행에서의 장·단점에는 어떤 것이 있는가?
> • 나의 직업생활과 관련된 가치나 흥미는 무엇인가?
> • 나의 적성과 성격은 어떠한가?

① 자아인식   ② 자기관리
③ 경력개발   ④ 자기비판

정답해설

직업인의 자아인식이란 직업생활과 관련하여 자신의 가치나 신념, 흥미, 적성 및 성격 등을 통해 자신이 누구인지 아는 것을 말한다. 자아인식은 자기개발의 첫 단계로서, 자신이 어떠한 특성을 가지고 있는지를 바르게 인식할 수 있어야 적절한 자기개발이 이루어질 수 있다. 제시된 질문은 모두 자신의 가치나 신념, 흥미, 적성, 성격을 통해 자신이 누구인지 알고자 하는 것이므로, 자아인식과 가장 관련된다.

04 A는 회사에 막 입사한 신입사원이다. 입사 후 A는 처음으로 자기개발 교육을 받은 뒤 자신을 돌아보는 시간을 가지려 한다. 다음 중 A가 취할 행동으로 가장 적절한 것은?

① 다른 사람들과 대화를 통해 나 자신을 알아간다.
② 자신의 일정을 수립·조정하고 반성을 통해 피드백한다.
③ 자신의 조직과 상호작용을 통해 자신의 경력을 개발해 나간다.
④ 업무 실적이 가장 좋은 동료를 선정해 역할 모델로 삼는다.

정답해설

자기개발은 자기인식, 자기관리, 경력개발로 이루어지는데, 자아인식은 직업생활과 관련하여 자신이 누구인지 파악하는 것으로, 자신을 알아가는 방법에는 내가 아는 나를 확인하는 방법, 다른 사람과의 대화를 통해 알아가는 방법, 표준화된 검사 척도를 이용하는 방법 등이 있다. 따라서 다른 사람들과 대화를 통해 자신을 파악하는 방법은 자아인식의 행동으로 적절하다.

오답해설

② · ④ 자신의 일정을 수립·조정하고 반성하여 피드백하는 과정, 역할 모델을 선정해 관찰해 가는 과정은 모두 자기관리에 해당한다. 자기관리란 자신을 이해하고 목표성취를 위해 자신의 행동 및 업무수행을 관리하고 조정하는 것으로, 자신에 대한 이해를 바탕으로 비전과 목표를 수립하고 이에 대한 과제를 발견하며, 자신의 일정을 수립·조정하여 자기관리를 수행하고, 이를 반성하여 피드백하는 과정으로 이루어진다.

③ 경력개발은 개인의 경력목표와 전략을 수립·실행하며 피드백하는 과정이다. 직업인은 한 조직의 구성원으로서 조직과 함께 상호작용하며 자신의 경력을 개발해 나가는 노력을 해야 한다.

05 다음 제시된 설명 중 그 성격이 다른 하나는?

① 한 신문사에서 야구 담당 기자로 근무하는 김(金)씨는 담당 분야의 업무의 전문성을 제고하기 위해 관련 통계자료를 찾아 모두 검토하고, 관련 서적을 구입해 공부하고 있다.

② 금융회사 전산팀에서 근무하는 이(李)씨는 업무 역량 향상을 위해 담당 분야에서 어렵다고 손꼽히는 자격증을 취득하기 위해 공부를 시작하였다.

③ 출판사의 편집팀원으로 근무하는 박(李)씨는 이직을 검토하게 되면서 자신이 편집 분야에 적성이 맞는지 표준검사 척도를 통해 파악해 보고 있다.

④ 부동산 회사에 다니는 최(崔)씨는 부동산 투자 전망을 알기 위해 부동산 관련 세미나나 포럼 등에 빠지지 않고 참석해 관련 정보를 파악하고 있다.

정답해설

출판사의 편집팀원으로 근무하는 박(李)씨가 자신이 편집 분야에 적성이 맞는지를 표준화된 검사 척도를 통해 파악해 보는 것은 자기개발 중 자기인식에 해당하는 사례이다. 나머지는 모두 자기개발 중 경력개발에 해당한다. 경력개발은 개인의 경력목표와 전략을 수립·실행하며 피드백하는 과정으로, 자신과 상황을 인식하고 경력관련 목표를 설정하여 그 목표를 달성하기 위한 경력계획과, 경력계획을 준비하고 실행하며 피드백하는 경력관리로 이루어진다.

06 A는 일주일에 한 번 지역사회 복지재단을 방문해 거동이 불편한 노인들을 돌보는 봉사활동을 하고 있다. 그런데 최근 잦은 회식과 음주로 인해 봉사활동에 참여하지 못하고 있다. 다음 중 자기개발을 방해하는 요인 중 A의 방해요인과 유사한 사례는 무엇인가?

① B팀장은 최근 한 프로젝트에서 다른 팀원이 적극 제시한 의견이 자신의 견해와 다르다는 이유로 배척하였다.

② 기획부서에서 근무하는 C는 자신에게 적합한 새로운 적성을 찾아 개발하려 하지만 어디서, 어떻게 배워야 할지 몰라 고민하고 있다.

③ 영업부서에서 근무하는 D는 최근 영업성과를 향상시키는 방식을 알게 되었지만 조직문화에 맞지 않아 도입을 포기하였다.

④ 운전을 하는 E는 자신의 분야를 넓히기 위해 새롭게 대형면허를 취득하려고 하는데, 이런저런 약속이 많아 학원에 나가지 못하고 있다.

04

자기개발
능력

정답해설

잦은 회식과 음주로 인해 지역사회 봉사활동에 참여하지 못하는 것은 자신의 욕구와 감정이 작용하여 자기개발이 이루어지지 않는 경우로 볼 수 있다. 약속이 많아 학원에 못 나가는 경우와 같이 이런저런 약속으로 대형면허를 취득하지 못하는 것도 이와 유사한 사례에 해당한다.

오답해설

① 자기개발의 장애요인 중 제한적 사고로 인해 발생한 것이다. 인간의 사고는 자기중심적이고 자신이 한 행동에 대하여 자기 합리화하려는 경향이 있으므로, 자신의 주장과 반대되는 주장에 대해서는 무의식적으로 배척하게 된다.

② 사람들은 자기개발을 하려고 하지만 어디서, 어떻게 자기개발을 할 수 있는지 방법을 몰라 자기개발이 어려움을 겪을 수 있다.

③ 문화적인 장애로 인해 자기개발이 한계에 부딪힌 경우에 해당한다. 우리는 자신이 속한 문화와 끊임없이 상호작용하고 문화의 틀 안에서 관성의 법칙에 따라 사고하고 행동하게 되는데, 이로 인해 현재 익숙해 있는 일과 환경을 지속하려는 습성이 있어서 새로운 자기개발의 한계에 직면하게 된다.

---

07 매슬로우(A. H. Maslow)는 인간의 욕구를 5단계로 제안하고, 인간은 누구나 다양한 욕구를 가지고 이를 충족시키기 위해서 행동한다고 주장하였다. 다음 중 매슬로우의 욕구이론에 대한 설명으로 옳지 않은 것은?

① 인간은 다섯 가지 욕구를 가지고 있는데, 이들은 순차적으로 우선순위의 계층을 이루고 있다.

② 욕구의 계층은 생리적 욕구, 안정의 욕구, 사회적 욕구, 존경의 욕구, 자아실현의 욕구로 구성된다.

③ 욕구의 발로는 순차적이며, 한 단계의 욕구가 완전히 충족되어야 다음 단계의 욕구가 발로될 수 있다.

④ 어떤 욕구가 충족되면 그 욕구는 강도가 약해지며, 충족된 욕구는 일단 동기유발 요인으로서의 의미를 상실한다.

정답해설

매슬로우의 욕구단계이론에 따르면, 한 단계의 욕구가 완전히 충족되어야 다음 단계의 욕구가 발로되는 것은 아니며, 어느(일정) 정도 충족되면 다음 단계의 욕구로 진행된다. 매슬로우는 욕구충족이 상대적이며, 모든 욕구의 완전한 충족이란 있을 수 없다고 하였다.

오답해설

① 매슬로우는 인간의 다섯 가지 욕구는 순차적으로 서로 계층화(상관성)되어 있으며, 역순으로 진행되지는 않는다고 하였다.

② 매슬로우가 주장한 인간 욕구의 계층은 생리적 욕구, 안정 욕구, 사회적 욕구(애정의 욕구), 존경 욕구, 자아실현 욕구이다.

④ 어느 정도 충족된 욕구는 더 이상 동기부여의 힘을 가지지 못한다.

08 다음 질문은 관련된 것으로 가장 알맞은 것은?

> • 지금 일이 잘 진행되거나 그렇지 않은 이유는 무엇인가?
> • 이 상태를 변화시키거나 혹은 유지하기 위하여 해야 하는 일은 무엇인가?
> • 나는 이번 일 중 다르게 수행했다면 더 좋은 성과를 냈을 방법은 무엇인가?

① 관찰   ② 갈등
③ 성찰   ④ 업적

정답해설

성찰은 과거의 잘못했던 일을 반성하고 부족한 부분을 인식하여 개선함으로써 성장해나가는 과정이다. 제시된 질문은 일이 어떻게 하면 잘 진행될지, 개선 또는 유지를 위해서는 어떤 일을 해야 할 것인지, 어떻게 하면 더 나은 성과를 낼 지를 질문함으로써 잘못을 반성하고 부족한 부분을 개선하는 것이므로, 성찰을 위한 질문에 해당한다. 어떠한 일이 발생하면 제시된 질문과 같은 질문을 끊임없이 하는 습관을 들이는 것이 곧 성찰의 자세라 할 수 있다.

오답해설

① 관찰은 대상이나 사물, 자연현상 등을 주의 깊게 살펴보는 것으로, 모든 과학연구와 인식의 시작에 해당하는 개념이다.
② 갈등은 사회 내의 개인이나 집단 간, 또는 개인 내부에서 발생하는 생각이나 태도 등의 충돌을 의미한다.
④ 업적은 어떠한 일이나 사업 등에서 이루어낸 성과이다.

09 다음 중 성찰에 대한 설명으로 옳지 않은 것은?

① 지속적인 연습을 통해 더 나은 성찰이 가능하다.
② 잘못한 일에 대한 개선점을 노트에 적어보는 것은 좋은 성찰 방법이 된다.
③ 성찰은 지속적인 성장의 기회를 제공한다.
④ 성찰은 기존의 사고를 잘 답습하도록 해준다.

정답해설

창의력은 지속적인 반성과 사고를 통해서 신장될 수 있다는 점에서 성찰은 창의적인 사고 능력 개발의 기회를 제공한다고 할 수 있다. 따라서 기존의 사고를 잘 답습해주는 것은 올바른 설명으로 보기 어렵다.

오답해설

① 성찰은 곧 지속적인 연습의 과정이라 할 수 있으므로, 지속적인 연습을 통하여 더 잘 할 수 있게 된다. 연습을 통해 성찰이 습관화되면, 중요한 일이 발생했을 때에 기존에 성찰을 통해 축적한 노하우를 발현할 수 있다.
② 매일 자신이 잘했던 일과 잘못했던 일을 생각해 그 이유와 앞으로의 개선점을 아무 형식 없이 성찰노트에 적어보는 것도 성찰을 연습하는 좋은 방법이 된다.
③ 성찰은 현재의 부족한 부분을 파악하여 보완할 수 있는 기회를 제공하고 미래의 목표에 따라 실수를 미연에 방지하도록 해 준다. 따라서 지속적인 성찰은 지속적인 성장의 기회를 제공한다.

10 A가 속한 팀의 팀장은 지금 준비하는 프로젝트 종료한 후에 이를 성찰하는 회의를 갖겠다고 통보하였다. 그러자 같은 팀의 한 신입사원이 성찰 회의의 성격과 내용이 무엇인지 A에게 질문하였다. A가 그 신입사원에게 해줄 수 있는 말로 적절하지 않은 것은?

① 우리 팀에 신뢰감을 형성하기 위해서야.

② 이번 프로젝트가 얼마나 성공적인지 피드백 해보는 거지.

③ 프로젝트가 잘못된 경우 실패의 원인과 책임자를 규명하자는 거야.

④ 다음 프로젝트 진행에 필요한 노하우를 찾기 위해서야.

정답해설

프로젝트가 잘못된 경우 성찰을 통해 반성하고 개선할 점은 무엇인지 파악하는 것이 필요하지만, 책임자를 규명하기 위해 성찰을 하는 것은 아니다.

오답해설

① 성찰을 통해 현재 저지른 실수에 대하여 원인을 파악하고 이를 수정하게 되어 신뢰감의 형성할 수 있다.

② 업무상 잘한 점과 얼마나 성공적인지를 피드백하는 것도 성찰의 과정에 포함된다.

④ 어떤 일을 마친 후 잘한 일과 개선할 점을 무엇인지 깊이 생각해보는 성찰의 과정을 통해 앞으로 다른 일을 해결해나가는 노하우를 축적할 수 있다.

11 한 회사에 입사한 A는 회사의 사훈이 '성찰을 생활화하자'라는 것을 알게 되었다. A가 같이 입사한 동료들에게 성찰의 좋은 점이 무엇인지 물어보았다. 다음 중 이러한 물음에 대한 답변으로 적절하지 않은 것은?

① 지속적인 성장의 기회를 제공해 준다.

② 다른 업무에서 요구되는 노하우를 축적할 수 있게 한다.

③ 창의적인 사고 능력을 개발할 수 있는 기회를 제공한다.

④ 잘못을 감춰주는 따뜻한 조직 분위기를 형성한다.

정답해설

잘못을 감춰주는 것보다 잘못이나 실수에 대해 원인을 파악하고 이를 수정·보완함으로써 개선해 나가는 것이 성찰의 장점이다. 성찰은 다른 일을 하는데 필요한 노하우 축적, 지속적인 성장의 기회 제공, 신뢰감 형성의 원천 제공, 창의적인 사고능력 개발의 기회 제공 등의 장점을 지닌다.

12 다음은 경력개발과 관련된 단계에 대한 설명이다. 이 단계로 가장 알맞은 것은?

> 이 단계는 자신에게 적합한 일이 무엇인지를 탐색하고 이를 선택한 후, 여기에 필요한 능력을 키우는 과정이다. 일반적으로 태어나면서부터 25세까지로 구분되지만, 사람에 따라서 그 선택은 일생 동안 여러 번 일어날 수도 있다.

① 직업선택　　　　　　　　　② 조직입사
③ 경력초기　　　　　　　　　④ 경력중기

정답해설

일반적으로 경력개발의 단계는 직업선택, 조직입사, 경력초기, 경력중기, 경력말기로 나누어 볼 수 있는데, 자신에게 적합한 직업이 무엇인지를 탐색·선택한 후 여기에 필요한 능력을 키우는 과정은 직업선택 단계이다. 직업선택을 위해서는 자신의 장단점과 흥미, 적성, 가치관 등 자신에 대한 탐색과 함께 원하는 직업에서 요구하는 능력, 가능성, 보상 등 직업에 대한 탐색이 동시에 이루어져야 한다. 자신에게 적합한 직업을 선택한 후, 이를 보완하기 위해 공공 또는 민간 교육프로그램에 참여하거나 자격증을 취득하는 등 직업역량을 배양시키는 노력도 필요하다.

13 다음 설명에 해당하는 경력개발 단계로 알맞은 것은?

> 이 시기는 자신이 맡은 업무 내용을 파악하고 조직의 규칙이나 규범, 분위기를 알고 적응해 나가는 것을 중시하는 단계이다. 또한, 업무 파악과 조직 적응을 통해 궁극적으로 자신의 입지를 다지고 승진에 많은 관심을 가지는 단계라 할 수 있다.

① 조직입사　　　　　　　　　② 경력초기
③ 경력중기　　　　　　　　　④ 경력말기

정답해설

경력개발 단계 중 경력초기는 조직에 입사해 직무와 조직의 규칙·규범에 대해서 배우는 단계이다. 자신이 맡은 업무의 내용을 파악하고 새로 들어간 조직의 규칙이나 규범, 분위기를 알고 적응해 나가는 것이 이 시기의 중요한 과제가 된다. 또한, 이를 통해 궁극적으로 조직에서 자신의 입지를 확고히 다지고 승진하는데 많은 관심을 가지는 시기이다. 경력초기 단계는 일반적으로 25~40세까지의 성인초기로 구분하지만, 무엇보다 성공 지향적인 행동을 언제까지 하느냐가 중요한 구분 기준이 된다.

오답해설

① 조직입사 단계는 일반적으로 학교를 졸업하고 자신이 선택한 경력분야에서 원하는 조직의 일자리를 얻고 직무를 선택하는 단계이다.
③ 경력중기 단계는 자신이 그동안 성취한 것을 재평가하고 생산성을 그대로 유지하는 단계로, 직업 및 조직에서 어느 정도 입지를 굳혀 수직적인 승진가능성이 적은 경력 정체시기에 이르게 되며, 새로운 환경변화에 직면하게 되어 생산성 유지에 어려움을 겪기도 한다. 이 단계는 일반적으로 40~55세의 성인중기를 일컫는다.

④ 경력말기 단계는 조직의 생산적인 기여자로 남고 자신의 가치를 지속적으로 유지하기 위하여 노력하며, 동시에 퇴직을 고려하게 되는 시기를 말한다.

14 업무시행 시트작성 중 체크리스트(Checklist)에 대한 설명으로 옳지 않은 것은?

① 업무의 효율적 처리를 위해 그날그날의 진행상황을 확인할 수 있다.

② 업무 제반 사항을 한눈에 파악할 수 있다는 장점이 있다.

③ 세부 사항을 상사가 하나하나 점검하기 위해 작성한다.

④ 부서나 직무마다 체크할 항목이 매우 다양해진다.

정답해설

체크리스트는 세부 사항을 상사가 하나하나 점검하기 위해 작성하는 것이 아니라, 업무의 효율성 제고를 위해 진행 사항과 결과를 파악하기 위해 작성하는 것이다. 주로 해당 부서장에게 제출하기 위한 용도로 작성하지만, 점검은 자가점검 형식으로 진행되므로 상사가 하나하나 점검하기 위해 작성하는 것으로 볼 수는 없다.

오답해설

① 체크리스트는 업무 결과를 점검하기 위하여 작성·기재하는 서식으로, 업무를 효율적으로 처리하기 위해 그날 그날의 업무 진행 상황과 결과를 파악해야 할 필요가 있어 작성·사용한다.

② 업무체크리스트를 작성하면 세부적인 업무의 제반 사항을 한눈에 파악할 수 있다는 장점이 있다.

④ 기업의 경우 부서나 직원 개인마다 직무에 해당하는 업무를 할당하게 되는데, 부서나 직무 또는 업무마다 체크 할 항목을 다양하게 세분하여 각 활동별로 기대되는 행동수준을 달성했는지를 확인한다.

15 다음 제시된 내용에서 설명하는 자아의 모습은 자기인식 모델인 '조하리의 창(Johari's Window)' 에서 제시한 모습 중 어떤 것인가?

• 내가 모르고 있었던 나의 장점과 단점을 상대가 지적해주면 고마움을 느낀다. 그런 상대에겐 존경과 호 감을 느낀다. 또 상대를 통해 나의 장점을 발견하게 되면 '내가 이 분야에서 능력이 있구나'라는 자기 확 장의 느낌을 갖는다.

• '나에게 이런 특성이 있었는데, 정작 나는 모르고 있었구나'라고 생각하면 자신의 모습을 다시 보게 되 고, 앞으로 어떤 노력을 해야 할지 알 수 있다.

① 공개된 자아   ② 눈먼 자아

③ 숨겨진 자아   ④ 미지의 자아

제시된 내용은 내가 모르는데 타인은 아는 나를 설명한 것인데, 이는 '눈먼 자아(Blind Self)'에 해당한다. '조하리의 창(Johari's Window)'은 자신과 다른 사람의 두 가지 관점을 통해 파악해 보는 자기인식 또는 자기 이해의 모델로, 자신을 공개된 자아, 눈먼 자아, 숨겨진 자아, 아무도 모르는 자아로 구분하였다.

① '공개된 자아(Open Self)'는 나와 타인이 서로 아는 나를 말한다.
③ '숨겨진 자아(Hidden Self)'는 나는 아는데 타인은 모르는 나의 모습이다.
④ '미지의 자아' 혹은 '아무도 모르는 자아(Unknown Self)'는 나와 타인이 모두 모르는 미지의 나를 말한다.

16 총무팀 담당자인 A는 아래와 같은 수행해야 될 업무 리스트를 작성한 뒤 우선순위에 따라 구분하고자 한다. 다음 중 A가 해야 할 내용에 대한 설명으로 적절하지 않은 것은?

> ◉ 2015년 10월 20일 총무팀 업무 리스트
> • 회사창립기념일(11월 1일) 행사 준비
> • 10월 28일자 신입사원 면접 준비 및 면접 참석자 확인
> • 인사팀 비품 수분(다음 주 화요일까지 배송되도록 금일 발주 요망)
> • 토요일(모레) 개최되는 총무팀 체육대회 참가자 및 불참자 확인
> • 총무팀 회식 장소 및 비용 확인(10월 26일까지 완료할 것)

① 총무팀 체육대회 불참자는 늦어도 10월 21일까지는 완료해야 한다.
② 신입사원 면접 대상자에게 이번주까지 유선상으로 통보하고 관련 준비 사항을 점검한다.
③ 총무팀 회식은 10월 26일 이후에 가능한 장소를 선정하여야 한다.
④ 회사창립기념일은 회사 전체 차원의 행사이므로 가장 긴급히 진행한다.

수행해야 될 업무는 우선순위에 따라 구분하는데, 그 우선순위는 일반적으로 가장 중요하고 긴급한 일일수록 높다. 따라서 가장 긴급한 인사팀 비품 주문이 가장 우선되어야 한다. 회사창립기념일은 중요도가 높지만 긴급성 측면에서 우선순위가 뒤처진다고 할 수 있다.

① 총무팀 체육대회는 모레(10월 22일) 개최되므로, 불참자 확인은 늦어도 내일(10월 21일)까지는 완료하는 것이 일반적이다.
② 신입사원 면접이 다음 주 금요일에 있으므로, 대상자에게 가급적 이번주까지 유선상으로 통보하고 면접 준비 사항을 점검해야 한다.
③ 총무팀 회식 장소 및 비용 확인을 10월 26일까지 완료해야 한다고 하였으므로, 회식일은 그 이후가 될 것이다. 따라서 10월 26일 이후 가능한 장소를 선정해야 한다.

17 다음 중 업무성과를 높이기 위한 구체적인 전략과 방안으로 옳지 않은 것은?

① 업무를 하나하나 세분하여 처리한다.

② 다른 사람과 다른 방식으로 일한다.

③ 자기자본이익률(ROE)을 높인다.

④ 역할 모델을 설정한다.

정답해설

業務性 향상을 위해서는 비슷한 업무를 묶어서 한꺼번에 처리하는 것이 효율적이다. 이러한 방식은 같은 일을 반복하지 않게 하여 시간을 감축할 수 있고 경로를 단축시킬 수 있다.

오답해설

② 다른 사람이 일하는 방식과 다른 방식으로 생각하다 보면 다른 사람들이 발견하지 못한 더 좋은 해결책을 발견하는 경우가 있으며, 창의적인 방법을 발견할 수도 있어 업무의 성과도 높일 수 있다.

③ 자기자본이익률(ROE)이란 경영자가 주주의 자본을 사용해 어느 정도 이익을 올리고 있는가를 나타내는 지표인데, 개인의 업무수행에서도 자기자본이익률을 향상하기 위해 생활을 전략적으로 기획하고, 정해진 시간 내에 목표를 달성하기 위하여 어떻게 하는 것이 가장 효과적인지를 고려함으로써 업무수행의 효율성을 높일 수 있다. 자기자본이익률은 최근 회사의 전략기획의 목적이 되며, 기업의 당기순이익을 자기자본으로 나누어 산출한다.

④ 직장에서 가장 일을 잘한다고 평가받는 사람을 찾아 역할 모델로 설정하고, 그가 어떠한 방식으로 일을 하는지 주의 깊게 살펴보고 따라해 봄으로써 자신의 업무수행 성과를 향상시킬 수 있다.

18 다음에서 설명하는 합리적 의사결정의 단계로 가장 알맞은 것은?

> 이 단계에서는 개인의 관심, 목표 및 선호에 따라 의사결정을 할 때에 무엇이 중요한지가 결정된다. 사람에 따라 적절하다고 생각하는 기준이나 가치가 다를 수 있으며, 사람에 따라서는 일하는 방식이나 생활방식이 맞지 않는 경우도 있다는 것을 고려해야 한다.

① 문제의 근원 파악

② 의사결정 기준과 가중치 결정

③ 의사결정 정보 수집

④ 대안 분석 및 평가

정답해설

합리적 의사결정의 과정 중 의사결정의 기준과 가중치 결정 단계는 개인의 관심이나 가치, 목표 및 선호에 따라 의사결정을 할 때에 무엇이 중요한지가 결정되게 되는 단계이다. 이는 사람에 따라 적절하다고 생각하는 기준이나 가치가 다를 수 있으며, 일하는 방식이나 생활 방식이 맞지 않는 경우도 있으므로 반드시 필요한 과정이라 할 수 있다.

① 문제의 근원 파악이란 의사결정에 앞서서 발생된 문제가 어떤 원인에 의한 것인지, 문제의 특성이나 유형은 무엇인지를 파악하는 단계를 말한다.
③ 의사결정 정보 수집은 의사결정을 위해 필요한 정보를 적절히 수집하는 단계를 말한다.
④ 대안 분석 및 평가 단계는 가능한 대안들을 앞서 수집한 자료에 기초하여 의사결정 기준에 따라 장단점을 분석 · 평가하는 단계이다.

19 직장생활에서 의사결정을 하다보면 거절을 해야 할 경우가 발생하게 된다. 다음 중 거절의 의사를 표현하기 위하여 유의해야 될 점으로 적절하지 않은 것은?

① 상대의 말에 귀를 기울여 문제의 본질을 파악한다.
② 거절의 의사결정은 신중히 하여 최대한 늦추도록 한다.
③ 거절에 대한 분명한 이유를 만든다.
④ 대안을 제시한다.

정답해설
다른 사람과의 관계 등으로 거절의 의사결정을 주저하는 경우가 있으나, 거절의 의사결정은 빠를수록 좋다. 오래 지체될수록 상대방은 긍정의 대답을 기대하게 되고, 이사결정자는 거절을 하기 더욱 어려워진다.

오답해설
① 상대방의 말을 들을 때에는 주의하여 귀를 기울여 문제의 본질을 파악해야 한다.
③ · ④ 거절의 의사결정을 하는 경우 거절에 대한 분명한 이유를 만들어야 하며, 대안을 제시하여야 한다.

20 신입사원 A는 선배인 B대리와 C과장에게 각각 다른 업무처리를 지시받았다. B대리의 업무는 당장 오늘 처리해야 할 일이며, C과장의 일은 아직 2~3일 정도 여유가 있다고 한다. 이 상황에서 A가 해야 할 행동으로 가장 알맞은 것은?

① 상사인 C과장의 업무를 모두 처리한 후 B대리의 업무를 처리한다.
② B대리에게 업무처리를 다른 직원에게 맡겨달라고 부탁한다.
③ 나에게 부여된 업무처리니 밤늦게까지 야근을 해서라도 모두 완수한다.
④ 두 업무 중 더 급한 업무를 먼저 하겠다고 두 사람에게 말한다.

정답해설
두 상사의 업무처리 지시가 충돌하는 경우 무조건 상사의 의견을 따르기 보다는, 어떤 것을 우선해야 하는지를 결정하기 위해 일의 긴급성과 중요성을 따져 보는 것이 중요하다. C과장이 보다 높은 상사이기는 하나 B대리의 일이 더 긴급하다. 따라서 긴급한 B대리의 업무를 먼저 처리하겠다고 두 사람에게 말하고, 그 업무를 처리하는 것이 가장 바람직한 행동이라 할 수 있다.

21 회사에서 팀장을 맡고 있는 A는 다음에 제시된 외부평가 보고서를 토대로 팀원을 평가해야 한다. A가 가장 낮게 평가하게 될 사람은 누구인가?

> • A는 일을 미루지 않고 가장 중요한 일을 먼저 처리하는 원칙을 준수한다.
> • B는 비슷한 업무를 여러 개 묶어서 한꺼번에 처리한다.
> • C는 팀의 업무 지침에 연연하지 않고 주관대로 일을 진행한다.
> • D는 다른 사람의 방식과 다른 방식으로 생각해 해결책을 발견하고자 한다.

① A ② B
③ C ④ D

자기개발
능력

정답해설

회사와 팀의 업무 지침을 따르는 것은 업무수행 성과를 높이기 위한 행동전략의 하나가 된다. 회사의 팀의 업무 지침은 변화하는 환경 속에서 그 일의 전문가들에 의해 확립된 것이므로, 아무리 일을 열심히 한다 해도 회사나 팀의 업무 지침을 지키지 않으면 업무수행 능력을 인정받을 수 없다. 지켜야 할 것은 지키되, 그 속에서 자신만의 일하는 방식을 발견하는 것이 필요하다.

오답해설

① 일을 미루지 않고 가장 중요한 일을 먼저 처리하는 습관은 업무수행 성과를 향상하는 방법인 동시에 성공의 중요한 습관이 된다.
② 비슷한 업무를 묶어서 처리하는 것은 시간적 효율성을 확보할 수 있고 같은 일을 반복하지 않게 되어 업무수행 성과를 높인다.
④ 다른 사람이 일하는 방식과 다른 방식으로 생각하다 보면 의외로 다른 사람들이 발견하지 못한 좋은 해결책을 발견할 수 있다. 즉, 일하는 순서를 반대로 해보거나 다른 사람이 생각하는 순서를 거꾸로 생각해봄으로써 창의적인 방법을 발견할 수도 있고, 업무의 성과도 높일 수 있다.

자원관리능력

자원관리능력

기본문제

01 자원 낭비요인에 대한 다음 설명 중 적절하지 않은 것은?

① 비계획적 행동
② 편리성 추구
③ 중요 자원에 대한 인식
④ 노하우 부족

정답해설

자원에 대한 인식 부재가 자원의 낭비요인이 된다. 이는 자신이 가지고 있는 중요한 자원을 인식하지 못하는 것으로, 자원을 물적 자원에 국한하여 생각함으로써 시간이 중요한 자원이라는 것을 의식하지 못하는 것을 예로 들 수 있다. 이 경우 무의식적으로 중요한 자원에 대한 낭비가 발생하게 된다.

오답해설

① 비계획적 행동 또한 자원의 낭비요인이 된다. 비계획적인 행동은 자원을 어떻게 활용할 것인가에 대한 계획이 없이 충동적·즉흥적으로 행동하게 되어 활용할 수 있는 자원들을 낭비하게 되며, 목표치가 없기 때문에 얼마나 낭비하는지 조차 파악하지 못한다.

② 자원을 활용하는 데 자신의 편리함을 최우선적으로 추구하는 경우 자원의 낭비가 발생하게 된다. 이 경우 물적 자원뿐만 아니라 시간·돈의 낭비가 초래할 수 있으며, 주위의 인적 자원까지도 줄어드는 부작용이 발생하기도 한다.

④ 자원관리에 대한 경험이나 노하우가 부족한 경우, 자원관리의 중요성을 인식하면서도 효과적인 방법을 활용할 줄 모르는 사람들이 많이 자원관리에 실패하는 경우가 발생하게 된다.

02 물적자원의 종류 중 자연자원으로 옳지 않은 것은?

① 석유
② 장비
③ 나무
④ 철광

정답해설

물적자원의 종류로는 두 가지가 있다. 자연자원은 석탄, 석유와 같이 자연 상태 그대로 있는 자원이다. 반대로 인공자원은 장비, 시설과 같이 인위적으로 가공하여 만든 자원이다.

03 자원관리의 기본 과정에 대한 설명 중 옳지 않은 것은?

① 실제 업무 수행에서는 자원의 종류 보다 더 구체적으로 자원의 종류와 양을 나누어야 한다.

② 실제 자원 수집 시 정확히 필요한 양만큼만 확보하는 것이 필요하다.

③ 필요한 업무에 자원 할당 계획을 세우는 경우 업무나 활동의 우선순위를 고려하는 것이 필요하다.

④ 업무 수행 시 최대한 계획대로 수행하는 것이 바람직하며, 불가피하게 수정하는 경우 전체 계획에 미치는 영향을 고려해야 한다.

정답해설

실제 준비나 활동에 있어서 계획과 차이를 보이는 경우가 많으므로, 자원 수집 시 가능하다면 필요한 양보다 좀 더 여유 있게 확보할 필요가 있다.

오답해설

① 자원의 종류에는 크게 시간과 예산, 물적 자원, 인적 자원으로 나누어지지만, 실제 업무 수행에서는 이보다 더 구체적으로 자원의 종류와 양을 나눌 필요가 있다.

③ 자원을 실제 필요한 업무에 할당하여 계획을 세우는 경우 업무나 활동의 우선순위를 고려하는 것이 중요하다. 최종적인 목적을 이루는데 가장 핵심이 되는 것에 우선순위를 두고 계획을 세울 필요가 있다.

④ 업무 수행의 단계 시 반드시 계획에 얽매일 필요는 없지만 최대한 계획대로 수행하는 것이 바람직하다. 불가피하게 수정하는 경우 전체 계획에 미칠 수 있는 영향을 고려해야 한다.

04 다음 중 시간 자원의 특징에 대한 설명으로 적절하지 않은 것은?

① 시간은 매일 주어지며, 미리 사용할 수 없다.

② 시간은 똑같은 속도로 흐른다.

③ 시간의 흐름은 전혀 융통성이 없다.

④ 시간은 밀도와 가치가 동일하다.

정답해설

시간은 시절에 따라 밀도도 다르고 가치도 다르다. 인생에도 황금기가 있으며 하루에도 황금시간대(golden hour)가 있는 것이다. 시간은 어떻게 사용하느냐에 따라 가치가 달라지는데, 다른 자원과 마찬가지로 시간도 잘 사용하면 무한한 이익을, 잘못 사용하면 엄청난 손해를 가져다준다.

오답해설

① 시간은 매일 24시간씩 주어지는 기적이며, 그것을 미리 사용할 수는 없다.

② 어떤 때는 시간이 빠르게 가는 것 같이 느껴지고 어떤 때는 느리게 가는 것 같이 느껴지지만, 사실 시간은 똑같은 속도로 진행하는 것이다.

③ 시간의 흐름은 멈추게 할 수는 없으며, 그것은 전혀 융통성이 없는 것이다.

05 다음 중 기업의 입장에서 시간 단축이 가져다 줄 수 있는 효과로 옳지 않은 것은?

① 가격 하락 　　　　　　　　　② 생산성 향상
③ 위험 감소 　　　　　　　　　④ 시장 점유율 증가

정답해설
기업의 입장에서의 시간 단축은 남보다 더 빨리 상품을 시장에 진입 · 판매할 수 있어 가격 인상의 효과를 가져온다. 따라서 가격 하락은 옳지 않다. 나머지는 기업 입장에서 시간 단축이 초래할 수 있는 효과에 해당한다.

06 자원을 적절하게 관리하기 위해 필요한 자원관리 단계를 순서대로 바르게 나열한 것은?

① 자원 활용 계획 수립 → 계획대로 수행하기 → 필요한 자원 확인하기 → 이용 가능한 자원 수집하기
② 필요한 자원 확인하기 → 자원 활용 계획 수립 → 이용 가능한 자원 수집하기 → 계획대로 수행하기
③ 자원 활용 계획 수립 → 필요한 자원 확인하기 → 이용 가능한 자원 수집하기 → 계획대로 수행하기
④ 필요한 자원 확인하기 → 이용 가능한 자원 수집하기 → 자원 활용 계획 수립 → 계획대로 수행하기

정답해설
자원을 적절하게 관리하기 위해서는 일반적으로 4단계의 자원관리 과정을 거쳐야 하는데, 이는 '어떤 자원이 얼마나 필요한지를 확인하기(필요한 자원의 종류와 양 확인) → 이용 가능한 자원을 수집(확보)하기 → 자원 활용 계획 세우기 → 계획에 따라 수행하기'의 단계가 된다.

07 시간관리를 하는데 있어 사람들이 자주 오해하는 부분을 4가지로 구분한다. 다음 중 여기에 해당하는 내용으로 옳지 않은 것은?

① 시간관리는 상식에 불과하다고 볼 수 없다.
② 시간에 쫓기면 일을 더 잘한다.
③ 시간 관리는 할 일에 대한 목록만으로 충분하다.
④ 창의적인 일을 하는 사람에게 시간관리는 맞지 않는다.

정답해설

시간관리가 상식에 불과하다고 생각하는 것은 시간관리에 대해 사람들이 종종 오해하는 내용이다. 즉, 회사에서 일을 잘하고 있으므로 시간관리도 잘한다고 말하는 것은 옳지 않다.

오답해설

② '나는 시간에 쫓기면 일을 더 잘한다'는 것은 시간관리에 대한 오해에 해당한다. 이런 생각은 '시간을 관리하면 오히려 나의 이러한 강점이 없어질지도 모른다'는 생각으로 이어지기 쉽다.

③ '약속을 표시해 둔 달력과 해야 할 일에 대한 목록만으로 충분하다'는 생각도 시간관리에 대한 오해이다.

④ '시간관리 자체는 유용할지 모르나 창의적으로 일하는 사람에게는 시간관리가 맞지 않다'는 것도 시간관리에 대한 잘못된 오해이다. 이런 오해는 '나는 일상적인 업무에 얽매이는 것이 싫다'는 생각으로 나타날 수 있다.

08 다음 중 개인의 시간관리를 통해 나타날 수 있는 현상으로 가장 적절하지 않은 것은?

① 스트레스가 줄어든다.

② 일중독 현상이 증가한다.

③ 생산성을 높일 수 있다.

④ 목표의 성공적 달성을 가능하게 한다.

정답해설

일중독자(workaholic)는 일이 우선이어서 오로지 일에만 몰두하여 장시간 일하는 사람을 지칭하는 말이다. 장시간 일을 한다는 것은 일중독자일 가능성이 있다는 점을 의미하지만, 중요한 것은 장시간 일을 한다는 것 자체가 아니라 많은 사람들이 잘못된 시간관리 행동을 한다는 것이다. 시간관리를 잘 한다면 직장에서 일하는 시간을 줄이고, 일과 가정 또는 자신의 여가를 동시에 즐기는 균형적인 삶을 살 수 있다. 따라서 시간관리가 일중독 현상을 증가시킨다는 말은 옳지 않다.

오답해설

① 효과적인 시간관리는 일에 대한 부담을 줄여 스트레스를 감소시키는 효과가 있다. 어떤 일을 하는데 예상했던 것보다 더 많은 시간이 걸렸다면 그건 시간을 낭비한 것이며, 낭비한 시간으로 인해 다른 일을 할 시간이 부족해진다면 스트레스를 받게 된다. 이처럼 시간 낭비 요인은 잠재적인 스트레스 유발요인이라 할 수 있는데, 이 경우 시간관리를 통하여 일에 대한 부담을 줄이는 것이 스트레스를 줄이는 효과적인 접근이라 할 수 있다.

③ 시간을 적절히 관리하여 효율적으로 일을 하게 된다면 생산성 향상에 크게 도움이 될 수 있다.

④ 시간관리는 자기가 바라던 목표를 달성할 수 있게 해준다. 목표는 좀 더 훌륭한 결과를 얻을 수 있도록 스스로에게 동기를 부여하는 매우 강력한 방법이자 수단인데, 시간을 들이지 않고서 목표를 성취한 사람은 없으므로, 이러한 목표에 매진할 시간을 갖도록 하는 것이 시간관리의 역할이자 목적이 된다. 즉, 목표의 설정과 시간관리의 관계는 성공적인 시간관리를 위한 매우 중요한 요인이라 할 수 있다.

09 다음 중 직장에서의 시간 낭비 요인에 대한 내용으로 적절하지 않은 것은?

① 불충분한 1일 계획

② 긴 회의와 부족한 커뮤니케이션

③ 예정된 방문자와의 미팅

④ 'No'라고 말하지 못하는 성격

정답해설

예정 외의 방문자가 많다는 것은 직장에서의 시간 낭비 요인이 될 수 있으나, 예정된 방문자와의 미팅을 시간 낭비 요인으로 보기는 어렵다.

오답해설

① 1일 계획이 충분하지 않은 경우 시간 낭비가 발생할 수 있다.

② 긴 회의나 커뮤니케이션 부족 · 결여도 시간 낭비 요인이 된다.

④ 'No'라고 말하지 못하는 성격으로 인해 일이 많아지고, 자신이 굳이 하지 않아도 되는 일에 시간을 낭비하는 문제가 발생할 수 있다.

Check Point --- **직장에서의 시간 낭비 요인**

- 목적이 불명확한 일이나 회의
- 불충분한 1일 계획
- 조정 및 팀웍의 부족, 불충분한 권한위양
- 불완전한 정보, 정보의 지연
- 일을 느긋하게 하는 성격
- 우선순위가 없이하는 일
- 부적당한 파일링시스템
- 많은 잡담, 소음이나 주의를 흩트리는 행동
- 회의나 타협에 대한 준비 불충분

- 여러 가지 일을 한 번에 많이 다룸
- 불필요한 스마트폰이나 컴퓨터 사용, 지나친 전화 사용
- 예정외의 방문자가 많은 경우
- 긴 회의, 커뮤니케이션 부족 또는 결여
- 많은 대기시간
- 게으른 성격, 번잡한 책상 등 정리 부족
- 일에 대한 의욕부족과 무관심, 극기심 결여
- 'No'라고 말하지 못하는 성격
- 초조하고 급한 성질

10 흔히 좋은 계획은 수많은 시간을 절약한다는 말이 있다. 시간계획이란 시간이라는 자원을 최대한 활용하기 위해 가장 많이 반복되는 일에 가장 많은 시간을 분배하고, 최단시간에 최선의 목표를 달성하는 것을 의미한다. 다음 중 일반적으로 효과적인 시간계획을 작성하기 위한 순서를 가장 올바르게 나열한 것은?

① 일의 우선순위 정하기 → 예상 소요시간 결정하기 → 명확한 목표 설정하기 → 시간 계획서 작성하기

② 일의 우선순위 정하기 → 명확한 목표 설정하기 → 예상 소요시간 결정하기 → 시간 계획서 작성하기

③ 명확한 목표 설정하기 → 일의 우선순위 정하기 → 예상 소요시간 결정하기 → 시간 계획서 작성하기

④ 명확한 목표 설정하기 → 예상 소요시간 결정하기 → 일의 우선순위 정하기 → 시간 계획서 작성하기

정답해설

효과적인 시간계획을 달성하기 위해서는 많이 반복되는 일에 시간을 투자하고, 최단시간에 목표를 달성하는 것이다.

Check Point ····· **효과적 시간계획 작성을 위한 순서**

- **명확한 목표 설정하기** : 한정된 시간을 효율적으로 활용하기 위해서는 먼저 분명한 목표가 필요한데, 목표를 명확히 설정하는 것은 시간 관리의 첫걸음이라고 할 수 있다.
- **일의 우선순위 정하기** : 일의 우선순위를 결정하는 기법은 다양하지만 일반적으로 일이 가진 중요성과 긴급성을 바탕으로 구분하는 경향이 있다. 이를 바탕으로 시간 관리 매트릭스를 만들어 일의 우선순위를 결정한다.
- **예상 소요시간 결정하기** : 우선순위가 결정된 후에는 각각의 일에 소요되는 예상 시간을 결정하는 것이 필요한데, 모든 일마다 자세한 계산을 할 필요는 없지만 규모가 크거나 힘든 일을 해야 할 때는 정확한 소요 시간을 계산하여 결정하는 것이 효과적이다.
- **시간 계획서 작성하기** : 앞서 도출된 일의 우선순위와 소요 시간을 바탕으로 시간 계획서를 작성하는 것을 말한다.

11 자신에게 주어진 모든 시간을 계획적으로 사용하는 것은 현실적으로 불가능하기 때문에, 내가 할 수 있는 일의 시간에 어느 정도를 계획하는 것이 적절한가에 대해 전문가들은 시간계획의 기본 원리로서 다음 그림과 같은 '60 : 40의 규칙'을 제시하였다. 다음 그림의 ㉠~㉢에 적절한 말을 모두 맞게 연결한 것은?

㉠ (60%)	㉡ (20%)	㉢ (20%)
◄─────────────────── 총 시간 ───────────────────►		

	㉠	㉡	㉢
①	계획된 행동	계획 외의 행동	자발적 행동
②	계획 외의 행동	계획된 행동	자발적 행동
③	계획 외의 행동	자발적 행동	계획된 행동
④	자발적 행동	계획된 행동	계획 외의 행동

정답해설

'60 : 40의 규칙'은 자신의 시간 중 60%는 계획된 행동을 하여야 한다는 것을 의미한다. 즉, 예측하지 못한 사태와 일의 중단(낭비 시간의 발생 요인)이나 개인적으로 흥미를 가지는 것, 개인적인 일 등에 대응할 수 있도록 자신이 가지고 있는 시간 중 60%를 계획하는 것을 말한다. 구체적으로 자신에게 주어진 시간을, '계획된 행동(60%)', '계획 외의 행동(20%, 예정 외의 행동에 대비한 시간)', '자발적 행동(20%, 창조성을 발휘하는 시간)'의 세 가지 범주로 구분하였다.

12 다음은 시간계획을 함에 있어서 명심해야할 사항들을 설명한 것이다. ㉠~㉢에 해당하는 말을 모두 맞게 연결한 것은?

> ㉠ : 시간계획을 유연하게 작성하여야 함
> ㉡ : 적절한 시간 프레임을 설정해 특정 일에 소요되는 꼭 필요한 시간만을 계획에 삽입
> ㉢ : 자기의 사무를 분할해 일부를 부하에게 위임하고 그 책임을 부과함

	㉠	㉡	㉢
①	Consistency	Time Frame	Consignment
②	Consistency	Time lost	Consignment
③	Flexibility	Time lost	Delegation
④	Flexibility	Time Frame	Delegation

정답해설

㉠ 유연성(Flexibility)은 시간계획이란 자체가 중요한 것이 아니고 목표달성을 위해 필요한 것이므로 유연하게 작성하여야 한다는 말이다.
㉡ 시간 프레임(Time Frame)은 적절한 시간 프레임을 설정하고 특정의 일을 하는데 소요되는 꼭 필요한 시간만을 계획에 삽입해야 한다는 말이다.
㉢ '권한위양(Delegation)'은 기업의 규모가 커질수록 그 업무활동은 점점 복잡해져서 관리자가 모든 것을 통할하기가 어렵게 되므로 자기의 사무를 분할하여 일부를 부하에게 위임하고 그 수행 책임을 부과하는 것을 말한다.

Check Point ── **시간계획을 함에 있어서 명심할 사항** ──────────────────

- **일 · 행동의 리스트(list)화** : 해당 기간에 예정된 행동을 모두 리스트화
- **규칙성(일관성)** : 시간계획을 정기적 체계적으로 체크하여 일관성 있게 마무리
- **현실적인 계획** : 무리한 계획을 세우지 말고, 실현가능한 것만을 계획
- **유연성(Flexibility)** : 시간계획이란 자체가 중요한 것이 아니라 목표달성을 위해 필요한 것이므로, 유연하게 작성하여야 함
- **시간의 손실** : 발생된 시간 손실은 미루지 않고 가능한 즉시 보상해야 함
- **기록** : 체크리스트나 스케줄표를 사용하여 계획을 반드시 기록하여 전체상황을 파악함
- **미완료의 일** : 꼭 해야만 할 일을 끝내지 못했을 경우 차기 계획에 반영함
- **시간 프레임(Time Frame)** : 적절한 시간 프레임을 설정하고 특정의 일을 하는데 소요되는 꼭 필요한 시간만을 계획에 삽입
- **우선순위** : 여러 일 중에서 어느 일이 가장 우선적으로 처리해야 할 것인가를 결정
- **권한위양(delegation)** : 자기의 사무를 분할하여 일부를 부하에게 위임하고 그 수행 책임을 지우는 것으로, 권한위양은 조직을 탄력성 있게 운용할 수 있고 조직을 구성하는 사람들의 근로의욕을 높여준다는 등의 효과를 지님
- **시간의 낭비요인과 여유시간** : 예상 못한 방문객 접대, 전화 등의 사건으로 예정된 시간이 부족할 경우를 대비하여 여유시간 확보
- **정리할 시간** : 중요한 일에는 좀 더 시간을 할애하고 그렇지 않은 일에는 시간을 단축시켜 전체적인 계획을 정리
- **시간 계획의 조정** : 자기 외의 다른 사람(비서, 부하, 상사)의 시간 계획을 감안하여 계획을 수립

05
자원관리
능력

---

13 다음 중 예산 및 예산의 관리에 대한 설명으로 옳지 않은 것은?

① 광의의 예산에는 민간기업 · 공공단체 등의 조직은 물론이고 개인의 수입 · 지출에 관한 것도 포함된다.

② 예산관리능력은 최소 비용으로 최대의 효과를 얻기 위해 요구되는 능력이다.

③ 제품 개발 시 개발 책정 비용이 실제 비용보다 높은 경우 적자가 발생한다.

④ 개발 책정 비용과 실제 비용이 같을 때 이상적인 상태라 할 수 있다.

정답해설

기업에서 제품을 개발 할 때 개발 책정 비용을 실제 비용보다 높게 책정하면 경쟁력을 잃어버리게 되며, 반대로 개발 책정 비용을 실제보다 낮게 책정하면 개발 자체가 이익을 주는 것이 아니라 오히려 적자가 나는 경우가 발생할 수 있다.

오답해설

① 넓은 범위에서의 예산에는 민간기업 · 공공단체 및 기타 조직체는 물론이고, 개인의 수입 · 지출에 관한 것도 포함된다. 개인이나 기업에게 있어서 대부분의 활동에는 예산이 필요하기 마련이다.

② 예산관리능력은 이용 가능한 예산을 확인하고 어떻게 사용할 것인지 계획하여 계획대로 사용하는 능력을 의미하며, 이는 최소의 비용으로 최대의 효과를 얻기 위해 요구되는 능력이라 할 수 있다.

④ 예산 책정 비용과 실제 비용의 차이를 줄여 두 비용이 비슷한 상태가 될 때 가장 이상적인 상태라 할 수 있다.

14 다음 중 일반적으로 예산관리에 포함되지 않는 것은?

① 예산 평가   ② 비용 산정

③ 예산 통제   ④ 예산 편성

정답해설

일반적으로 예산관리는 활동이나 사업에 소요되는 비용을 산정하고 예산을 편성하는 것뿐만 아니라, 집행과정에서 예산을 관리하는 예산 통제를 모두 포함한다고 할 수 있다. 즉, 예산을 수립하고 집행하는 모든 일을 예산관리라고 할 수 있다. 따라서 일반적으로 예산관리에 포함되는 않는 것은 예산 평가이다.

아무리 예산을 정확하게 수립하였다 하더라도 활동이나 사업을 진행하는 과정에서 계획에 따라 적절히 관리하지 않으면 아무런 효과가 없다. 따라서 좁게는 개인의 생활비나 용돈관리에서부터 크게는 사업, 기업 등의 예산관리가 모두 실행과정에서 적절히 예산을 통제해주는 것이 필수적이라고 할 수 있다.

15 다음은 예산의 구성요소에 관한 설명이다. 옳지 않은 것은?

① 예산의 구성요소는 일반적으로 직접비용과 간접비용으로 구분되는데, 직접비용은 제품 생산이나 서비스 창출을 위해 직접 수비된 비용을 말한다.

② 직장생활에서 프로젝트 수행 시 소요되는 직접비용에는 재료비, 원료와 장비, 인건비, 광고비 등이 포함된다.

③ 간접비용은 제품 생산에 직접 관련되지 않는 비용으로, 상황에 따라 매우 다양하게 나타날 수 있다.

④ 직접비용 중 일반적으로 인건비의 차지하는 비중이 전체 비용 중 가장 크다.

정답해설

광고비는 간접비용에 해당한다. 일반적으로 직접비용은 재료비, 원료와 장비, 시설비, 여행(출장) 및 잡비 인건비로 구성된다.

오답해설

① 예산의 구성요소는 일반적으로 직접비용과 간접비용으로 구분되며, 직접비용은 간접비용에 상대되는 용어로서 제품 생산 또는 서비스 창출을 위해 직접 소비된 것으로 여겨지는 비용을 말한다.

③ 간접비용은 제품 생산에 직접 관련되지 않은 비용을 말하는데, 과제에 따라 매우 다양하며 과제가 수행되는 상황에 따라서도 다양하게 나타날 수 있다.

④ 인건비는 제품 생산 또는 서비스 창출을 위한 업무를 수행하는 사람들에게 지급되는 비용으로, 일반적으로 전체 비용 중 가장 큰 비중을 차지한다.

Check Point ···· **직장생활에서 프로젝트 수행 시 소요되는 직접비 항목** ────────

- **재료비** : 제품의 제조를 위하여 구매된 재료에 대하여 지출된 비용
- **원료와 장비** : 제품 제조과정에서 소모된 원료나 필요한 장비에 지출된 비용으로, 여기에는 실제 구매된 비용이나 임대한 비용이 모두 포함됨
- **시설비** : 제품을 효과적으로 제조하기 위한 목적으로 건설되거나 구매된 시설에 지출된 비용
- **여행(출장) 및 잡비** : 제품 생산 또는 서비스 창출을 위해 출장이나 타 지역으로의 이동이 필요한 경우와 기타 과제 수행 상에서 발생하는 다양한 비용을 포함함
- **인건비** : 제품 생산 또는 서비스 창출을 위한 업무를 수행하는 사람들에게 지급되는 비용으로, 계약에 의해 고용된 외부 인력에 대한 비용도 인건비에 포함되며, 일반적으로 전체 비용 중 가장 큰 비중을 차지함

---

16 다음은 예산수립 절차에 관한 설명이다. 가장 적절하지 않은 것은?

① 예산수립 과정은 '필요한 활동 구명 → 우선순위 결정 → 예산 배정'의 순으로 구성된다.

② 예산 수립 시 계속해서 추가되는 항목으로 인해 어려움을 겪을 수 있기 때문에 예산이 필요한 모든 활동을 도출하는 것이 필요하다.

③ 우선순위를 결정하는데 과업세부도를 활용하는 것이 가장 효과적이라 할 수 있다.

④ 활동에 대한 예산 배정 단계에서 과업세부도와 예산을 매치시키는 것이 효과적이다.

정답해설

과업세부도는 과제 및 활동의 계획을 수립하는데 있어서 가장 기본적인 수단으로 활용되는 그래프로, 필요한 모든 일들을 중요한 범주에 따라 체계화시켜 구분해 놓은 그래프를 말하는데, 이러한 과업세부도는 과제를 수행함에 있어서 필요한 활동을 구명하는데 활용하는 것이 효과적이라 할 수 있다. 이에 비해 우선순위 결정은 사업의 활동 및 과업이 구명된 후 그것의 중요도를 고려하는 것이다. 중요도를 고려하는 것은 정해진 예산 내에서 적절히 분배하기 위한 것이며, 불가피하게 활동을 제거해야 할 때 효과적일 수 있다. 따라서 ③은 적절한 설명으로 보기 어렵다.

오답해설

①·② 예산수립 절차는 '필요한 과업 및 활동 구명 → 우선순위 결정 → 예산 배정'의 순으로 구성되며, 예산을 수립하는 경우 계속해서 추가되는 항목으로 인해 어려움을 겪을 수 있기 때문에 예산을 배정하기 전에 예산 범위 내에서 수행해야 하는 활동과 소요될 것으로 예상되는 예산을 정리할 필요가 있다.

④ 활동에 대한 예산을 배정하는 단계에서는 이때는 과업세부도와 예산을 매치시키는 것이 효과적이다. 이는 과업세부도를 활용함으로써 과제에 필요한 활동이나 과업을 파악할 수 있고, 이를 비용과 매치시켜 놓음으로써 어떤 항목에 얼마만큼의 비용이 소요되는지를 정확하게 파악할 수 있기 때문이다. 또한 과제 수행에 필요한 예산 항목을 빠뜨리지 않고 확인할 수 있으며, 이러한 항목을 통해 전체 예산을 정확하게 분배할 수 있다는 장점도 있다.

---

17 다음 중 물적 자원 활용의 방해 요인으로 옳지 않은 것은?

① 물적 자원을 분실한 경우

② 물적 자원이 훼손된 경우

③ 보관 장소를 정확히 파악한 경우

④ 목적 없이 물적 자원을 구입한 경우

정답해설

보관 장소를 정확히 파악한 경우는 물적 자원 활용에 방해 요인으로 옳지 않다. 반대로 보관 장소를 파악하지 않고 임의의 장소에 보관하게 되면 막상 필요할 때 찾는 데 시간이 걸릴 뿐만 아니라 분실할 수 있다. 그러므로 해당 물적 자원을 활용하는데 있어 예산 손실과 시간 낭비를 겪을 수 있다.

18 물적자원에 대한 다음 설명 중 옳지 않은 것은?

① 세상에 존재하는 모든 물체는 물적자원에 포함된다.

② 자원을 크게 나눌 때 자연자원과 인공자원으로 나눌 수 있다.

③ 자연자원은 자연 상태 그대로의 자원과 시설, 장비 등이 모두 포함된다.

④ 물적자원을 얼마나 확보하고 활용할 수 있느냐가 국가의 큰 경쟁력이 된다.

정답해설

자원을 크게 나누어 보았을 때 자연자원과 인공자원으로 나눌 수 있는데, 시설이나 장비 등은 인공자원에 포함된다. 자연자원의 경우 자연 상태에 있는 그대로의 자원을 말하는 것으로 석유, 석탄, 나무 등을 가리키며, 인공자원의 경우 사람들이 인위적으로 가공하여 만든 물적자원을 말한다.

오답해설

① 우리가 활용할 수 있는 물적자원은 매우 다양하며, 세상에 존재하는 모든 물체는 물적자원에 포함된다. 인간은 약한 신체적 특성을 보완하기 위해 자연에 존재하는 자원들을 활용하기 때문에 인간의 활동에는 많은 물적자원들이 수반되기 마련이다.

④ 물적자원을 얼마나 확보하고 있으며 얼마나 활용할 수 있느냐가 큰 경쟁력이 되는데, 국가의 입장에 있어서도 자국에서 생산되지 않는 물품이 있으면 다른 나라로부터 수입을 하게 되고, 이러한 물품으로 인해 양국 간의 교류에서 비교우위가 가려지게 된다. 이러한 상황에서 자신이 보유하고 있는 자원을 얼마나 잘 관리하고 활용하느냐 등 물적자원관리는 매우 중요하다고 할 수 있다.

19 다음 물적자원의 관리에 대한 설명 중 옳지 않은 것은?

① 물적자원의 관리가 부족한 경우 경제적 손실과 과제 및 사업의 실패를 초래할 수 있다.

② 기상이변으로 인한 피해 시 물적장비의 관리가 제대로 되지 않은 경우 더욱 큰 피해를 초래한다.

③ 물적자원을 효과적으로 관리하면 개인이나 조직의 경쟁력이 향상되며, 그렇지 않은 경우 경쟁력을 잃게 된다.

④ 물적자원의 활용은 관리와 다른 차원의 문제이므로, 관리가 전제되어야 이를 활용할 수 있는 것은 아니다.

정답해설

물적자원을 잘 관리한다면 꼭 필요한 상황에서 이를 활용할 수 있는 반면, 관리가 제대로 되지 않는다면 제때 활용하기 어렵다. 따라서 물적자원의 활용을 관리와 다른 차원의 문제라 볼 수는 없다. 자신이 보유하고 있는 물적자원을 잘 관리하지 못한다면 필요한 활동을 하지 못하고, 물적자원을 확보하는데 많은 시간을 보내게 될 것이다. 따라서 개인 및 조직에 필요한 물적자원을 확보하고 적절히 관리하는 것은 매우 중요하다고 할 수 있다.

오답해설

① 물적자원은 제대로 관리하지 않거나 관리가 부족해 분실 및 훼손되는 경우 경제적 손실과 과제·사업의 실패를 초래하기도 한다.

② 물적장비의 관리 부족으로 인한 피해는 상황이 긴급하거나 위험한 상황에서 더욱 커질 수 있다. 최근 기상이변으로 산사태, 침수, 폭설 등의 피해들이 발생할 때 복구 작업에 필요한 장비가 공급되지 않는 경우 그로 인한 손실은 말로 표현할 수 없을 정도로 커질 수밖에 없으며, 또한 필요한 장비가 부족하거나 관리가 제대로 되지 않아 복구 작업이 신속하게 이뤄지지 않아 추가적인 피해가 발생하는 경우가 많이 있다.

③ 물적자원을 효과적으로 관리·활용하는 경우 경쟁력 향상과 과제 및 사업의 성공에 기여하며, 관리가 부족한 경우 경제적 손실과 과제 및 사업의 실패를 초래할 수 있다.

05
자원관리
능력

20 다음 중 물적자원을 적시에 활용할 수 없게 만드는 요인으로 가장 적절하지 않은 것은?

① 한 가지 목적으로 물건을 구입한 경우

② 물건의 보관 장소를 파악하지 못하는 경우

③ 물건이 고장 또는 훼손된 경우

④ 물건을 분실한 경우

정답해설

물건을 한 가지 목적으로 구입한 경우라도 제대로 관리·보관이 된다면 그 목적에 맞게 활용할 수 있다. 따라서 ①은 적절한 설명이라 보기 어렵다. 물적자원에 대한 관리가 소홀하게 되는 경우는 분명한 목적 없이 물건을 구입한 경우에 발생할 수 있다. 어떤 물품이 업무를 수행하는 데 정말 필요하여 구입한 물품의 경우에는 활용도가 높아서 평상시 관리에 좀 더 신경을 쓰게 되지만, 그렇지 않은 경우에는 관리에 소홀해지기 마련이다. 따라서 물적자원의 경우 구입 과정에서 활용 및 구입의 목적을 명확하게 하는 것이 필요하다.

② 보관 장소를 파악하지 못하는 경우도 물적자원을 적시에 활용할 수 없게 하는 요인이 된다. 한번 활용한 물건을 앞으로 다시 활용할 것이라는 생각 없이 아무 곳에나 놓아두는 경우, 추후에 다시 그 물건이 필요로 할 때 물품을 찾기 어려워지는 경우가 많이 있다.

③ 물건이 고장 또는 훼손된 경우도 적시에 활용할 수 없게 하는 요인이 된다. 물적자원은 사용할 수 있는 기간이 대부분 한정되어 있으므로, 보유하고 있는 물건을 적절히 관리하여 고장이나 훼손되지 않도록 하는 것이 중요하다. 기업에서 물품을 제조할 때 필요한 물품을 보유하고 있다면 그 물품에 대한 별도의 구입 예산은 배정하지 않을 것이다. 하지만 막상 그 물품을 활용하고자 찾아보았을 때 고장 또는 훼손되어 활용할 수 없게 된다면 난관에 봉착하게 될 것이다.

④ 보유하고 있던 물적자원을 분실한 경우는 보관 장소를 파악하지 못한 경우와 비슷하다고 할 수 있지만, 분실한 경우는 다시 구입하지 않으면 향후 활용할 수 없다는 점에서 차이가 있다. 물품을 분실하는 것은 훼손된 경우와 마찬가지로 다시 그 물품을 구입해야 하므로 경제적인 손실을 가져올 수 있다. 경우에 따라 동일한 물품이 시중에서 팔지 않는 경우도 있을 수 있기 때문에 되도록 분실하는 경우를 예방하는 것이 중요하다.

21 다음은 물적자원관리 과정에 대한 설명이다. 옳지 않은 것은?

① 물품의 정리 · 보관 시 물품이 앞으로 계속 사용할 것인지 그렇지 않은지를 구분해야 한다.

② 유사성의 원칙은 유사품을 같은 장소에 보관하는 것을 말하며, 이는 보관한 물품을 보다 쉽고 빠르게 찾을 수 있도록 하기 위해서 필요하다.

③ 물품의 특성에 맞는 보관 장소를 선정해야 하므로, 종이류와 유리 등은 그 재질의 차이로 인해서 보관 장소의 차이를 두는 것이 적당하다.

④ 물품의 정리 시 회전대응 보관의 원칙은 입 · 출하의 빈도가 높은 품목은 출입구 가까운 곳에 보관하는 것을 말한다.

동일성의 원칙은 같은 품종은 같은 장소에 보관한다는 것이며, 유사성의 원칙은 유사품은 인접한 장소에 보관한다는 것을 말한다. 동일 및 유사 물품의 분류는 보관의 원칙 중 동일성의 원칙과 유사성의 원칙에 따르는데, 이는 물품을 다시 활용하기 위해 보다 쉽고 빠르게 찾을 수 있도록 하기 위해서 필요한 과정으로, 특정 물품의 정확한 위치를 모르더라도 대략의 위치를 알고 있음으로써 찾는 시간을 단축할 수 있다.

① 사용품과 보관품은 구분되어야 한다. 즉, 물품의 정리 · 보관 시 물품이 앞으로 계속 사용할 것인지 그렇지 않은지를 구분해야 한다. 이러한 구분이 이루어지지 않는 경우 가까운 시일 내에 활용하게 될 물품을 창고나 박스 등에 넣어두었다가 다시 꺼내야 하는 경우가 발생하게 되며, 이러한 과정이 반복되다보면 물품 보관 상태는 다시 나빠지게 된다. 처음부터 철저하게 물품의 활용계획 등을 확인하는 것이 시행착오를 예방할 수 있으며, 효과적인 물적자원관리의 첫걸음이 된다.

③ 물품을 적절하게 보관할 수 있는 장소를 선정하여야 하는데, 여기서는 개별 물품의 특성을 고려하여 보관 장소를 선정하는 것이 중요하다. 예를 들어 종이류와 유리, 플라스틱 등은 그 재질의 차이로 인해서 보관 장소의 차이를 두는 것이 적당하다. 특히 유리의 경우 쉽게 파손될 우려가 있기 때문에 따로 보관하는 것이 중요하다. 또한 물품의 무게와 부피에 따라서도 차이를 두어야 하는데, 보관 장소에 따라 물품의 무게가 무겁거나 부피가 큰 것은 별도로 취급하는 것이 물품의 훼손을 방지할 수 있는 방법이 된다.

④ 물품을 보관할 장소까지 선정하게 되면 차례로 정리를 하게 되는데, 여기서는 회전대응 보관의 원칙을 지키는 것이 중요하다. 회전대응 보관의 원칙은 입·출하의 빈도가 높은 품목은 출입구 가까운 곳에 보관하는 것을 말한다. 즉, 물품의 활용 빈도가 상대적으로 높은 것은 가져다 쓰기 쉬운 위치에 먼저 보관하는 것을 말한다. 이렇게 하면 활용하는 것도 편리할 뿐만 아니라 활용한 후 다시 보관하는 것 역시 편리하게 할 수 있을 것이다.

22 다음 중 흑백 격자무늬 패턴으로 정보를 나타내는 매트릭스 형식의 바코드에 해당하는 것은?

① 바코드(Bar Code)

② QR 코드(Quick Response Code)

③ RFID

④ Smart Tag

정답해설

흑백 격자무늬 패턴으로 정보를 나타내는 매트릭스 형식의 바코드는 QR 코드(Quick Response Code)이다. QR 코드는 기존 바코드가 용량 제한에 따라 가격과 상품명 등 한정된 정보만 담는 데 비해 넉넉한 용량을 강점으로 다양한 정보를 담을 수 있고, 오염이나 손상에 강하며, 360도 어느 방향에서도 인식이 가능하다는 장점을 지닌다. 최근 유통업계가 2차원의 바코드인 QR코드 도입에 앞장서고 있는 것은 스마트폰 보급 확산에 따라 훌륭한 마케팅 도구로 활용할 수 있기 때문이다.

오답해설

① 바코드(Bar Code)는 컴퓨터가 판독하기 쉽고 데이터를 빠르게 입력하기 위하여 굵기가 다른 흑백 막대를 조합시켜 문자나 숫자를 코드화 한 것을 말한다. 선형(1차원) 바코드는 20글자 내외의 정보를 담을 수 있고, 한 방향으로만 정보를 가지는 점에서 QR 코드와 차이가 있다.

③ RFID(Radio-Frequency Identification)는 무선주파수를 이용해 대상(물건·사람 등)을 식별할 수 있도록 고안된 태그로, 일명 전자태그로 불린다. RFID 태그는 기존 선형(1차원) 바코드가 담을 수 있는 정보의 약 600배를 담을 수 있다.

④ 스마트 태그(Smart Tag)는 3차원의 바코드의 칼라 조합형 태그로서, 암호설정이 가능하며 QR 코드가 인식하지 못하는 작은 사이즈도 인식한다는 점 등에서 QR 코드와 구분된다.

23 다음 중 도서를 대분류, 중분류, 소분류로 분류하는 것은 앞에서 살펴본 효과적인 물적자원관리 과정 중 어디에 해당하는가?

① 회전대응 보관의 원칙

② 사용품과 보관품의 구분

③ 동일 및 유사 물품의 분류

④ 물품 특성에 맞는 보관 장소의 선정

05

자원관리
능력

정답해설

도서를 대분류, 중분류, 소분류로 분류하는 것은 물적자원관리 과정에서 동일성 원칙과 유사성 원칙을 기반으로 분류하여 기호를 부여하는 것을 의미한다. 동일성의 원칙은 같은 품종은 같은 장소에 보관하는 것이며 유사성의 원칙은 유사품은 인접한 장소에 보관하는 것을 말하는데, 기호화된 물품 목록을 작성함으로써 자신이 현재 보유하고 있는 물품의 종류를 파악할 수 있고 기호를 통해 물품의 위치를 쉽게 파악할 수 있는 장점이 있다.

24 다음 인적자원관리에 관한 설명 중 옳지 않은 것은?

① 인적자원관리는 기업 목적 달성을 위해 필요한 인적자원을 유지 · 개발하여 능력을 최고로 발휘하게 하는 것이다.

② 효율적이고 합리적인 인사관리를 위해서는 적재적소 배치, 공정 보상 및 인사, 종업원의 안정, 창의력 계발 등이 모두 이루어지도록 해야 한다.

③ 개인차원에서 인적자원관리는 인맥관리를 의미하는데, 여기서의 인맥은 자신이 알고 있거나 관계를 형성하고 있는 다양한 사람들을 포함한다.

④ 핵심 인맥과 파생 인맥에 대한 관리가 개인 차원의 인적자원관리에 해당하며, 파생 인맥은 자신과 직접적인 관계에 있는 사람들을 말한다.

정답해설

자신과 직접적인 관계에 있는 사람들을 핵심 인맥이라고 하며, 파생 인맥은 핵심 인맥의 사람들로부터 알게 된 사람이나 우연한 자리에서 서로 알게 된 사람 등을 말한다. 파생 인맥은 매우 다양하게 존재하며, 계속해서 파생이 되어서 한 사람의 인맥은 수 없이 넓어지게 된다.

오답해설

① 기업은 목적 달성을 위하여 필요한 인적자원을 조달 · 유지 · 개발하여 경영 조직내에서 구성원들이 능력을 최고로 발휘하게 해야 하며, 사용자와 근로자 간의 협력 체계를 통해 근로자 스스로가 자기만족을 얻고 경영 목적을 효율적으로 달성할 수 있도록 관리해야 하는데, 이러한 관리 활동을 인적자원관리라고 한다.

② 효율적 · 합리적 인사관리를 하기 위해서는 적재적소 배치의 원리, 공정 보상의 원칙, 공정 인사의 원칙, 종업원 안정의 원칙, 창의력 계발의 원칙, 단결의 원칙이 모두 이루어져야 한다.

③ 개인차원에서 인적자원관리는 인맥관리를 의미하는데, 인맥(人脈)이란 자신이 알고 있거나 관계를 형성하고 있는 사람들로, 일반적으로 가족, 친구, 직장동료, 선후배, 동호회 등 다양한 사람들이 포함된다.

25 다음 중 자기 자신의 인맥을 활용하였을 때 나타나는 장점으로 적절하지 않은 것은?

① 정보의 소스 획득

② 새로운 기술의 개발

③ '나'의 인생에 탄력이 생김

④ 참신한 아이디어 획득

정답해설
자신의 인맥을 활용하는 것과 새로운 기술의 개발은 직접적인 관련이 없으므로, 장점이라 할 수 없다.

오답해설
① 자신의 인맥을 활용하는 경우 각종 정보와 정보의 소스를 주변사람으로부터 획득할 수 있는 장점이 있다.
③ 인맥을 활용하는 경우 나 자신의 인간관계나 생활에 대해 알 수 있고, 이로 인해 자신의 인생에 탄력을 불어넣을 수 있다.
④ 주변 사람들로부터 자신이 미처 생각하지 못한 참신한 아이디어나 도움을 얻을 수 있다는 것도 인맥 활용의 장점이 된다.

Check Point --- **자신의 인맥 활용 시 나타나는 장점**
- 각종 정보 및 정보의 소스를 획득
- 나의 사업을 시작할 수 있음
- 유사시 도움이 됨
- 나 자신을 알 수 있고, 나의 인생에 탄력이 발생
- 참신한 아이디어를 획득

05
자원관리
능력

26 다음 중 명함에 대한 설명으로 가장 적절한 것은?

① 명함의 관리와 인맥 관리는 직접적인 관계가 없다.
② 자신의 신분을 증명하나, 자신을 PR하기 위한 도구는 아니다.
③ 명함은 후속 교류를 위한 도구로 사용된다.
④ 명함에 메모를 하기 보다는 깨끗하게 보관하는 것이 좋다.

정답해설
추후에 다시 만나고자 할 때 명함을 활용할 수 있으므로, 명함은 후속 교류를 위한 도구로 사용될 수 있다.

오답해설
① 명함관리는 자신의 인맥을 관리하기 위한 가장 기본적인 방법이 된다. 명함에는 보통 이름과 소속, 연락처 등이 포함되어 있어 다른 사람들로 하여금 자신이 어떤 일을 하는지를 알려주는 효과가 있으므로, 명함을 잘 관리함으로써 자신의 인맥을 관리할 수 있다.
② 명함은 자신을 PR하는 도구로 사용될 수 있다.
④ 명함은 단지 받아서 보관하는 것이 목적이 아니라, 이를 활용하고 적극적인 의사소통을 통해 자신의 인맥을 만들기 위한 도구로 활용되어야 한다. 따라서 중요한 사항을 명함에 메모하는 것이 매우 중요하다. 다른 사람의 명함을 깨끗하게 보관해서 득이 되는 것이 하나도 없다.

Check Point --- **명함의 가치**
- 자신의 신분을 증명한다.
- 개인의 정보를 전달한다.
- 대화의 실마리를 제공할 수 있다.
- 자신을 PR하는 도구로 사용할 수 있다.
- 개인의 정보를 얻을 수 있다.
- 후속 교류를 위한 도구로 사용할 수 있다.

27 다음 중 인맥관리카드에 관한 설명으로 옳지 않은 것은?

① 인맥관리카드에 기입되는 정보에는 이름, 관계, 직장 및 부서, 학력, 연락처, 친한 정도 등이 있다.

② 인맥관리카드는 핵심인맥과 파생인맥의 구분 없이 작성·관리한다.

③ 파생인맥카드에는 어떤 관계에 의해 파생되었는지를 기록하여야 한다.

④ 문서나 컴퓨터를 통해 인맥관리카드를 작성·관리하는 경우 주변에 어떠한 사람들이 있는지 효율적으로 파악할 수 있다.

정답해설

인맥관리카드는 핵심인맥과 파생인맥을 구분하여 작성하는 것이 필요하다. 여기서 핵심인력은 자신과 직접적인 관계를 가지는 사람을 말하며, 파생인맥은 핵심인맥으로부터 파생된 사람들을 의미한다.

오답해설

① 인맥관리카드는 자신의 주변에 있는 인맥을 관리카드를 작성·관리하는 것을 말하며, 인맥관리카드에 기입되는 정보로는 이름, 관계, 직장 및 부서, 학력, 출신지, 연락처, 친한 정도 등이 포함된다.

③ 파생인맥카드에는 어떤 관계에 의해 파생되었는지를 기록하는 것이 필요하다.

④ 인맥관리카드를 문서나 컴퓨터를 통해 작성·관리함으로써 자신의 주변에 어떠한 사람들이 있는지 파악할 수 있으며, 도움을 필요로 할 때 적합한 주변 사람들을 파악할 수 있어 효율적이라고 할 수 있다.

28 효과적인 인력배치를 위해서는 3가지 원칙을 지켜야 한다. 다음 중 이 원칙에 포함되지 않는 것은?

① 연공주의

② 적재적소주의

③ 능력주의

④ 균형주의

정답해설

효과적 인력배치를 위한 3가지 원칙은 적재적소주의, 능력주의, 균형주의를 말하며, 연공주의는 여기에 해당되지 않는다. 연공주의는 조직구성원의 승진에 있어서 근무경력에 따라서 승진에 우선권이 주어진다는 것으로, 근무연수에 비례해서 개개인의 업무능력과 숙련도가 향상된다는 사고에 근거하고 있다.

오답해설

② 적재적소주의는 효율성 향상을 위해 팀원의 능력이나 성격 등과 가장 적합한 위치에 배치하여 개개인의 능력을 최대로 발휘해 줄 것을 기대하는 것을 말한다.

③ 능력주의는 개인에게 능력을 발휘할 수 있는 기회와 장소를 부여하고 그 성과를 바르게 평가하며, 평가된 능력과 실적에 대해 그에 상응하는 보상을 주는 원칙을 말한다.

④ 균형주의는 모든 팀원에 대한 평등한 적재적소, 즉 팀 전체의 적재적소를 고려할 필요가 있다는 것이다.

응용문제

01 다음 중 기업의 입장에서 보는 자원에 대한 설명으로 옳지 않은 것은?

① 인적 자원은 기업 경영 목적을 달성하기 위한 조직 구성원을 말하며, 기업 경영을 위해서는 인적 자원의 선발과 배치 및 활용이 중요한 것으로 평가된다.

② 과거에는 시간이나 예산이 가장 중요한 자원으로 인식되었으나, 최근에는 제품 생산에 이용되는 천연자원이 중요한 자원으로 인식되고 있다.

③ 기업 활동에 있어서 자원은 성과와 경쟁의 차원에서 노동력이나 기술의 통틀어 이르는 말로 변화하고 있다.

④ 자원은 공통적으로 유한성을 지니며, 이는 자원을 효율적 확보와 활용이라는 자원관리의 중요성을 부각시키는 요인이 된다.

정답해설

설명이 바뀌었다. 즉, 과거에는 제품 생산에 이용되는 원료로서의 천연자원이 가장 중요한 자원으로 인식되었으나, 최근의 무한 경쟁의 시대에는 시간이나 예산이 중요한 자원의 하나로 인식되고 있다.

오답해설

① 인적 자원은 기업 경영 목적을 달성하기 위한 조직 구성원으로, 기업 경영은 조직 구성원들의 역량과 직무 수행에 기초하여 이루어지기 때문에 인적 자원의 선발, 배치 및 활용이 중요하다.

③ 최근에는 시간이나 예산이 중요한 자원으로 인식되고 있고 역량 있는 인적 자원을 보유했는지 여부가 기업의 경쟁력을 가늠하는 지표가 되고 있는데, 이처럼 기업 활동에 있어서 자원은 더 높은 성과를 내고 경쟁 우위의 발판이 될 수 있는 노동력이나 기술의 통틀어 이르는 말로 변화하고 있다.

④ 사람이나 조직에게 주어진 시간과 돈, 물적 자원은 제한될 수밖에 없으며, 개인 또는 조직적으로 제한된 사람들을 활용할 수밖에 없는 인적자원도 이와 비슷하다. 이러한 유한성으로 인해 자원을 효과적으로 유지·확보하고, 활용하는 자원관리가 매우 중요한 요소로 부각되고 있다.

02 다음 제시문에서 설명하는 자원의 낭비요인에 해당하는 것은?

> 시간이라는 것은 누구에게나 하루 24시간이 주어진다. 하지만 이것을 중요한 자원으로 인식하여 최대한 계획적으로 활용하는 사람이 있는 반면, 중요성을 인식하지 못하고 헛되이 시간을 보내는 사람들이 있다.

① 비계획적 행동   ② 편리성 추구

③ 노하우 부족   ④ 자원에 대한 인식 부재

NCS 500제

정답해설

시간이 무척 중요한 자원이라는 것을 인식하지 못해 이를 제대로 활용하지 못하고 낭비하는 것은 자원에 대한 인식 부재에서 기인하는 낭비에 해당한다. 자원에 대한 인식 부재는 자신이 가지고 있는 중요한 자원을 인식하지 못하는 것으로, 시간이 중요한 자원이라고 의식하지 못하는 경우나 자원을 물적 자원에만 국한하여 생각함으로써 중요한 다른 자원을 낭비하게 되는 것을 예로 들 수 있다.

03 다음에서 설명하는 자원 관리과정을 모두 맞게 짝지은 것은?

> ㉠ 업무 추진 시 어떤 자원이, 얼마만큼 필요한 지를 파악하는 단계이다. 실제 업무 수행에서는 구체적으로 어떤 활동을 하며, 여기에는 어느 정도 자원이 필요한지를 파악하는 것이 중요하다.
> ㉡ 이 단계에서는 업무나 활동의 우선순위를 고려하는 것이 중요하다. 실제 활동을 추진하는데 자원이 부족한 경우 우선순위가 높은 것에 중점을 두고 계획하는 것이 바람직한 단계라 할 수 있다.

㉠	㉡
① 자원의 확보	자원의 활용
② 자원의 확인	자원의 활용
③ 자원의 확보	자원 활용 계획의 수립
④ 자원의 확인	자원 활용 계획의 수립

정답해설

㉠ 자원의 종류와 양 확인 단계는 업무를 추진하는데 있어서 어떤 자원이, 얼마만큼 필요한지를 파악하는 단계이다. 실제 업무 수행에서는 자원을 자원의 종류보다 구체적으로 나눌 필요가 있는데, 구체적으로 어떤 활동을 할 것이며, 이 활동에 어느 정도의 시간과 돈, 물적·인적 자원이 필요한지를 파악해야 한다.

㉡ 자원 활용 계획 수립은 필요한 자원을 확보한 후 그 자원을 실제 필요한 업무에 할당하여 계획을 세우는 단계로, 여기에서 중요한 것은 업무나 활동의 우선순위를 고려하는 것이다. 최종적인 목적을 이루는데 가장 핵심이 되는 것에 우선순위를 두고 계획을 세울 필요가 있다. 만약 확보한 자원이 실제 활동 추진에 비해 부족할 경우 우선순위가 높은 것에 중심을 두고 계획하는 것이 바람직하다.

180 I Chapter 05 자원관리능력

04 다음은 시간 관리의 한 유형을 설명한 것이다. 이에 해당하는 인간 유형으로 가장 알맞은 것은?

> 항상 긍정적이며 에너지가 넘치고, 빈틈없는 시간계획을 통해 비전과 목표 및 행동을 실천하는 유형이다. 하루 24시간으로 구속하지 않으며, 항상 바쁜 것 같지만 늘 여유가 있고, 자신이 하고 싶은 것은 다해가며 살아가는 유형이라 할 수 있다.

① 시간 창조형
② 시간 절약형
③ 시간 소비형
④ 시간 파괴형

정답해설

제시된 유형은 시간 창조형(24시간 인간)에 대한 설명이다. 시간 창조형은 자신에게 주어진 시간을 하루 24시간으로 구속하지 않고 사고하고 행동하며, 자신의 것을 만드는 사람을 말한다. 그들은 재미있고 바쁘게 살며, 취미활동을 꼭 하고, 타임 플래너를 가지고 살며, 비전과 목표, 행동이 정확히 정해져 있다. 한마디로 시간을 즐기며 창조하는 유형이라 할 수 있다.

오답해설

② 시간 절약형(16시간형 인간)은 꽉 짜인 계획표대로 움직이면서 시간에 자신의 생활을 맞춰나가며 나름대로 짜임새 있게 사는 유형이다. 우리 주변에서 어렵지 않게 볼 수 있는 바쁘고 정신없이 사는 사람으로, 8시간의 회사 업무 이외에도 8시간을 효율적으로 활용하고 8시간을 자는 사람을 지칭한다.
③ 시간 소비형(8시간형 인간)은 24시간을 제대로 활용하지 못하고 빈둥대면서 살아가는 유형으로, 왜 바빠야 하는지 인생의 목적이나 의욕이 없는 사람을 말한다. 8시간 일하고 16시간을 제대로 활용하지 못하며 빈둥대면서 살아가는 사람. 시간은 많은데도 불구하고 마음은 쫓겨 바쁜 척하고 허둥대는 유형을 지칭한다.
④ 시간 파괴형(0시간형 인간)은 주어진 시간을 제대로 활용하기는커녕 시간관념이 없어 자신의 시간은 물론 남의 시간마저 죽이는 유형을 말한다.

05 자원관리 능력

05 A는 한 회사의 인사기획부서에서 일하고 있다. A의 부서는 업무가 많아 대부분의 직원들이 과중한 업무를 수행하고 있으며, 다른 일보다 회사에서의 일에만 몰두하는 직원들이 많은 상황이다. 다음 A부서의 사례 중 일중독자(workaholic)가 보이는 현상으로 보기 어려운 것은?

① B는 일하는 시간이 충분치 못하다고 생각하고, 업무 시간을 좀 더 확보하기 위해 출근 시간을 30분 앞당기고 야근 시간도 좀 더 늦추는 방향으로 조정하려고 고민하고 있다.
② C는 업무계획을 철저히 준수하는 사람으로, 프로젝트가 주어지면 업무 시간계획을 상세하고 짜 그 계획상에 나타난 업무 시간을 반드시 지키는 사람이다.
③ D는 업무가 주어지면 모두 스스로 해내려는 사람으로, 때로는 업무가 과중해 일을 조금 줄이라는 말도 듣지만 이에 별로 개의치 않는다.
④ E는 낚시와 여행이 취미였으나, 인사기획부서에 배치된 후 업무를 수행하느라 취미생활은 거의 하지 못하고 있다.

정답해설

C의 경우 프로젝트가 주어지면 투입할 업무 시간계획을 짜서 그만큼은 반드시 해 내는 사람이라고 할 수 있는데, 일중독자의 경우 처음 생각한 것보다 더 많은 일하는 경향이 있으므로 C를 일중독자로 보기는 어렵다. 나머지는 모두 일중독자의 전형적인 특징에 해당된다.

Check Point ── 일중독자의 일반적 특징(텔레그라프, 영국)

• 일하는데 시간을 좀 더 많이 내려고 고민한다.
• 처음 생각한 것보다 더 많이 일하게 된다.
• 죄책감, 불안, 무기력, 우울증 같은 감정을 없애려고 일한다.
• 다른 사람들이 일을 좀 줄이라고 하지만 별로 신경 쓰지 않는다.
• 일을 못하게 하면 스트레스가 된다.
• 일을 하느라 취미, 여가활동, 운동은 뒷전이다.
• 너무 일을 많이 해서 건강에 해로운 영향을 미친다.

06 다음은 같은 회사 동료들의 대화이다. 이들 중 시간낭비 요인의 구분해 볼 때 나머지와 다른 한 사람은?

① 동료들로부터 인기가 좋은 경영지원팀의 A는 이번 주까지 계획된 일이 아직 미무리되지 못한 상태인데, 다른 팀에서 의뢰한 일 등 급박하지 않을 몇 가지 업무를 먼저 처리하기 위해 일정을 다소 연기하였다.

② 팀원에게 친절하기로 소문난 기획팀장 B는 진행해야 될 프로젝트가 결정되면 적절한 계획을 세우지 못해 마감 일정을 지키지 못하는 경우가 많다.

③ 항상 밝은 미소를 잃지 않는 영업팀의 C는 거래처 방문 시 도로 교통이 혼잡하여 방문 시간을 제대로 지키지 못하는 경우가 종종 있다.

④ 사람 좋기로 소문난 자재관리팀의 D는 다른 팀이나 동료의 부탁을 거절하지 못해 여러 업무를 떠맡게 되고, 이로 인해 같은 팀 동료로부터 핀잔을 듣기도 한다.

정답해설

시간낭비 요인은 외부인이나 외부에서 일어나는 시간에 의한 외적인 시간낭비 요인과 자신의 내부에 있는 습관 등이 초래하는 내적 낭비요인이 있다. 교통의 혼잡이나 동료·가족, 고객, 세일즈맨, 문서 등으로 인해 발생하는 시간낭비는 모두 외적이 낭비요인에 해당한다. 이에 비해 내적 시간낭비 요인에는 일정의 연기, 사회활동, 계획의 부족, 거절하지 못하는 우유부단함, 혼란된 생각 등이 있다.

오답해설

① 시간낭비 요인 중 일정을 연기하는 것은 내적 시간낭비 요인에 해당한다.
② 업무 추진 시 그에 적합한 계획을 충분히 세우지 않는 경우 시간낭비가 발생할 수 있는데, 이러한 계획의 부족은 내적 요인에 해당한다.
④ 남의 부탁이나 사정을 거절하지 못하는 우유부단함도 내적 시간낭비 요인에 해당한다.

07 일의 우선순위를 결정하는 기법은 다양하지만 일반적으로 일의 중요성과 긴급성을 바탕으로 구분하는 경향이 있는데, 이 두 축을 통해 스티븐 코비(Stephen R. Covey)는 시간관리 매트릭스를 4단계로 구분하였다. 다음 중 각 단계에 들어갈 내용이 옳지 않은 것은?

	긴급함	긴급하지 않음
중요함	Ⅰ 긴급하면서도 중요한 일	Ⅱ 긴급하지 않지만 중요한 일
중요하지 않음	Ⅲ 긴급하지만 중요하지 않은 일	Ⅳ 긴급하지 않고 중요하지 않은 일

① Ⅰ단계 – 급박한 문제
② Ⅱ단계 – 인간관계 구축
③ Ⅲ단계 – 기간이 정해진 프로젝트
④ Ⅳ단계 – 일반 우편물, 전화

정답해설
'기간이 정해진 프로젝트'는 Ⅰ단계인 '긴급하면서도 중요한 일'에 해당한다. Ⅲ단계인 '긴급하지만 중요하지 않을 일'에 해당하는 것으로는 잠깐의 급한 질문, 일부 보고서 및 회의, 눈앞의 급박한 상황, 인기 있는 활동 등이 있다. 스티븐 코비(S. R. Covey)는 시간관리 매트릭스를 4단계에서 중요성은 결과와 연관되고 사명·가치관·목표에 기여하는 정도를 의미하며, 긴급성은 즉각적인 처리가 요구되고 눈앞에 보이며, 심리적으로 압박감을 주는 정도를 의미한다고 하였다.

오답해설
① 위기상황, 급박한 문제, 기간이 정해진 프로젝트는 모두 Ⅰ단계에 해당한다.
② Ⅱ단계인 '긴급하지 않지만 중요한 일'의 예로는 인간관계 구축, 새로운 기회 발굴, 예방 생산능력 활동, 중장기 계획 등이 있다.
④ Ⅳ단계인 '긴급하지 않고 중요하지 않을 일'에는 우편물, 전화, 시간낭비거리, 즐거운 활동, 하찮은 일 등이 있다.

08 일반적으로 직접비용(Direct Cost)은 제품 생산 또는 서비스를 창출하기 위해 직접 소비된 것으로 여겨지는 비용을 말하며, 간접비용(Indirect Cost)은 직접비용을 제외한 비용으로, 제품 생산 등에 직접 관련되지 않은 비용을 말한다. 다음 〈보기〉에 제시된 비용들 중 간접비용에 해당하는 것으로만 옳게 고른 것은?

┤ 보기 ├
• 건물관리비	• 건물임대료	• 시설비	• 보험료	• 출장 교통비
• 통신비	• 광고비	• 장비 구입비	• 장비 대여료	• 사무비품비

① 건물관리비, 보험료, 통신비, 광고비, 사무비품비
② 건물임대료, 시설비, 보험료, 광고비, 장비 대여료
③ 건물관리비, 출장 교통비, 통신비, 장비 구입비, 사무비품비
④ 시설비, 보험료, 통신비, 광고비, 장비 대여료

정답해설

직접비용은 제품 생산 또는 서비스를 창출하기 위해 직접 소비된 비용을 말하며, 간접비용은 제품을 생산하거나 서비스를 창출하기 위해 소비된 비용 중에서 직접비용을 제외한 비용으로, 제품 생산에 직접 관련되지 않은 비용을 말한다. 이러한 기준을 통해 제시된 비용을 직접비용과 간접비용으로 구분하면 다음과 같다.

- **직접비용** : 건물임대료, 시설비, 출장 교통비, 장비 구입비, 장비 대여료
- **간접비용** : 건물관리비, 보험료, 통신비, 광고비, 사무비품비

09 직장에서의 과제나 프로젝트 수행 시 예산을 관리하기 위해서도 수시로 예산 사용을 얼마만큼 했는지를 알아볼 수 있도록 정리하는 것이 필요한데, 관리자는 월 단위로 실행예산 대비 사용실적에 대한 워크시트를 작성함으로써 예산을 관리할 수 있다. 이러한 시트를 예산 집행 실적이라고 할 수 있는데, 그 양식은 저마다 다양하게 사용할 수 있지만 대표적인 예로 다음과 같이 작성할 수 있다. 다음 워크시트에서 배정액이 3천 5백만 원이고 누적 지출액이 7백만 원일 때, 잔액과 사용률(%)을 모두 맞게 고른 것은?

[예산 집행 실적]

항 목	배정액	당월 지출액	누적 지출액	잔 액	사용률(%)	비 고
합 계						

	잔액	사용률
①	2천 8백만 원	25%
②	2천 8백만 원	20%
③	3천 5백만 원	20%
④	3천 5백만 원	25%

정답해설

예산 편성 항목과 항목별 배정액을 작성하고, 해당 항목에 대한 당월 지출액, 누적 지출액을 작성한다. 그리고 잔액은 '배정액 − 누적 지출액'을 적고, 사용률은 '$\frac{누적지출액}{배정액} \times 100$'을 작성한다. 따라서 '잔액 = 35,000,000 − 7,000,000 = 28,000,000(원)'이 되며, '사용률 = $\frac{7,000,000}{35,000,000} \times 100 = 20(\%)$'이 된다.

예산 집행 실적에는 다양한 항목들이 들어갈 수 있지만 잔액과 현재 예산 사용률은 반드시 포함되어야 하는데, 이것을 통해 예산을 얼마만큼 사용하였고 앞으로 얼마만큼 사용할 수 있는지를 파악할 수 있어야 효과적으로 예산을 집행할 수 있을 것이다. 비고는 어떠한 목적으로 사용했는지에 대한 정보를 기입하는 것이다.

10 한 회사의 부서들이 분기별 프로젝트를 나누어 맡게 되었는데, A부서에서 1분기 프로젝트를 맡게 되었다. A부서는 예산을 책정 받아 프로젝트 개발에 필요한 기자재를 구입하고 운영하고자 한다. 이때 고려해야 할 사항으로 옳지 않은 것은?

① 구입한 기자재를 적절한 장소에 보관하여 필요 시 적재적소에 활용될 수 있도록 한다.

② 구입한 기자재의 훼손이나 분실을 방지하기 위해 책임관리자를 둔다.

③ 구매하려는 기자재의 구입 목적을 분명히 하여야 한다.

④ 책정된 기자재 구입 예산 범위 내에서 필요할 것으로 예상되는 기자재를 모두 구입한다.

정답해설

물적자원의 경우 구입 과정에서 분명한 목적 없이 구입한 경우 관리가 소홀해질 수밖에 없으므로, 필요할 것으로 예상되는 기자재를 책정된 구입 예산 범위에서 모두 구입하는 것은 바람직하지 않다.

오답해설

① 보관 장소를 파악하지 못하는 경우 물적자원을 적재적소에 활용할 수 없게 되므로, 기자재를 적절한 장소에 보관하여 제대로 활용될 수 있도록 해야 한다.

② 물적자원이 고장·훼손된 경우와 분실한 경우는 적절한 활용을 어렵게 하는 요인이므로, 기자재가 훼손되거나 분실되지 않도록 관리하는 책임관리자를 두는 것도 고려사항이 된다.

③ 분명한 목적 없이 구입한 물적자원은 관리가 소홀해져 활용에 어려움을 겪을 수 있다. 따라서 구매하려는 기자재를 구입 목적을 분명히 할 필요가 있다.

11 다음 설명은 효과적인 물적자원 관리의 과정 중 어디에 해당하는가?

> 물품이 앞으로 계속 사용할 것인지, 그렇지 않은지를 구분하여야 한다. 그렇지 않을 경우 가까운 시일 내에 활용하게 될 물품을 창고나 박스 등에 넣어두었다가 다시 꺼내야 하는 경우가 발생하게 될 것이다. 이러한 과정이 반복되다보면 물품 보관 상태는 다시 나빠지게 될 것이다.

① 사용품과 보관품의 구분   ② 동일 및 유사 물품의 분류

③ 물품의 특성에 맞는 보관 장소의 선정   ④ 회전대응 보관의 원칙 준수

정답해설

물품을 정리하고 보관하고자 할 때, 해당 물품이 앞으로 계속 사용할 것인지 여부를 구분하여야 하는 것은 사용품과 보관품의 구분에 해당한다. 처음부터 철저하게 물품의 활용 여부나 활용계획 등을 확인하는 것은 시행착오를 예방하고 물적자원관리를 효과적으로 수행하는 첫걸음이 된다.

오답해설

② 동일 및 유사 물품의 분류는 보관의 원칙 중 동일성의 원칙과 유사성의 원칙에 따르는 것으로, 동일성의 원칙은 같은 품종은 같은 장소에 보관한다는 것을 말하며, 유사성의 원칙은 유사품은 인접한 장소에 보관한다는 것을 말한다.

③ 물품의 특성에 맞는 보관 장소 선정은 해당 물품을 적절하게 보관할 수 있는 장소를 선정하여야 한다는 것으로, 일괄적으로 같은 장소에 보관하는 것이 아니라 개별 물품의 특성을 고려하여 보관 장소를 선정하는 것이 중요하다.

④ 회전대응 보관의 원칙은 입·출하의 빈도가 높은 품목은 출입구 가까운 곳에 보관하는 것, 즉 물품의 활용 빈도가 상대적으로 높은 것은 쓰기 쉬운 위치에 먼저 보관하는 것을 말한다.

12 다음 〈보기〉는 도서를 기호화를 통해 분류한 서식이다. 아래 제시된 내용을 이와 같이 분류할 때, 대분류와 중분류에 해당하는 항목을 모두 맞게 짝지은 것은?

┤ 보 기 ├

대분류	중분류	소분류
도서	소설책	태백산맥
	잡지책	가시고기
	만화책	해리 포터

• 정보기술 • 정보통신 • 통신기술 • 유선통신구축 • 무선통신구축 • 방송기술 • 통신서비스

	대분류	중분류
①	정보기술	통신기술, 통신서비스
②	정보기술	정보통신, 유선통신구축, 무선통신구축
③	정보통신	정보기술, 통신기술, 방송기술
④	정보통신	유선통신구축, 무선통신구축, 통신서비스

정답해설

제시된 내용을 기호화하여 대분류, 중분류, 소분류로 분류하면 다음과 같다.

대분류	중분류	소분류
정보통신	정보기술	유선통신구축
	통신기술	무선통신구축
	방송기술	통신서비스

따라서 대분류는 '정보통신', 중분류는 '정보기술', '통신기술', '방송기술'이 적절하다.

13 다음은 한 기업의 인사팀장인 A가 인사발령을 즈음하여 발언한 내용의 핵심을 요약한 것이다. 이를 통해 A가 효율적이고 합리적인 인사관리 원칙 중 가장 중시하고 있는 내용을 모두 맞게 고른 것은?

> 인사팀장 A는 상반기 인사발령과 관련하여 해당 직원들에게 ㉠ 해당 직무 수행에 가장 적합한 인재를 배치하도록 해야 한다는 것을 강조하였고, ㉡ 인사 과정 전반에서 승진과 상벌, 근무성적의 평가 등을 공정하게 처리할 것을 지시하였다.

	㉠	㉡
①	적재적소의 원칙	공정 보상의 원칙
②	종업원 안정의 원칙	창의력 계발의 원칙
③	적재적소의 원칙	공정 인사의 원칙
④	종업원 안정의 원칙	단결의 원칙

정답해설

해당 직무 수행에 가장 적합한 인재를 배치하도록 하는 것은 적재적소 배치의 원칙이며, 직무 배당과 승진, 상벌, 근무 성적의 평가, 임금 등을 공정하게 처리해야 한다는 것은 공정 인사의 원칙이다.

오답해설

① 공정 보상의 원칙은 근로자의 인권을 존중하고 공헌도에 따라 노동의 대가를 공정하게 지급해야 한다는 원칙을 말한다.
② 종업원 안정의 원칙은 직장에서 신분이 보장되고 계속해서 근무할 수 있다는 믿음을 갖게 하여 근로자가 안정된 회사 생활을 할 수 있도록 해야 한다는 원칙이며, 창의력 계발의 원칙은 근로자가 창의력을 발휘할 수 있도록 새로운 제안·건의 등의 기회를 마련하고, 적절한 보상을 하여 인센티브를 제공해야 한다는 것을 말한다.
④ 단결의 원칙은 직장 내에서 구성원들이 소외감을 갖지 않도록 배려하고, 서로 유대감을 가지고 협동·단결하는 체제를 이루도록 한다는 원칙이다.

05 자원관리 능력

14 다음 제시된 내용이 설명하는 인적자원의 특성으로 가장 적합한 것은?

> 인적자원으로부터의 성과는 인적자원의 욕구와 동기, 만족감 여하에 따라 결정되고, 행동동기와 만족감은 경영관리에 의해 조건화된다. 따라서 인적자원은 능동적인 성격을 지니고 있으며, 이를 잘 관리하는 것이 기업의 성과를 높이는 일이 될 것이다.

① 능동성　　② 개발 가능성
③ 전략적 중요성　　④ 효율성

정답해설

인적자원의 특성 중 능동성에 해당하는 설명이다. 예산과 물적자원은 성과에 기여하는 정도에 있어서 이들 자원 자체의 양과 질에 의해 지배됨으로써 수동적인 성격을 지니고 있는데 비해, 인적자원으로부터의 성과는 인적자원의 욕구와 동기, 태도와 행동, 만족감 여하에 따라 결정되며, 인적자원의 행동동기와 만족감은 경영관리에 의해 조건화된다. 따라서 인적자원은 능동적이고 반응적인 성격을 지니고 있으며, 이를 잘 관리하는 것이 기업의 성과를 높이는 일이 된다.

오답해설

② 개발 가능성의 경우 인적자원은 자연적인 성장과 성숙은 물론, 오랜 기간 동안에 걸쳐서 개발될 수 있는 많은 잠재능력과 자질을 보유하고 있다는 것이다. 인적자원에 대한 개발가능성은 환경변화와 이에 따른 조직변화가 심할수록 현대조직의 인적자원관리에서 차지하는 중요성이 더욱 커진다.

③ 전략적 중요성의 경우 조직의 성과는 인적자원, 물적자원 등을 효과적이고 능률적으로 활용하는데 달려있으며, 이러한 자원을 활용하는 것이 바로 사람, 즉 인적자원이기 때문에 다른 어느 자원보다도 전략적 중요성이 강조되는 것을 의미한다.

④ 효율성은 인적자원의 특성에 해당되지 않는다. 일반적으로 효율성은 최소한의 투입으로 기대하는 최대한의 산출을 얻는 것을 의미하는데, 투입과 비교된 산출의 비율로 정해지며 그 비율의 값이 커질수록 효율이 높은 것으로 평가된다.

15 흔히 만남에서 주고받는 명함은 단지 받아서 보관하는 것이 그 목적이 아니라, 이를 활용하고 적극적인 의사소통을 통해 자신의 인맥을 만들기 위한 도구로 활용되어야 하므로 중요한 사항을 명함에 메모하는 것이 매우 중요하다. 다음의 사례 중 명함에 메모를 해 두면 좋은 정보에 해당하지 않는 것은?

① 영업팀의 A는 거래처 직원으로부터 명함을 받고 상대의 구체적 업무내용과 취미 등을 잊지 않기 위해 명함에 기록해 두었다.

② 인사팀의 B는 인사이동을 해 온 상사로부터 명함을 받고 전근, 전직 등의 변동 사항에 대해 명함에 메모하였다.

③ 기획팀의 C는 회사 차원의 회의를 기획하여 참석한 후 사회자로부터 소개를 받은 유명 강연자의 경력에 관한 사항을 간략히 메모하였다.

④ 홍보팀의 D는 회사 홍보를 위해 마련된 식사자리에서 참석자의 성향을 상세히 기록하고 함께 먹었던 음식과 장소까지 메모해 두었다.

정답해설

참석자의 성향을 명함에 메모해두는 것은 바람직하나, 먹은 음식과 장소는 그다지 중요한 내용이 아니므로 명함에 메모할 필요가 없다.

오답해설

① 상대의 업무내용이나 취미, 기타 독특한 점 등도 메모해 두면 좋은 정보가 될 수 있다.

② 전근, 전직 등의 변동 사항도 중요한 정보에 해당하므로, 메모해 두는 것이 좋다.

③ 학력이나 경력 사항도 알아 두는 것이 유용한 정보가 될 수 있다.

Check Point ──── **명함에 메모해 두는 것이 좋은 정보**

- 언제, 어디서, 무슨 일로 만났는지에 관한 내용
- 상대의 업무내용이나 취미, 기타 독특한 점
- 가족사항
- 대화를 나누고 나서의 느낀 점이나 성향
- 소개자의 이름, 학력이나 경력
- 전근, 전직 등의 변동 사항
- 거주지와 기타 연락처

16 다음에 제시된 설명에 해당하는 인력배치의 유형을 모두 맞게 짝지은 것은?

> ㉠ 효율성 제고를 위해 팀원의 능력이나 성격 등과 가장 적합한 위치에 배치하여 능력을 최대로 발휘해 줄 것을 기대하는 것
>
> ㉡ 작업량과 여유 또는 부족 인원을 감안하여 소요인원을 결정하여 배치하는 것
>
> ㉢ 팀원의 적성 및 흥미에 따라 배치하는 것

	㉠	㉡	㉢
①	양적 배치	질적 배치	적성 배치
②	질적 배치	양적 배치	적성 배치
③	적성 배치	양적 배치	질적 배치
④	적성 배치	질적 배치	양적 배치

정답해설

㉠ 질적 배치는 적재적소의 배치를 말하는데, 이는 팀의 효율성 제고를 위해 팀원의 능력이나 성격 등과 가장 적합한 위치에 배치하여 개개인의 능력을 최대로 발휘해 줄 것을 기대하는 것을 말한다.

㉡ 양적 배치는 부문의 작업량과 조업도, 여유 또는 부족 인원을 감안하여 소요인원을 결정하여 배치하는 것을 말한다.

㉢ 적성 배치는 팀원의 적성 및 흥미에 따라 배치하는 것을 의미한다. 이는 적성에 맞고 흥미를 가질 때 성과가 높아진다는 것을 가정한 유형이다.

따라서 양적 배치와 질적 배치, 적성 배치의 모든 원칙들은 적절히 조화하여 운영하여야 한다.

17 한국은 LA보다 16시간 빠르고, 런던은 한국보다 8시간 느릴 때, 다음의 비행기가 현지에 도착할 때의 시간(㉠·㉡)으로 모두 맞는 것은?

구 분	출발 일자	출발 시간	비행 시간	도착 시간
LA행 비행기	3월 2일	11 : 10	14시간 50분	㉠
런던행 비행기	3월 3일	22 : 25	11시간 5분	㉡

	㉠	㉡
①	3월 2일 10시	3월 3일 1시 30분
②	3월 2일 10시	3월 4일 1시 30분
③	3월 3일 2시	3월 3일 1시 30분
④	3월 3일 2시	3월 4일 1시 30분

정답해설

㉠ LA행 비행기는 한국 시간으로 3월 2일 11시 10분에 출발하므로, 14시간 50분 동안 비행하여 현지에 도착하는 시간은 3월 3일 2시이다. 한국 시간이 LA보다 16시간 빠르므로, 현지 도착 시간은 3월 2일 10시이다.

㉡ 런던행 비행기는 한국 시간으로 3월 3일 22시 25분에 출발하며, 11시간 5분 동안 비행하여 현지에 3월 4일 9시 30분에 도착한다. 한국 시간이 런던보다 8시간이 빠르므로, 현지 도착 시간은 3월 4일 1시 30분이 된다.

[18~19] 다음을 보고 물음에 답하시오.

[출장 일정표]

날 짜	장 소	교통편	시 간	일 정
3월 3일(월)	회사	공항 리무진	11 : 00	출장 보고
	인천	AF 261	13 : 50	인천국제공항 출발
	파리	AF 2348	19 : 30/20 : 30	파리 도착/파리 출발
	암스테르담		21 : 30	암스테르담 공항도착
		호텔 리무진	22 : 40	프라자 호텔 체크인
3월 4일(화)	현지 법인	현지 직원 픽업	9 : 00	구매팀 미팅
	암스테르담		20 : 00	자유 시간
3월 5일(수)	현지 공장	현지 직원 픽업	11 : 00	생산팀 미팅
	암스테르담		19 : 00	자유 시간
3월 6일(목)	현지 법인	현지 직원 픽업	9 : 00	합동 미팅
	암스테르담		18 : 00	자유 시간
3월 7일(금)	프라자 호텔	호텔 리무진	7 : 20	호텔 체크아웃
	암스테르담	AF 1049	9 : 30	암스테르담 공항출발
	파리	AF 264	10 : 40/12 : 10	파리 도착/파리 출발
3월 8일(토)	인천		18 : 20	인천국제공항 도착
	집	공항 리무진	20 : 40	출장 정리

[해외 출장비 규정]

구 분	항공 (원)	호텔 (USD)	교통비 (원)	일비(USD), 1일		식비(USD), 끼당		비 고
				갑지	을지	갑지	을지	
사장				150	140	80	70	
임원				130	120	60	50	*갑지(유럽, 미국 등)
차장~부장	실비			110	100	40	30	*을지(아시아, 중동, 대양주)
대리~과장				90	80	25	20	
사원				70	60	20	15	

※ 출국일부터 귀국일까지를 출장일로 한다.
※ 2인 이상 출장 시 가장 높은 등급을 적용받는 자의 식비를 지급한다.
※ 식비는 항공 시간을 제외하며, 현지에 있는 시간(07시~21시)만 인정한다.
※ 리무진은 무료 제공된다.

정답 **17.** ②

18 사원 A가 암스테르담 해외 법인을 방문하기 위해 5박 6일 간 출장을 가게 되었다고 할 때, 위의 내용을 토대로 하여 회사에서 지급되는 해외 출장비는 얼마인가?(실비는 제외한다.)

① 620(USD)

② 640(USD)

③ 660(USD)

④ 680(USD)

정답해설

암스테르담은 유럽에 포함되므로 갑지에 해당하며, 출장일은 모두 6일이 된다. 사원인 A는 실비를 제외하면 일비와 식비를 해외 출장비로 지급받을 수 있는데, 식비의 경우 현지(암스테르담)에 있는 시간(07시~21시)만 인정되므로 출발일인 3일과 국내에 도착한 8일에는 받지 못한다. 그리고 7일의 경우 아침 식사에 해당하는 1끼의 식비를 받을 수 있다. 따라서 A가 받을 수 있는 식비는 모두 10끼가 된다(4~6일 3끼, 7일 1끼). 이를 토대로 출장비를 계산하면 다음과 같다.

- 일비 = 70 × 6 = 420(USD)
- 식비 = 20 × 10 = 200(USD)

따라서 A가 5박 6일 간 암스테르담 출장으로 받을 수 있는 출장비는 모두 '420 + 200 = 620(USD)'가 된다.

19 A사원은 B부장과 함께 5박 6일간 암스테르담 해외 법인을 방문하였다. B부장은 해외 법인 방문이 모두 끝난 후 3일간 혼자 현지에 더 체류할 예정이며, A는 예정대로 귀국할 예정이다. 이 경우 A가 받게 되는 해외 출장비는 모두 얼마인가?(실비는 제외한다.)

① 620(USD)

② 660(USD)

③ 820(USD)

④ 860(USD)

정답해설

2인 이상이 출장을 가는 경우 가장 높은 등급을 적용받는 자의 식비를 지급하므로, A는 B부장의 식비를 지급받게 된다. 그리고 A사원은 B부장이 3일간 더 체류하는 것과 관계없이 5박 6일간의 출장일정을 갖게 되므로, 일비 6일, 식비는 10끼를 지급받게 된다. 이를 토대로 해외 출장비를 계산하면 다음과 같다.

- 일비 = 70 × 6 = 420(USD)
- 식비 = 40 × 10 = 400(USD)

따라서 A사원이 받게 되는 출장비는 모두 '420 + 400 = 820(USD)'가 된다.

[20~21] 다음에 제시된 자료를 보고 물음에 답하시오.

[2020년 스캐너 구입 대상 비교 자료]

구 분	A스캐너	B스캐너	C스캐너
가격	200,000원	220,000원	240,000원
스캔 속도	60장/분	80장/분	100장/분
주요 특징	• 120매 연속 스캔 • 카드 스캔 가능 • 소비전력 절약 모드 • 백지 스킵 기능 • 기울기 자동 보정 • 다양한 외관 색상 • 발열 방지 기능 • A/S 1년 보장	• 양면 스캔 가능 • 계약서 크기 스캔 • 타 제품보다 전력소모 절반 이하 • PDF 문서활용 가능 • 다양한 소프트웨어 지원 • 기울기 자동 보정 • 발열 방지 기능 • A/S 2년 보장	• 양면 스캔 가능 • 150매 연속 스캔 • 다양한 크기 스캔 • 고속 스캔 가능 • 다양한 소프트웨어 지원 • 백지 스킵 기능 • 기울기 자동 보정 • 다양한 외관 색상 • A/S 3년 보장
제조사	독일 G사	미국 S사	한국 L사

20 스캐너 구매를 담당하고 있는 P는 구입할 스캐너 기능을 확인하기 위해 사내 설문조사를 실시하였다. 조사 결과가 다음과 같을 때, P가 구매할 스캐너의 순서를 바르게 나열한 것은?(스캐너는 모두 10대를 구매할 예정이다.)

[스캐너 기능]
• 양면 스캔 기능
• 100매 이상 연속 스캔 가능
• 기울기 자동 보정 기능
• 예산 사용 범위는 2,400,000원까지 가능
• 계약서 크기의 스캔 지원
• 스캔 시간의 단축
• A/S 기간 장기(2년 이상 요망)

① A스캐너 → B스캐너 → C스캐너
② B스캐너 → A스캐너 → C스캐너
③ C스캐너 → A스캐너 → B스캐너
④ C스캐너 → B스캐너 → A스캐너

정답해설
설문조사에서 요구하는 기능과 각 스캐너의 충족 여부를 확인하면 다음과 같다.
• 양면 스캔 기능 : B스캐너, C스캐너
• 계약서 크기의 스캔 지원 : B스캐너, C스캐너
• 100매 이상 연속 스캔 가능 : A스캐너, C스캐너
• 스캔 시간의 단축(고속 스캔) : C스캐너
• 기울기 자동 보정 기능 : A스캐너, B스캐너, C스캐너
• A/S 기간 장기(2년 이상 요망) : B스캐너, C스캐너

• 예산 사용 범위 : A스캐너, B스캐너, C스캐너

따라서 설문조사에서 요구하는 것을 모두 충족하는 C스캐너가 1순위가 되며, 5개를 충족하는 B스캐너가 2순위, 3개를 충족하는 A스캐너가 3순위가 된다.

21 위의 세 스캐너 중 구매 순위가 가장 높은 스캐너와 구매 순위가 가능 낮은 스캐너로 각각 3,600장을 스캔하는데 걸리는 시간차는 얼마인가?

① 15분 ② 21분
③ 24분 ④ 30분

정답해설
구매 순위가 가장 높은 스캐너는 C스캐너이며, 구매 순위가 가장 낮은 스캐너는 A스캐너이다.
C스캐너로 3,600장을 스캔하는 데는 '3,600 ÷ 100 = 36(분)'이 소요되며, A스캐너로 스캔하는 데는 '3,600 ÷ 60 = 60(분)'이 소요된다. 따라서 시간차는 '24분'이 된다.

[22~23] 다음에 제시된 자료를 보고 물음에 답하시오.

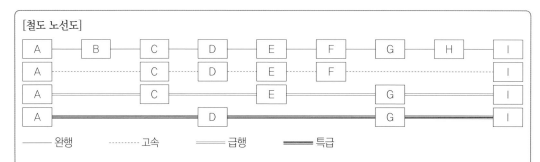

[노선 정보]

구 분	평균속력(km/h)	연료	리터당 연료 가격(원)	연비(km/L)
완행	60	무연탄	600	4
고속	80	벙커C유	900	6
급행	120	중유	1,500	10
특급	160	가솔린	2,200	12

22 다음 중 A역에서 I역까지 거리가 600km일 때, A역에서 I역까지 소요되는 연료비용이 가장 비싼 노선은?

① 완행 노선 ② 고속 노선
③ 급행 노선 ④ 특급 노선

정답해설

A역에서 I역까지 거리가 600km이며 노선별 연비가 각각 주어져 있으므로, 노선별로 소모되는 연료량은 다음과 같다.
- 완행 노선의 연료 사용량 : 600 ÷ 4 = 150(L)
- 고속 노선의 연료 사용량 : 600 ÷ 6 = 100(L)
- 급행 노선의 연료 사용량 : 600 ÷ 10 = 60(L)
- 특급 노선의 연료 사용량 : 600 ÷ 12 = 50(L)

따라서 A역에서 I역까지 가는데 소모되는 각 노선별 연료비용은 다음과 같다.
- 완행 노선의 총 연료비 : 150 × 600 = 90,000(원)
- 고속 노선의 총 연료비 : 100 × 900 = 90,000(원)
- 급행 노선의 총 연료비 : 60 × 1,500 = 90,000(원)
- 특급 노선의 총 연료비 : 50 × 2,200 = 110,000(원)

따라서 A역에서 I역까지 연료비용이 가장 비싼 노선은 특급 노선이다.

05
자원관리
능력

23 A역에서 I역까지가 480km이며, 중간 역에서 각각 10분씩 정차한다고 할 때, A역에서 I역까지 가장 빨리 도착하는 노선과 가장 늦게 도착하는 노선의 시간차이는 얼마인가?

① 5시간 20분 ② 5시간 50분
③ 6시간 20분 ④ 6시간 50분

정답해설

A역에서 I역까지가 480km이고, 중간 역에서 각각 10분씩 정차한다. 그리고 각 노선별 평균속력이 주어져 있으므로, A역에서 I역까지 노선별 총 소요 시간을 구하면 다음과 같다.

노선 구분	철도 이동 시간	중간 역 수	중간 정차 시간(분)	총 소요 시간
완행	$\frac{480}{60}=8$(시간)	7(곳)	7 × 10 = 70(분)	8시간 + 70분 = 9시간 10분
고속	$\frac{480}{80}=6$(시간)	4(곳)	4 × 10 = 40(분)	6시간 + 40분 = 6시간 40분
급행	$\frac{480}{120}=4$(시간)	3(곳)	3 × 10 = 30(분)	4시간 + 30분 = 4시간 40분
특급	$\frac{480}{160}=3$(시간)	2(곳)	2 × 10 = 20(분)	3시간 + 20분 = 3시간 20분

따라서 가장 빠른 노선은 특급 철도이며, 가장 느린 노선은 완행 철도이다. 두 노선의 시간 차이는 '9시간 10분 − 3시간 20분 = 5시간 50분'이 된다.

[24~25] 다음 제시문을 읽고 물음에 답하시오.

> A회사는 텀블러를 생산한다. 텀블러 두껑을 생산하는 기계는 소비전력이 5,000W로, 하루 8시간 가동하면 한 달 기준 전기 사용량이 1,200kWh로 전기 사용료가 84만 원, 연료비는 100만 원이 든다.
>
> A회사의 비용 절감을 위해 다양한 제품의 생산 비용을 분석하였더니, 텀블러 두껑을 생산하는 고정 비용의 비율이 A회사 전체 제품 생산 비용의 45%인 것으로 나타났다. 이에 따라 임원진은 텀블러 두껑 생산 비용 절감을 요구하였다.
>
> 텀블러 두껑 생산팀장인 귀하는 B회사의 설비를 설치하면 연료비가 한 달 기준 70만 원으로 줄어드는 효과가 있다는 것을 알았다. B회사의 설비를 설치하는데 드는 비용은 900만 원이다.
>
> 또 다른 C회사의 설비는 소비전력을 1,500W나 감소시켜 한 달 기준 전기 사용량이 840kWh로 감소한다. 한 달 기준 전기 사용료를 25%나 절감할 수 있는 것이다. C회사의 설비를 설치하는데 드는 비용은 1,000만 원이다.

24 A회사는 회의를 통해 B회사의 설비를 설치하기로 결정하였다. 최소 몇 달 이상 사용하여야 기존 설비를 유지하는 것보다 손해를 보지 않는가?

① 2년 6개월   ② 2년 10개월

③ 3년   ④ 3년 4개월

정답해설

기존의 설비를 유지하는 경우 한 달 84만 원의 전기 사용료와 연료비 100만 원 들며, B회사의 설비를 설치하는 경우 연료비가 한 달 70만 원으로 줄어들게 되며, 설치비용은 900만 원이 된다.(전기 사용료는 동일함)

기존 설비를 유지하는 것보다 손해를 보지 않는다는 것은 기존 설비 보다 생산 비용이 같거나 적게 든다는 것을 말한다. 따라서 여기서 사용하는 개월 수를 x라 하면, '100(만 원) × x ≥ 70(만 원) × x + 900(만 원)'이 성립한다. 이를 정리하면 '30x ≥ 900'이므로 'x ≥ 30(개월)'이 된다.

따라서 30개월(2년 6개월) 이상 사용하면 손해를 보지 않게 된다.

25 C회사의 설비를 설치하여 5년 간 사용하는 경우, 기존 설비를 유지한 경우에 비해 절감된 생산 비용은 얼마나 되는가?

① 71만 원   ② 260만 원

② 317만 원   ④ 512만 원

정답해설

C회사의 설비를 설치하는 경우, 한 달 전기 사용료는 25% 절감(84 × 75% = 63만 원)되고 연료비는 동일하며, C회사의 설비 설치비용으로 1,000만 원이 소요된다. 이를 통해 5년간 기존의 설비를 유지하는 경우와 C회사의 설비를 설치한 경우를 각각 구하면 다음과 같다.

• 기존 설비를 5년간 유지하는 경우의 생산 비용 : (840,000 × 60) + (1,000,000 × 60) = 110,400,000(원)
• C회사의 설비를 설치한 경우의 생산 비용 : (630,000 × 60) + (1,000,000 × 60) + 10,000,000 = 107,800,000(원)

따라서 C회사의 설비를 설치한 경우 절감된 생산 비용 '110,400,000 − 107,800,000 = 2,600,000(원)'이 된다.

[26~27] 다음은 한 의류업체에서 봄에 론칭할 새봄 신상품의 특성을 정리한 제품비교표이다. 제시된 내용을 토대로 다음 물음에 답하시오.

구 분	브랜드 가치	디자인	실용성	가격	무게
A	좋음	좋음	매우 좋음	보통	보통
B	보통	매우 좋음	좋음	좋음	나쁨
C	나쁨	보통	좋음	매우 좋음	좋음
D	매우 좋음	좋음	보통	매우 나쁨	매우 좋음

※ '매우 좋음 − 좋음 − 보통 − 나쁨 − 매우 나쁨'으로 구분

26 새봄 신상품에 대한 시장조사 결과 40대 여성 고객은 브랜드 가치가 높고 실용성이 좋으며, 입고 활동하기 편한 옷을 가장 선호하는 것으로 조사되었다. 위의 제품비교표를 토대로 할 때, 40대 여성 고객에게 가장 선호되는 제품은?

① A ② B
③ C ④ D

정답해설

40대 여성 고객의 경우 '브랜드 가치'와 '실용성', '활동하기 편함(가벼움)'을 선호한다는 것을 알 수 있다. '매우 좋음 − 좋음 − 보통 − 나쁨 − 매우 나쁨'을 '5 − 4 − 3 − 2 −1'로 점수화하여, 세 항목의 점수를 부여하면 다음과 같다.

구 분	브랜드 가치	실용성	무 게	총 점
A	4	5	3	12
B	3	4	2	9
C	2	4	4	10
D	5	3	5	13

따라서 40대 여성 고객에게 가장 선호되는 제품은 총점이 가장 높은 D이다.

27 다음은 의류상품에 대한 연령별 선호도 조사의 결과이다. 이를 토대로 할 때, 20대 고객이 가장 선호할 제품은 무엇인가?

연령대	선호하는 특성
20대	가격, 디자인, 실용성
30대	디자인, 실용성, 브랜드 가치
40대	브랜드 가치, 실용성, 무게
50대	브랜드 가치, 디자인, 가격
60대 이상	디자인, 실용성, 무게

① A   ② B

③ C   ④ D

정답해설

20대 고객은 가격과 디자인, 실용성을 공통적으로 선호하고 있다. 이를 수치화하여 표현하면 다음과 같다.

구 분	가격	디자인	실용성	총 점
A	3	4	5	12
B	4	5	4	13
C	5	3	4	12
D	1	4	3	8

따라서 20대 고객은 B상품을 가장 선호한다.

정답 **27.** ②

대인관계능력

기본문제

01 다음 중 대인관계 향상 방법을 적용한 것으로 옳지 않은 것은?

① A는 항상 바쁘기 때문에 상대와의 사소한 일에 대해서는 관심을 갖지 않는다.

② B는 거래처와의 신뢰를 유지하기 위해 반드시 약속을 지키려 노력한다.

③ C는 관계에 있어 가장 중요하다는 것을 알기에 항상 칭찬하고 감사한 마음을 갖는다.

④ D가 사과할 때에는 자신이 어떤 것을 잘못했는지에 대해 진정성 있게 말한다.

정답해설

인간관계의 가장 큰 손실은 사소한 것에서 비롯된다. 사람들은 상처받기 쉽고 내적으로 민감하다. 이 점은 나이나 경험과는 관련이 적다.

오답해설

② 약속은 반드시 책임을 지고 지켜야 하는 가장 중요한 대인관계 향상 방법이다.

③ 칭찬과 감사는 상호 신뢰관계를 형성하는 감정행위로, 불신 또는 불만은 신뢰를 무너뜨려 대인관계에 손실을 일으킨다.

④ 진정성 있는 사과는 신뢰가 무너진 대인관계를 개선하고, 신뢰를 복구할 수 있는 요소다.

02 대인관계와 관련된 다음 설명 중 적절하지 않은 것은?

① 최근의 직업 현장에서는 조직과 잘 융화하지 못하면 능력을 제대로 발휘할 수 없다.

② 대인관계능력이란 협조적 관계를 통해 조직 갈등을 원만히 해결하며, 고객의 요구를 충족시켜 줄 수 있는 능력을 말한다.

③ 대인관계에서 정말로 중요한 기법이나 기술은 외면적인 인간관계 기법으로부터 도출된다.

④ 우리가 주도적이고 바른 원칙에 중심을 두며 가치 지향적인 경우에야 비로소 다른 사람들과의 관계를 풍부하고 생산적으로 만들 수 있다.

대인관계에 있어서 정말로 중요한 기법·기술은 독립적인 성품으로부터 자연스럽게 나오는 것이어야 한다. 다른 사람의 인간관계를 형성하기 시작하는 출발점은 자신의 내면이고, 우리 자신의 내적 성품이다.

오답해설
① 최근의 직업 현장에서는 혼자서 아무리 일을 잘하는 사람이라도 조직 구성원들과 잘 융화하지 못하면 능력을 제대로 발휘하지 못한다.
② 직업 현장에서의 대인관계능력이란 직장생활에서 협조적 관계를 유지하고 조직구성원들에게 도움을 줄 수 있으며, 조직내·외부의 갈등을 원만히 해결하고 고객의 요구를 충족시켜줄 수 있는 능력을 말한다.
④ 우리가 독립적이 될 때, 즉 주도적이고 올바른 원칙에 중심을 두며, 가치 지향적이고 생활에서 소중한 것부터 우선적으로 계획하고 성실하게 실행할 때 다른 사람들과의 관계를 지속적이며 생산적으로 만들 수 있다.

03 다음 중 팀워크(teamwork)에 대한 설명으로 적절하지 않은 것은?

① 팀워크란 팀원이 공동 목적 달성을 위해 상호 협력해 업무를 수행하는 것을 말한다.
② 팀워크는 사람들로 집단에 머물도록 하고, 그 집단의 멤버로서 계속 남기를 원하게 만드는 힘이다.
③ 팀이 성과는 내지 못하면서 분위기만 좋은 것은 팀워크가 아닌 응집력이 좋은 것이라 할 수 있다.
④ 훌륭한 팀워크를 유지하기 위해 팀원 간에 공동의 목표와 도전의식을 갖추어야 한다.

06
대인관계
능력

정답해설
사람들로 하여금 집단에 머물도록 만들고 그 집단의 멤버로서 계속 남아 있기를 원하게 만드는 힘은 응집력이다.

오답해설
① 팀워크(teamwork)란 팀 구성원이 공동 목적을 달성하기 위해 상호 관계성을 가지고 서로 협력하여 업무를 수행해 나가는 것을 말한다.
③ 팀워크와 응집력의 차이를 설명한 내용이다. 즉, 팀이 성과는 내지 못하면서 분위기만 좋은 것은 팀워크가 좋은 것이 아니고 응집력이 좋은 것이다. 단순히 모이는 것을 중요시하는 것이 아니라 목표달성의 의지를 가지고 성과를 내는 것이 바로 팀워크이다.
④ 훌륭한 팀워크를 유지하기 위해 팀원들은 공동의 목표의식과 강한 도전의식을 가져야 한다.

04 다음 중 효과적인 팀에 대한 설명으로 옳지 않은 것은?

① 팀 에너지를 최대로 활용한다.

② 팀원의 강점을 잘 인식하고 이를 잘 활용한다.

③ 업무 지원과 피드백을 위해 구성원이 독립적으로 기능한다.

④ 다른 팀들보다 뛰어난 팀이다.

정답해설

효과적인 팀은 업무 지원과 피드백, 동기부여를 위해 구성원들이 서로 의존하는 팀을 말한다. 따라서 구성원이 독립적으로 기능하는 것은 옳지 않다.

오답해설

① 효과적인 팀이란 팀 에너지를 최대로 활용하는 고(高)성과 팀을 말한다.

② 팀원들의 강점을 잘 인식하고 이 강점을 잘 활용하여 팀 목표를 달성하는 자신감에 차있다.

④ 효과적인 팀은 한마디로 다른 팀들보다 뛰어난 팀이라 할 수 있다.

05 감정은행계좌를 적립하기 위한 주요 수단 중 다음 설명에 해당하는 것은?

> 약간의 친절과 공손함은 매우 중요하다. 사람들은 매우 상처받기 쉽고 내적으로 민감하다. 이 점은 나이나 경험과는 별 상관이 없으며, 비록 외적으로 대단히 거칠고 냉담하게 보이는 사람도 내적으로는 민감한 느낌과 감정을 누구나 갖고 있다.

① 상대방에 대한 이해심　　　　　　② 사소한 일에 대한 관심

③ 약속의 이행　　　　　　　　　　④ 칭찬하고 감사하는 마음

정답해설

감정은행계좌란 인간관계에서 구축하는 신뢰의 정도를 은유적으로 표현한 것이다. 약간의 친절과 공손함은 매우 중요하며, 이와 반대로 작은 불손, 작은 불친절, 하찮은 무례 등은 막대한 계좌인출을 가져온다. 인간관계에서의 커다란 손실은 이렇게 사소한 것으로부터 비롯되므로, 사소한 일에 대한 관심도 감정은행계좌를 적립하기 위한 수단이 된다.

오답해설

① 대인관계란 바로 이해와 양보의 미덕을 기반으로 이루어지므로, 상대방의 입장에서 양보하고 배려하는 노력은 타인의 마음 속에 저축하는 가장 중요한 예입수단이 된다.

③ 책임을 지고 약속을 지키는 것은 중요한 감정예입 행위이며, 약속을 어기는 것은 중대한 인출 행위가 된다. 중요한 약속을 해놓고 어기는 일보다 더 큰 인출 행위는 없다. 그러한 인출 행위가 발생하고 나면 다음에 약속을 해도 상대가 믿지 않게 마련이다.

④ 상대방에 대한 칭찬과 감사의 표시는 상호 신뢰관계를 형성하고 사람의 마음을 움직이게 되어 중요한 감정예입 행위가 된다.

06 팀워크는 팀 구성원들이 공동의 목적을 달성하기 위해 각자가 맡은 역할에 따라 서로 협력적으로 행동하는 것을 말한다. 다음 중 이러한 팀워크를 저해하는 요소로 적절하지 않은 것은?

① 조직에 대한 이해 부족

② '내가'라는 자아의식의 과잉

③ 질투나 시기로 인한 파벌주의

④ 사고방식 차이에 대한 이해

정답해설

사고방식의 차이를 무시하는 것이 팀워크를 저해하는 요소가 된다. 일반적으로 팀워크를 저해하는 요소에는 ①∼③ 외에 자기중심적인 이기주의, 그릇된 우정과 인정 등이 있다.

07 팀의 발전과정을 4단계로 분류할 때, 여기에 해당되는 단계로 적절하지 않은 것은?

① 형성기　　　　　　　　　　　② 안정기

③ 규범기　　　　　　　　　　　④ 성취기

정답해설

팀의 발전과정은 형성기, 격동기, 규범기, 성취기의 4단계로 이루어진다(B. Tuckman). 격동기(storming)는 단계의 특징은 경쟁과 마찰이다. 팀원들이 과제를 수행하기 위해 체계를 갖추게 되면서 필연적으로 마찰이 일어나며, 리더십과 구조, 권한, 권위에 대한 문제 전반에 걸쳐서 경쟁심과 적대감이 나타나는 단계이다.

오답해설

① 팀의 발전과정 중 1단계는 형성기(forming)이다. 형성기에서는 팀원들이 안전하고 예측할 수 있는 행동에 대한 안내와 지침이 필요하기 때문에 리더에게 상당히 의지하게 된다.

③ 3단계에 해당하는 규범기(norming) 단계에서는 인간관계에 더욱 응집력이 생기고 팀원 전체의 기여에 대해 더 잘 이해하고 인정하게 되며, 공동체 형성과 팀의 문제해결에 더욱 집중하게 된다.

④ 성취기(performing)는 팀 발전과정의 4단계로서, 팀원들이 그들의 역량과 인간관계의 깊이를 확장함으로써 진정한 상호의존성을 달성할 수 있어야 하며, 그들의 역할과 권한들이 팀과 팀원 개개인들의 변화 욕구에 역동적으로 따라주어야 한다.

08 다음 중 리더십과 멤버십에 대한 설명으로 적절하지 않은 것은?

① 리더십과 멤버십은 서로 같은 역할을 수행한다.

② 리더십과 멤버십의 두 개념은 상호 보완적이며 필수적인 관계이다.

③ 훌륭한 멤버십은 팔로워십의 역할을 충실하게 잘 수행하는 것을 말한다.

④ 팔로워십이란 리더를 따르는 것으로, 리더의 결점을 덮어주는 아량이 있어야 한다.

정답해설

리더십과 멤버십은 서로 다른 개념이며, 각기 별도의 역할을 수행한다. 그러나 두 개념은 독립적인 관계가 아니라, 상호 보완적이며 필수적인 존재이다. 조직이 성공을 거두려면 양자가 최고의 기량을 발휘해야만 하는데, 리더십을 잘 발휘하는 탁월한 리더와 멤버십을 잘 발휘하는 탁월한 멤버가 둘 다 있어야 한다.

오답해설

② 리더십과 멤버십 개념은 상호 보완적이며 필수적인 관계이다. 좋은 리더가 나쁜 멤버를 만난 경우 좋은 리더가 나빠질 수 있고, 나쁜 리더가 좋은 멤버를 만난 경우 나쁜 리더가 좋은 리더가 될 수도 있다. 결국 어떠한 리더를 만나더라도 멤버로서 해야 할 역할을 정확히 인식하는 것이 중요하다.

③ 멤버십이란 조직의 구성원으로서 자격과 지위를 갖는 것으로, 훌륭한 멤버십은 팔로워십의 역할을 충실하게 잘 수행하는 것을 말한다. 결국 멤버십과 팔로워십은 같은 개념으로 볼 수 있다.

④ 팔로워십이란 리더를 따르는 것으로, 따르는 사람들은 헌신, 전문성, 용기, 정직하고 현명한 평가 능력, 융화력과 겸손함이 있어야 하며, 리더의 결점이 보일 때도 덮어주는 아량이 있어야 한다.

09 우리가 추구하는 멤버십 유형의 일종으로 주도형(모범형)이 있다. 다음 중 주도형에 대한 설명으로 옳지 않은 것은?

① 적극적 역할을 실천하는 사람이다.

② 스스로 생각하고 비판을 삼간다.

③ 개성이 있고 창조적인 특성을 지닌다.

④ 솔선수범하며 주인의식을 가지고 참여한다.

정답해설

주도형(모범형)은 우리가 추구하는 유형으로, 독립적·혁신적 사고 측면에서 스스로 생각하고 건설적 비판을 하는 사람을 말한다. 따라서 비판을 삼가는 유형으로 볼 수는 없다.

오답해설

① 주도형은 조직과 팀의 목적달성을 위해 독립적·혁신적으로 사고하고, 역할을 적극적으로 실천하는 사람이다.

③ 주도형은 자기 나름의 개성이 있고 혁신적이며 창조적인 특성을 가진다.

④ 적극적 참여와 실천 측면에서 솔선수범하고, 주인의식을 가지고 적극적으로 참여하며, 기대이상의 성과를 내려고 노력하는 특성을 가진다.

10 멤버십 유형에 대한 설명 중 옳지 않은 것은?

① 소외형은 동료와 리더의 시각이 냉소적 · 부정적인 경우에 해당한다.

② 순응형은 조직의 기존 질서를 따르는 것이 중요하다고 생각한다.

③ 실무형은 개인의 이익을 위한 흥정에 능한 유형이다.

④ 수동형은 규정과 규칙에 따라 행동하는 유형이다.

정답해설

규정과 규칙에 따라 행동하는 유형은 수동형이 아니라 실무형이다.

오답해설

① 소외형은 동료 · 리더의 시각이 냉소적이고 부정적이며, 고집이 세다고 느끼는 유형이다.

② 순응형은 기존 질서를 따르는 것이 중요하며, 리더의 의견을 거스르는 것은 어려운 일이라 보는 유형이다.

③ 실무형은 개인의 이익을 극대화하기 위한 흥정에 능하며, 적당한 열의와 평범한 수완으로 업무를 수행하는 유형이다.

06
대인관계
능력

11 다음 중 팀이 비효율적이고 문제가 있을 때 나타나는 징후로 적절하지 않은 것은?

① 구성원들 간 적대감이나 갈등 발생

② 할당된 임무와 관계에 대한 혼동

③ 전반적인 관심의 부족

④ 리더에 대한 낮은 의존도

정답해설

리더에 대한 높은 의존도가 팀이 비효율적이고 문제가 있을 때 나타나는 징후이다. 팀에 이러한 징후가 나타나는 경우는 팀워크 강화 노력이 필요하다. 많은 경우에 문제는 팀원과 리더 사이의 갈등과 팀원들 사이의 알력에 의해 나타난다. 팀 리더와의 갈등은 종종 과잉동조와 리더에 대한 저항, 독재적인 리더십 스타일, 신뢰의 결여로 이어지며, 팀원들 사이의 문제는 종종 언쟁, 신뢰의 결여, 성격적 갈등, 의견 불일치, 파벌, 과업 미완성 등으로 이어진다.

Check Point ─ **비효율적이고 문제 있는 팀의 징후** ─

- 팀원들 간의 적대감이나 갈등
- 생산성 하락
- 결정에 대한 오해나 결정 불이행
- 제안과 혁신 또는 효율적인 문제해결의 부재
- 리더에 대한 높은 의존도
- 할당된 임무와 관계에 대한 혼동
- 불평불만 증가
- 냉담과 전반적인 관심 부족
- 비효율적인 회의

12 팀을 보다 생산적으로 만들기 위해서는 많은 노력이 필요하며, 특히 팀워크를 촉진시키는 것은 매우 중요하다. 다음 중 이와 관련된 설명으로 가장 옳지 않은 것은?

① 동료의 부정적 피드백은 팀원들이 개선 노력이나 탁월한 성과를 내고자 하는 노력을 게을리 하게 만든다.

② 팀원 간의 갈등을 발견하는 경우 제삼자로서 신속히 개입하여 중재하는 것이 필요하다.

③ 아이디어에 대해 아무런 제약을 가하지 않는 환경을 조성할 때 협력적인 풍토를 조성할 수 있다.

④ 훌륭한 의사결정을 위해서는 결정의 질을 고려해야 하며, 구성원의 동참이 필요하다.

정답해설
팀 목표를 달성하도록 팀원을 고무시키는 환경 조성을 위해서는 동료의 피드백이 필요한데, 긍정적 피드백이든 부정적 피드백이든, 피드백이 없다면 팀원들은 개선을 이루거나 탁월한 성과를 내고자 하는 노력을 게을리 하게 된다. 따라서 ①은 부정적 피드백이 아닌 피드백이 존재하지 않는 경우에 대한 설명이다.

오답해설
② 성공적으로 운영되는 팀은 갈등 해결에 능숙한데, 효과적인 갈등 관리로 혼란과 내분을 방지하고 팀의 진전 과정에서의 방해요소를 미리 없애는 것이 필요하다. 따라서 팀원 사이의 갈등을 발견하게 되면, 제삼자로서 재빨리 개입하여 중재하는 것이 필요하다. 갈등을 일으키고 있는 구성원과의 비공개적인 미팅을 통해 필요한 의견을 교환하면 갈등 해결에 도움이 된다.

③ 성공적인 팀워크를 위해서는 언제나 협력이 필요하며, 모든 팀원이 협력하여 일할 때 창의적인 아이디어가 넘쳐나며 이에 따라 혁신적인 발전도 이루어지는데, 아이디어에 대해 아무런 제약을 가하지 않는 환경을 조성할 때 이러한 협력적인 풍토를 조성할 수 있다. 이러한 분위기 아래서는 다른 관점을 가진 다양한 아이디어들이 자유롭게 제시되고, 어느 누구도 이의를 제기하지 않는다.

④ 어떠한 팀에서든 의사결정은 내려지게 마련인데, 훌륭한 의사결정을 내리기 위해서는 결정의 질을 고려해야 하고, 구성원의 동참이 보장되어야 한다.

13 다음 중 팀워크 게임을 효과적으로 운영하기 위한 절차 또는 순서로 올바른 것은?

① 실행 및 수행 과정 코치 → 이해 여부 점검 → 게임에 대한 설명 → 게임 분석 · 평가

② 실행 및 수행 과정 코치 → 게임에 대한 설명 → 이해 여부 점검 → 게임 분석 · 평가

③ 게임에 대한 설명 → 이해 여부 점검 → 실행 및 수행 과정 코치 → 게임 분석 · 평가

④ 게임에 대한 설명 → 실행 및 수행 과정 코치 → 이해 여부 점검 → 게임 분석 · 평가

정답해설
팀워크 게임을 효과적으로 운영하기 위한 절차는 '팀의 목적에 맞는 팀워크 게임 준비 → 팀원들에게 게임에 대해 설명 → 게임 시작 전 팀원들의 이해 여부 점검 → 게임 실행 및 수행 과정 코치 → 게임을 분석 · 평가 및 현장의 적용가능성 토의'의 순서가 된다.

14 다음 중 팀워크를 개발하기 위한 3요소에 해당하지 않는 것은?

① 협상하기   ② 신뢰 쌓기

③ 참여하기   ④ 성과내기

정답해설

팀워크를 개발하기 위한 3요소에는 팀원 간의 신뢰 쌓기, 참여하기, 성과내기가 있다. 팀워크를 개발하기 위해서는 먼저 각각의 팀원이 조직의 목표를 생각하면서 팀원 간에 신뢰가 쌓여야 한다. 그리고 팀 활동에 참여해야 하며, 그 신뢰와 참여한 결과가 성과로 나와야 한다.

15 다음 중 리더와 리더십에 대한 설명으로 옳지 않은 것은?

① 리더십은 조직성원들이 목표를 위해 자발적으로 노력하도록 영향을 주는 행위이다.

② 리더십은 자신의 주장을 소신 있게 나타내고 다른 사람을 격려하는 힘으로 보기도 한다.

③ 리더십은 산업사회에서 정보사회로 바뀌면서 상사가 하급자에게 리더십을 발휘하는 수직적 형태를 띠게 되었다.

④ 훌륭한 리더는 직위가 없이도 전문성과 지혜를 통해 사람들을 이끌 수 있는 무관의 리더(uncrowned leader)이다.

정답해설

리더십의 발휘 구도는 산업사회에서 정보사회로 바뀌면서 수직적 구조에서 전방위적 구조의 형태로 바뀌게 되었다. 과거에는 상사가 하급자에게 리더십을 발휘하는 수직적 형태를 띠었으나, 오늘날에는 상사가 하급자에게 발휘하는 형태뿐만 아니라 조직원이 동료나 상사에게까지도 발휘하는 전방위적 형태로 변화하였다. 오늘날처럼 변화의 속도가 빠른 시기에는 각자의 위치에서 신속하고 효율적인 의사결정을 내려야 하기 때문에 개개인마다 별도의 주체적인 리더십이 필요한 것이다.

오답해설

① 일반적으로 리더십은 조직성원으로 하여금 조직목표를 위해 자발적으로 노력하도록 영향을 주는 행위 또는 목표달성을 위하여 어떤 사람이 다른 사람에게 영향을 주는 행위를 의미한다.

② 리더십은 주어진 상황에서 목표달성을 위해 개인이나 집단에 영향력을 행사하는 과정이며, 자신의 주장을 소신 있게 나타내고 다른 사람들을 격려하는 힘을 의미하기도 한다.

④ 훌륭한 리더는 직위가 없이도 사람들을 이끌 수 있는 무관의 리더(uncrowned leader)이다. 여기서의 무관의 리더는 남이 풀 수 없는 문제를 풀고 남이 하기 싫어하는 일을 스스로 맡아 하며, 전문성과 지혜를 가지고 보이지 않는 영향력을 발휘할 수 있는 사람을 말한다.

06
대인관계
능력

16 일반적인 리더십 유형에 대한 설명 중 옳지 않은 것은?

① 민주주의에 근접한 유형의 리더는 구성원 모두를 목표방향 설정에 참여하게 한다.

② 파트너십 유형은 집단이 방만한 상태에 있거나 가시적인 성과물이 보이지 않을 때 효과적이다.

③ 독재자 유형은 정책의사결정과 핵심정보를 그들 스스로가 소유하려는 경향이 강하다.

④ 변혁적 유형의 리더는 조직이나 팀원들에게 변화를 가져오는 원동력이 된다.

정답해설

집단이 통제가 없이 방만한 상태에 있거나 가시적인 성과물이 보이지 않을 때 사용하는 것이 효과적인 유형은 독재자 유형이다. 이러한 경우 독재자 유형의 리더는 팀원에게 업무를 공정히 나누어주고, 그들 스스로가 결과에 대한 책임을 져야 한다는 것을 일깨울 수 있다.

오답해설

① 민주주의에 근접한 유형의 리더는 그룹에 정보를 잘 전달하려고 노력하고, 전체 그룹의 구성원 모두를 목표방향 설정에 참여하게 함으로써 구성원들에게 확신을 심어주려고 노력한다.

③ 독재자 유형은 정책의사결정과 대부분의 핵심정보를 그들 스스로에게만 국한하여 소유하고 고수하려는 경향이 있다.

④ 변혁적 유형의 리더는 개개인과 팀이 유지해온 업무수행 상태를 뛰어넘고자 하며, 전체 조직이나 팀원들에게 변화를 가져오는 원동력이 된다.

17 리더십의 4가지 유형 중 변혁적 유형의 특징에 해당하지 않는 것은?

① 카리스마

② 자기 확신

③ 책임 공유

④ 감화

정답해설

평등, 집단의 비전, 책임 공유는 모두 파트너십 유형의 특징에 해당한다. 변혁적 유형의 특징에 해당하는 것으로는 카리스마, 자기 확신, 존경심과 충성심, 풍부한 칭찬, 감화 등이 있다.

18 다음 중 동기유발과 관련된 설명으로 적절하지 않은 것은?

① 금전적 보상이나 편익, 승진 등은 장기적인 동기유발 요인이 된다.

② '긍정적 강화'는 조직원들의 동기를 부여하는데 아주 효과적이다.

③ 매일 해왔던 업무와 전혀 다른 일을 처리하는 경우 새로운 자극과 성취감을 느끼게 된다.

④ 직원을 코칭하는 리더는 직원이 권한과 목적의식을 가진 중요한 사람이라는 사실을 느낄 수 있
도록 해야 한다.

정답해설

금전적 보상이나 편익, 승진, 스톡옵션 등의 외적인 동기유발제가 일시적으로 효과를 낼 수도 있지만 인간관계에서
측면에서는 전혀 먹혀들지 않으며, 단기간 좋은 결과를 가져올 수 있지만 그 효과는 오래가지 못한다. 즉, 외적 동기
유발제는 조직원들이 지속적으로 최선을 다하도록 동기를 부여하는 데는 충분하지 않다.

오답해설

② 목표 달성을 높이 평가하여 조직원에게 곧바로 보상하는 행위를 '긍정적 강화'라고 하는데, 이러한 긍정적 강화
법은 조직원들의 동기를 부여하는데 더없이 효과적이다. 따라서 높은 성과를 달성한 조직원에게는 곧바로 따뜻
한 말이나 칭찬으로 보상해주는 것이 필요하다.

③ 조직원들에게 새로운 업무를 맡을 기회를 준다면 팀에는 발전과 창조성을 고무하는 분위기가 자연스럽게 조성
된다. 즉, 조직원들은 매일 해왔던 업무와 전혀 다른 일을 처리하면서 새로운 도전이 주는 자극과 스릴감을 맛볼
수 있으며, 자신의 능력을 인정받았다는 성취감을 느끼며, 권한을 가지게 되었다고 생각하게 된다.

④ 직원들을 코칭하는 리더는 직원이 권한과 목적의식을 가지고 있는 중요한 사람이라는 사실을 느낄 수 있도록 하
며, 자신만의 장점과 성공 전략을 활용할 수 있도록 적극 도와야 한다. 일반적으로 코칭은 문제 및 진척 상황을
직원들과 함께 살피고 지원을 아끼지 않으며, 지도 · 격려하는 활동을 의미한다.

19 다음 중 부정적 동기부여로 인해 발생하는 사실로 옳지 않은 것은?

① 단기적으로는 그 일에 주의를 기울이게 된다.

② 장기적으로는 심각한 한계상황에 부딪치게 된다.

③ 상사의 눈치를 살피게 된다.

④ 업무에 열의를 갖게 된다.

정답해설

칭찬과 격려 속에서 긍정적인 동기부여를 받은 직원들은 업무에 열의를 가지고 더욱 더 노력하게 되어 더 큰 성과
를 얻게 된다.

오답해설

① · ② 부정적인 동기부여는 여러 가지 문제를 낳을 수 있다. 만일, 회사가 제시한 목표를 달성하지 않으면 감봉, 해
고 등의 불이익을 주겠다고 하면, 직원들이 단기적으로는 그 일에 주의를 기울이게 되나, 장기적으로는 심각한
한계상황을 초래하게 되어 공포의 리더십은 결국 실패하게 된다.

③ 회사 내에서 공포의 리더십이 활용되는 경우 직원들은 사기가 떨어지고, 상사의 눈치만 살피면서 회사를 떠날
기회만 엿보게 된다.

20 다음 중 '코칭'과 관련된 설명으로 옳지 않은 것은?

① 코칭은 직원들과 의견을 나누고 효과적 해결책을 이끌어 내는 커뮤니케이션 수단이다.

② 코칭은 리더가 정보를 하달하고 의사결정의 권한을 가지고 있다는 것을 수용하는 접근법을 취한다.

③ 코칭 과정에서 리더는 직원들을 기업의 파트너로 인식하며, 성공적인 코칭을 받은 직원들은 문제를 스스로 해결하려고 노력한다.

④ 자신감 넘치는 노동력과 책임감 넘치는 직원들, 상승된 효율성 및 생산성 등은 모두 코칭이 조직에게 주는 혜택에 해당한다.

정답해설

코칭과 관리는 대표적인 커뮤니케이션 도구이나, 양자는 전혀 다른 접근법을 특징으로 한다. 관리의 도구로 활용되는 전통적인 접근법에서는 리더가 지식이나 정보를 하달하며 의사결정의 권한을 가지고 있는 것이 당연하게 받아들이지만, 코칭은 이와 같은 전통적인 접근법과는 거리가 멀다. 코칭활동은 다른 사람들을 지도하는 측면보다 이끌어주고 영향을 미치는 데 중점을 두기 때문에, 리더는 자신이 가지고 있는 통제 권한을 기꺼이 버려야 한다. 코칭은 지침보다는 질문과 논의를 통해, 통제보다는 경청과 지원을 통해 상황의 발전과 좋은 결과를 이끌어낸다.

오답해설

① 코칭은 커뮤니케이션 과정의 모든 단계에서 활용할 수 있는 수단으로, 직원들과 함께 의견을 나누고 공유하게 해 효과적인 해결책과 빠른 성과를 이끌어낸다.

③ 코칭 과정에서 리더는 직원들을 기업에 값진 기여를 하는 파트너로 인식하게 되며, 성공적인 코칭을 받은 직원들은 문제를 스스로 해결하려고 노력하는 적극성을 보인다.

④ 코칭이 조직에게 주는 혜택에는 동기를 부여받은 자신감 넘치는 노동력, 높은 품질의 제품, 철저한 책임감을 갖춘 직원들, 전반적으로 상승된 효율성 및 생산성

21 코칭에 대한 다음 설명 중 적절하지 않은 것은?

① 코칭 모임을 준비할 경우 다룰 내용과 소요 시간을 구체적으로 밝혀야 한다.

② 코칭은 적극적으로 경청하고 직원 스스로 해결책을 찾도록 유도하는 과정이 필요하다.

③ 오늘날의 코칭은 리더나 관리자가 직원들을 코치하는 관점이 강조되고 있다.

④ 코칭은 직장 내 직원들의 사기를 진작하고 신뢰감을 형성하는데 필요한 수단이다.

정답해설

전통적으로 코칭은 리더나 관리자가 직원들을 코치하는 관점에서 활용되었으나, 오늘날에는 상황이 바뀌어 판매자와 고객 등의 사람들에게 성공적인 커뮤니케이션 수단으로 활용되고 있다. 판매자에게는 새롭고 효과적인 해결책을 설계 · 진행 · 실현하는데 활용되고 있으며, 고객은 고객만족 문제를 해결하고 장기적 수익을 실현하는데 활용된다. 그밖에 직장 외의 사람들과 상황에서도 활용되고 있다.

오답해설

① 코칭 모임을 준비할 경우 어떤 활동을 다룰 것이며, 시간은 어느 정도 소요될 것인지에 대해서 직원들에게 구체적이고 명확히 밝혀야 한다.

② 코칭은 적극적 경청과 직원 스스로 해결책을 찾도록 유도하는 진행 과정을 갖는다.

④ 코칭의 과정에서 직원들은 리더가 자신의 의견과 제안을 들어준다고 느끼는데, 이러한 이유로 인해 코칭은 직장 내에서 직원들의 사기를 진작하고 신뢰감을 형성하는데 필요한 커뮤니케이션 수단으로 활용된다.

Check Point ─── **코칭의 진행 과정**

- 시간을 명확히 알린다.
- 핵심적인 질문으로 효과를 높인다.
- 반응을 이해하고 인정한다.
- 코칭과정을 반복한다.
- 결과에 대한 후속 작업에 집중한다.
- 목표를 확실히 밝힌다.
- 적극적으로 경청한다.
- 직원 스스로 해결책을 찾도록 유도한다.
- 인정할 만한 일은 확실히 인정한다.

---

22 다음 중 임파워먼트(empowerment)에 대한 설명으로 적절하지 않은 것은?

① 임파워먼트란 조직성원들의 잠재력을 믿고, 그 잠재력 개발을 통해 고성과 조직이 되도록 하는 일련의 행위이다.

② 임파워먼트가 잘 되는 조직은 아이디어가 존중되며, 다른 사람이 하는 일은 내가 하는 일보다 중요하다는 것을 인식하게 된다.

③ 진정한 임파워먼트는 혁신성과 자발성을 이끌어 내고 조직의 방향감과 질서의식을 창출하게 한다.

④ 진정한 임파워먼트를 위해서는 참여 및 기여의 여건 조성, 재능과 에너지의 극대화, 명확하고 의미 있는 목적에 초점을 두는 기준이 반드시 충족되어야 한다.

정답해설

임파워먼트가 잘 되는 조직은 내가 매우 중요한 일을 하고 있고, 그것이 다른 사람이 하는 일보다 중요한 일이라는 사실을 인식하게 된다.

오답해설

① 임파워먼트(empowerment)란 조직성원들을 신뢰하고 그들의 잠재력을 믿으며, 그 잠재력의 개발을 통해 고성과 (high performance) 조직이 되도록 하는 일련의 행위로 정의할 수 있다.

③ 진정한 임파워먼트는 혁신성과 자발성을 이끌어 내고 조직 전체의 목적에 헌신하도록 유도함으로써 방향감과 질서의식을 실제로 창출하게 한다.

④ 진정한 임파워먼트를 위해서는 사람들이 자유롭게 참여하고 기여할 수 있는 일련의 여건들을 조성하고 사람들의 재능과 에너지를 극대화하며, 명확하고 의미 있는 목적과 사명에 초점을 두는 3가지 기준이 반드시 충족되어야 한다.

임파워먼트가 잘 되는 고성과 조직의 이점

- 나는 매우 중요한 일을 하고 있으며, 이 일은 다른 사람이 하는 일보다 훨씬 중요한 일이다.
- 일의 과정과 결과에 나의 영향력이 크게 작용했다.
- 나는 정말로 도전하고 있고 계속 성장하고 있다.
- 우리 조직에서는 아이디어가 존중되고 있다.
- 내가 하는 일은 항상 재미가 있다.
- 우리 조직의 구성원들은 모두 대단한 사람들이며, 다 같이 협력해서 승리하고 있다.

23 임파워먼트에 관한 다음 설명 중 옳지 않은 것은?

① 임파워먼트 여건들은 사람들을 성장하게 하고 잠재력과 창의성을 최대한 발휘하게 한다.

② 높은 성과를 내는 임파워먼트 환경은 학습과 성장의 기회가 보장되어야 한다.

③ 고성과 임파워먼트 환경은 높은 성과와 지속적인 개선을 가져오는 요인들에 대한 통제가 이루어지는 환경이다.

④ 임파워먼트 환경은 사람들이 현상을 유지하고 순응하게 만드는 경향이 있다.

정답해설

임파워먼트 환경에서는 사람들의 에너지와 창의성, 동기 및 잠재능력이 최대한 발휘되는 경향이 있으나, 반 임파워먼트 환경은 사람들이 현상을 유지하고 순응하게 만드는 경향이 있다.

오답해설

① 임파워먼트 여건들은 사람들을 성장하게 하고, 의미 있는 목적을 성취하기 위해 사람들이 가진 잠재력과 창의성을 최대한 발휘하게 하며, 이해당사자들의 욕구를 충족시키거나 능가하게 한다.

② · ③ 모두 높은 성과를 내는 임파워먼트 환경의 특징에 해당한다.

높은 성과를 내는 임파워먼트 환경의 특징

- 도전적이고 흥미있는 일
- 학습과 성장의 기회
- 높은 성과와 지속적인 개선을 가져오는 요인들에 대한 통제
- 성과에 대한 지식
- 긍정적인 인간관계
- 개인들이 공헌하며 만족한다는 느낌
- 상부로부터의 지원

24 변화에 대처하기 위한 관리전략에 대한 설명 중 옳지 않은 것은?

① 끊임없이 변하는 비즈니스의 특징에 따라 변화관리는 리더의 중요한 자질이 된다.

② 변화기술의 연마를 위해 리더는 열린 커뮤니케이션, 역지사지의 자세, 긍정적 자세 등에 관심을 기울여야 한다.

③ 변화에 뒤처지지 않기 위한 끊임없는 업무 재편은 바람직한 전략에 해당되지 않는다.

④ 효과적 변화관리 단계는 변화 이해, 변화 인식, 변화 수용의 3단계로 설명할 수 있다.

정답해설

변화에 뒤처지지 않기 위해 변화에 따라 끊임없이 조직을 혁신하고 업무를 재편하는 것이 효과적인 대처 전략이 된다.

오답해설

① 끊임없이 변하고 유동적인 비즈니스의 특징에 따라 변화관리는 리더에게 있어서 매우 중요한 자질로 부각되었다.

② 변화를 관리하는 기술을 연마하는 데는 여러 가지 방법이 있는데, 리더는 열린 커뮤니케이션, 역지사지의 자세, 신뢰감 형성, 긍정적인 자세, 직원의 의견을 받아들이고 그들에게 창조적으로 권한을 위임하는 방법 등에 특히 관심을 기울여야 한다.

④ 효과적인 변화관리 3단계는 변화 이해하기, 변화 인식하기, 변화 수용하기의 3단계로 설명할 수 있다.

06
대인관계
능력

Check Point ─ 비즈니스와 직업세계에서 변화 상황들에 대한 효과적 대처 전략 ─

- 변화에 대처하는 속도를 높여라.
- 신속히 의사결정을 하라.
- 업무를 혁신해라.
- 자기 자신을 책임져라.
- 상황을 올바로 파악해 제어할 수 있고 타협할 수 있는 부분을 정해라.
- 가치를 추구해라.
- 고객 서비스 기법을 연마해라.
- 빠른 변화 속에서 자신을 재충전할 시간과 장소를 마련해라.
- 스트레스를 해소하라.
- 의사소통을 통해 목표와 역할, 직원에 대한 기대를 명확히 해라.
- 주변 환경의 변화에 주목하라.

25 다음 중 갈등에 관한 설명으로 옳지 않은 것은?

① 목표달성을 추구하는 팀은 갈등이 발생하기 마련이며, 갈등의 결과는 항상 부정적이다.

② 갈등을 방치한다면 팀의 발전을 저해하나, 잘 관리한다면 합리적 의사결정을 이끌어낼 수 있다.

③ 갈등수준이 전혀 없거나 낮을 때에는 조직성과는 낮아지게 된다.

④ 갈등수준이 너무 높으면 내부적 혼란과 분열이 생겨 조직성과가 낮아진다.

정답해설

목표를 달성하기 위해 노력하는 팀이라면 갈등은 항상 일어나게 마련이나, 갈등은 새로운 해결책을 만들어 주는 기회를 제공하므로 갈등의 결과가 항상 부정적인 것만은 아니다.

오답해설

② 갈등이 해결되지 않고 방치된다면 팀의 발전을 저해할 수 있으나, 잘 관리한다면 갈등을 통해 합리적인 의사결정을 이끌어낼 수 있다. 개인과 조직이 갈등을 어떻게 관리하느냐에 따라 결과는 달라지는 것이다.

③ 갈등수준이 전혀 없거나 낮을 때에는 조직 내부는 의욕이 상실되고 환경변화에 대한 적응력도 떨어져 조직성과는 낮아지게 된다. 그러나 갈등수준이 적정할 때는 조직의 생동감이 넘치고 문제해결 능력이 발휘되며, 조직성과가 높아진다.

④ 갈등수준이 너무 높은 경우 조직 내부적으로 혼란과 분열이 생기고 조직에 비협조적이 되며, 조직성과는 낮아지게 된다.

26 다음 중 갈등을 증폭시키는 원인으로 적절하지 않은 것은?

① 승·패의 경기를 시작한다.

② 문제를 해결하기 보다는 '승리하기'를 원한다.

③ 공동의 목표를 달성할 필요성을 느낀다.

④ 자신의 입장에 감정적으로 묶인다.

정답해설

팀원들은 공동의 목표를 달성할 필요성을 느끼지 않는 것이 갈등을 증폭시키는 원인이 된다.

오답해설

①·② 모두 적대적 행동으로, 갈등을 증폭시키는 원인이 된다.

④ 팀원들이 자신의 입장에 감정적으로 묶이는 것도 갈등 증폭의 원인이다.

Check Point ---- 갈등 증폭의 원인과 그 해결

㉠ 갈등을 증폭시키는 일반적 원인
- 적대적 행동
  - 팀원들은 '승·패의 경기'를 시작한다.
  - 팀원들은 문제를 해결하기 보다는 '승리하기'를 원한다.
- 입장 고수
  - 팀원들은 공동의 목표를 달성할 필요성을 느끼지 않는다.
  - 팀원들은 각자의 입장만을 고수하고, 의사소통의 폭을 줄이며, 서로 접촉하는 것을 꺼린다.
- 감정적 관여 : 팀원들은 자신의 입장에 감정적으로 묶인다.
㉡ 갈등의 해결 및 전환
- 갈등을 즉각적으로 다루지 않는다면 나중에는 곪아터지게 되어 팀 성공을 저해하는 강력한 장애물이 됨
- 갈등이 존재한다는 사실을 인정하고 해결을 위한 조치를 취한다면, 갈등을 성공을 위한 하나의 기회로 전환시킬 수 있음
- 갈등을 해결하고자 한다면 갈등이 존재한다는 사실부터 인정해야 함

27 갈등의 두 가지 쟁점에 관한 다음 설명 중 옳지 않은 것은?

① 감정적인 문제들은 갈등을 복잡하게 하고, 갈등의 강도를 높일 수 있다.
② 갈등을 해결하기 위해서는 핵심 문제부터 해결해야 한다.
③ 방법과 목표, 절차에 대한 불일치는 핵심 문제에 해당한다.
④ 역할 모호성과 권력 확보를 위한 싸움, 질투 등은 감정적 문제에 해당한다.

정답해설
역할 모호성은 핵심 문제에 해당하며, 나머지는 감정적 문제에 해당한다.

오답해설
① 갈등은 핵심적인 문제나 감정적인 문제들에서 생겨나게 되는데, 갈등의 쟁점 중 감정적인 문제들은 갈등을 복잡하게 만들며, 자존심을 위협하거나 질투를 유발하는 것과 같은 감정적인 문제들은 갈등의 강도를 높일 수 있다.
② 갈등을 해결하기 위해서는 갈등의 밑바닥에 깔려 있는 핵심적인 문제부터 해결해야 한다.
③ 모두 갈등의 쟁점 중 핵심 문제에 해당한다.

Check Point ---- 갈등의 두 가지 쟁점

핵심 문제		감정적 문제	
• 역할 모호성	• 방법에 대한 불일치	• 공존할 수 없는 개인적 스타일	• 질투
• 목표에 대한 불일치	• 절차에 대한 불일치	• 통제나 권력 확보를 위한 싸움	• 분노
• 책임에 대한 불일치	• 가치에 대한 불일치	• 자존심에 대한 위협	
• 사실에 대한 불일치			

28 다음 중 조직원들과 갈등해결방법을 함께 모색함에 있어 명심하여야 할 내용으로 옳지 않은 것은?

① 사람들이 당황하는 모습을 자세하게 살핀다.

② 사람들과 눈을 자주 마주치지 않는다.

③ 어려운 문제는 피하지 않고 맞선다.

④ 논쟁하지 않도록 노력한다.

정답해설

사람들과 눈을 자주 마주치는 것이 갈등해결방법을 모색함에 있어 명심해야 할 내용이다.

오답해설

① 다른 사람들의 입장을 이해하고 사람들이 당황하는 모습을 자세하게 살펴야 한다.

③ 갈등해결방법을 모색하는데 있어서 어려운 문제에 직면한 경우 회피하지 말고 적극적으로 맞서는 것이 필요하다.

④ 갈등을 성공적으로 해결하기 위해서는 논쟁하고 싶은 유혹을 이겨내야 한다.

Check Point ── 갈등해결방법 모색에 있어 명심할 사항

• 다른 사람들의 입장을 이해하며, 사람들이 당황하는 모습을 자세하게 살핀다.
• 어려운 문제는 피하지 말고 맞선다.
• 자신의 의견을 명확하게 밝히고 지속적으로 강화한다.
• 사람들과 눈을 자주 마주친다.
• 마음을 열어놓고 적극적으로 경청한다.
• 타협하려 애쓴다.
• 어느 한쪽으로 치우치지 않는다.
• 논쟁하고 싶은 유혹을 떨쳐낸다.
• 존중하는 자세로 사람들을 대한다.

29 다음 중 갈등의 '윈-윈(Win-Win) 관리법'에 대한 설명으로 적절하지 않은 것은?

① 발생한 갈등을 피하거나 타협으로 예방하는 방법이다.

② 문제의 본질적인 해결책을 얻는 방법이다.

③ 성공적인 업무관계를 유지하는데 매우 효과적이다.

④ 자신의 관심사를 직시하고 상대의 관심사를 경청할 용의가 있어야 한다.

정답해설

사람들은 대부분 일상에서 벌어지는 갈등을 피하거나 타협으로 예방하려고 하는데, 이러한 접근법은 상당히 효과적이긴 하나 문제를 근본적으로 해결하는 것이 가장 좋은 방법이라 할 수 있다. 이렇게 문제의 근본적인 해결책을 얻기 위해 도출된 방법이 바로 윈─윈 관리법이다.

② 갈등과 관련된 모든 사람으로부터 의견을 받고자 노력한다면 문제의 본질적인 해결책을 얻을 수 있는데, 이를 '윈-윈(Win-Win) 관리법'이라고 한다.
③ 윈-윈 관리법은 서로가 원하는 바를 얻을 수 있는 방법으로, 성공적 업무관계를 유지하는데 매우 효과적이다.
④ 자신의 관심사를 직시하고 상대의 관심사를 경청할 용의가 있으며, 상호적으로 만족할 만한 해결책을 모색하려는 굳건한 자세가 윈윈전략에 요구된다.

30 갈등을 감소 또는 해소하기 위한 방법과 관련된 설명으로 적절하지 않은 것은?

① 갈등을 다루는 가장 생산적인 방법은 갈등 발행 직후 바로 이를 줄이는 조치를 취하는 것이다.
② 갈등의 잠재력을 감소시키기 위해 서로의 성격 특성을 민감하게 인식하고 교차훈련을 실시하며, 기본원칙을 설정하는 방법을 사용할 수 있다.
③ 의견의 차이를 인정하며, 다른 팀원의 말을 경청하고 어떻게 반응할 지를 결정하는 것은 갈등을 최소화하기 위한 기본원칙에 해당한다.
④ 갈등 해결의 장애물을 극복하기 위해서는 팀원에 행동에 초점을 맞추고 개방적 자세를 갖추어야 한다.

조직의 갈등을 다루는 가장 생산적인 접근방식은 갈등이 발생하기 전에 그 잠재력을 감소시키는 조치를 취하는 것이다.

② 팀원 상호간에 서로의 성격 특성을 민감하게 인식하거나, 직무에 대한 서로의 관점을 이해하기 위해 교차훈련을 실시하거나, 또는 팀 행동에 대한 지침, 즉 '기본원칙'을 설정하는 등 여러 방법을 사용할 수 있다.
③ 의견차이의 인정, 경청 등은 모두 갈등을 최소화하기 위해 고려할 수 있는 기본원칙에 해당한다.
④ 갈등해결의 장애물을 극복하기 위한 팀원의 자세로는 행동에 초점을 맞추기, 상황을 기술하는 식으로 말하기, 간단명료하게 말하기, 개방적 자세를 갖추기, 시간과 장소를 고려하기, 낙관적으로 말하기, 지원하는 입장에서 말하기 등이 있다.

06
대인관계 능력

Check Point ── 갈등을 최소화하기 위한 기본원칙 ──

• 먼저 다른 팀원의 말을 경청하고 나서 어떻게 반응할 것인가를 결정하라.
• 모든 사람이 대부분의 문제에 대해 나름의 의견을 가지고 있다는 점을 인식하라.
• 의견의 차이를 인정하라.
• 팀 갈등해결 모델을 사용하라.
• 받기를 원치 않는 형태로 남에게 작업을 넘겨주지 말라. 다른 사람으로부터 그러한 작업을 넘겨받지 말라.
• 조금이라도 의심이 날 때에는 분명하게 말해 줄 것을 요구하라.
• 자신의 책임이 어디서부터 어디까지인지를 명확히 하고, 다른 팀원의 책임과는 어떻게 조화되는지를 명확히 하라.
• 자신이 알고 있는 바를 알 필요가 있는 사람들을 새롭게 파악하라.
• 다른 팀원과 불일치하는 쟁점 사항이 있다면 그 당사자에게 직접 말하라.

31 협상과정을 협상시작, 상호이해, 실질이해, 해결대안, 합의문서의 5단계로 구분한다고 할 때, 다음 중 각 단계에서 해야 할 일을 잘못 연결한 것은?

① 협상시작 – 협상당사자들 간의 친근감 형성, 협상의사 전달

② 상호이해 – 현재 상황의 점검, 자기주장의 제시, 협상대상 안건 결정

③ 실질이해 – 안건마다 대안을 평가, 대안 이행을 위한 실행계획 수립

④ 합의문서 – 합의내용 재점검, 합의문 서명

정답해설

대안들을 평가하고 최선의 대안에 대해서 합의·선택하며, 대안 이행을 위한 실행계획을 수립하는 단계는 해결대안의 단계이다.

Check Point --- **협상과정의 5단계**

㉠ **협상시작**
- 협상당사자들 사이에 상호 친근감 쌓음
- 간접적인 방법으로 협상의사를 전달하고 상대방의 협상의지 확인
- 협상진행을 위한 체제를 짬

㉡ **상호이해**
- 갈등문제의 진행상황과 현재의 상황 점검
- 적극적으로 경청하고 자기주장을 제시
- 협상을 위한 협상대상 안건을 결정

㉢ **실질이해**
- 겉으로 주장하는 것과 실제로 원하는 것을 구분해 실제로 원하는 것을 찾음
- 분할과 통합 기법을 활용하여 이해관계를 분석

㉣ **해결대안**
- 협상 안건마다 대안들을 평가하고, 개발한 대안을 평가
- 최선의 대안에 대해서 합의·선택
- 대안 이행을 위한 실행계획 수립

㉤ **합의문서**
- 합의문 작성, 합의문 상의 합의내용·용어 등을 재점검
- 합의문에 서명

32 다음 중 협상전략의 형태와 그 특징을 바르게 연결한 것은?

① 협력전략 : "Lose-Lose"전략, "I Lose, You Lose, We Lose"전략

② 유화전략 : "Lose-Win"전략, "I Lose, You Win"전략

③ 회피전략 : "Win-Lose"전략, "I Win, You Lose"전략

④ 강압전략 : "Win-Win"전략, "I Win, You Win, We Win"전략

정답해설

협상의 전략 중 유화전략(smoothing strategy)은 "Lose-Win"전략이다. 즉, 당신의 승리를 위해서 나는 손해를 보아도 괜찮다는 전략인 "I Lose, You Win"전략이다. 유화 전략은 상대방이 제시하는 것을 일방적으로 수용하여 협상의 가능성을 높이려는 전략으로, 상대방의 욕구와 주장에 자신의 욕구와 주장을 조정하고 순응시켜 굴복한다. 따라서 이를 양보전략, 순응전략, 화해전략, 수용전략, 굴복전략이라고도 한다.

오답해설

① 협력전략(cooperative strategy)은 협상 참여자들이 협동과 통합으로 문제를 해결하고자 하는 협력적 문제해결전략으로, "Win-Win"전략의 정신을 가지고 있다. 즉, 나도 잘되고 상대방도 잘되어, 우리 모두가 잘되는 전략인 "I Win, You Win, We Win"전략이다.

③ 무행동전략이며 협상 철수전략이라고 하는 회피전략(avoiding strategy)은 협상을 피하거나 잠정적으로 중단하거나 철수하는 "Lose-Lose"전략이다. 즉, 나도 손해보고 상대방도 피해를 입게 되어, 모두가 손해를 보게 되는 전략인 "I Lose, You Lose, We Lose"전략이다.

④ 강압전략(forcing strategy)은 공격적 전략이며 경쟁전략으로, 자신이 상대방보다 힘에 있어서 우위를 점유하고 있을 때 자신의 이익을 극대화하기 위한 공격적 전략이다. 이는 "Win-Lose"전략이며, 내가 승리하기 위해서 당신은 희생되어야 한다는 전략인 "I Win, You Lose"전략이라 할 수 있다. 강압전략으로 인해 제로섬(zero-sum)의 결과가 산출될 수 있다.

33 다음 중 고객중심 기업의 특성에 해당하는 것은?

① 내부고객이 아닌 외부고객만을 중시한다.

② 고객이 정보나 제품 등에 쉽게 접근할 수 없도록 한다.

③ 전반적 관리시스템이 고객서비스 업무를 지원한다.

④ 기업이 실행한 서비스에 대해서는 1회만 평가한다.

정답해설

고객중심 기업은 기업의 전반적 관리시스템이 고객서비스 업무를 지원한다. 여기서의 고객서비스란 다양한 고객의 요구를 파악하고 대응법을 마련하여 고객에게 양질의 서비스를 제공하는 것을 말한다.

오답해설

① 고객중심 기업은 내부고객과 외부고객 모두를 중요시한다.

② 고객중심 기업은 고객만족에 중점을 두며, 고객이 정보·제품·서비스 등에 쉽게 접근할 수 있도록 한다.

④ 고객중심 기업은 기업이 실행한 서비스에 대해 계속적인 재평가를 실시함으로써 고객에게 양질의 서비스를 제공할 수 있도록 서비스 자체를 끊임없이 변화시키고 업그레이드 한다.

34 다음 중 고객 불만 표현 유형과 그 대응 지침을 잘못 연결한 것은?

① 거만형 – 정중하게 응대한다.

② 의심형 – 분명한 증거나 근거를 제시한다.

③ 트집형 – 이야기를 경청한다.

④ 빨리빨리형 – 맞장구치고 추켜세운다.

정답해설

맞장구치고 추켜세우는 것은 트집형의 대응 지침이 된다. 빨리빨리형의 경우 애매한 화법을 사용하지 않도록 하고, 만사를 시원스럽게 처리하는 모습을 보이면 응대하기 쉽다.

오답해설

① 거만형은 정중하게 대하는 것이 좋다. 자신의 과시욕이 채워지도록 뽐내든 말든 내버려 두는 것이다. 이런 유형은 의외로 단순한 면이 있으므로, 일단 그의 호감을 얻게 되면 여러 면으로 득이 될 경우가 많다.

② 의심형은 분명한 증거나 근거를 제시하여 스스로 확신을 갖도록 유도하며, 때로는 책임자로 하여금 응대하는 것도 좋은 대응 방법이 된다.

③ 트집형은 이야기를 경청하고 맞장구치며, 추켜세우고 설득해 가는 방법이 효과적이다.

35 고객 불만 처리 프로세스는 다음과 같이 8단계로 나눌 수 있다. 다음 중 빈칸에 적합한 단계를 순서대로 바르게 나열한 것은?

경청	⇒	감사와 공감표시	⇒	☐	⇒	☐

⇓

피드백	⇐	처리확인과 사과	⇐	☐	⇐	☐

① 사과 → 정보파악 → 해결약속 → 신속처리

② 해결약속 → 신속처리 → 정보파악 → 사과

③ 사과 → 해결약속 → 정보파악 → 신속처리

④ 해결약속 → 정보파악 → 신속처리 → 사과

고객 불만 처리 프로세스 8단계는 다음과 같다.

- **경청** : 고객의 항의에 경청하고 끝까지 들으며, 선입관을 버리고 문제를 파악한다.
- **감사와 공감표시** : 일부러 시간을 내서 해결의 기회를 준 것에 감사를 표시하고, 고객의 항의에 공감을 표시한다.
- **사과** : 고객의 이야기를 듣고 문제점에 대해 인정하고, 잘못된 부분에 대해 사과한다.
- **해결약속** : 고객이 불만을 느낀 상황에 대해 관심과 공감을 보이며, 문제의 빠른 해결을 약속한다.
- **정보파악** : 문제해결을 위해 꼭 필요한 질문만 하여 정보를 얻으며, 최선의 해결방법을 찾기 어려우면 고객에게 어떻게 해주면 만족스러운지를 묻는다.
- **신속처리** : 잘못된 부분을 신속하게 시정한다.
- **처리확인과 사과** : 불만처리 후 고객에게 처리 결과에 만족하는지를 물어본다.
- **피드백** : 고객 불만 사례를 회사 및 전 직원에게 알려 다시는 동일한 문제가 발생하지 않도록 한다.

36 고객만족 조사 계획과 관련된 설명으로 옳은 것은?

① 조사 분야와 범위는 광범위하게 설정해야 한다.
② 조사가 전체적 경향 파악의 목적으로 이루어지는 경우 불만해소, 니즈 파악 등이 중요하다.
③ 조사방법으로 설문조사가 시행되는 경우 조사결과의 통계적 처리가 곤란하다.
④ 조사 횟수는 연속조사가 바람직하다.

보통 1회 조사로 고객만족 조사를 하는 경우가 많지만, 1회 조사는 조사방법이나 질문내용이 부적절하기 정확한 조사결과를 얻기 어렵기 때문에 실패하기 쉽다. 따라서 보통 조사는 연속조사가 바람직하다.

① 시장이 다양화 되고 제품 및 서비스가 점점 복잡화됨에 따라 조사 분야와 대상을 명확히 설정하는 것이 필요하다. 그렇지 않으면 측정하고자 하는 것에 대한 정확한 고객만족을 조사할 수 없게 될 것이다. 따라서 조사 분야와 범위를 광범위하게 설정한다는 것은 올바른 설명으로 보기 어렵다.
② 개별고객의 불만해소, 니즈 파악, 비즈니스 관련 정보입수 등은 고객에 대한 개별대응 및 고객과의 관계유지의 목적에 해당한다. 조사가 전체적 경향 파악을 위한 경우 고객만족도 수준은 어떠한 상황에 있는지, 어떻게 변화하고 있는지, 어떠한 요인에 의해 결정되는지, 고객의 심리는 어떻게 되어 있는지 등 전체적인 관점에서 조사해야 한다.
③ 고객만족 조사에 사용되는 방법으로 설문조사와 심층면접법이 있는데, 설문조사는 고객만족을 측정할 수 있는 문항으로 구성된 설문지를 통하여 응답자들의 인식을 조사 방법으로, 비교적 빠른 시간 내에 조사를 실시할 수 있으며 조사결과를 통계적으로 처리할 수 있다는 장점이 있다.

응용문제

01 감정은행계좌란 인간관계에서 구축하는 신뢰의 정도를 은유적으로 표현한 것이다. 만약 우리가 다른 사람의 입장을 먼저 이해하고 배려하며, 친절하고 정직하게 약속을 지킨다면 우리는 감정을 저축하는 셈이 된다. 다음의 사례 중 감정은행계좌를 적립하기 위한 주요 예입 수단에 대한 설명으로 가장 적절하지 않은 것은?

① A는 프로젝트를 진행함에 있어 상충되는 의견이 발생하는 경우 항상 나보다 상대방의 입장을 먼저 생각하려고 노력한다.

② B는 직장생활을 하면서 비록 사소한 것이라도 상대와 약속한 것이 있는 경우, 업무가 바쁜 때라도 꼭 지키려고 노력한다.

③ C는 업무의 성과가 미흡한 경우에도 직원들에게 불만과 불평을 말하기보다는 잘한 부분에 대한 칭찬의 말과 감사의 표시를 한다.

④ D는 업무상 자신이 실수한 부분이 있는 경우 상대에게 이를 깨끗이 인정하며, 반복하여 사과를 함으로써 마음을 완전히 풀어주려고 노력한다.

정답해설
진지한 사과의 경우는 감정은행계좌에 신뢰를 예입하는 것이 되나, 반복되는 사과는 불성실한 사과와 마찬가지로 받아들여지므로 신용에 대한 인출이 되어 오히려 대인관계 향상에 부정적인 영향을 미칠 수 있다.

오답해설
① 상대방의 입장에서 이해하고 양보 · 배려하려는 노력은 타인의 마음속에 저축하는 가장 중요한 예입수단이 된다.
② 책임을 지고 약속을 지키는 것은 중요한 감정예입 행위에 해당한다.
③ 상대방에 대한 칭찬과 감사의 표시는 상호 신뢰관계를 형성하고 사람의 마음을 움직이게 되어 중요한 감정예입 행위가 된다.

Check Point ┈┈ **감정은행계좌를 적립하기 위한 주요 예입 수단**

- 상대방에 대한 이해와 양보
- 사소한 일에 대한 관심
- 약속의 이행
- 칭찬하고 감사하는 마음
- 언행일치
- 진지한 사과

02 '팀워크(teamwork)'란 팀 구성원이 공동의 목적을 달성하기 위하여 상호관계성을 가지고 서로 협력하여 업무를 수행하는 것을 말한다. 이는 목표달성의 의지를 가지고 성과를 내기 위해 협력적으로 행동하는 것으로 볼 수 있다. 다음 중 훌륭한 팀워크를 유지하기 위해 팀원들이 갖추어야 할 기본요소에 대한 설명으로 가장 적절하지 않은 것은?

① 팀원들을 믿고 서로 존중하는 마음을 갖는다.

② 팀원들 간에 서로 협력하고 각자의 역할을 완수한다.

③ 진솔한 대화를 통해 마음을 열고 서로를 이해할 수 있도록 한다.

④ 자신에 대한 믿음과 자신감으로 자부심을 갖는다.

정답해설

자신에 대한 믿음과 자신감으로 자부심을 갖는 것보다는, 강한 자신감으로 상대방의 사기를 높이는 것이 훌륭한 팀워크 유지를 위해 필요한 기본요소가 된다.

오답해설

① 훌륭한 팀워크를 유지하기 위해서는 팀원들 간에 상호 신뢰하고 존중해야 한다.

② 서로 협력하면서 각자의 역할과 책임을 다하는 것도 좋은 팀워크 형성·유지를 위해 필요하다.

③ 서로 솔직하게 대화하고 이해하는 것도 기본요소에 해당한다.

06

대인관계
능력

03 효과적인 팀은 공통적으로 어떤 핵심적인 특징을 가지고 있다고 한다. 다음 중 효과적인 팀의 핵심적인 특징을 잘못 설명한 것은?

① 효과적인 팀은 명확하게 기술된 목적과 목표를 가질 필요가 있는데, 이는 지금 당장 해야 할 일을 이해할 뿐만 아니라 팀이 전체적으로 초점을 맞추고 있는 부분을 이해하는 것을 말한다.

② 효과적인 팀은 서로 다른 업무수행 방식을 시도해 봄으로써 의도적인 모험을 강행하며, 실패를 두려워하지 않고 새로운 프로세스나 기법을 실행할 수 있는 기회를 추구한다.

③ 효과적인 팀은 상호신뢰를 바탕으로 솔직하게 토의를 함으로써 갈등을 방지하며, 의견의 불일치가 발생하지 않도록 한다.

④ 효과적인 팀은 문제를 해결하고 의사결정을 하는데 있어 잘 정리되고 전향적인 접근방식을 가지고 있으며, 그 결정은 합의를 통해 이루어진다.

정답해설

효과적인 팀은 갈등이나 의견의 불일치 발생을 억제하는 것이 아니라, 그것이 발생한 경우 건설적으로 해결하기 위해 노력한다. 어떤 팀에서든 의견의 불일치는 발생할 수밖에 없으므로, 효과적인 팀은 갈등이 발생할 때 이를 개방적으로 다룬다. 팀원은 갈등의 존재를 인정하며, 상호신뢰를 바탕으로 솔직하게 토의를 함으로써 갈등을 해결한다.

정답 **01.** ④ | **02.** ④ | **03.** ③

오답해설

① 효과적인 팀은 팀의 사명과 목표를 명확하게 기술한다. 목표와 목적을 공유하면 팀원들은 팀에 헌신하게 되므로, 효과적인 팀의 리더는 팀의 목표를 규정하는데 모든 팀원을 참여시킨다.

② 실험정신과 창조력은 효과적인 팀의 중요한 지표가 된다. 또한, 효과적인 팀은 문제를 다루거나 결정을 내릴 때 유연하고 창조적으로 행동한다.

④ 효과적인 팀은 합의를 통해 객관적인 결정을 내린다. 모든 사람들은 내려진 결정을 준수하고 기꺼이 이를 지원하고자 한다. 팀원들은 어떠한 결정에 대해서든 각자의 생각을 자유롭게 개진하며, 이를 통해 결정을 명확하게 이해하고 수용하며 상황별 대응계획을 마련한다.

Check Point — 효과적인 팀의 핵심적인 특징

• 팀의 사명과 목표를 명확하게 기술한다.
• 창조적으로 운영된다.
• 결과에 초점을 맞춘다.
• 역할과 책임을 명료화시킨다.
• 조직화가 잘 되어 있다.
• 개인의 강점을 활용한다.
• 리더십 역량을 공유하며 구성원 상호간에 지원을 아끼지 않는다.
• 팀 풍토를 발전시킨다.
• 의견의 불일치를 건설적으로 해결한다.
• 개방적으로 의사소통한다.
• 객관적인 결정을 내린다.
• 팀 자체의 효과성을 평가한다.

---

04 팀의 발전과정은 형성기, 격동기, 규범기, 성취기의 4단계로 이루어지는데(B. Tuckman), 이 단계들을 알면 팀 운영과정에서 야기되는 문제를 이해하고 어려운 역경을 효과적으로 해결해나가는데 도움이 된다고 한다. 다음의 제시문이 설명하고 있는 단계로 가장 알맞은 것은?

> 이 단계에 이르면 인간관계에 더욱 응집력이 생기며, 팀원 전체의 기여에 대해 더 잘 이해하고 인정한다. 공동체 형성과 팀의 문제해결에 더욱 집중한다. 다른 팀원들과 의견이 엇갈릴 때는 개인적인 사심 또는 고집을 버리고 적극적으로 논의하며, 리더십이 공유되고 파벌이 사라지기 시작한다. 팀원들은 상호 간의 마찰을 해결함에서 얻는 만족감과 공동체 의식을 경험하기 시작한다.

① 형성기(forming) ② 격동기(storming)
③ 규범기(norming) ④ 성취기(performing)

정답해설

제시된 설명은 3단계인 규범기(norming)에 해당하는 설명이다. 규범기 단계에서 팀원들이 서로를 알게 되고 파악하기 시작하면, 신뢰수준이 향상되고 단결력이 심화된다. 이 단계의 가장 중요한 기능은 팀원 간의 의사소통인데, 솔직하게 감정과 생각을 나누고 서로 간에 피드백을 주고 요청하며, 과제와 관련된 대처사항들을 체계적으로 조사하기 시작하면서 창의력과 생산성이 왕성해진다. 솔직한 의사소통과 응집력이 이루어지는 이 단계에 이르면, 팀원들은 팀의 일부라는 것에 대해 만족하게 된다.

오답해설

① 1단계인 형성기(forming) 단계에서는 팀원들은 안전하고 예측할 수 있는 행동에 대한 안내와 지침이 필요하기 때문에 리더에게 상당히 의지하며, 팀에서 인정받기를 원하고 다른 팀원들을 신뢰할 수 있는지 확인하고 싶어 한다. 그들은 팀에 대한 기대를 형성하면서 팀원들 사이의 유사성과 논쟁을 피하기 위해 단순하게 유지되며, 팀원들 서로에게 뿐만 아니라 과제에 몰두하기 위해 노력한다. 논의는 주로 과제의 범위를 정하고, 그것에 접근하는 방법에 집중하여 이루어진다.

② 2단계인 격동기(storming) 단계는 경쟁과 마찰로 특징지을 수 있는 단계이다. 팀원들이 과제를 수행하기 위해 체계를 갖추게 되면서 필연적으로 마찰이 일어난다. 개인은 그룹의 기준과 기대에 맞추기 위해 고집을 꺾고 그들의 아이디어와 태도, 감정, 믿음이 어우러지게 해야 한다. 리더십과 구조, 권한, 권위에 대한 문제 전반에 걸쳐서 경쟁심과 적대감이 나타나므로, 다음 단계로 전진하기 위해 팀원들은 문제해결의 자세로 바꿀 수 있는 길을 찾아야 한다. 그렇게 될 수 있도록 돕는 가장 효과적인 도구는 효과적으로 경청하고 의사소통을 할 수 있는 능력이라 할 수 있다.

④ 4단계인 성취기(performing)에서는 팀원들이 그들의 역량과 인간관계의 깊이를 확장함으로써 진정한 상호의존성을 달성할 수 있어야 한다. 그들의 역할과 권한들이 팀과 팀원 개개인들의 변화 요구에 역동적으로 따라주어야 한다. 이것이 가장 생산적인 팀의 모습이 될 것이다. 전체적인 목표는 문제해결과 일을 통한 생산성이며, 이는 팀이 이룰 수 있는 최적의 단계로 이끌게 된다.

06

대인관계
능력

05 멤버십 유형을 나누는 두 가지 축은 마인드를 나타내는 독립적 사고 축과 행동을 나타내는 적극적 실천 축으로 나누어진다. 이에 따라 멤버십 유형을 소외형, 순응형, 실무형, 수동형 등으로 구분할 수 있다. 다음 제시된 설명에 해당하는 멤버십 유형으로 가장 적합한 것은?

- 자아상 : 조직 운영방침에 민감하며, 사건을 균형 잡힌 시각으로 본다.
- 동료 및 리더의 시각 : 이익을 위한 흥정에 능하며, 적당한 열의와 평범한 수완을 발휘한다.
- 조직에 대한 자신의 느낌 : 규정 준수를 강조하며, 명령과 계획의 빈번한 변경이 일어난다.

① 소외형　　　　　　　　② 순응형
③ 실무형　　　　　　　　④ 수동형

정답해설

멤버십 유형 중 제시된 설명에 해당하는 유형은 실무형이다.

Check Point ····· 멤버십 유형의 구분

구 분	자아상	동료 · 리더의 시각	조직에 대한 자신의 느낌
소외형	• 자립적 • 일부러 반대의견 제시 • 조직의 양심	• 냉소적 • 부정적 • 고집이 셈	• 자신을 인정하지 않음 • 적절한 보상 결여 • 불공정하며 문제가 존재함
순응형	• 기쁜 마음으로 과업수행 • 팀플레이를 행함 • 조직과 리더를 믿고 헌신	• 아이디어가 없음 • 인기 없는 일은 하지 않음 • 조직을 위해 자신과 가족의 요구를 양보함	• 기존 질서를 따르는 것이 중요 • 리더의 의견에 반대하기 곤란 • 획일적 태도와 행동에 익숙
실무형	• 조직의 운영방침에 민감 • 사건을 균형 잡힌 시각으로 파악 • 규정과 규칙에 따름	• 이익 극대화를 위한 흥정에 능함 • 적당한 열의와 평범한 수완으로 업무를 수행	• 규정 준수를 강조 • 명령과 계획의 빈번한 변경 • 리더와 부하 간 비인간적 풍토
수동형	• 판단과 사고를 리더에 의존 • 지시가 있어야 행동함	• 하는 일이 없음 • 제 몫을 하지 못함 • 업무 수행에는 감독이 필요함	• 조직이 나의 아이디어를 원하지 않음 • 리더는 자기 마음대로임 • 노력과 공헌이 아무 소용없음

06 다음은 협력을 장려하는 환경을 조성하기 위한 몇 가지 비결을 제시한 것이다. 제시된 사례 중 이러한 환경 조성의 비결로 가장 적절하지 않은 것은?

① A팀장은 팀원들의 말에 많은 관심을 보이며, 그들이 말하는 내용에 대해 집중하며 그것을 흥미롭게 생각한다.

② B팀장은 팀원들이 회의 시간에 침묵을 지키는 일이 없도록 노력하며, 항상 아이디어를 개발하도록 고무한다.

③ C팀장은 팀원의 새로운 아이디어를 높이 평가하는데, 특히 상식 밖의 의견이나 아이디어 제시에 대해서도 귀담아 듣는 편이다.

④ D팀장은 항상 팀원의 입장에서는 어떻게 볼 수 있는가에 대해 관심의 가지며, 팀원의 입장이 되어 종종 판단해보려고 노력한다.

정답해설

협력을 장려하는 환경을 조성하기 위해서는 팀원들이 침묵을 지키는 것을 존중하는 태도가 필요하다. 항상 아이디어를 개발하도록 고무시키는 것은 필요하나, 침묵 자체를 인정하지 않는 것은 바람직하지 않다.

오답해설

① 팀원의 말에 흥미를 가지고 대하는 것도 협력을 장려하는 환경 조성의 비결에 해당한다.

③ 상식에서 벗어난 의견이나 아이디어에 대해 비판하지 않는 것도 비결이 된다.

④ 관점을 바꿔 팀원이 입장이 되어 보는 것도 협력을 장려하는 환경을 조성하는 비결이라 할 수 있다.

Check Point — 협력을 장려하는 환경 조성을 위한 비결

- 팀원의 말에 흥미를 가지고 대하라.
- 상식에서 벗어난 아이디어에 대해 비판하지 말라.
- 모든 아이디어를 기록하라.
- 아이디어를 개발하도록 팀원을 고무시켜라.
- 많은 양의 아이디어를 요구하라.
- 침묵을 지키는 것을 존중하라.
- 관점을 바꿔 보라.
- 일상적인 일에서 벗어나 보라.

07 다음 제시문이 언급하는 내용은 팀워크를 개발하기 위한 3요소가 중 어디에 해당하는가?

'이것'은 팀워크를 개발하기 위해서 가장 중요한 요소이다. 이것을 통해 조직의 업무 속도는 올라가고 비용은 내려가며, 반대의 경우 조직의 업무 속도는 느려지고 비용은 올라간다.

'이것'은 인간관계 속에서 이해되며, 말로만 이루어지는 것이 아니라 진정성을 가진 행동에서 나온다. 이것을 통해 상대방은 여러분을 본인의 문제해결자로 볼 것이다. 여러분이 팀원으로부터 문제해결자로 인정받았다면, 여러분은 매사를 긍정적으로 변화시켜 나갈 수 있다. 즉, 팀원들은 여러분이 주장하는 의견을 기꺼이 동의하게 될 것이다.

① 신뢰 쌓기   ② 참여하기

③ 협상하기   ④ 성과내기

정답해설

팀워크를 개발하기 위해서 가장 중요한 것은 팀원 간의 신뢰를 쌓아가는 것이다. 신뢰가 쌓이면 조직의 업무 속도는 올라가고 비용은 내려간다. 반대로 신뢰가 쌓이지 않으면, 조직의 업무 속도는 느려지고 비용은 올라간다.

신뢰는 말로만 쌓이는 것이 아니라 진정성을 가진 행동에서 나온다. 또한 신뢰란 인간관계 속에서 이해된다. 만약 신뢰를 쌓는데 성공했다면 상대방은 여러분을 본인의 문제해결자로 볼 것이며, 문제해결자로 인정받았다면 여러분은 매사를 긍정적으로 변화시켜 나갈 수 있다. 즉, 팀원들은 여러분이 주장하는 의견을 기꺼이 동의하게 될 것이다.

신뢰를 조성하면 자기와 상대방이 서로 깊이 알게 되고, 상대방과 대인관계를 할 때 자신감을 갖게 된다. 즉, 상대방과 신뢰를 조성하는 것이야말로 팀워크와 대인관계 성공의 근본이 된다.

- ② 참여하기는 팀워크를 개발하는 두 번째 요소로서, 팀 활동에 적극 참여하는 것을 말한다. 한 개인으로서 자신의 생애에 관한 관심 못지않게 팀에 참여하여 팀원들과의 협력 분위기 조성에 노력해야 하며, 팀원 간에 서로를 존중하고 협력하여 성취감을 맛보게 될 때 성숙한 팀원으로서 뿌듯한 보람을 느끼게 될 것이다.
- ④ 성과내기는 팀워크 개발의 마지막 요소로서, 조직이나 팀의 성과는 신뢰를 쌓고 참여하는 궁극적인 목표가 된다. 포도나무에 포도가 열리지 않는다면 포도나무로서의 가치가 없는 것처럼, 팀도 성과를 내지 못하면 그 존재가치를 잃게 된다. 팀의 성과를 내기 위해서는 조직의 업무 수행방법, 조직의 목표, 행동방식 등에 대하여 잘 알고 팀워크 정신을 발휘하여야 한다.

08 일반적으로 리더(Leader)는 관리자(Manager)와 구별된다. 리더와 관리자의 가장 큰 차이점은 비전이 있고 없음에 있다. 그리고 관리자의 역할이 자원을 관리·분배하고 당면한 문제를 해결하는 것이라면, 리더는 비전을 선명하게 구축하고 그 비전이 팀 멤버의 협력 아래 실현되도록 환경을 만들어 주는 것이다. 이상의 구분을 토대로 할 때, 다음 중 리더에 해당하는 설명이 아닌 것은?

① 리더는 상황에 수동적으로 대처하는 사람이 아니라 새로운 상황 창조자의 역할을 한다.

② 리더는 사람을 관리하기보다 사람의 마음에 불을 지피는 사람이다.

③ 리더는 리스크(risk)를 회피하기보다 계산된 리스크를 취한다.

④ 리더는 '무엇을 할까'를 생각하기보다 '어떻게 할까'를 생각한다.

관리자는 일을 '어떻게 할까(How to do)'에 초점을 맞추는데 반해, 리더는 '무엇을 할까(What to do)'에 초점을 맞춘다. 즉, 관리자는 '올바르게 하는 것'에 주안점을 두는데 비해, 리더는 '올바른 일을 하는 것'에 중점을 둔다는 것이다.

- ① 관리자가 오늘의 구체적인 문제를 대상으로 삼는데 비해, 리더는 미래를 향한 새로운 상황 창조자에 해당한다.
- ② 리더는 사람의 마음을 중시하고 사람의 마음에 불을 지피는 사람이다.
- ③ 리더는 계산된 위험(risk)을 취하며, 관리자는 위험을 회피한다.

Check Point — **리더와 관리자의 비교**

리더(Leader)	관리자(Manager)
• 새로운 상황 창조자	• 상황에 수동적임
• 혁신지향적, 정신적	• 유지지향적, 기계적
• 내일에 초점	• 오늘에 초점
• 사람의 마음에 불을 지피는 사람	• 사람을 관리함
• 사람을 중시	• 체제나 기구를 중시함
• 계산된 위험(risk)을 취함	• 위험(risk)을 회피함
• '무엇을 할까'를 생각함	• '어떻게 할까'를 생각함

09 리더십의 4가지 유형 중 다음에 제시된 사례에 해당하는 유형이 지닌 특징으로 적합한 것은?

> 팀장은 회의 때 회의 자료를 준비하여 부하직원들에게 나누어주고, 그들의 의견을 구하고 경우에 따라 새로운 제안을 받기도 한다. 팀장은 부하직원들의 의견을 수렴하여 팀원들의 참여 속에서 의사결정을 한다.

① 질문 금지, 실수를 용납하지 않음
② 참여, 토론의 장려, 거부권
③ 평등, 집단의 비전, 책임 공유
④ 자기 확신, 풍부한 칭찬, 감화

정답해설
민주주의에 근접한 유형의 리더십에서의 리더는 그룹에 정보를 잘 전달하려고 노력하고, 전체 그룹의 구성원 모두를 목표방향 설정에 참여하게 함으로써 구성원들에게 확신을 심어주려고 노력한다. 이러한 유형이 지닌 리더십의 특징은 참여, 토론의 장려, 거부권 등이 있다.

오답해설
① 질문 금지, 실수를 용납하지 않음, 핵심 정보의 독점 등은 모두 독재자 유형의 리더십의 특징이다. 독재자 유형은 정책의사결정과 대부분의 핵심정보를 그들 스스로에게만 국한하여 소유하고 고수하려는 경향이 있다.
③ 평등, 집단의 비전, 책임 공유는 파트너십 유형의 특징에 해당한다. 파트너십 유형에서는 리더는 조직구성원들 중 한 명일뿐이며, 집단의 모든 구성원들은 의사결정 및 팀의 방향을 설정하는데 참여하고 집단의 행동에 따른 결과 및 성과에 대해 책임을 공유한다.
④ 카리스마와 자기 확신, 존경심과 충성심, 풍부한 칭찬, 감화 등은 모두 변혁적 유형의 리더십에서 나타나는 특징이다.

06
대인관계
능력

Check Point ── **민주주의에 근접한 유형의 주요 특징** ─────────────────────

- **참여** : 리더는 팀원들이 한 사람도 소외됨이 없이 동등하다는 것을 확신시킴으로써 비즈니스의 모든 방면에 종사하도록 한다.
- **토론의 장려** : 리더는 경쟁과 토론의 가치를 인식하여야 하며, 팀이 나아갈 새로운 방향의 설정에 팀원들을 참여시켜야 한다.
- **거부권** : '민주주의에 근접한'이라는 말에서 알 수 있듯이, 이 유형의 리더들이 비록 민주주의적이긴 하지만 최종 결정권은 리더에게만 있다.

10 조직원들이 지속적으로 자신의 잠재력을 발휘하도록 하기 위해서는 외적 동기유발제 이상을 제공해야 하는데, 사실 모든 조직원들의 욕구를 만족시킬 수 있는 이상적인 근무환경을 만들기란 쉽지 않다. 그러나 이러한 환경이 마련된다면 조직원들은 돈이나 편익 등 비본질적인 요인이 아닌, 자기 내면의 순수한 욕망에 의해 동기를 부여받을 수 있다. 이러한 환경을 조성하는 방법 중 다음의 설명과 관련된 것은?

> '안전지대(Comport Zone)'란 모든 것이 친숙하고 위험 요소가 전혀 없는 편안한 상황을 의미한다. 더욱 높은 목표를 달성하고자 한다는 것은 이러한 안전지대를 떠난다는 것을 의미한다. 그것은 위험을 감수한다는 말과 같다. 리더는 부하직원들이 안전지대에서 벗어나 더 높은 목표로 나아가도록 격려해야 한다. 위험을 감수해야 할 이유가 합리적이고 목표가 실현가능한 것이라면 직원들은 기꺼이 변화를 향해 나아갈 것이며, 자긍심을 가지고 좋은 결과를 이끌어내고자 노력할 것이다.

① 창의적인 문제해결법을 찾는다.   ② 책임감으로 철저히 무장한다.

③ 변화를 두려워하지 않는다.   ④ 긍정적 강화법을 활용한다.

정답해설

변화에 대한 두려움은 리더나 구성원들을 정신적 고통에 직면하게 할 수 있지만, 리더는 부하직원들이 안전지대에서 벗어나 더욱 높은 목표를 향해 나아가도록 격려해야 한다. 위험을 감수해야 할 이유가 합리적이고 목표가 실현가능한 것이라면 직원들은 기꺼이 변화를 향해 나아갈 것이며, 위험을 선택한 자신에게 자긍심을 가지며 좋은 결과를 이끌어내고자 지속적으로 노력할 것이다.

오답해설

① 창의적인 문제해결법은 조직원들이 자신의 실수나 잘못에 대해 스스로 책임지도록 동기를 부여한다. 리더는 조직원이 문제를 해결하도록 지도하고 개입할 수는 있지만, 실질적인 해결책만큼은 조직원 스스로 찾도록 분위기를 조성해주는 것이 바람직하다.

② 직원들이 자신의 실수나 잘못에 대해 책임은 지지 않고 책임을 전가하는 일이 지속된다면 팀의 근무환경은 악화될 수밖에 없으므로 책임감으로 철저히 무장하는 것이 필요하다. 자신의 업무에 책임을 지도록 하는 환경의 직원들은 자신의 위치에서 안정감을 느낄 뿐 아니라, 의미 있는 일을 하고 있다는 긍지를 갖고 어려움을 극복하겠다는 의지가 강하며, 달성 가능한 목표점을 계속해서 높여간다.

④ '긍정적 강화'는 목표 달성을 높이 평가하여 조직원에게 곧바로 보상하는 행위로, 조직원들의 동기를 부여하는데 더없이 효과적이다. 따라서 높은 성과를 달성한 조직원에게는 곧바로 따뜻한 말이나 칭찬으로 보상해주는 것이 필요하다.

11 코칭은 조직의 지속적인 성장과 성공을 만들어내는 리더의 능력으로, 직원들에게 질문을 던지고 의견을 적극적으로 경청하며, 필요한 지원을 아끼지 않아 생산성을 높이고, 기술 수준을 발전시키며, 자기 향상을 도모하는 직원들에게 도움을 주고 업무에 대한 만족감을 높이는 과정이라고 말할 수 있다. 다음에 제시된 사례 중 이러한 코칭의 기본 원칙에 대한 설명으로 적절하지 않은 것은?

① A팀장은 부하직원들이 자유롭게 의견을 피력하고 제안할 수 있도록 팀 분위기를 조성하려고 노력하고 있으며, 항상 부하의 창조적 능력과 통찰력을 중시하고 있다.

② B팀장은 업무에 대한 책임은 자신이 져야 한다는 의식을 갖고, 직원들에게 프로젝트를 부여한 뒤 업무 수행기간 동안 결정 권한을 직접 행사하며 지속적인 관심을 갖는다.

③ 부서장인 C는 직원들의 말을 듣는 경우 다른 생각을 하지 않고 집중하는 자세를 가지고 있으며, 그 말에 대해 최선의 결정을 내릴 수 있도록 피드백을 제공하려고 한다.

④ 부서장인 D는 직원들에게 어떠한 목표를 부여할 것인지를 제대로 판단하기 위해 직원들의 장점을 파악하고 있으며, 관련된 여러 기술을 배우고 이를 발휘하기 위해 노력하고 있다.

정답해설

코칭의 기본 원칙 중 '권한을 위임한다'는 내용에 반하는 사례이다. 리더는 직원들이 어떠한 일이든 자신의 업무에 책임의식을 갖고 완전히 책임질 수 있도록 이끌어야 한다. 어떤 직원에게 프로젝트를 부여한 뒤 업무를 수행하는 동안 모든 결정을 스스로 하도록 권한을 준다면, 그 직원은 자연적으로 주인의식을 갖게 된다.

오답해설

① 코칭의 기본은 서로가 자유롭게 논의할 수 있고 제안할 수 있어야 한다는 점이다. 문제에 좀 더 가까이 있고 직접적으로 연관되어 있는 사람은 직원들이기 때문에 리더는 부하직원들의 창조성과 통찰력을 결코 간과해서는 안 된다.

③ '훌륭한 코치는 뛰어난 경청자이다'라는 원칙에 부합하는 사례이다. 코치인 리더는 적극적인 경청자로서 다른 잡념은 떨쳐버리고 직원에게 모든 관심을 집중해야 하며, 직원이 말하려고 하는 바를 이해하는 능력과 직원들이 느끼는 바가 무엇인지 헤아리는 능력을 향상시켜야 한다. 또한, 리더는 부하직원들을 섣불리 판단하지 않아야 하고 코칭하는 동안 특별한 반응을 보여서도 안 되며, 부하직원들이 말하고자 하는 요점에 대해 최선의 결정을 내릴 수 있도록 피드백을 적극 제공해야 한다.

④ 코칭의 기본 원칙의 하나인 '목표를 정하는 것이 가장 중요하다'에 해당한다. 리더는 서로 다른 기술과 능력을 가지고 있는 직원들에게 어떤 목표를 정해줄 것인지 확실히 판단해야 하며, 이를 위해 직원마다 어떠한 장점을 갖고 있는지 정확히 파악하고 있어야 하며, 업무를 깔끔하게 처리하는 적절한 방법을 직원 스스로 개발하도록 도와주기 위해 리더 자신이 여러 가지 기술을 발휘해야 한다.

06

대인관계
능력

12 리더는 임파워먼트(empowerment)에 장애가 되는 요인들에 대하여 알고 대처할 수 있어야 한다. 임파워먼트의 장애요인으로는 개인과 대인 차원, 관리 및 조직 차원의 4가지 차원의 요인으로 구분해 볼 수 있다. 다음에 제시된 장애요인은 어디에 해당되는가?

- 효과적 리더십 발휘 능력 결여
- 경험 부족
- 비전의 효과적 전달능력 결여

① 개인 차원   ② 대인 차원

③ 관리 차원   ④ 조직 차원

정답해설

통제적 리더십 스타일, 효과적 리더십 발휘 능력 결여, 경험 부족, 정책 및 기획의 실행 능력 결여, 비전의 효과적 전달능력 결여 등은 관리 차원의 임파워먼트 장애요인에 해당한다.

오답해설

① 개인 차원의 임파워먼트 장애요인으로는 주어진 일을 해내는 역량의 결여, 동기의 결여, 결의의 부족, 책임감 부족, 의존성 등이 있다.
② 대인 차원의 장애요인에는 성실성 결여, 약속 불이행, 성과를 제한하는 조직의 규범, 갈등처리 능력의 부족, 승패의 태도 등이 있다.
④ 조직 차원의 장애요인으로는 공감대 형성이 없는 구조와 시스템, 제한된 정책과 절차 등이 있다.

13 다음은 리더가 효과적인 변화관리를 하기 위해 필요한 변화관리 3단계에 대한 설명이다. 옳지 않은 것은 무엇인가?

① 리더는 변화에 대처하려는 직원들을 돕기 전에 변화와 관련한 공통 기반을 마련하고, 변화 과정에 어떤 것들이 있는지를 파악해야 한다.
② 리더는 직원들에게 변화와 관련된 상세한 정보를 제공하며, 직원들 자신이 변화를 직접 주도하고 있다는 마음이 들도록 이끌어야 한다.
③ 변화에 저항하는 직원들을 성공적으로 이끌기 위해서는 변화의 잠재적인 문제점을 최대한 드러냄으로써 변화의 영향을 충분히 인식하도록 해야 한다.
④ 부정적인 행동을 보이는 직원은 개별 면담을 통해, 항상 관심 있게 지켜보고 있으며 언제든지 대화를 나눌 수 있다는 점을 주지시키는 것이 필요하다.

정답해설
변화에 저항하는 직원들을 성공적으로 이끌기 위해서는 변화의 긍정적인 면을 강조해야 하는데, 변화의 잠재적인 문제점을 최소화하고 긍정적인 면을 최대한 드러냄으로써, 직원들 스스로 변화가 주는 긍정적인 영향을 깨닫게 해야 한다.

오답해설
① 변화관리 1단계인 '변화 이해'에 대한 설명이다. 리더는 변화에 대처하려는 직원들을 어떻게 도울 것인가를 고민하기에 앞서 먼저 변화의 실상을 정확하게 파악한 다음, 익숙했던 것들을 버리는 데서 오는 감정과 심리적 상태를 어떻게 다룰 것인가에 대해 심사숙고해야 한다. 변화관리에서 변화를 다루는 방법만큼 중요한 것은 없다.

② 변화관리 2단계인 '변화 인식'에 대한 설명이다. 변화가 일어나면 모든 직원들이 눈치를 채기 마련이며, 불확실하고 의심스러운 분위기가 조성되면 직원들은 두려움과 스트레스에 시달리고 사기는 떨어지게 된다. 그러므로 리더가 할 수 있는 최고의 결정은 직원들에게 변화와 관련된 상세한 정보를 제공하고, 무엇보다 직원들 자신이 변화를 직접 주도하고 있다는 마음이 들도록 이끌어야 한다. 사람은 누구나 자신의 능력을 발휘하는데 도움이 되는 아이디어 및 변화에 열정적으로 대응한다.

④ 변화관리 3단계인 '변화 수용'과 관련하여 리더는 왜 변화가 일어나야 하는지를 직원들에게 상세하게 설명하고 변화를 위한 직원들의 노력을 아낌없이 지원해야 한다. 부정적인 행동을 보이는 직원은 개별 면담을 통해, 항상 관심 있게 지켜보고 있다는 사실과 언제든지 대화를 나눌 수 있다는 점을 주지시키며, 변화에 스스로 대처하려는 직원들에게도 긍정적인 말을 해줌으로써 도움을 주어야 한다. 스스로 동기를 부여하도록 '나는 할 수 있다'와 같은 신념이 담긴 말을 들려준다면 변화와 성공의 가능성이 더욱 높아진다. 또한 직원들과 수시로 커뮤니케이션하는 것이 중요한데, 정기적인 회의를 하고 변화에 대한 직원들의 반응을 계속 살피며, 시간을 내어 변화와 관련해 자주 논의하고 직원들이 자신의 생각이나 제안을 직접 말할 수 있는 분위기를 만들도록 해야 한다.

06

대인관계 능력

14 회사 내에서의 갈등은 개인적 갈등이 아니라 하더라도 여러 경우에 발생할 수 있다. 다음 중 갈등에 대한 설명으로 옳은 것은?

① 목표 달성을 위해 노력하는 팀은 갈등이 발생하지 않을 수 있다.

② 갈등은 항상 부정적 결과를 초래한다.

③ 갈등은 조직에 생동감이 넘치게 하고 문제해결 능력이 향상시킬 수 있다.

④ 갈등수준이 너무 높으면 내부 혼란과 분열이 발생하고, 조직성과는 높아진다.

정답해설
갈등수준이 전혀 없거나 낮을 때에는 조직은 의욕이 상실되고 환경변화에 대한 적응력도 떨어져 조직성과가 낮아지게 되나, 갈등수준이 적정할 때는 조직 내부적으로 생동감이 넘치고 변화지향적이며, 문제해결 능력이 발휘된다.

오답해설
① 목표를 달성하기 위해 노력하는 팀이라면 갈등은 항상 일어나게 마련이다.

② 갈등의 결과가 항상 부정적인 것만은 아니다. 갈등은 새로운 해결책을 만들어 주는 기회를 제공할 수 있다.

④ 갈등수준이 너무 높으면 조직 내부적으로 혼란과 분열이 생기고, 조직에 비협조적이 되며, 조직성과는 낮아진다.

15 다음은 한 회사 내의 갈등을 파악하는데 도움이 되는 단서를 설명한 것이다. 갈등의 단서로 가장 적절하지 않은 것은?

① A팀은 다른 팀의 의견에 대해 다소 감정적으로 논평하고 새로운 제안을 하였다.

② B팀장은 다른 사람의 의견발표를 끝내기도 전에 그 의견에 대해 비판하였다.

③ C와 D는 상대의 제안 내용의 핵심적인 부분을 이해하지 못했다고 서로 비난하였다.

④ E는 상반된 주제에 대해 편을 가르지 않고 적당한 수준에서 타협을 시도하였다.

정답해설
편을 가르고 타협하기를 거부하는 것은 갈등의 단서에 해당한다. 따라서 적당한 수준으로 타협하는 태도는 갈등의 단서로 보기 어렵다.

오답해설
① 상대의 의견이나 제안에 대해 지나치게 감정적으로 논평과 제안을 하는 것은 갈등을 파악할 수 있는 단서가 된다.
② 다른 사람의 의견발표가 끝나기도 전에 타인의 의견에 대해 공격하는 것도 갈등의 단서에 해당한다.
③ 핵심적 내용을 이해하지 못한데 대해 서로 비난하는 것도 갈등의 단서가 된다.

16 현재 같은 팀에서 근무하고 있는 직원 A와 B는 원래 서로 다른 부서 출신이다. A와 B는 쟁점이 되는 한 문제의 원인에 대해 서로 다른 견해를 가지고 갈등하고 있는데, 두 사람은 모두 상대방이 문제를 잘 이해하지 못하는 책임이 있다고 생각하고 있다. 다음 중 이러한 경우 발생하는 갈등 유형의 원인으로 가장 알맞은 것은?

① 정보가 부족하거나 전달이 불분명한 경우

② 목표나 욕망을 바라보는 시각이 다른 경우

③ 스트레스, 분노 등의 부정적 감정

④ 변화에 대한 저항으로 발생한 의견 불일치

정답해설
갈등에는 '불필요한 갈등'과 '해결할 수 있는 갈등'의 두 가지가 있는데, '해결할 수 있는 갈등'은 설문의 경우와 같이 반대되는 욕구나 목표, 가치, 이해에 놓였을 때 발생하게 된다. 즉, '해결할 수 있는 갈등'은 목표와 욕망, 가치, 문제를 바라보는 시각과 이해하는 시각이 다를 경우에 일어날 수 있는 갈등을 말한다. 이러한 갈등은 상대를 먼저 이해하고 서로가 원하는 것을 만족시켜주면 저절로 해결되는 경우가 많다.

오답해설
① 개개인마다 문제를 다르게 인식하거나 정보가 부족한 경우나 전달이 불분명한 경우 발생하는 갈등은 '불필요한 갈등'에 해당한다.

③ 근심걱정, 스트레스, 분노 등의 부정적인 감정도 불필요한 갈등의 발생 원인이 된다.

④ 편견이나 변화에 대한 저항, 항상 해오던 방식에 대한 거부감 등에서 나오는 의견 불일치도 불필요한 갈등의 발생 원인이 될 수 있다.

17 다음에서 설명하는 갈등의 과정(단계)으로 가장 적합한 것은?

> 이 국면에서는 이제 단순한 해결방안은 없고 제기된 문제들에 대하여 새로운 다른 해결점을 찾아야 한다. 감정이 개입되어 상대방의 주장에 대한 문제점을 찾기 시작하고, 자신의 입장에 대해서는 그럴듯한 변명으로 옹호하면서 양보를 완강히 거부하는 상태에까지 이르게 된다.

① 대결 국면   ② 격화 국면
③ 진정 국면   ④ 갈등 해소

정답해설

○ 제시된 설명은 갈등의 과정(단계) 중 '대결 국면'에 해당한다. 의견 불일치가 해소되지 않으면 대결 국면으로 빠져들게 되는데, 이 국면은 상대방의 입장은 부정하고 자기주장만 하려고 하며, 서로의 입장을 고수하려는 강도가 높아지면서 서로간의 긴장은 더욱 높아지고 감정적인 대응이 더욱 격화되어 가는 단계이다.

오답해설

○ ② 격화 국면은 상대방에 대해 더욱 적대적인 현상으로 발전해 나가는 단계로, 설득을 통해 문제를 해결하려 하기보다는 강압적·위협적인 방법을 쓰려고 하며, 극단적인 경우에는 언어폭력이나 신체적인 폭행으로까지 번지기도 한다. 상대방에 대한 불신과 부정적 인식이 확산되면서 다른 요인들에까지 불을 붙이는 상황에 빠지기도 한다. 이 단계에서는 상대방의 생각이나 제안을 부정하고, 상대방은 그에 대한 반격으로 대응함으로써 자신들의 반격을 정당하게 생각한다.

③ 진정 국면은 시간이 지나면서 정점으로 치닫던 갈등은 점차 감소하기 시작하는 국면으로, 계속되는 논쟁과 긴장이 시간과 에너지만 낭비하고 이러한 상태가 무한정 유지될 수 없다는 것을 느끼며, 점차 흥분과 불안이 가라앉고 이성과 이해의 원상태로 돌아가려 하면서 협상이 시작되는 단계이다. 협상과정을 통해 쟁점이 되는 주제를 논의하고 새로운 제안을 하고 대안을 모색하게 된다. 이 단계에서는 제3자가 중개자 또는 조정자로 개입함으로써 갈등 당사자 간에 신뢰를 쌓고 문제를 해결하는데 도움이 되기도 한다.

④ 갈등의 해소 국면은 진정 국면에 들어선 갈등 당사자들은 문제를 해결하지 않고는 자신들의 목표를 달성하기 어렵다는 것을 알게 되면서 이르게 되는 단계이다. 경우에 따라서는 결과에 다 만족할 수 없는 경우도 있지만, 어떻게 해서든지 서로 일치하려고 노력하며, 서로 간에 쌓인 갈등을 해소는 여러 방법으로 이루어진다.

18 다양한 갈등 상황에서 반응하는 갈등해결방법에는 회피형, 경쟁형, 수용형, 타협형, 통합형(협력형) 등 다섯 가지 유형으로 구분해볼 수 있다. 다음에 제시된 사례에 적합한 갈등해결방법을 모두 맞게 짝지은 것은?

> ⊙ 자신에 대한 관심은 높고 상대방에 대한 관심은 낮은 경우로서 '나는 이기고 너는 지는 방법(win-lose)'을 말한다.
>
> ⓛ 자신은 물론 상대방에 대한 관심이 모두 높은 경우로서 '나도 이기고 너도 이기는 방법(win-win)'을 말한다.

	⊙	ⓛ
①	회피형	경쟁형
②	경쟁형	수용형
③	경쟁형	통합형
④	회피형	타협형

정답해설

갈등해결방법 중 경쟁형(competing)은 지배형(dominating)이라고도 하며, 자신에 대한 관심은 높고 상대방에 대한 관심은 낮은 경우로서 '나는 이기고 너는 지는 방법(win-lose)'을 말한다. 경쟁형은 상대방의 목표달성을 희생시키면서 자신의 목표를 이루기 위해 전력을 다하는 전략이다.

통합형(integrating)은 협력형(collaborating)이라고도 하며, 자신은 물론 상대방에 대한 관심이 모두 높은 경우로서 '나도 이기고 너도 이기는 방법(win-win)'을 말한다. 이 방법은 문제해결을 위하여 서로 간에 정보를 교환하면서 모두의 목표를 달성할 수 있는 윈윈(win-win) 해법을 찾으며, 서로의 차이를 인정하고 배려하는 신뢰감과 공개적인 대화를 필요로 한다. 이러한 통합형이 가장 바람직한 갈등해결 유형이라 할 수 있다.

오답해설

① 회피형(avoiding)은 자신과 상대방에 대한 관심이 모두 낮은 경우로서, 갈등 상황에 대하여 상황이 나아질 때까지 문제를 덮어두거나 위협적인 상황에서 피하고자 하는 경우를 말한다. 즉, 개인의 갈등상황으로부터 철회 또는 회피하는 것으로, 상대방의 욕구와 본인의 욕구를 모두 만족시킬 수 없게 된다. 이 전략은 '나도 지고 너도 지는 방법(I lose-You lose)'이라고도 한다.

② 수용형(accomodating)은 자신에 대한 관심은 낮고 상대방에 대한 관심은 높은 경우로서, '나는 지고 너는 이기는 방법(I lose-You win)'을 말한다. 이 방법은 상대방의 관심을 충족하기 위해 자신의 관심이나 요구는 희생함으로써 상대방의 의지에 따르는 경향을 보인다. 이 방법은 상대방이 거친 요구를 해오는 경우에 전형적으로 나타나는 반응이다.

④ 타협형(compromising)은 자신에 대한 관심과 상대방에 대한 관심이 중간정도인 경우로서, 서로가 받아들일 수 있는 결정을 하기 위하여 타협적으로 주고받는 방식(give and take)을 말한다. 즉, 갈등 당사자들이 반대의 끝에서 시작하여 중간 정도 지점에서 타협하여 해결점을 찾는 것이다. 갈등 당사자 간에 불신이 클 때에는 이 방법은 실패한다.

19 협상의 의미는 크게 의사소통 차원, 갈등해결 차원, 지식과 노력 차원, 의사결정 차원, 교섭 차원
에서 살펴볼 수 있다. 다음에 제시된 사례는 어떤 차원에서 살펴본 협상의 의미에 해당하는가?

> 직원들과 사장이 임금문제로 갈등상태에 있을 때, 커뮤니케이션 과정을 거치게 된다. 때로는 이성적으
> 로 때로는 감성적으로 커뮤니케이션을 하게 된다. 커뮤니케이션이 원활하고 상대방 설득이 원활하게 진행
> 될 때, 임금협상도 원활히 진행되고 좋은 결과를 산출하게 될 것이다. 그러나 서로가 상대방에 대한 분노
> 와 증오로 가득차서 서로가 상대방을 적으로 단정하고 차단하고 단절할 때 임금협상은 더 이상 진전되지
> 못할 것이다. 그러므로 협상이란 설득을 목적으로 하는 커뮤니케이션인 것이다.

① 의사소통 차원   ② 지식과 노력 차원
③ 의사결정 차원   ④ 교섭 차원

정답해설

제시된 내용은 커뮤니케이션이 원활할 때와 차단·단절될 때 협상 진행이나 결과가 어떻게 달라질 수 있는가를 보
여주는 것으로, 이는 의사소통 차원에서 본 협상의 의미와 관련된다. 의사소통 차원에서 볼 때 협상이란, 이해당
사자들이 자신들의 욕구를 충족시키기 위해 상대방으로부터 최선의 것을 얻어내기 위해 상대방을 설득하는 커뮤
니케이션 과정이다. 즉, 협상은 자신이 얻고자 하는 것 때문에 다른 사람들 또는 집단들과 갈등상태에 있을 때 그
들을 설득하여 자신이 원하는 것을 쟁취하기 위한 일련의 커뮤니케이션 과정이라고 할 수 있다. 일반적으로 협상
(negotiation)이란 갈등상태에 있는 이해당사자들이 대화와 논쟁을 통해서 서로를 설득하여 문제를 해결하려는 정보
전달과정이자 의사결정과정이라고 정의된다.

오답해설

② 지식과 노력 차원에서의 협상은, 우리가 얻고자 하는 것을 가진 사람의 호의를 얻어내기 위한 것에 관한 지식이
며 노력의 분야라 할 수 있다. 즉, 승진과 돈, 안전, 자유, 사랑, 지위, 정의 등 우리가 얻고자 원하는 것을 어떻게
다른 사람들보다 더 우월한 지위를 점유하면서 얻을 수 있을 것인가 등에 관련된 지식이며, 노력의 장이라고 할
수 있다.

③ 의사결정 차원에서의 협상은, 둘 이상의 이해당사자들이 여러 대안들 가운데서 이해당사자들 모두가 수용 가능
한 대안을 찾기 위한 의사결정 과정이라 할 수 있다. 이는 공통적인 이익을 추구하나 서로 입장의 충돌 때문에
이해당사자들 모두에게 수용 가능한 이익의 조합을 찾으려는 개인, 조직 또는 국가의 상호작용 과정이라고 볼
수 있다.

④ 참여자들의 공통적인 의사결정을 필요로 하는 교섭 차원에서 볼 때, 협상이란 선호가 서로 다른 협상 당사자들
이 합의에 도달하기 위해 공동으로 의사결정하는 과정이라 할 수 있다. 이는 둘 이상의 당사자가 갈등상태에 있
는 쟁점에 대해서 합의를 찾기 위한 과정이라고 정의될 수 있다.

06

대인관계
능력

20 다음은 협상에서 주로 나타나는 실수와 그에 대한 효과적 대처방안을 연결한 것이다. 대처방안이 적절하게 연결되지 않은 것은?

① 준비되기 전에 협상을 시작하는 것 – 아직 준비가 덜 되었다고 솔직히 말하며, 상대방의 입장을 묻는 기회로 삼는다.

② 특정 입장만 고집하는 것 – 조용히 그들의 준비를 도와주고 서로 의견을 교환하면서 상대의 마음을 열게 한다.

③ 협상의 통제권을 잃을까 두려워하는 것 – 그 사람과의 협상 자체를 고려해본다. 자신의 한계를 설정하고 그것을 고수하여 그런 염려를 하지 않게 된다.

④ 설정한 목표와 한계에서 벗어나는 것 – 협상을 타결 짓기 전에 자신과 상대방이 각기 만족할만한 결과를 얻었는지, 협상 결과가 현실적으로 효력이 있었는지를 확인한다.

정답해설

'설정한 목표와 한계에서 벗어나는 것'에 대한 대처방안이 아니라 '상대방에 대해서 너무 많은 염려를 하는 것'에 대한 대처방안에 해당한다. 설정한 목표와 한계에서 벗어나는 경우는 한계와 목표를 잃지 않도록 그것을 기록하고, 기록된 노트를 협상의 길잡이로 삼는 것이 대처방안이 된다.

Check Point ---- **협상에서 주로 나타나는 실수와 그 대처방안**

- **준비되기도 전에 협상을 시작하는 것** : 상대방이 먼저 협상을 요구하거나 재촉하면 아직 준비가 덜 되었다고 솔직히 말하며, 그런 때를 상대방의 입장을 묻는 기회로 삼는다. 협상준비가 되지 않았을 때는 듣기만 한다.
- **잘못된 사람과의 협상** : 협상 상대가 협상에 대하여 책임을 질 수 있고 타결권한을 가지고 있는 사람인지 확인하고 협상을 시작한다. 상급자나 최고책임자는 협상의 세부사항을 잘 모르기 때문에 올바른 상대가 아니다.
- **특정 입장만 고집하는 것(입장협상)** : 상대방이 특정 입장만 내세우는 입장협상을 할 경우에는 조용히 그들의 준비를 도와주고, 서로 의견을 교환하면서 상대의 마음을 열게 한다.
- **협상의 통제권을 잃을까 두려워하는 것** : 협상은 통제권을 확보하는 것이 아니라 함께 의견 차이를 조정하면서 최선의 해결책을 찾는 것이다. 통제권을 잃을까 염려되는 경우 그 사람과의 협상 자체를 고려해보며, 자신의 한계를 설정하고 그것을 고수하여 그런 염려를 하지 않도록 한다.
- **설정한 목표와 한계에서 벗어나는 것** : 한계와 목표를 잃지 않도록 그것을 기록하고, 기록된 노트를 협상의 길잡이로 삼는다.
- **상대방에 대해서 너무 많은 염려를 하는 것** : 상대방이 원하는 것을 얻을까 너무 염려하지 말고, 협상을 타결 짓기 전에 자신과 상대방이 각기 만족할만한 결과를 얻었는지, 협상 결과가 현실적으로 효력이 있었는지를 확인한다.
- **협상 타결에 초점을 맞추지 못하는 것** : 협상의 모든 단계에서 협상의 종결에 초점을 맞추고, 항상 종결을 염두에 둔다.

21 상대방을 설득시키는 방법은 상대에 따라, 상황에 따라 매우 다양하다. 상대방을 설득시키기 위해 활용할 수 있는 전략 중 다음 사례에서 설명하는 전략에 해당하는 것은?

> 부처 간에 도움을 받으면 도움을 주어야 하는데, 이는 빚은 갚아야 한다거나 약속은 지켜야 한다는 것과 같은 사회적 의무에 관한 교육과 학습의 영향이다. 상사와 부하간의 호의에 있어서, 이 호의에는 부하가 원했던 원치 안했던 관계없이 모든 호의가 이에 해당된다. 따라서 부하를 일단 빚진 상태로 만들면 된다. 즉, 부하의 무언가를 먼저 도와주면 된다.

① 상대방 이해 전략　　　　　② 호혜관계 형성 전략
③ 헌신과 일관성 전략　　　　④ 반항심 극복 전략

정답해설

제시된 설명은 호혜관계 형성 전략의 사례이다. 호혜관계란 협상 당사자 간에 어떤 혜택들을 주고받은 관계가 형성되어 있으면 그 협상과정상의 갈등해결에 용이하다는 것으로, 제시된 내용과 같은 도움이나 호의를 베풂으로써 호혜관계가 형성된다. 시민과 정부의 관계에서도, 정부가 시민에게 먼저 어떤 호혜를 베풀면 되면 부하와 상사 간의 경우에서 처럼 시민과 정부 간에 호혜관계가 형성된다.

Check Point ── 설득전략

- **See-Feel-Change 전략** : 시각화하여 직접 보게 하고, 스스로가 느끼게 함으로써 변화시켜 설득에 성공하는 전략
- **상대방 이해 전략** : 상대방에 대한 이해를 선행함으로써 갈등해결을 용이하게 하는 전략
- **호혜관계 형성 전략** : 혜택이나 도움을 주고받은 호혜관계 형성을 통해 협상을 용이하게 하는 전략
- **헌신과 일관성 전략** : 협상당사자 간에 기대하는 바에 일관성 있게 헌신적으로 부응하여 행동함으로써 협상을 용이하게 하는 전략
- **사회적 입증 전략** : 과학적인 논리보다도 동료나 사람들의 행동에 의해서 상대방 설득을 진행하는 전략
- **연결전략** : 갈등 문제와 갈등관리자를 연결시키는 것이 아니라, 갈등을 야기한 사람과 관리자를 연결시킴으로서 협상을 용이하게 하는 전략
- **권위전략** : 직위나 전문성, 외모 등을 이용하여 협상을 용이하게 하는 전략
- **희소성 해결 전략** : 인적·물적 자원 등의 희소성을 해결함으로써 협상과정상의 갈등해결을 용이하게 하는 전략
- **반항심 극복 전략** : 자신의 행동을 통제·억압하면 할수록 더욱 반항하게 될 가능성이 높아지므로, 이를 피함으로써 협상을 용이하게 하는 전략

22 프랜차이즈 커피숍에서 근무하는 A는 종종 '가격을 깎아 달라'고 조르는 고객 때문에 고민이 크다. 이를 본 선배가 A에게 도움이 될 만한 몇 가지 조언을 하였다. 다음 중 선배가 A에게 한 조언으로 가장 적절한 것은 무엇인가?

① 그때는 고객의 말을 못 들은체하고 다른 일을 하는 게 좋아.

② 가격 인하는 절대 안 된다고 단호하게 거절해.

③ 이번 한 번뿐이라고 분명히 말하고 깎아줘.

④ 내 맘대로 깎아 줄 수는 없다고 자세히 설명해줘.

정답해설

판매 가격이 규정되어 있는 프랜차이즈 커피숍의 특성상 자기 마음대로 깎아 줄 수는 없다 말하고, 그 이유를 최대한 상세히 설명해 주는 것이 가장 좋은 방법이다.

오답해설

① 고객의 말을 못 들은체하는 것은 서비스업의 고객 응대 방법으로 적절하지 않고, 또 다른 문제를 야기할 수 있다.

② 가격 인하가 안 되는 사항이라 할지라도 그에 대한 이유를 설명하지 않고 단호하게 거절하는 것은 바람직한 태도로 볼 수 없다.

③ 자기 마음대로 가격을 깎아 주는 것은 바람직하지 않다. 고객의 억지 요구를 들어주다보면 더욱 곤란한 상황에 처할 수 있으므로 주의해야 한다.

23 A대리는 2015년 11월 이직에 성공하여, 이직한 회사로 출근해 열심히 근무하고 있다. 그런데 출근한지 4주가 지났지만, 팀원들은 A대리를 무시하고 선을 긋는 느낌을 받아 회사에 적응하기가 무척 힘들었다. 이런 상황에서 A대리가 취할 수 있는 행동으로 적절한 것은?

① 자신이 팀원들과 맞지 않는다고 생각하고 거리를 둔다.

② 팀을 옮기기 위해 할 수 있는 노력을 다한다.

③ 팀장과 면담을 통해 현재의 문제를 해결한다.

④ 다른 큰 문제가 없다면 현재의 상태를 유지한다.

정답해설

다른 팀원들이 무시하고 선을 긋는 느낌을 받아 적응이 어려운 상태이므로, 팀장과의 면담을 통해 자신의 어려움과 문제점에 대해 함께 논의하는 것이 가장 적절한 행동 방안이 된다.

① 팀원들과 일부러 거리를 두는 것은 바람직하지 않으며, A대리의 문제를 해결하는 방법도 아니다.

② 문제를 해결하기 위한 노력을 하지 않고 팀을 옮기는 것은 적절하지 않다. 또한 새로 이직해 온지 얼마 되지 않아 팀을 또 옮기는 것은 바람직하지 않다.

④ 다른 문제가 없다 하더라도 현재 팀원들과 어울리지 못해 이미 적응에 어려움을 겪는 문제가 발생한 상태이므로, 이를 해결하기 위한 방법을 모색하는 것이 가장 좋은 방법이다.

24 A는 어느 날 공기업에서 근무하는 친구를 만나 이런저런 이야기를 나누었는데, 그 친구는 조직 생활의 경직된 구조에 적응하기가 너무 힘들다는 불만을 한참 동안 털어 놓았다. 다음 중 조직 생활을 힘들어 하는 그 친구에게 A가 해 줄 수 있는 말로 가장 적절한 것은?

① 그런 조직 구조는 업무의 효율성 향상을 위해 필요한 절차라고 생각해.

② 어느 조직을 가더라도 조직 생활은 있는 거니까 어쩔 수 없지 않을까?

③ 조직 생활에 적응해가면 점점 익숙해질 거야. 힘내!

④ 조직 구조가 덜 딱딱한 곳으로 옮기는 건 어때?

06

대인관계
능력

정답해설
경직된 조직 구조에 적응하지 못하는 친구에게 무조건 조직 생활에 적응하라든가, 그냥 참으라는 식으로 말하는 것은 별 도움이 되지 않는다. 그 보다는 그런 경직된 구조는 업무의 효율성 향상을 위해 필요한 절차의 하나라고 말함으로써, 친구가 조직 생활과 자신을 어느 정도 타협할 수 있는 여지를 만들어 주는 것이 좋다.

오답해설
② 조직 생활이라는 것은 어느 조직에나 있으나 어쩔 수 없다는 것은 친구에게는 아무런 도움이 되지 않는 말이다. 그것 보다는 경직된 구조는 나름의 이유가 있다는 식으로 말하여 이해시키는 것이 필요하다.

③ 시간이 지나 조직 생활에 적응해가면 익숙해질 것이라는 말은 현재의 문제를 해결하는 데는 도움이 되지 않는다.

④ 조직 구조 경직된 곳에서 어떻게 적응해 나갈 것인가를 제시하는 것이 바람직하다. 조직 구조가 더 경직된 곳으로 이직하라는 말은 다소 무책임한 말이 될 수 있다.

25 A는 우수 신입사원 선정 업무를 담당하게 되어 각 팀별로 팀장에게 추천서를 부탁하였다. 다음 팀장의 추천서 내용 중 A가 우수 신입사원 추천서로 채택하기에 가장 적절하지 않은 것은?

① 기획팀장 : B사원은 팀 회의에 한 번도 빠지지 않고 참여하여 항상 적극적인 자세로 토론에 참여하였다.

② 총무팀장 : C사원은 프로젝트를 진행함에 있어 좋은 팀워크를 유지하기 위해 노력하고, 그 성과를 가시적으로 보여주었다.

③ 영업팀장 : D는 거래처에 대한 투철한 서비스 정신으로 영업 실적의 유지 및 향상에서 올 한해 좋은 성과를 보여주었다.

④ 경영지원팀장 : E사원은 팀원이 부족하여 업무가 과중한 환경에서도 한 번도 문제 삼지 않고, 언제나 팀장의 지시에 순종하였다.

정답해설

어려운 환경에도 문제를 제기하지 않고 어떠한 지시에도 순종한다는 것이 과연 바람직한 태도인가를 생각해봐야 한다. 팀원이 부족하여 업무가 과중한 경우 팀원을 보충해 더 나은 근무환경에서 좋은 업무성과를 내는 것이 더 좋을 수 있다. 또한, 팀장이 내리는 지시에 모두 순종하는 것도 조직 발전에 큰 도움이 되지 않는다. 이 보다는 개선할 내용이나 더 나은 의견을 수시로 건의해 조직이 성장해 나갈 수 있도록 하는 것이 더욱 바람직하다. 따라서 ④는 우수 신입사원 추천서로 채택하기에 적절하지 않다.

26 A의 회사는 연말에 사내 공모전을 시행하였다. A는 팀 회식 중 공모전에 대해 이야기하다, 다른 팀에 있는 입사동기인 B사원이 낸 아이디어와 자신의 것이 너무 비슷하다는 것을 알게 되었다. 몇 일전 입사동기인 B와 점심 식사를 같이 하면서 서로의 아이디어에 대해 말한 적이 있었다. 이때 A사원이 취할 행동으로 가장 적절한 것은?

① 회식 자리에서 바로 이야기하여 사실관계를 밝힌다.

② 다음날 공모전 주최 부서에 정식으로 이의제기를 한다.

③ 다음날 B사원에게 어떻게 된 일인지 자초지종을 들어 본다.

④ 공모전 주최 부서에 연락해 B의 아이디어를 폐기해 달라고 부탁한다.

정답해설

B는 입사동기로서 A와 공모전 아이디어에 관한 이야기를 나눈 적이 있으므로, 어떻게 된 일인지 B에게 먼저 물어보는 것이 가장 필요한 행동이다. B가 어떤 경위로 하게 되었는지를 들은 후에 어떤 행동을 취할 것인지를 결정하는 것이 옳다.

27 팀에서 특정한 갈등 해결 모델을 사용하는데 서로가 동의할 때 팀 내의 갈등이 감소하기 마련이다. 다음 모델의 단계 중 제3단계에 적합한 대화로 가장 알맞은 것은?

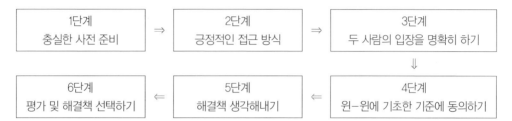

① 저는 A안에 관심이 많습니다.

② 저는 B안에 동의하지만, C안에 대해서는 의견이 다르네요.

③ 당신은 D안의 그런 부분을 중요하게 생각하는 군요.

④ E안이 가장 바람직한 방안이라 생각합니다.

06
대인관계
능력

정답해설

3단계인 '두 사람의 입장을 명확히 하기' 단계에서는 '동의하는 부분을 인정하기', '기본적으로 다른 부분 인정하기', '자신이 이해한 바를 점검하기'가 이루어져야 한다. 따라서 "B안에는 동의하지만, C안에 대해서는 의견이 다르네요."가 가장 적절하다.

오답해설

① 자신의 위치와 관심사를 확인하는 1단계 '충실한 사전 준비'에서의 발언으로 적합하다.

③ 상대방에게 중요한 기준을 명확히 하는 것이므로, 4단계인 '윈-윈에 기초한 기준에 동의하기' 단계에서의 대화로 볼 수 있다.

④ 몇 가지 해결책을 생각해 내는 5단계에서 할 수 있는 말이다.

28 온라인 쇼핑몰의 고객상담실에서 근무하는 A는 동료 사원으로부터 다음과 같은 고객 불만처리 프로세스에서 보완할 사항을 검토해 달라는 부탁을 받았다. 다음 중 A가 동료 사원에게 해줄 조언으로 적절하지 않은 것은?

① 1단계에서는 고객의 말을 잘 경청하는 것이 중요하다.

② 1단계와 7단계에서는 고객에 대한 사과가 이루어지는 것이 좋다.

③ 정보파악 후 처리확인 전에 재발 방지 교육의 단계를 추가하는 것이 좋다.

④ 단계별 진행사항을 고객에게 통보하며, 8단계에서는 피드백이 이루어지는 것이 좋다.

정답해설

고객의 불만 접수에 관한 정보파악 후에는 신속히 처리하는 것이 중요하다. 재발 방지 교육은 처리확인 후 이루어지는 것이 신속한 처리를 위해 바람직하다.

오답해설

① 1단계는 '경청'단계이다. 고객의 불만 등을 접수하는 단계이므로, 무엇보다 고객의 말을 잘 경청하여야 한다.

② 경청 단계와 처리확인 단계에서는 고객에게 다시 한 번 사과하는 것이 바람직하다.

④ 각 단계별 진행사항을 고객에게 통보하여 신뢰도를 높이며, 처리확인 후 고객 불만의 결과를 피드백함으로써 고객 불만 및 진행 결과를 잘 파악할 수 있도록 한다.

정보능력

Chapter 07

정보능력

기본문제

01 다음 중 정보화 사회에서 필수적으로 해야 할 일로 가장 적절하지 않은 것은?

① 정보검색　　　　　　　　　　② 정보관리

③ 정보전파　　　　　　　　　　④ 정보판매

정답해설

정보화 사회에서는 개인 생활을 비롯하여 정치, 경제, 문화, 교육 등 거의 모든 분야의 사회생활에서 정보에 의존하는 경향이 점점 더 커질 수밖에 없고 정보 자체가 중요한 자원이 되는 사회이긴 하지만, 정보를 판매하는 일을 필수적으로 해야 하는 것은 아니다.

오답해설

① 정보화 사회에서 필수적으로 해야 첫 번째 일은 정보검색이다. 정보검색이란 내가 원하는 정보를 찾는 것을 말하는데, 인터넷에는 수많은 사이트가 있으므로 그 많은 사이트에서 내가 원하는 것을 찾기란 그렇게 만만치 않다. 궁극적으로는 타인의 힘을 빌리지 않고 내가 원하는 정보는 무엇이든지 다 찾을 수가 있도록 해야 한다.

② 인터넷에서 어렵게 검색하여 찾아낸 결과를 관리하지 못하여 머릿속에만 입력하고, 컴퓨터를 끄면 잊어버리는 것은 정보관리를 못하는 것이다. 자기가 검색한 내용에 대하여 파일로 만들어 보관하든 프린터로 출력하여 인쇄물로 보관하든, 언제든지 필요할 때 다시 볼 수 있을 정도가 되어야 한다.

③ 정보전파도 정보화 사회에서 반드시 필요한 일이다. 요즘은 대부분 전자우편을 사용해서 정보를 전파하기 때문에 정보전파는 매우 쉽다고 할 수 있다. 인터넷만 이용하면 편안히 서울에 앉아서 미국에도 논문을 보낼 수가 있다.

02 다음 중 정보관리의 3원칙에 해당되지 않는 것은?

① 보안성　　　　　　　　　　② 목적성

③ 용이성　　　　　　　　　　④ 유용성

정답해설

정보관리란 수집된 다양한 형태의 정보를 어떤 문제해결이나 결론도출에 사용하기 쉬운 형태로 바꾸는 일로서, 목적성과 용이성, 유용성의 세 가지 원칙을 고려해야 한다. 따라서 보안성은 정보관리의 원칙에 해당되지 않는다. 한편, 정보보호의 3원칙은 보통 관리적 보안과 물리적 보안, 기술적 보안으로 나누기도 한다.

② 목적성은 사용목적을 명확히 설명해야 한다는 원칙으로, 정보관리의 3원칙의 하나에 해당한다.
③ 용이성은 쉽게 작업할 수 있어야 한다는 것으로, 정보관리의 3원칙에 해당한다.
④ 유용성은 즉시 사용할 수 있어야 한다는 원칙이며, 정보관리의 3원칙에 해당한다.

03 데이터베이스의 필요성으로 옳지 않은 것은?

① 데이터의 안정성이 줄어든다.

② 복잡한 검색을 해준다.

③ 데이터의 중복을 줄인다.

④ 데이터의 결점을 높인다.

정답해설
데이터베이스를 활용하면 중복되는 데이터의 양이 현저하게 줄어들며 여러 곳에 분산된 데이터를 통합하여 관리할
수 있으므로 데이터 유지비용을 줄일 수 있다.

오답해설
① 사용자가 정보에 대한 보안등급을 정할 수 있어 데이터의 안정성을 높여준다. 정보에 접속할 권리를 가진 직급
에 따라 등급을 달리해 읽기 권한만 부여해 함부로 정보를 변경하지 못하게 하거나, 특정 직급에서는 쓰기 권한
까지 부여하여 데이터를 변경할 수 있다.
② 데이터베이스는 검색을 쉽게 해주며 여러 파일 속에서 한 번에 원하는 자료 및 검색 결과, 보고서 등을 빠르게
찾을 수 있다.
④ 중복된 데이터를 통합하므로 결함이 없는 데이터를 유지할 수 있게 한다. 정보가 변경될 시, 한 곳만 수정하면
되기 때문에 해당 데이터가 적용된 모든 애플리케이션은 즉시 최신 정보를 빠르게 이용할 수 있다.

04 다음 중 정보화 사회에 대한 설명으로 옳지 않은 것은?

① 정보화 사회는 앨빈 토플러가 「제3의 물결」이라는 저서에서 처음 언급하였다.

② 정보화 사회는 컴퓨터와 정보통신 기술을 활용해 사회 각 분야에서 필요로 하는 가치 있는 정보
를 창출하고 윤택한 생활을 영위하는 사회이다.

③ 정보화 사회는 세계를 하나의 공간으로 여기는 수직적 네트워크 커뮤니케이션이 가능한 사회로
만든다.

④ 정보화 사회에서는 정보의 가치 생산을 중심으로 사회 전체가 움직인다.

정답해설
정보화 사회는 컴퓨터와 정보통신 기술의 발전과 이와 관련된 다양한 소프트웨어의 개발에 의해 네트워크화가 이
루어져, 전 세계를 하나의 공간으로 여기는 수평적 네트워크 커뮤니케이션이 가능한 사회로 만들어 간다.

07
정보
능력

① 정보화 사회는 미래학자 앨빈 토플러가 그의 저서 「제3의 물결」에서 처음 언급한 용어이다.
② 정보화 사회란 필요한 정보가 사회의 중심이 되는 사회로서, 컴퓨터 기술과 정보통신 기술을 활용하여 사회 각 분야에서 필요로 하는 가치 있는 정보를 창출하고 보다 유익하고 윤택한 생활을 영위하는 사회로 발전시켜 나가는 것을 의미한다.
④ 정보화 사회는 눈으로 볼 수 있는 물질이나 에너지 이상으로 정보 자체가 중요한 자원이 되는 사회이기 때문에, 정보의 가치 생산을 중심으로 사회 전체가 움직이고 있다.

05 다음 중 공장 자동화(FA)에 대한 설명으로 옳은 것은?

① 백화점 등에서 매출액 계산과 원가 관리 등에 컴퓨터를 활용하는 시스템
② 컴퓨터 시스템을 통해 제품의 설계에서 출하에 이르는 공정을 자동화하는 기술
③ 학습자가 프로그램을 이용해 학습 속도와 시간을 조절하는 방식
④ 학습 지도 자료의 정리, 성적 관리, 진로 지도 등에 활용되는 기술

공장 자동화(FA; Factory Automation)는 각종 정보 기기와 컴퓨터 시스템이 유기적으로 연결함으로써 제품의 설계에서 제조, 출하에 이르는 공장 내의 공정을 자동화하는 기술을 말한다. 이를 통해 생산성 향상과 원가 절감, 불량품 감소 등으로 제품의 경쟁력을 높이게 된다. 공장 자동화의 대표적인 예로는 컴퓨터 이용 설계(CAD; Computer Aided Design)와 컴퓨터 이용 생산(CAM; Computer Aided Manufacturing)이 있다.

① 상품의 판매 시점관리(POS; Point Of Sales) 시스템은 편의점이나 백화점 등에서 매출액 계산, 원가 및 재고 관리 등에 컴퓨터를 활용하는 시스템을 말한다. POS 시스템은 물품을 판매한 바로 그 시점에 판매 정보가 중앙 컴퓨터로 전달되어 현재 매장의 재고가 얼마나 되는지, 새로 구입해야 할 물건은 무엇인지를 금방 알아낼 수 있으며, 각종 사무처리는 물론 경영 분석까지도 이루어지는 시스템이다.
③ 컴퓨터 보조 교육(CAI; Computer Assisted Instruction)은 강의나 학습에 컴퓨터를 이용하는 것으로, 학습자가 프로그램을 이용하여 개인차에 따라 학습 속도와 학습 시간을 조절하여 학습하는 방식을 말한다.
④ 컴퓨터 관리 교육(CMI; Computer Managed Instruction)은 컴퓨터를 학습 지도 자료의 정리, 성적 관리, 진로 지도, 교육 계획 등에 활용하는 것을 말한다.

06 전자 상거래(EC; Electronic Commerce)에 대한 설명으로 옳지 않은 것은?

① 현실 세계의 소매상을 가상공간에 구현한 것이다.
② 인터넷 서점, 홈 쇼핑, 홈 뱅킹 등이 해당된다.
③ 서비스 제공 대상은 모든 기업과 모든 소비자가 대상이 된다.
④ 기업의 물류비용은 늘지만 소비자는 값싼 물건을 구매할 수 있다.

정답해설

정답해설

전자상거래가 활성화되면 기업은 물류비용이 감소하고, 소비자는 값싸고 질 좋은 제품을 집에서 구매할 수 있게 된다.

오답해설

① 전자상거래란 현실 세계의 소매상을 가상공간에 구현한 것으로, 컴퓨터나 정보통신망 등 전자화된 기술을 이용하여 기업과 소비자가 상품과 서비스를 사고파는 것을 의미한다.

② 인터넷 쇼핑과 인터넷 서점, 홈 쇼핑, 홈 뱅킹 등이 전자 상거래의 대표적인 형태이다.

③ 전자 상거래는 경제주체에 따라 기업과 소비자간(B2C), 기업간(B2B), 기업과 정부간(B2G), 소비자간(C2C) 전자상거래 등이 있으며, 기업의 상품과 서비스 제공 대상은 모든 기업과 모든 소비자가 대상이 된다.

---

07 다음의 용어정의에 해당하는 말을 모두 바르게 짝지은 것은?

- (㉠)(이)란 아직 특정의 목적에 대하여 평가되지 않은 상태의 문자들의 단순한 나열을 의미한다.
- (㉡)(이)란 데이터를 일정한 프로그램에 따라 컴퓨터가 처리 · 가공함으로써 특정 목적 달성에 필요하거나 특정 의미를 가진 것으로 다시 생산된 것을 의미한다.
- (㉢)(이)란 어떤 특정 목적 달성을 위해 과학적 또는 이론적으로 추상화되거나 정립되어 있는 일반화된 정보를 의미한다.

㉠	㉡	㉢
① 자료	정보	지식
② 정보	자료	지식
③ 자료	지식	정보
④ 정보	지식	자료

정답해설

㉠ '자료(data)'란 정보 작성을 위하여 필요한 데이터를 말하는 것으로, '아직 특정의 목적에 대하여 평가되지 않은 상태의 숫자나 문자들의 단순한 나열' 또는 '객관적 실제의 반영이며, 그것을 전달할 수 있도록 기호화한 것'을 의미한다.

㉡ '정보(Information)'란 자료를 일정한 프로그램에 따라 컴퓨터가 처리 · 가공함으로써 '특정한 목적을 달성하는데 필요하거나 특정한 의미를 가진 것으로 다시 생산된 것' 또는 '자료를 특정한 목적과 문제해결에 도움이 되도록 가공한 것'을 의미한다.

㉢ '지식(Knowledge)'이란 '어떤 특정 목적을 달성하기 위해 과학적 또는 이론적으로 추상화되거나 정립되어 있는 일반화된 정보' 또는 '정보를 집적하고 체계화하여 장래의 일반적인 사항에 대비해 보편성을 갖도록 한 것'을 의미한다.

08 다음 중 인터넷이 초래하는 문제점으로 적절하지 않은 것은?

① 정보의 유통

② 개인 정보 유출

③ 언어 훼손

④ 저작권 침해

정답해설

정보의 유통 자체를 문제점이라 할 수는 없다. 인터넷이 초래하는 문제점은 음란 사이트나 도박 사이트, 폭력 사이트, 엽기 사이트 등 반사회적 사이트를 통해 유해하고 불건전한 정보가 유통되는 것이다.

오답해설

② 인터넷을 통해 해킹이나 바이러스 감염 등으로 개인정보가 유출됨으로써 사생활이 침해되는 피해가 발생할 수 있다.

③ 온라인상의 용어는 보다 쉽고 빠르게, 또는 단순히 재미로 줄여 쓰고, 이어 쓰고, 발음 나는 대로 쓰기도 하는 등, 올바른 언어를 사용하지 않아 실제 생활에서 언어 사용의 문제를 가져올 수 있다.

④ 인터넷을 통해 불법으로 복제된 소프트웨어 파일 등을 배포하거나 저작권자의 동의 없이 음원이나 영화 등의 파일이 공개되기도 하는 등 저작권 침해 문제가 발생한다.

09 다른 시스템에 불법적으로 침입하여 시스템에 저장된 정보를 임의로 변경, 삭제 또는 절취하는 행위를 무엇이라 하는가?

① 논리폭탄

② 바이러스

③ 전자우편 폭탄

④ 해킹

정답해설

컴퓨터 해킹(Computer Hacking)이란 컴퓨터를 이용하여 다른 사람의 시스템이나 정보처리장치에 접근함으로써 기술적인 방법으로 다른 사람의 정보처리장치가 수행하는 기능이나 전자기록을 변경·삭제하거나 절취하는 등 함부로 간섭하는 일체의 행위를 가리킨다. 원래 해킹은 자신의 실력을 자랑하기 위해 다른 시스템에 접근하는 행위로 네트워크의 보안을 지키는 역할을 하였으나, 점차 해킹의 기술이 발전하면서 크래킹(cracking)과 동일한 의미로 사용되고 있다. 컴퓨터 해킹의 종류로는 통신망의 운영체제나 응용 프로그램의 하자(Bug)를 이용하는 방법과 해킹 프로그램(Hacking Program)을 별도로 제작하여 범행에 이용하는 방법이 있다.

오답해설

① 논리폭탄은 프로그램에 오류를 발생시키는 프로그램 루틴을 무단으로 삽입하여 특정한 조건의 발생이나 특정한 데이터의 입력을 기폭제로 컴퓨터에 부정한 행위를 실행시키는 것을 말한다. 주로 전자 우편 폭탄(Mailbomb), 전자 편지 폭탄(Letterbomb), 컴퓨터 바이러스 등과 같이 인터넷 등 컴퓨터 통신망을 이용한 범죄나 사이버 테러리즘의 수법으로 사용된다.

② 컴퓨터 바이러스는 컴퓨터 내부에 침투하여 자료를 손상시키거나 다른 프로그램들을 파괴시키는 컴퓨터 프로그램의 일종이다. 컴퓨터 바이러스는 호기심이나 악의를 가진 프로그래머에 의해 제작되어 사용자 몰래 유포된다.

③ 전자우편 폭탄(메일 폭탄)은 어떤 전자 우편(e-mail) 사용자의 전자 우편 프로그램을 마비시키거나 다른 정당한 메시지의 수신을 방해할 의도로, 그 사용자의 전자 우편 주소로 일시에 엄청난 양의 전자 우편 데이터 발송하는 것을 말한다.

10 컴퓨터 통신에서 문자와 기호, 숫자 등을 적절히 조합해 감정이나 특정한 상황을 상징적이며 재미있게 표현하는 사이버 공간 특유의 언어를 무엇이라고 하는가?

① 네티켓
② 이모티콘
③ 스팸
④ 트래픽

정답해설

이모티콘(Emoticon)은 컴퓨터 통신에서 자신의 감정이나 의사를 나타내기 위해 사용하는 기호나 문자의 조합을 말하는 것으로, 감정(emotion)과 아이콘(icon)을 합성한 말이다. 이모티콘은 1980년대에 미국의 한 대학생이 최초로 사용했으며, PC통신과 인터넷 상용화 초창기에 웃는 모습이 주류를 이루었기 때문에 스마일리(Smiley)로 불리기도 하였다.

오답해설

① 네티켓(Netiquette)은 통신망을 뜻하는 네트워크(network)와 예절을 뜻하는 에티켓(etiquette)의 합성어로, 네티즌이 사이버 공간에서 지켜야 하는 예절 또는 지켜야 할 비공식적인 규약을 의미한다.

③ 스팸(Spam)은 광고성 우편물이나 선전물, 대량 발송 메시지 등을 의미하는 용어로, 주로 인터넷상의 다수 수신인에게 무더기로 송신된 전자 우편(e-mail) 메시지나 뉴스그룹에 일제히 게재된 뉴스 기사, 우편물을 통해 불특정 다수인에게 무더기로 발송된 광고나 선전 우편물(Junk mail)과 같은 의미이다. 스팸을 전달하는 가장 흔한 수단은 이메일이지만 블로그나 소셜 네트워킹 사이트, 뉴스 그룹, 휴대폰 등도 스팸의 대상이 된다. 스팸은 대부분의 경우에 수신인이 원하지도 않고 관심도 없는 메시지이거나, 각 뉴스그룹의 토론 주제와도 상관이 없는 기사들이다.

④ 트래픽(Traffic)은 전신·전화 등의 통신 시설에서 통신의 흐름을 지칭하는 말로서, 전송량이라고 한다. 통상 어떤 통신장치나 시스템에 걸리는 부하를 의미하는 용어로, 트래픽 양이 지나치게 많으면 서버에 과부하가 걸려 전체적인 시스템 기능에 장애를 일으킨다.

07
정보
능력

11 다음 중 컴퓨터 바이러스를 예방하는 방법으로 적절하지 않은 것은?

① 전자우편 첨부파일은 백신 프로그램으로 검사 후 사용한다.
② 실시간 감시 기능이 있는 백신 프로그램을 설치하여 사용한다.
③ 좋은 자료가 많은 폴더는 외부접근을 차단하고 내에서 서로 공유한다.
④ 중요한 파일은 습관적으로 미리 백업을 해 둔다.

정답해설

폴더를 서로 공유하는 과정에서 바이러스에 감염·전파될 수 있으므로, 항상 바이러스 감염여부를 확인하는 것이 중요하다. 또한, 소프트웨어는 항상 정품 소프트웨어를 구입하여 사용하는 것이 좋다.

오답해설

① 컴퓨터 바이러스를 예방하기 위해서는 출처가 불분명한 전자 우편의 첨부파일의 경우 백신 프로그램으로 바이러스 검사 후 사용해야 한다.
② 실시간 감시 기능이 있는 백신 프로그램을 설치하고 정기적으로 업데이트한다.
④ 중요한 파일은 습관적으로 별도의 보조 기억 장치에 미리 백업을 해 두는 것이 안전하다.

12 다음 중 인터넷 게임을 할 때의 네티켓으로 옳지 않은 것은?

① 상대방에게 경어를 사용한다.

② 인터넷 게임은 온라인상의 오락으로 그쳐야 한다.

③ 게임이 안 되는 때에는 바로 퇴장하는 것이 좋다.

④ 게이머도 스포츠맨십을 지켜야 한다.

정답해설

게임이 안 된다고 게임 도중 바로 퇴장하는 것은 무례한 일이다. 가급적 끝까지 게임을 하도록 하고, 졌을 경우는 깨끗이 인정하고 이겼을 경우 상대를 위로하는 자세가 필요하다. 급박한 사정이 있어 중단해야 하는 경우 상대에게 먼저 양해를 구해야 한다.

오답해설

① 상대방에게 항상 경어를 쓰는 것이 좋다. 매일 만나는 상대라도 서로 존중하는 것을 잊어서는 안 된다.

② 인터넷 게임에 너무 집착하지 않도록 하며, 온라인 게임은 온라인상의 오락으로 끝나야 한다.

④ 게이머도 일종의 스포츠맨이므로 스포츠맨십을 지키는 자세가 필요하다.

13 다음이 설명하는 용어로 알맞은 것은?

- 온라인 공간에서 이용자의 인적 네트워크를 구축할 수 있도록 하는 서비스로, 인맥관리서비스 혹은 사회연결망서비스, 커뮤니티형 웹사이트라는 용어로 설명하기도 한다.
- 트위터, 페이스북, 인스타그램 등이 대표적인 웹사이트이다.

① 웹 하드   ② SNS

③ 메신저   ④ 클라우드 컴퓨팅

정답해설

SNS(Social Networking Service)는 온라인상의 인적 네트워크 구축을 목적으로 개설된 커뮤니티형 웹사이트로서, 트위터, 네이버 밴드, 페이스북, 인스타그램, 카카오 등이 대표적이다. 현재 많은 사람이 다른 사람과 의사소통을 하거나 정보를 공유·검색하는 데 SNS를 일상적으로 이용하고 있는데, 이는 참가자 개인이 정보발신자 구실을 하는 1인 미디어라는 것과 네트워크 안에서 정보를 순식간에 광범위하게 전파할 수 있다는 점, 키워드 기반의 검색정보보다 정보의 신뢰성이 높다는 점 등이 그 주요 요인이라 할 수 있다.

오답해설

① 웹하드(Web hard) 또는 인터넷 디스크는 웹 서버에 대용량의 저장 기능을 갖추고 사용자가 개인용 컴퓨터의 하드디스크와 같은 기능을 인터넷을 통하여 이용할 수 있게 하는 서비스이다. 저렴한 비용으로 대용량의 데이터를 자유롭게 주고받을 수 있다는 장점도 있지만, 각종 불법 자료 거래의 온상으로 이용되는 문제점도 있다.

③ 메신저는 인터넷에서 실시간으로 메시지와 데이터를 주고받을 수 있는 소프트웨어이다. 메신저는 프로그램을 갖춘 사이트에 접속하여 회원으로 가입한 뒤 해당 프로그램을 다운로드 받아 컴퓨터에 설치하여 사용하며, 다운로드받지 않고 로그인과 동시에 사용할 수 있는 사이트도 있다.

④ 클라우드 컴퓨팅(Cloud Computing)이란 사용자들이 복잡한 정보를 보관하기 위해 별도의 데이터 센터를 구축하지 않고도 인터넷을 통해 제공되는 서버를 활용해 정보를 보관하고 있다가 필요할 때 꺼내 쓰는 기술을 말한다. '구름 저 너머'에 있는 것과 같은 인터넷의 영역에서 전산 자산을 이용할 수 있다고 해서 '클라우드 컴퓨팅'이라고 부른다. 클라우드 컴퓨팅의 핵심은 데이터의 저장 · 처리 · 네트워킹 및 다양한 어플리케이션 사용 등 IT 관련 서비스를 인터넷과 같은 네트워크를 기반으로 제공하는데 있다. 특히, 모바일 사회에선 사용자가 웹하드 등 저장 공간에 개인과 관련된 콘텐츠를 저장해두고 장소와 시간에 관계없이 다양한 단말기를 통해 꺼내 쓸 수 있다.

14 다음 중 일반적인 정보검색 단계를 바르게 나열한 것은?

① 검색주제 선정 → 검색식 작성 → 정보원 선택 → 결과 출력
② 정보원 선택 → 검색식 작성 → 검색주제 선정 → 결과 출력
③ 정보원 선택 → 검색주제 선정 → 검색식 작성 → 결과 출력
④ 검색주제 선정 → 정보원 선택 → 검색식 작성 → 결과 출력

정답해설
일반적인 정보검색 단계는 '검색주제 선정 → 정보원 선택 → 검색식 작성 → 결과 출력'의 단계로 이루어진다. 여기서 정보검색이란 여러 곳에 분산되어 있는 수많은 정보 중에서 특정 목적에 적합한 정보만을 신속하고 정확하게 찾아내어 수집 · 분류 · 축적하는 과정을 의미한다.

15 조선 후기 정조대왕의 아버지를 검색하고자 한다. 다음 중 연산자의 기호가 가장 적절히 사용된 것은?

① 정조 & 아버지　　　　　② 정조 ! 아버지
③ 정조 ~ 아버지　　　　　④ 정조 − 아버지

정답해설
정조대왕의 아버지는 수많은 아버지 중 정조대왕의 아버지를 의미하므로, 정조와 아버지가 모두 포함된 문서를 검색하기 위해서는 연산자 'AND'를 써야 한다. 'AND'는 '&'나 '*'로 표시한다.

오답해설
② · ④ '−'와 '!'는 연산자 'NOT'을 나타낸 기호이므로, 뒤에 오는 단어(아버지)를 포함하지 않는 문서를 검색한다.
③ '~'나 'near'는 인접검색을 나타내므로, 앞 · 뒤의 단어가 가깝게 인접해 있는 문서를 검색한다.

16 다음 소프트웨어에 관한 설명 중 옳지 않은 것은?

① 스프레드시트의 구성단위는 셀, 열, 행, 영역 등 4가지이며, 가로행과 세로행이 교차하면 정보를 저장하는 셀이 구성된다.

② 프리젠테이션 프로그램은 보고나 회의 등에서 정보를 전달하는데 활용되는 프로그램이며, 대표적인 프로그램으로는 파워포인트가 있다.

③ 데이터베이스 테이블, 질의, 폼, 보고서 등을 작성할 수 있는 기능을 가지고 있으며, 대표적인 프로그램으로는 포토샵(PhotoShop)이 있다.

④ 대표적인 유틸리티 프로그램으로는 파일 압축 프로그램과 바이러스 백신 프로그램, 화면 캡처, 이미지 뷰어 프로그램 등이 있다.

정답해설

데이터베이스(Database)의 대표적인 프로그램으로는 오라클(Oracle), 액세스(Access) 등이 있다. 포토샵(PhotoShop)이나 오토캐드, 일러스트레이터(Illustrator) 등은 그래픽 소프트웨어의 대표적인 프로그램이다. 데이터베이스는 대량의 자료를 관리하고 내용을 구조화하여 검색이나 자료 관리 작업을 효과적으로 실행하는 프로그램으로, 테이블, 질의, 폼, 보고서 등을 작성할 수 있는 기능을 지닌다.

오답해설

① 스프레드시트의 구성단위는 셀, 열, 행, 영역 등 4가지로 구성된다. 가로행과 세로행이 교차하면서 셀이라는 공간이 구성되는데, 이 셀은 정보를 저장하는 단위이다.

② 프리젠테이션 프로그램은 보고, 회의, 상담, 교육 등에서 정보를 전달하는데 널리 활용되는 것으로, 파워포인트, 프레지 등이 대표적인 프로그램이다.

④ 유틸리티 프로그램에는 파일 압축 유틸리티 프로그램, 바이러스 백신 프로그램, 화면 캡처 프로그램, 이미지 뷰어 프로그램, 동영상 재생 프로그램 등이 있다. 대표적인 파일 압축 유틸리티 프로그램으로는 알집(ALzip), 반디집, 윈집(Winzip) 등이 있으며, 바이러스 백신 프로그램으로는 V3, 알약, 아비라, 어베스트, 안티바이러스 등이, 화면 캡처 프로그램으로는 윈도우 캡처 도구 등이 있다.

17 다음 중 데이터베이스에 관한 설명으로 옳지 않은 것은?

① 데이터베이스는 여러 개의 서로 연관된 파일을 의미한다.

② 데이터베이스 관리시스템은 한 번에 한 개의 파일을 생성 · 유지 · 검색할 수 있는 소프트웨어이다.

③ 필터나 쿼리 기능을 이용하여 데이터를 빠르게 검색할 수 있다.

④ 많은 데이터를 종류별로 분류하여 일괄적으로 관리할 수 있다.

정답해설

데이터베이스 관리시스템은 데이터와 파일, 그들의 관계 등을 생성·유지·검색할 수 있게 해주는 소프트웨어인데 반해, 파일관리시스템은 한 번에 한 개의 파일에 대해서 생성·유지·검색을 할 수 있는 소프트웨어.

오답해설

① 일반적으로 데이터베이스라 함은 여러 개의 서로 연관된 파일을 의미한다. 이런 여러 개의 파일이 서로 연관되어 있으므로, 사용자는 여러 개의 파일에 있는 정보를 한 번에 검색해 볼 수 있다.

③ 데이터베이스는 데이터의 검색 기능을 수행한다.

④ 데이터베이스의 일관 관리 기능에 대한 설명이다.

Check Point ── **데이터베이스의 기능**

• 입력 기능 : 형식화된 폼을 사용하여 내용을 편리하게 입력할 수 있음
• 데이터의 검색 기능 : 필터나 쿼리 기능을 이용하여 데이터를 빠르게 검색하고 추출할 수 있음
• 데이터의 일괄 관리 : 테이블을 사용하여 데이터를 관리하기 쉬우며, 많은 데이터를 종류별로 분류하여 일괄적으로 관리할 수 있음
• 보고서 기능 : 데이터베이스에 있는 데이터로 청구서나 명세서 등의 서류를 손쉽게 만들 수 있음

---

18 다음은 데이터베이스이 작업 순서를 나타낸 도식이다. ㉠~㉣에 적합한 내용을 순서대로 바르게 나열한 것은?

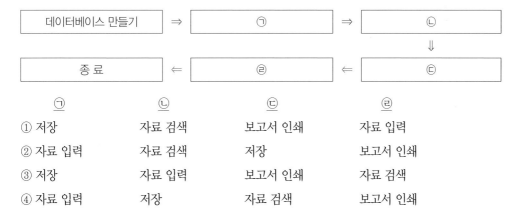

	㉠	㉡	㉢	㉣
①	저장	자료 검색	보고서 인쇄	자료 입력
②	자료 입력	자료 검색	저장	보고서 인쇄
③	저장	자료 입력	보고서 인쇄	자료 검색
④	자료 입력	저장	자료 검색	보고서 인쇄

정답해설

데이터베이스이 작업 순서는 '시작 – 데이터베이스 만들기 – 자료 입력 – 저장 – 자료 검색 – 보고서 인쇄 – 종료'의 순서가 된다.

07
정보
능력

19 다음 정보원(sources)에 대한 설명 중 옳지 않은 것은?

① 정보원은 필요한 정보를 수집할 수 있는 원천을 말한다.

② 정보원은 1차 자료와 2차 자료로 구분할 때, 1차 자료는 연구 성과가 기록된 자료를 의미한다.

③ 정보원의 2차 자료에는 단행본과 신문, 잡지, 특허정보 등이 있다.

④ 정보원은 가급적 전문가나 이해당사자를 대상으로 하는 것이 좋다.

정답해설

단행본과 신문, 잡지, 특허정보 등은 모두 1차 자료에 해당한다. 1차 자료에는 그 밖에도 학술지와 학술지 논문, 학술 회의자료, 연구보고서, 학위논문, 표준 및 규격자료, 웹 정보자원 등이 있다. 2차 자료에 해당하는 것으로는 사전, 편 람, 연감, 서지데이터베이스 등이 있다.

오답해설

① 필요한 정보를 수집할 수 있는 원천을 정보원(sources)이라 하며, 이러한 정보원은 정보수집자의 입장에서 볼 때 공개된 것은 물론이고 비공개된 것도 포함된다.

② 정보원(sources)은 크게 1차 자료와 2차 자료로 구분할 수 있는데, 1차 자료는 원래의 연구 성과가 기록된 자료를 의미하며, 2차 자료는 1차 자료를 효과적으로 찾아보기 위한 자료 또는 1차 자료에 포함되어 있는 정보를 압축 · 정리해 읽기 쉬운 형태로 제공하는 자료를 의미한다.

④ 정보원(sources)은 가급적 전문가나 이해당사자를 대상으로 하는 것이 좋으며, 구축되는 정보원은 정기적으로 관리하는 것이 중요하다. 특히, 중요한 정보원에 대해서는 별도로 관리하는 것이 필요하다.

20 다음 중 효과적인 정보 수집을 위해 주의할 사항으로 적절하지 않은 것은?

① 인텔리전스를 수집할 것이 아니라 인포메이션을 수집해야 한다.

② 중요 정보의 수집을 위해서는 신뢰관계가 전제되어야 한다.

③ 오늘날에는 정보의 질이나 내용보다 빠른 정보 수집이 중요한 때가 많다.

④ 중요한 정보 외의 세세한 정보는 정보수집용 하드웨어를 활용해 정리하는 것이 효과적이다.

정답해설

단순한 인포메이션을 수집할 것이 아니라 직접적으로 도움을 줄 수 있는 인텔리전스를 수집하여야 한다. 여기서 인 포메이션은 하나하나의 개별적인 정보를 나타내며, 인텔리전스는 무수히 많은 인포메이션 중에 몇 가지를 선별해 그것을 연결시켜 뭔가 판단하기 쉽게 도와주는 하나의 정보 덩어리라고 할 수 있다. 예를 들어 오늘 우리경제의 주 식시세가 2,000이라는 식의 단순한 정보는 인포메이션인데 비해, 장래 우리 주가가 오를지 내릴지를 어느 정도 예 측한다면 이는 인텔리전스가 된다.

② 정말로 중요한 정보는 신뢰관계가 좋은 사람에게만 전해진다. 정보기술의 발달로 여러 매체를 통해서도 어느 정도 정보를 얻을 수 있지만 역시 중요 정보는 얼굴을 마주해야만 전해지는 것이므로, 당연히 중요한 정보를 수집하기 위해서는 우선적으로 신뢰관계가 전제되어야 한다.

③ 변화가 심한 요즘시대에는 정보를 빨리 잡는다는 것이 상당히 중요한 포인트가 된다. 이는 정보의 질이나 내용보다는 빠른 정보수집이 결정적인 효과를 가져 올 가능성이 크다는 것을 의미한다.

④ 사람의 기억력에는 한계가 있으므로, 중요한 정보는 머릿속 서랍에 두고, 세세한 정보나 향후 유용할 것으로 예상되는 정보들은 정리 박스, 스크랩 등 정보수집용 하드웨어를 활용하여 수집하는 것이 필요할 것이다.

21 다음 중 정보분석에 대한 설명으로 옳지 않은 것은?

① 정보분석은 여러 정보를 관련지어 새로운 정보를 만드는 활동이다.

② 정보분석을 통해 서로 상반된 정보의 내용을 판단해 새로운 해석을 할 수 있다.

③ 좋은 데이터가 있는 경우는 항상 훌륭한 분석이 가능하다.

④ 1차 정보를 분석하고 압축 · 가공하여 2차 정보를 작성한다.

좋은 데이터(자료)가 있다고 해서 항상 훌륭한 분석이 되는 것은 아니다. 즉, 좋은 데이터가 있어도 그것을 평범한 것으로 바꾸는 것만으로는 훌륭한 분석이라고 할 수 없다. 훌륭한 분석이란 하나의 메커니즘을 그려낼 수 있고, 미래를 예측할 수 있는 것이어야 한다.

① 정보분석이란 여러 정보를 상호관련지어 새로운 정보를 생성해내는 활동을 말한다.

② 정보를 분석함으로서 한 개의 정보로써 불분명한 사항을 다른 정보로써 명백히 할 수 있으며, 서로 상반되거나 큰 차이가 있는 정보의 내용을 판단해서 새로운 해석을 할 수도 있다.

④ 1차 정보를 분석하고 압축 · 가공하여 2차 정보를 작성하게 된다. 1차 정보가 포함하는 내용을 몇 개의 설정된 카테고리로 분석하여 각 카테고리의 상관관계를 확정하고, 1차 정보가 포함하는 주요 개념을 대표하는 용어(key word)를 추출하며, 이를 간결하게 서열화 · 구조화한다.

22 다음 중 키워드나 주제어를 가지고 소장하고 있는 정보원(sources)을 관리하는 방식을 무엇인가?

① 목록을 이용한 정보관리　　　　② 색인을 이용한 정보관리

③ 정보 내용을 이용한 정보관리　　④ 정보 기능에 따른 정보관리

07
정보
능력

정보관리의 방식 중 주요 키워드나 주제어를 가지고 소장하고 있는 정보원(sources)을 관리하는 방식은 색인을 이용한 정보관리이다. 목록은 한 정보원에 하나만 만드는 것이지만, 색인은 여러 개를 추출하여 한 정보원에 여러 색인어를 부여할 수 있다. 색인은 정보를 찾을 때 쓸 수 있는 키워드인 '색인어'와 색인어의 출처인 '위치정보'로 구성된다.

① 목록을 이용한 정보관리는 정보에서 중요한 항목을 찾아 기술한 후 정리하여 정보목록을 만들어 관리하는 방식을 말한다.

③ · ④ 정보의 내용에 따라 분류하거나 정보가 이용되는 기능에 따라 분류하는 것은 모두 분류를 이용한 정보관리에 해당한다. 분류를 이용한 정보관리는 정보를 각각의 기준에 따라 유사한 것끼리 모아 체계화하여 정리하는 것으로, 시간적 기준(정보의 발생 시간별 분류)과 주제적 기준(정보의 내용에 따라 분류), 기능적 · 용도별 기준(기능이나 용도에 따라 분류), 유형적 기준(정보 유형에 따라 분류)으로 구분된다.

23 정보의 활용에 대한 다음 설명 중 적절하지 않은 것은?

① 수집한 정보는 그대로 활용하기도 하지만, 정보를 정리 · 분석 · 가공하여 활용하거나 일정한 형태로 표현해 활용하기도 한다.

② 정보를 동적정보와 정적정보로 구분할 때, 동적정보는 시시각각 변화하는 정보를 의미하며, 정적정보는 보존되어 있는 정보를 의미한다.

③ 동적정보에는 신문이나 텔레비전 뉴스의 정보가 있으며, 정적정보에는 책에 있는 정보와 DVD 등에 수록되어 있는 영상정보가 있다.

④ 판단해 처리하면 미련 없이 버릴 수 있지만, 밀려와 쌓이기만 하는 대부분의 정보는 정적정보이다.

밀려와서 쌓이기만 하는 정보의 대부분은 동적정보이다. 동적정보는 미련 없이 버려도 아무 상관없는 것으로, 정보를 입수한 그 자리에서 판단해 처리하면 미련 없이 버릴 수 있다는 점이 특징이다. 동적정보는 유통기한이 있기 마련이지만, 일반 사람들은 물건과 마찬가지로 아깝다고 생각한 나머지 모아두는 경우가 보통이다.

① 정보활용은 물론 수집한 정보를 그대로 활용하는 경우도 있지만, 정리 · 분석 · 가공하여 활용하거나 일정한 형태로 표현 또는 재표현하여 활용하는 등 매우 다양한 활용 형태가 존재한다.

② 정보는 크게 동적정보와 정적정보로 구분할 수 있다. 동적정보는 시시각각으로 변화하는 정보를 의미하며, 정적정보(저장정보)는 보존되어 멈추어 있는 정보를 말한다.

③ 신문이나 텔레비전의 뉴스는 상황에 따라 수시로 변하기 때문에 동적정보에 해당한다. 이에 비해 잡지나 책에 들어있는 정보와 DVD, Blu-ray Disk 등에 수록되어 있는 영상정보는 일정한 형태로 보존되어 언제든 동일 상태로 재생할 수 있기 때문에 정적정보로 볼 수 있다.

01 미래 학자들이 공통적으로 전망하는 미래의 모습은 지식·정보가 개인과 사회 그리고 국가의 경쟁력에 핵심적인 요소라는 것이다. 다음 중 미래사회의 모습으로 적절하지 않은 것은?

① 부가가치 창출요인이 지식 및 정보 생산 요소로 전환되고 지식과 정보의 부가가치 창출이 증가할 것이다.

② 미래사회의 중심 산업인 6T에는 정보기술, 우주항공기술, 자원공학, 나노기술, 건축기술, 문화산업이 있다.

③ 세계화의 진전으로 무역개방화, 국가 간의 전자 상거래(EC), 가상은행, 사이버 백화점, 다국적 기업의 국내 설치 등이 증가할 것이다.

④ 미래사회에서는 지식이 폭발적으로 증가할 것인데, OECD보고서는 2020년이 되면 지식은 73일을 한 주기로 2배씩 증가할 것이라 밝히고 있다.

정답해설

미래를 이끌어 갈 주요 산업인 6T는 정보기술, 우주항공기술, 생명공학, 나노기술, 환경기술, 문화산업을 말한다. 6T는 토지·노동·자본보다는 새로운 지식과 기술을 개발·활용·공유·저장할 수 있는 지식근로자를 요구하고 있다.

오답해설

① 미래사회는 부가가치 창출요인이 토지, 자본, 노동에서 지식 및 정보 생산 요소로 전환되고 지식과 정보가 부가가치 창출의 3/4을 차지할 정도로 증가할 것이다.

③ 세계화는 모든 국가의 시장이 국경 없는 하나의 세계 시장으로 통합됨을 의미하는데, 미래사회는 세계화의 진전으로 WTO와 FTA 등에 의한 무역개방화, 국가 간의 전자 상거래(EC), 가상은행, 사이버 백화점, 사이버 대학교, 한국 기업의 외국 공장 설립, 다국적 기업의 국내 설치 및 산업 연수생들의 국내산업체 근무, 외국 대학 및 학원의 국내 설치 등이 더욱 증가하게 될 것이다.

④ 미래사회에서는 지식 특히, 과학적 지식이 폭발적으로 증가할 것이다. OECD보고서는 2020년이 되면 지식은 73일을 한 주기로 2배씩 증가할 것이라 했으며, 한 미래학자는 2050년 경이되면 지식이 급증하여 지금의 지식은 1% 밖에 사용할 수 없게 될 것이라고 전망하기도 했다.

07

정보
능력

02 사회 현상이 복잡해지고 다양해짐에 따라 컴퓨터 활용 분야는 매우 광범위하게 늘어나고 있다. 수많은 정보를 인간이 직접 관리하고 처리하기에는 한계가 있기 때문에 기업, 행정, 산업, 가정, 교육 등의 여러 분야에서 컴퓨터가 활용되고 있다. 다음 설명 중 컴퓨터가 활용되는 분야가 다른 하나는?

① MIS나 DSS 등은 필요한 정보를 효과적으로 활용할 수 있도록 지원하여 신속한 의사결정이 가능하도록 한다.

② OA를 통해 문서 작성과 보관은 물론 전자 결재 시스템이 도입되어 업무의 효율을 높이고 있다.

③ EC가 활성화되어 물류비용이 감소하며, 소비자는 값싸고 질 좋은 제품을 집에서 구매할 수 있게 되었다.

④ 전자 주민 카드는 반도체 칩이 부착되어 신분을 확인할 수 있는 수단을 제공할 것이며, 향후 신용카드를 대신하게 될 것이다.

정답해설

행정기관에서는 민원처리, 각종 행정 통계 등의 여러 가지 행정에 관련된 정보를 데이터베이스를 구축하여 활용하고 있는데, 행정 업무의 사무 자동화(OA)나 가상 우체국, 전자 주민 카드 등은 행정 분야에서 컴퓨터가 활용되는 대표적이 예가 된다. 나머지는 모두 기업 경영 분야에서 컴퓨터가 활용되는 예에 해당한다.

오답해설

① 컴퓨터는 기업 경영 분야에서 활용되고 있는데, 생산에서부터 판매, 회계, 재무, 인사 및 조직관리는 물론 금융 업무까지도 컴퓨터가 널리 활용하고 있다. 경영정보시스템(MIS; Management Information System)이나 의사결정 지원시스템(DSS; Decision Support System) 등은 기업경영에 필요한 정보를 효과적으로 활용할 수 있도록 지원해 주어 경영자가 신속한 의사결정을 할 수 있도록 해 준다.

② 사무 자동화(OA; Office Automation)가 이루어져 문서 작성과 보관은 물론 컴퓨터로 업무를 결재하는 전자 결재 시스템이 도입되어 업무 처리의 효율을 높이고 있다.

③ 정보 통신 기술의 발달로 생산에서 소비까지 전 과정을 컴퓨터로 처리하는 전자 상거래(EC; Electronic Commerce)가 활성화되어 기업은 물류비용을 줄이고, 소비자는 값싸고 질 좋은 제품을 집에서 구매할 수 있어 소비자와 기업 모두에게 이익을 주고 있다. 즉, 전자 상거래는 기업이나 개인의 상품 구매에 대한 활동을 컴퓨터나 정보 통신망 등 전자화된 기술을 이용하여 수행하는 시스템을 의미하여, 나아가서는 이에 따라 실현되는 경제 활동을 의미하기도 한다.

Check Point ── **행정 분야에서의 컴퓨터 활용 분야**

• 행정 업무의 사무 자동화(OA; Office Automation)가 이루어져, 모든 민원서류를 정보 통신망을 이용하여 원격지에서 발급받을 수 있을 뿐만 아니라 가까운 은행에서도 세금과 공과금을 납부할 수 있게 되었다.
• 가상 우체국과 전자 주민 카드 등이 곧 실용화되면 행정 서비스 분야에서도 보다 편리한 생활이 가능할 전망인데, 특히 전자 주민 카드는 반도체 칩이 부착되어 있어 주민등록, 건강보험, 운전 면허증 등의 신분을 확인할 수 있는 수단을 제공할 뿐만 아니라, 향후 신용카드를 대신하여 물품 구매에서 지하철 개찰까지 대신하게 될 것이다.

03 정보는 일정한 절차에 따라 활용하는 것이 효과적인데, 일반적으로 정보는 기획, 수집, 관리, 활용의 절차에 따라 처리된다. 다음에 제시된 내용이 이용되는 절차로 가장 알맞은 것은?

- WHAT(무엇을) : 정보의 입수대상을 명확히 한다.
- WHERE(어디에서) : 정보의 소스(정보원)를 파악한다.
- WHEN(언제까지) : 정보의 요구(수집) 시점을 고려한다.
- WHY(왜) : 정보의 필요목적을 염두에 둔다.
- WHO(누가) : 정보활동의 주체를 확정한다.
- HOW(어떻게) : 정보의 수집방법을 검토한다.
- HOW MUCH(얼마나) : 정보수집의 효용성을 중시한다.

① 정보의 기획 ② 정보의 수집
③ 정보의 관리 ④ 정보의 활용

정답해설

제시된 내용은 어떤 상황이나 사실을 정리해 빠짐없이 기술·전달하기 위한 '5W 2H'이다. 정보의 전략적 기획이란 정보활동의 가장 첫 단계로서 정보관리의 가장 중요한 단계이며, 보통 5W 2H에 의해 기획을 한다.

오답해설

② 정보의 수집은 다양한 정보원으로부터 목적에 적합한 정보를 입수하는 것이라 할 수 있다. 정보 수집의 목적은 결국 '예측'을 잘하기 위해서이다. 과거의 정보를 모아 연구하는 것도 결국 장래가 어떻게 될까를 예측하기 위해서라 할 수 있다. 쉽게 번 돈은 쉽게 없어지듯이 정보도 편하게 얻은 것은 몸에 배지 않으며, 꾸준히 모은 정보만이 자기 것이 된다. 정보수집에 지름길은 없으며, 스스로 땀을 흘려 정보를 접하는 기회를 많이 가지는 것만이 정보를 모으기 위한 유일한 길이다.

③ 정보의 관리는 수집된 다양한 형태의 정보를 어떤 문제해결이나 결론도출에 사용하기 쉬운 형태로 바꾸는 일을 말한다. 여러 채널과 갖은 노력 끝에 입수한 정보가 우리가 필요한 시점에 즉시 활용되기 위해서는 모든 정보가 차곡차곡 정리되어 있어야 한다.

④ 산업사회에서의 문자이해력과 마찬가지로, 지식정보사회에서 문맹을 결정하는 기준은 정보활용 능력에 해당한다. 정보활용 능력은 정보기기에 대한 이해나 최신 정보기술이 제공하는 주요 기능이나 특성에 대해 아는 것만 포함되는 것이 아니라, 정보가 필요하다는 문제 상황을 인지할 수 있는 능력, 문제 해결에 적합한 정보를 찾고 선택할 수 있는 능력, 찾은 정보를 문제해결에 적용할 수 있는 능력, 그리고 윤리의식을 가지고 합법적으로 정보를 활용할 수 있는 능력 등 다양한 능력이 수반되어야 한다.

07 정보 능력

04 네티켓은 네티즌이 사이버 공간에서 지켜야 할 비공식적인 규약이라고도 할 수 있는데, 법적인 제재에 의존하는 타율적 해결보다는 네티즌 스스로 자율적으로 사이버 공간의 문제를 미리 방지하고 이성적으로 해결해 나가자는 적극적 의미를 가지고 있다. 인터넷이라는 가상공간은 익명성과 쌍방향성이라는 특성으로 인해 현실공간에 비해 오히려 더욱 예절이 필요한 공간이라 할 수 있다. 다음에 제시된 인터넷과 관련된 네티켓이 가장 어울리는 것은 무엇인가?

> • 메시지는 가능한 짧게 요점만 쓴다.
> • 제목은 메시지 내용을 함축해 간략하게 쓴다.
> • 가능한 메시지 끝에 signature를 포함시키되, 너무 길지 않게 한다.
> • 쉽게 전파될 수 있으므로, 타인에 대해 말할 때는 정중함을 지켜야 한다.
> • 타인에게 피해를 주는 언어를 쓰지 않는다.
> • 마지막으로 주소를 다시 한 번 확인한다.

① 온라인 채팅을 할 때의 네티켓   ② 게시판을 사용할 때의 네티켓

③ 전자우편을 사용할 때의 네티켓   ④ 공개 자료실에서의 네티켓

정답해설

○ 메시지를 짧게 요점만 쓰고 제목을 쓰며, 끝에 signature를 포함하고, 주소를 확인한다는 부분에서, 전자우편 사용 시의 네티켓임을 알 수 있다.

Check Point ── **인터넷 상의 네티켓**

⊙ **온라인 대화(채팅)를 할 때의 네티켓**
• 대화방 입장 시 지금까지 진행된 대화의 내용과 분위기를 경청한다.
• 마주보고 이야기하는 마음가짐으로 임한다.
• 엔터키를 치기 전에 한 번 더 생각한다.
• 광고나 홍보 등의 목적으로 악용하지 않는다.
• 유언비어와 속어, 욕설은 삼가고, 상호비방의 내용은 금한다.

⊙ **게시판을 사용할 때의 네티켓**
• 글의 내용은 간결하게 요점만 작성한다.
• 제목에는 글의 내용을 파악할 수 있는 함축된 단어를 쓴다.
• 글을 쓰기 전에 이미 같은 내용의 글이 없는지 확인한다.
• 글의 내용 중에 잘못된 점이 있으면 빨리 수정·삭제한다.
• 게시판의 주제와 관련 없는 내용은 올리지 않는다.

ⓒ **공개 자료실에서의 네티켓**
• 음란물이나 상업용 소프트웨어를 올리지 않는다.
• 공개 자료실에 등록한 자료는 가급적 압축한다.
• 프로그램을 올릴 때에는 사전에 바이러스 감염 여부를 점검한다.
• 유익한 자료를 받았을 때에는 올린 사람에게 감사의 편지를 보낸다.

05 다음의 사례 중 개인정보에 대한 보안이나 유출을 방지하기 위한 방법으로 적절하지 않은 것은?

① A는 온라인상에서 회원가입을 하는 경우 항상 이용 약관에 기재된 개인정보보호에 관한 권리 조항을 유심히 읽어 본다.

② B는 이용 목적에 맞는 정보를 수집하는지를 확인해 보는데, 특별한 설명 없이 학력이나 월급, 자동차 소유 여부 등을 요구하는 경우 가입을 하지 않는다.

③ C는 이벤트를 이용한 회원가입 시 정체가 분명하지 않은 사이트에서 개인정보를 요구하는 경우 가입 여부를 신중하게 검토해 보는 편이다.

④ D는 이메일 등 각종 비밀번호는 다르게 가입하도록 노력하며, 중요한 것은 생일이나 결혼기념일 등 잊지 않고 기억하기 쉬운 것을 사용한다.

정답해설

개인정보 유출을 방지하기 위해서는 남이 알기 쉬운 비밀번호는 사용하지 않는 것이 좋다. 따라서 생일이나 결혼기념일, 전화 번호 등 기억하기 쉬운 번호를 임의로 비밀번호로 사용하는 것은 피해야 한다. 또한, 가입 후 비밀번호는 정기적으로 교체하는 것이 좋다. 대부분의 경우 동일한 ID와 비밀번호를 몇 년씩 사용하는 경우가 많은데, 이럴수록 ID와 비밀번호가 노출되기 쉽다는 점에 유의한다.

오답해설

① 회원 가입 시 이용 약관을 꼼꼼히 읽어보는 것도 개인정보 유출 방지에 도움이 된다. 이용 약관에 기재된 항목 중 개인정보 보호와 이용자 권리에 대한 조항은 유심히 읽어야 보아야 하며, 3자에게 정보를 제공할 수 있다고 명시된 부분이 있는지 확인해야 한다.

② 이용 목적에 부합하는 정보를 요구하는지 확인하는 것도 개인정보 유출 방지를 위해 필요하다. 정보를 수집할 때에는 수집 및 이용목적을 제시해야 하는데, 특별한 설명 없이 학력, 결혼여부, 월급, 자동차 소유 여부 등을 요구한다면 가입여부를 재고해봐야 한다.

③ 정체불명의 사이트는 멀리하는 것이 개인정보를 안전하게 지키는데 도움이 된다. 특히 많은 사이트에서 경품 이벤트를 통해 회원가입을 권유하고 있는데, 정체가 불분명한 사이트에서 지나치게 개인정보를 입력하면 가입여부를 다시 한 번 생각해 보는 것이 좋다.

07

정보
능력

06 검색엔진의 유형 중 다음에서 설명하는 검색 방식에 해당하는 것은?

> 검색엔진에서 문장 형태의 질의어를 형태소 분석을 거쳐 언제(when), 어디서(where), 누가(who), 무엇을(what), 왜(why), 어떻게(how), 얼마나(How much)에 해당하는 5W 2H를 읽어내고 분석하여 각 질문에 답이 들어있는 사이트를 연결해 주는 검색엔진이다.

① 자연어 검색 방식 　　　　　② 키워드 검색 방식
③ 주제별 검색 방식 　　　　　④ 통합형 검색 방식

정답해설

제시된 내용은 자연어 검색 방식에 대한 설명이다. 일반적인 키워드 검색과 달리 자연어 검색은 사용자가 질문하는 문장을 분석하여 질문의 의미 파악을 통해 정보를 찾기 때문에 훨씬 더 간편하고 정확도 높은 답을 찾을 수 있다. 단순한 키워드 검색의 경우 중복 검색이 되거나 필요 없는 정보가 더 많아서 여러 차례 해당하는 정보를 찾기 위해 불편을 감수해야 하지만, 자연어 검색은 질문의 의미에 적합한 답만을 찾아주기 때문에 더 효율적이라 할 수 있다.

오답해설

② 키워드 검색 방식은 찾고자 하는 정보와 관련된 핵심적인 언어인 키워드를 직접 입력하여, 검색 엔진이 키워드와 관련된 정보를 찾는 방식이다. 사용자 입장에서는 키워드만을 입력함으로써 정보 검색을 간단히 할 수 있는 장점이 있는 반면에, 키워드가 불명확하게 입력된 경우에는 검색 결과가 너무 많아 효율적 검색이 어려울 수 있는 단점이 있다.
③ 주제별 검색 방식은 인터넷상에 존재하는 웹 문서들을 주제별·계층별로 정리하여 데이터베이스를 구축한 후 이용하는 방식이다. 사용자는 단지 자신이 원하는 정보를 찾을 때까지 상위의 주제부터 하위의 주제까지 분류되어 있는 내용을 선택하여 검색하면 원하는 정보를 발견하게 된다.
④ 통합형 검색 방식은 키워드 검색 방식과 매우 유사한데, 키워드 검색 방식과 같이 검색 엔진 자신만의 데이터베이스를 구축하여 관리하는 방식이 아니라, 사용자가 입력하는 검색어들이 연계된 다른 검색 엔진에게 보내고 이를 통하여 얻어진 검색 결과를 사용자에게 보여주는 방식을 사용한다.

07 인터넷에서 '한국전력공사'와 '면접'을 모두 포함하고 '인성검사'는 포함하지 않는 문서를 검색한다고 할 때, 다음 중 연산기호를 가장 바르게 사용한 것은?

① 한국전력공사 & 면접 ~ 인성검사
② 한국전력공사 * 면접 – 인성검사
③ 한국전력공사 | 면접 – 인성검사
④ 한국전력공사 ~ 면접 | 인성검사

정답해설

연산기호 '&'와 '*'는 두 단어가 모두 포함된 문서를 검색하는 연산자 'AND'를 의미하며, 연산기호 '–'와 '!'는 뒤에 오는 단어를 포함하지 않는 연산자 'NOT'를 의미한다.

오답해설

① '~'나 'near'는 앞·뒤의 단어가 가깝게 인접해 있는 문서를 검색하는 인접검색을 나타내는 연산기호이다.

③·④ '|'는 두 단어가 모두 포함되거나, 두 단어 중 하나만 포함된 문서를 검색하는 연산자 'OR'을 의미한다.

08 인터넷상에는 많은 정보가 존재하고 있는데, 이 중에는 우리가 원하는 정보도 있지만 그렇지 않은 정보 또한 많이 있다. 이러한 정보의 홍수 속에서 우리가 원하는 정보를 빠르게 찾아서 이용하려면 몇 가지 검색 기술이 필요하다. 다음 중 인터넷에서 정보를 검색할 때 주의할 사항을 설명한 것으로 가장 적절하지 않은 것은?

① 논문 등 특정한 데이터의 검색 방법은 따로 존재하므로 적절한 검색 엔진의 선택이 중요하며, 원하는 검색 결과가 나오지 않는 경우 다른 검색 엔진을 이용한다.

② 키워드가 짧으면 원하는 결과를 쉽게 찾을 수 없는 경우가 많으므로, 키워드는 구체적이고 자세하게 만드는 것이 좋다.

③ 웹 검색 결과로 검색 엔진이 제시하는 결과물은 신뢰할 수 있으므로, 정확성이 높은 데이터와 자료일수록 화면 상단에 표시된다고 볼 수 있다.

④ 웹 검색이 정보 검색의 최선은 아니라는 사실에 주의해야 하므로, 각종 BBS, 뉴스 그룹, 메일링 리스트도 이용하는 등 다른 방법을 적극 활용한다.

정답해설

웹 검색 결과로 검색 엔진이 제시하는 결과물을 너무 신뢰해서는 안 된다. 검색 엔진이 정확성이 높다고 판단되는 데이터나 자료를 화면 상단에 표시하지만 실제 그렇지 않은 경우가 많이 발생한다. 따라서 사용자 자신이 직접 보면서 검색한 자료가 자신이 원하는 자료인지 판단해야 한다.

오답해설

① 일반적인 검색 이외에 논문이나 특허 등 특정한 데이터는 나름대로의 검색 방법이 따로 존재하므로 적절한 검색 엔진을 선택하는 것이 필요하다. 한 검색 엔진을 이용하여 원하는 검색 결과가 나오지 않았을 경우에는 다른 검색 엔진을 이용하여 검색한다.

② 키워드의 선택이 중요한데, 키워드가 너무 짧으면 원하는 결과를 쉽게 찾을 수 없는 경우가 많으므로 키워드는 구체적이고 자세하게 만드는 것이 좋다. 또한, 특정한 키워드에 대하여 검색 결과가 너무 많이 나오는 경우에는, 검색 엔진에서 결과 내 재검색 기능을 지원하도록 하여 검색 결과의 범위를 좁히면 검색 시간을 단축할 수 있다.

④ 웹 검색이 정보 검색의 최선은 아니라는 사실에 주의해야 하므로, 웹 검색 이외에도 각종 BBS, 뉴스 그룹, 메일링 리스트도 이용하고, 도서관 자료와 정보를 가지고 있는 사람에게 직접 전자우편으로 부탁하는 등의 다른 방법들도 적극 활용하여야 한다.

09 다음 중 워드프로세스(Word Processor)의 주요 기능에 해당되지 않는 것끼리 묶은 것은?

> ㉠ 한글, 영문, 한자 등 각국의 언어, 숫자, 특수문자, 그림, 사진, 도형 등을 입력할 수 있는 기능
> ㉡ 수치나 공식을 입력하여 값을 계산하고 그 결과를 차트로 표시하는 기능
> ㉢ 입력된 내용을 저장하여 필요할 때 사용할 수 있는 기능
> ㉣ 문서의 내용이나 형태 등을 변경해 새롭게 문서를 꾸미는 기능
> ㉤ 그림 확대 및 그림 축소 기능, 필터 기능
> ㉥ 작성된 문서를 프린터로 출력하는 기능

① ㉠, ㉣   ② ㉡, ㉤

③ ㉢, ㉤   ④ ㉣, ㉥

정답해설

㉡ 스프레드시트(Spread Sheet)의 기능에 해당한다. 스프레드시트는 전자 계산표 또는 표 계산 프로그램으로 워드 프로세서와 같이 문서를 작성하고 편집하는 기능 이외에 수치나 공식을 입력하여 그 값을 계산해내고, 계산 결과를 차트로 표시할 수 있는 기능을 가지고 있다.

㉤ 그래픽 소프트웨어(Graphic Software)의 기능이다. 그래픽 소프트웨어는 새로운 그림을 그리거나 그림 도는 사진 파일을 불러와 편집하는 프로그램으로, 그림 확대, 그림 축소, 필터 기능을 가지고 있다.

오답해설

㉠ 워드프로세스(Word Processor)의 입력기능에 해당한다. 워드프로세스의 주요기능에는 입력기능 외에도 표시기능, 저장기능, 편집기능, 인쇄기능 등이 있다.

㉢ 저장기능에 해당한다.

㉣ 편집기능에 해당한다.

㉥ 인쇄기능에 해당한다.

10 2021년에 출시된 음료 제품의 블라인드 테스트를 진행한 [설문 응답표]를 엑셀(Excel) 표로 정리하였다. 아래의 [결과표]를 만들고 싶을 때 필요한 엑셀 기능은?

> 〈설문지〉
> 문항 1. 음료를 개봉했을 때, 냄새가 바로 느껴지는가?
>   1. 매우 그렇다.   2. 그렇다.   3. 보통이다.   4. 아니다.   5. 매우 아니다.
>
> 문항 2. 음료를 마신 후, 이전에 먹어본 비슷한 음료가 생각나는가?
>   1. 매우 그렇다.   2. 그렇다.   3. 보통이다.   4. 아니다.   5. 매우 아니다.

[설문 응답표]

	A	B	C	D	E	F	G
1				[설문 응답표]			
2		설문자A	설문자B	설문자C	설문자D	설문자E	…
3	문항1	1	2	3	4	5	…
4	문항2	5	4	3	2	1	…
5	문항3	1	1	1	1	1	…
6	문항4	2	2	2	3	3	…
7	문항5	4	4	5	1	2	…
8	…	…	…	…	…	…	…

	A	B	C	D	E	F	G
1				[결과표]			
2		매우 그렇다(1)	그렇다(2)	보통(3)	아니다(4)	매우 아니다(5)	…
3	문항1	1	1	1	1	1	…
4	문항2	1	1	1	1	1	…
5	문항3	5	0	0	0	0	…
6	문항4	0	3	2	0	0	…
7	문항5	1	1	0	2	1	…
8	…	…	…	…	…	…	…

07
정보
능력

① COUNT　　　　　　　　② COUNTA
③ COUNTIF　　　　　　　④ COUNTBLANK

정답해설

COUNTIF는 조건을 지정하여 조건을 만족하는 셀의 개수를 세어주는 엑셀 함수이다. 따라서 결과표의 빈칸에 =COUNTIF(조건 범위, 찾는 값)을 입력하면 된다.

오답해설

① COUNT는 셀에 입력되어 있는 숫자들의 개수를 세어주는 함수이다.
② COUNTA는 범위로 선택된 부분의 전체 셀의 개수를 세어주는 함수이다.
④ COUNTBLANK는 빈 셀의 개수를 세어주는 함수이다.

11 데이터베이스는 여러 개의 서로 연관된 파일을 의미한다. 이런 여러 개의 파일이 서로 연관되어 있으므로 사용자는 여러 개의 파일에 있는 정보를 한 번에 검색해 볼 수 있다. 다음 중 이러한 데이터베이스의 특성을 바르게 설명한 것만을 고른 것은?

> ㉠ 데이터의 중복을 줄인다.
> ㉡ 결함이 없는 데이터를 유지하기가 쉬워진다.
> ㉢ 검색이나 보고서 작성을 쉽게 해준다.
> ㉣ 데이터의 안정성을 감소시킨다.
> ㉤ 프로그램 개발 기간이 길어진다.

① ㉠, ㉡, ㉢

② ㉠, ㉢, ㉣

③ ㉡, ㉢, ㉤

④ ㉡, ㉣, ㉤

정답해설

㉠ 데이터베이스 시스템을 이용하는 경우 데이터의 중복이 크게 줄어드는 장점이 있다. 여러 곳에서 이용되는 데이터를 한 곳에서만 가지고 있으므로 데이터 유지비용을 줄여 줄 수 있다.

㉡ 데이터가 중복되지 않고 한 곳에만 기록되어 있으므로 데이터의 무결성을 높인다. 즉, 결함이 없는 데이터를 유지하가 훨씬 쉬워진다. 데이터가 변경되면 한 곳에서만 수정하면 되므로 해당 데이터를 이용하는 모든 어플리케이션은 즉시 최신의 데이터를 이용할 수 있다.

㉢ 한 번에 여러 파일에서 데이터를 찾아내는 기능은 원하는 검색이나 보고서 작성을 쉽게 할 수 있게 해준다.

㉣ 데이터베이스 관리시스템은 데이터의 안정성을 향상시킨다. 대부분의 데이터베이스 관리시스템은 사용자가 정보에 대한 보안등급을 정할 수 있게 해주므로, 중요한 데이터에 대한 보안을 유지·강화할 수 있다.

㉤ 데이터가 훨씬 조직적으로 저장되어 있으므로, 이러한 데이터를 이용하는 프로그램의 개발이 쉬워지고 기간도 단축된다.

따라서 옳은 설명은 ㉠, ㉡, ㉢이다.

12 다음 중 랜섬웨어를 예방하는 방법으로 옳지 않은 것은?

① 이메일에 첨부되어 있는 파일의 다운로드와 실행

② 중요 파일은 외부 저장장치 등을 이용해 2차 백업

③ 출처가 불분명한 이메일과 웹사이트 주소는 열지 않기

④ 백신 소프트웨어를 설치하고 항상 최신버전으로 유지

정답해설

다양한 감염경로를 가지고 있기 때문에 출처를 알 수 없는 파일은 되도록 실행하지 않는다.

② 복구키를 빌미로 금전을 요구하기 때문에 정기적으로 2차 백업을 한다.

③ 랜섬웨어를 포함하는 파일이 첨부되어 있거나, URL 링크 등이 있을 수 있다.

④ 예방 · 방지 차원에서 백신 소프트웨어는 항상 최신버전을 유지한다.

13 다음 중 정보분석에 대한 설명으로 적절한 것은?

① 여러 정보를 상호 관련지어 다양하게 분산된 정보를 생성해낸다.

② 한 개의 정보만으로도 불분명한 사항을 명확히 나타낼 수 있다.

③ 훌륭한 분석은 하나의 메커니즘 속에 들어있는 과거를 알 수 있다.

④ 1차 정보를 분석하고 압축, 가공하여 2차 정보를 작성한다. 1차 정보가 포함하는 내용을 몇 개의 카테고리로 분석하여 각각의 상관관계를 확정한다.

정보분석이란 여러 정보로 새로운 정보를 생성하는 활동이다. 여러 정보를 압축하고 가공하여 키워드를 추출하여 간결하게 서열화 및 구조화한 것이다.

14 다음 중 윈도우 단축키의 기능이 잘못 연결된 것은?

① Ctrl + A : 전체 선택

② Ctrl + C : 복사하기

③ Ctrl + Esc : 프로그램 종료

④ Shift + Delete : 영구 삭제

프로그램 종료 기능을 가지는 단축키는 'Alt + F4'이다. 'Ctrl + Esc'는 '시작메뉴 불러오기'기능을 수행하는 단축키이다.

① 'Ctrl + A'는 '전체 선택' 기능의 단축키이다.

② 'Ctrl + C'는 '복사하기', 'Ctrl + V'는 '붙여넣기' 기능을 수행하는 단축키이다.

④ 'Shift + Delete'는 휴지통으로 보내지 않고 영구적으로 삭제하는 단축키이다.

15 A는 컴퓨터 관련 기술능력이 뛰어나다고 평가를 받고 있다. 최근 A는 다른 팀으로부터 "신입사원이 새로 들어올 예정이라 컴퓨터를 새로 설치를 했는데, 프린터 연결은 어떻게 해야 할지를 몰라 설정을 제대로 하지 못했어요. 좀 도와주세요."라는 부탁을 받았다. A가 윈도우 운영체제에서 프린터를 연결할 때, 다음 중 옳지 않은 것은?

① 프린터를 네트워크로 공유하는 경우, 여러 사람의 PC에서 그 프린터를 사용할 수 있다.

② 네트워크 프린터를 설치하는 경우, 다른 PC에 연결된 프린터를 내 것처럼 사용할 수 있다.

③ [프린터 설치]에서 로컬 프린터와 네트워크 프린터로 구분하여 설치할 수 있다.

④ 두 대 이상의 프린터를 기본 프린터로 지정할 수 있으며, 기본 프린터는 삭제할 수 없다.

정답해설

기본 프린터는 한 대만 지정할 수 있으며, 기본 프린터로 설정된 프린터도 삭제 가능하다. 따라서 ④는 옳지 않다. 나머지는 모두 옳은 내용이다.

16 ".한국"은 최초의 완전 한글 도메인으로, ".kr"과 같은 공식적 국가 도메인이다. 다음 기준을 참고로 할 때, 도메인 이름으로 설정할 수 있는 것은?

[한국 도메인 등록 기준]
• 허용 문자 : 한글(11,172자), 영문(A~Z) · (a~z), 숫자(0~9), 하이픈(−)
　– 한글은 1글자 이상 포함하여야 함
　– 허용 문자 외의 문자나 기호는 인정되지 않음
　– 하이픈으로 시작하거나 끝나지 않아야 하며, 세 번째와 네 번째 글자에 하이픈이 연이어 올 수 없음
• 길이 : 음절 기준 1자 이상 ~ 17자 이하

① 한국_지역_난방_공사.한국　　② K.D.H.C.한국
③ 한국지역난방공사−.한국　　④ kdhc−공사.한국

정답해설

영문 소문자와 한글, 하이픈(−)이 모두 허용 문자이며, 하이픈으로 시작하거나 끝나지 않았으며, 세 번째와 네 번째 글자에 하이픈이 연이어 온 것도 아니다. 따라서 설정할 수 있는 도메인이다.

오답해설

① 언더바(_)는 허용 문자에 포함되지 않으므로, 설정할 수 없는 도메인이다.
② 콤마(,)는 허용 문자에 포함되지 않으므로, 설정할 수 없다.
③ 하이픈(−)으로 끝나지 않아야 하므로, 설정할 수 없다.

17 신입사원인 A는 같은 회사 직원들의 전화번호를 휴대전화에 저장하였다. 다음 중 전화번호부에서 전화번호를 찾기 위해 검색하였을 때 나타나는 결과로 옳은 것은? ('7'을 누르면 '7550', '7992' 등이 나오고, 'ㄴ'을 누르면 '남경수', '황나영' 등이 나온다.)

구 분	성 명	전화번호
총무팀	강만희	022387550
영업팀	김학도	01077313592
고객서비스팀	남경수	01034395456
해외사업팀	박수연	028647992
기획팀	박정철	01086639223
기획팀	신재윤	01079948658
마케팅팀	유영호	01038102069
영업팀	이세준	01039799885
총무팀	정현민	025707624
기술지원팀	황나영	01045932785

① 'ㅎ'을 누르면 4명이 나온다.
② '799'를 누르면 3명의 번호가 나온다.
③ 'ㅈ'을 누르면 3명이 나온다.
④ '223'을 누르면 1명의 번호가 나온다.

정답해설
'799'를 누르면 박수연, 신재윤, 이세준 3명의 번호가 나온다.

오답해설
① 'ㅎ'을 누르면 강만희, 김학도, 유영호, 정현민, 황나영 5명이 나온다.
③ 'ㅈ'을 누르면 박정철, 신재윤, 이세준, 정현민 4명이 나온다.
④ '223'을 누르면 강만희, 박정철 2명의 번호가 나온다.

07
정보
능력

[18~20] 다음은 한 프린터 회사의 제품 시리얼 넘버 생성표이다. 프린터의 종류, 모델, 색상, 생산 공장, 생산 넘버 순으로 각각의 코드를 연결하여 시리얼 넘버를 생성한다고 할 때, 다음 물음에 답하시오.

종류		모델		색상		생산 공장		생산 넘버
코드	명칭	코드	명칭	코드	색상명	코드	지역	
L	레이저	T1	토닉	SI	은색	010	구로	생산된 순서대로 00001 ~ 99999까지 차례로 번호가 부여됨
		W1	윈트밀	BK	검정색	011	수원	
		T2	트윈젯	WH	흰색	012	인천	
I	잉크젯	M1	모건	OR	주황색	013	안산	
		B1	베이커	RD	빨간색			
		E1	엑스젯	YE	노란색			
C	복합기	Z1	제트					
		B2	브릭스					
		E2	이지젯					

(예) 구로 공장에서 첫 번째로 생산된 은색 레이저 토닉 프린터 : L-T1-SI-010-00001

18 다음 중 인천 공장에서 생산된 흰색 잉크젯 베이커 프린터의 시리얼 넘버는 무엇인가?

① IE1WH01203200

② LB1WH012005206

③ IB1WH01210820

④ IB1WH01012035

정답해설
인천에서 생산된 흰색 잉크젯 베이커 프린터이므로, 'I-B1-WH-012'가 들어가야 한다.

272 | Chapter 07 정보능력

19 다음 중 시리얼 넘버가 'LT2YE01110065'인 제품과 종류 및 생산 공장, 모델명이 같은 것은?

① LT1SI01125000

② IT2RD01100246

③ LT2YE01013898

④ LT2BK01120116

┌─ **정답**해설

└○ 시리얼 넘버가 'LT2YE01110065'인 제품의 종류는 레이저 프린터(L)이고 생산 공장은 수원(011)이며, 모델명은 트윈젯
(T2)이다. 이와 같은 종류 및 생산 공장, 모델명이 모두 같은 것은 (L, T2, 011)이다.

20 1,000번째 생산된 제품을 찾으려고 하는데, 색상이 주황색인 복합기라는 것 외에는 정보가 없다.
다음 중 그 제품으로 가장 알맞은 것은?

① CE2OR01001000

② CB2OR01010000

③ CZ1RD01001000

④ LB2OR01001000

┌─ **정답**해설

└○ 확인하려는 제품은 복합기이므로 코드가 'C'이다. 또한 주황색이므로 'OR', 1,000번째 생산된 제품이므로 생산 넘버
가 '01000'이다.

┌─ **오답**해설

└○ ② 복합기이고 주황색인 것은 맞지만, 생산 넘버가 '10000'이므로, 찾는 제품이 아니다.

③ 색상이 빨간색(RD)이므로, 찾는 제품이 아니다.

④ 레이저 프린터(L)이므로, 찾는 제품이 아니다.

07

정보
능력

[21~23] 다음 제시문을 읽고 물음에 답하시오.

[바코드 생성 방법]

0 000000 000000

- 1~3번 자리 = 국가식별코드
- 4~7번 자리 = 제조업체번호
- 8~12번 자리 = 상품품목번호
- 13번 자리 = 판독검증용 기호(난수)

[국가별 바코드 번호]

국 가	번 호	국 가	번 호	국 가	번 호
한국	880	그리스	520	멕시코	750
일본	450~459	중국	690~695	콜롬비아	770
필리핀	480	노르웨이	700~709	싱가포르	888

[제조업체별 바코드 번호]

제조업체	번 호	제조업체	번 호	제조업체	번 호
롯데제과	1062	해태	1684	오뚜기	1182
한국야쿠르트	1128	오리온	2564	농심	1648
ABLEC&C	6185	더바디샵	8197	샘표식품	2654

[상품품목별 바코드 번호]

상품품목	번 호	상품품목	번 호	상품품목	번 호
스낵류	64064	양념류	23598	바디케어	14589
캔디류	72434	통조림	64078	스킨케어	15489
파이류	72440	음료수	72444	메이크업	32335

21 다음 바코드로 확인할 수 있는 정보로 옳은 것은?

6 901182 640782

국가	제조업체	상품품목
① 일본	한국야쿠르트	스낵류
② 중국	오뚜기	통조림
③ 노르웨이	해태	음료수
④ 멕시코	ABLEC&C	메이크업

정답해설
바코드 번호는 '6901182640782'이다. 이를 분석하면 다음과 같다.
- 1~3번 자리 = 국가식별코드 : 중국(690)
- 4~7번 자리 = 제조업체번호 : 오뚜기(1182)
- 8~12번 자리 = 상품품목번호 : 통조림(64078)
- 13번 자리 = 판독검증용 기호(난수) : 2

22 수입한 한 제품의 바코드 번호를 확인하니, '7051684724409'였다. 다음 중 이에 대해 잘못 설명한 것은 무엇인가?

① 앞의 3자리는 노르웨이의 바코드 번호이다.
② 제조업체는 해태나 농심 중의 하나이다.
③ 수입한 품목은 캔디류나 음료수 중의 하나이다.
④ 마지막 숫자는 일정한 규칙이 없다.

정답해설
상품품목번호는 8~12번 자리이므로 '72440'이다. 이 품목은 파이류이므로 옳지 않은 설명이다.

오답해설
① 바코드의 앞 3자리는 국가 번호를 나타내는데, 이것이 '705'이므로 노르웨이의 바코드 번호(700~709)이다.
② 제조업체번호는 4~7번 자리이므로 '1684'이다. 이는 '해태'이므로, ②는 옳은 설명이다.
④ 마지막 13번 자리 숫자는 난수이므로, 일정한 규칙이 없다고 할 수 있다.

07
정보
능력

23 국내의 오리온이라는 업체에서 생산한 감자맛 스낵의 바코드로 옳은 것은?

①
8 802654 640644

②
8 802564 640784

③
8 802654 640784

④
8 802564 640644

정답해설

바코드 번호가 '8802564640644'이므로, 한국(880)의 오리온(2564)이라는 제조업체에서 만든 스낵류(64064)이다.

오답해설

① 바코드 번호가 '8802654640644'이므로, 한국의 샘표식품(2654)이라는 제조업체에서 만든 스낵류이다.

② 바코드 번호가 '8802564640784'이므로, 한국의 오리온이라는 제조업체에서 만든 통조림(64078)이다.

③ 바코드 번호가 '8802654640784'이므로, 한국의 샘표식품(2654)이라는 제조업체에서 만든 통조림(64078)이다.

기술능력

기본문제

01 다음 중 기술에 대한 설명으로 적절하지 않은 것은?

① 기술은 직업 세계에서 필요한 기술적 요소로 구성되는 광의의 개념과 구체적 직무 수행 능력을 의미하는 협의의 개념으로 구분된다.

② 기술은 사회적 변화의 요인이며, 사회적 요인은 기술 개발에 영향을 미친다.

③ 기술은 소프트웨어를 생산하는 과정이 아니라 하드웨어를 생산하는 과정이며, 또한 그것의 활용을 의미한다.

④ 기술은 인간에 의해 만들어진 비자연적인 대상을 의미하지는 않는다.

정답해설

기술은 인간에 의해 만들어진 비자연적인 대상, 또는 그 이상을 의미한다는 특징을 지닌다.

오답해설

① 기술은 두 개의 개념으로 구분될 수 있는데, 하나는 모든 직업 세계에서 필요로 하는 기술적 요소들로 이루어지는 광의의 개념이며, 다른 하나는 구체적 직무 수행 능력 형태를 의미하는 협의의 개념이다.

② 기술이 어떻게 형성되는가를 이해하는 것과 관련하여, 기술과 사회적 요인은 상호 영향을 미치는 요인이 된다는 점을 이해해야 한다. 먼저 기술은 사회적 변화의 요인으로, 기술체계는 의사소통의 속도를 증가시켰으며, 이것은 개인으로 하여금 현명한 의사결정을 할 수 있도록 도와준다. 또한, 사회는 기술 개발에 영향을 주는데, 사회적·역사적·문화적 요인은 기술이 어떻게 활용되는가를 결정한다.

③ 기술은 하드웨어를 생산하는 과정이며, 인간 능력 확장을 위한 하드웨어의 활용을 의미한다.

Check Point ┄┄ 기술의 특징

• 하드웨어나 인간에 의해 만들어진 비자연적인 대상, 혹은 그 이상을 의미한다.
• 기술은 '노하우(know-how)'를 포함한다. 즉, 기술을 설계·생산하고 사용하기 위해 필요한 정보·기술·절차를 갖는데 노하우가 필요하다.
• 기술은 하드웨어를 생산하는 과정이다.
• 기술은 인간의 능력을 확장시키기 위한 하드웨어와 그것의 활용을 뜻한다.
• 기술은 정의 가능한 문제를 해결하기 위해 순서화되고 이해 가능한 노력이다.

02 기술능력이 뛰어난 사람의 특징에 대한 설명 중 옳지 않은 것은?

① 해결이 필요한 문제를 인식한다.

② 기술적 해결에 대한 문제점을 개발하고 평가한다.

③ 실제적 문제 해결을 위해 지식 또는 자원을 선택·최적화한다.

④ 주어진 한계 속에서 제한된 자원을 가지고 일한다.

정답해설

기술능력이 뛰어난 사람은 문제의 다양한 해결책을 개발하고 평가하며, 기술적 해결에 대한 효용성을 평가한다.

Check Point ── **기술능력이 뛰어난 사람의 능력 및 특징** ─────────

• 실질적 해결을 필요로 하는 문제를 인식한다.
• 인식된 문제를 위해 다양한 해결책을 개발하고 평가한다.
• 실제적 문제 해결을 위한 지식이나 자원을 선택·최적화시키며, 이를 적용한다.
• 주어진 한계 속에서 제한된 자원을 가지고 일한다.
• 기술적 해결에 대한 효용성을 평가한다.
• 여러 상황 속에서 기술의 체계와 도구를 사용하고 배울 수 있다.

03 기술의 개념에 관한 다음 설명 중 옳지 않은 것은?

① 기술을 물리적인 것뿐만 아니라 사회적인 것으로서의 지식체계로 정의하는 학자도 있다.

② 구체적인 기술 개념으로 '제품이나 용역을 생산하는 원료나 공정, 자본재 등에 관한 지식의 집합체'라 정의하기도 한다.

③ 기술은 노하우(know-how)와 노와이(know-why)로 구분하며, 여기서 'know-how'란 어떻게 기술이 성립·작용하는가에 관한 원리적 측면에 중심을 둔 개념이다.

④ 'know-how'는 경험적·반복적 행위에 의해 얻어지는 것이며, 'know-why'는 이론적인 지식으로서 과학적 탐구에 의해 얻어진다.

정답해설

'know-why'에 대한 설명이다. 즉, 'know-how'란 흔히 특허권을 수반하지 않는 과학자와 엔지니어 등이 가지고 있는 체화된 기술이며, 'know-why'는 어떻게 기술이 성립하고 작용하는가에 관한 원리적 측면에 중심을 둔 개념이다. 기술은 일반적으로 '노하우(know-how)'와 '노와이(know-why)'로 나눌 수 있으며, 원래 'know-how'의 개념이 강하였으나 시대가 지남에 따라 'know-how'와 'know-why'가 결합하게 되었고, 현대적 기술은 주로 과학을 기반으로 하는 기술이 되었다.

08

기술
능력

① 몇몇 학자들은 기술을 '물리적인 것뿐만 아니라 사회적인 것으로서 지적인 도구를 특정한 목적에 사용하는 지식체계', '인간이 주위환경에 대한 통제를 확대시키는 데 필요한 지식의 적용' 등으로 정의하였다.

② 일부 학자들은 보다 구체적인 기술의 개념으로 '제품이나 용역을 생산하는 원료와 생산공정, 생산방법, 자본재 등에 관한 지식의 집합체'라 정의하기도 하였다.

④ 'know-how'는 경험적이고 반복적인 행위에 의해 얻어지는 것이며, 이러한 성격의 지식을 흔히 'technique' 또는 'art'라 부른다. 이에 비해 'know-why'는 이론적인 지식으로서 과학적인 탐구에 의해 얻어진다.

04 다음 중 기술능력에 대한 설명으로 가장 적절하지 않은 것은?

① 기술능력 양성은 직무의 구체화 기술을 위한 훈련 프로그램을 통해서 학습되어야 한다.

② 기술능력은 인간 행위의 혁신을 가져오며, 문제 해결을 위한 도구를 개발하는 인간의 능력을 확장시킨다.

③ 기술교양을 지닌 사람은 기술적 과정과 혁신에 대해 비판적으로 조사하고 질문한다.

④ 기술능력은 반드시 기술직 종사자에게만 해당되는 것은 아니므로, 이를 보다 확대하여 이해하는 것이 바람직하다.

정답해설

기술능력이 뛰어나다는 것이 반드시 직무에서 요구되는 구체적인 기능을 소유하고 있다는 것만을 의미하지는 않으므로, 결국 기술능력을 기르기 위해서는 직무의 구체화 기술을 위한 훈련 프로그램을 통해서가 아니라 전반적인 직업적·기술적 프로그램을 통해서 학습되어야 할 것이다. 각 개인은 구체적인 일련의 장비 중 하나를 수리하는 사람으로서 전문가가 될 필요는 없으며, 적절한 체계를 선택하는 데 현명한 의사결정을 할 수 있고 효과적으로 활용할 수 있어야 한다.

오답해설

② 기술능력은 인간 행위의 혁신을 가져오며, 지식의 생성능력과 문제 해결을 위한 도구를 개발하는 인간의 능력을 확장시킨다. 이와 같은 능력을 향상시키는 것은 기술교양의 향상을 통해 이루어질 수 있다.

③ 기술능력에 대한 광범위한 관점으로서의 기술교양을 지닌 사람은 기술적 과정과 혁신에 대해 비판적으로 조사하고 질문한다. 기술교양(Technological Literacy)은 기술의 특성, 행동, 결과에 대한 지식을 갖고, 기술을 사용·운영·이해하기 위한 능력을 기르는 것을 말한다.

④ 일반적으로 기술능력은 제조업을 비롯한 기능·기술직 종사자들에게 많이 해당될 것이라고 생각하기 쉽지만, 기술능력은 반드시 기술직 종사자에게만 해당되는 것은 아니라 보기 때문에 기술능력을 보다 확대하여 이해하는 것이 바람직하다. 즉, 기술능력을 일반적으로 사용되는 기술교양의 개념을 보다 구체화시킨 개념으로 보는 것이 바람직하다.

05 다음 중 OJT(On the Job Training)에 대한 설명으로 옳지 않은 것은?

① OJT란 조직 안에서 종업원이 직무에 종사하면서 받게 되는 교육 훈련방법으로, 직장훈련, 직장지도, 직무상 지도라고도 한다.

② 집합교육에 대한 반성에서 나온 것으로, 업무수행이 중단됨이 없이 필요한 지식 · 기술 · 태도를 교육훈련 받는 것을 말한다.

③ 모든 관리자 · 감독자는 업무수행상의 지휘감독자이자 직원의 능력향상을 위한 교육자이어야 한다는 생각을 기반으로 한다.

④ 지도자의 높은 자질이 요구되지 않으며 훈련 내용의 체계화가 용이하다는 장점을 지닌다.

정답해설

OJT는 지도자의 높은 자질이 요구되며 교육훈련 내용의 체계화가 어렵다는 것이 단점이다. 이에 따라 OJT의 대상은 비교적 기술직을 대상으로 하지만, 관리직이나 전문직에도 점점 적용시켜나가고 있다.

오답해설

① OJT(On the Job Training)란 조직 안에서 피교육자인 종업원이 직무에 종사하면서 받게 되는 교육 훈련방법으로, 직장훈련 · 직장지도 · 직무상 지도 등이라고도 한다.

② OJT란 집합교육으로는 기본적 · 일반적 사항 밖에 훈련시킬 수 없다는 반성에서 나온 것으로, 피교육자인 종업원이 업무수행의 중단 없이 업무수행에 필요한 지식 · 기술 · 능력 · 태도를 교육훈련 받는 것을 말한다.

③ 모든 관리자 · 감독자는 업무수행상의 지휘감독자이자 업무수행 과정에서 부하직원의 능력향상을 책임지는 교육자이어야 한다는 생각을 기반으로 한다. 따라서 직장 상사나 선배가 지도 · 조언을 해주는 형태로 훈련이 행하여지기 때문에, 교육자와 피교육자 사이에 친밀감을 조성하며 시간의 낭비가 적고 조직의 필요에 합치되는 교육훈련을 할 수 있다는 장점이 있다.

08
기술
능력

06 다음 중 과학기술 중심의 미래 산업사회에서 각 산업분야별로 유망하다고 판단되는 기술을 잘못 연결한 것은?

① 전기전자정보공학분야 – 지능형 로봇 분야

② 기계공학분야 – 하이브리드 자동차 기술

③ 화학생명공학분야 – 화석에너지 산업

④ 건설환경공학분야 – 지속 가능한 건축 시스템

정답해설

화학생명공학분야에서 미래 첨단산업사회에서 유망한 기술로 떠오르고 있는 것은 재생에너지 산업이다. 화석에너지는 석탄 · 석유 · 천연가스 같은 지하 매장 자원을 에너지원으로 이용하는 것으로, 재생이 불가능하고 매장량이 한정되어 있으며, 대기오염 등 환경오염의 원인물질이라는 단점을 지닌다. 이에 비해 재생 에너지는 그 기술과 최종 에너지의 형태에 따라 태양열, 풍력발전, 소수력 발전, 폐기물 소각 열 및 발전, 바이오메스 에너지, 지열에너지, 해양 에너지 등 여러 가지로 나눌 수 있지만, 1차 에너지원인 태양, 바람, 물, 바다의 자연 에너지원을 이용하여 청정한 에너지를 얻을 수 있으며, 자원의 부존량도 거의 무한하다고 할 수 있다. 재생에너지 기술 개발은 21세기 에너지 · 환경 문제 해결, 에너지 자원산업의 종언과 신에너지 산업의 등장, 에너지 공급망의 국제화와 기후 변화 협약 대비 및 재생 에너지원의 경제성 제고를 위하여 필수적으로 이해되고 있다.

오답해설

① 전기전자정보공학분야에서는 지능형 로봇 분야가 유망한 기술로 전망되고 있다. 지능형 로봇이란 외부 환경을 인식하여 스스로 상황을 판단하여 자율적으로 동작하는 기계시스템을 말한다. 지능형 로봇 분야는 타 분야에 대한 기술적 파급 효과가 큰 첨단 기술의 복합체로서, 자동차 산업 규모 이상의 성장 잠재력을 지니는 유망한 신산업으로 각광받고 있다.

② 기계공학분야에서는 하이브리드 자동차 기술이 유망할 것으로 전망되고 있다. 날로 심해지는 배출가스 및 온실가스 규제 등 환경 규제의 강화, 원유 가격의 급등과 석유자원의 고갈 가능성 등으로 인해 오늘날 전 세계 자동차 산업계는 전기 자동차, 하이브리드 자동차, 연료전지 자동차 등 친환경 고효율 자동차 기술 개발에 총력을 기울이고 있는 중이다. 이 중 환경 규제를 만족시키며 연료 절감을 위한 실질적인 대안으로 하이브리드 자동차가 주목받고 있는데, 하이브리드 자동차는 두 개의 동력원, 즉 가솔린 · 디젤 엔진과 배터리의 전기 에너지에 의해 구동되는 모터가 함께 사용되는 자동차를 말한다. 기존 자동차는 엔진에서 발생된 운동에너지를 변속기를 통해 바퀴에 전달하는 구조이지만, 하이브리드 자동차는 엔진과 모터에서 발생된 에너지를 변속기를 통해 조합해 자동차를 구동한다.

④ 건설환경공학분야에서 지속 가능한 건축 시스템기술이 유망한 기술로 부각하고 있다. CO2 배출량 저감을 위한 '지속 가능한 건축 시스템기술'이란 장수화가 가능하도록 건축물의 구조 성능이 향상되고 리모델링이 용이하며, 건물 해체 시 구조 부재의 재사용이 가능하여 친환경적이고 에너지 절약이 가능한 건축을 구현할 수 있는 건축 시스템 기술을 말한다.

07 지속가능한 발전과 지속가능한 기술에 대한 다음 설명 중 가장 적절하지 않은 것은?

① 지속가능한 발전은 WCED의 보고서 "환경보호와 경제적 발전이 반드시 갈등 관계에 있는 것만은 아니다"라고 하면서 널리 퍼지게 되었다.

② 지속가능한 발전은 우리의 현재 욕구 충족이 아니라 후속 세대의 욕구 충족을 위한 개념이다.

③ 지속가능한 발전은 의식주만을 해결하는 상태를 바람직하다고 보지 않으며, 이러한 지속가능한 발전을 가능케 하는 기술을 지속가능한 기술이라고 한다.

④ 지속가능한 기술은 가급적 고갈되지 않는 자연 에너지를 활용하며, 낭비적 소비 형태를 지양하고 환경효용(eco-efficiency)을 추구한다.

정답해설

지속가능한 발전은 지금 지구촌의 현재와 미래를 포괄하는 개념이므로, 지금 우리의 현재 욕구를 충족시키지만 동시에 후속 세대의 욕구 충족을 침해하지 않는 발전을 의미한다. 이러한 지속가능한 발전은 경제적 활력과 사회적 평등, 환경의 보존을 동시에 충족시키는 발전을 의미하며, 지속가능한 발전에서 발전은 현재와 미래 세대의 발전과 환경적 요구를 충족하는 방향으로 이루어져야 하며, 따라서 환경보호가 발전의 중심적인 요소가 되어야 한다.

오답해설

① 지속가능한 발전(sustainable development)이라는 개념은 1970년대를 통해 기업과 정부에서 인구와 산업의 발전이 무한히 계속될 수 없다는 문제를 제기하면서 등장한 개념으로, 1987년의 세계경제발전위원회(WCED)의 보고서가 "환경보호와 경제적 발전이 반드시 갈등 관계에 있는 것만은 아니다"라고 하면서 널리 퍼지게 되었다.

③ 지속가능한 발전은 의식주만을 해결하는 상태를 바람직하다고 보지 않는데, 이는 지금 지구의 전 인구가 선진국 수준의 풍요를 누리려면 지구에서 사용 가능한 모든 자원의 세 배 이상을 소모해야 하기 때문이다. 우리는 이러한 지속가능한 발전을 가능케 하는 기술을 '지속가능한 기술(sustainable technology)'이라고 정의할 수 있다.

④ 지속가능한 기술은 되도록 태양 에너지와 같이 고갈되지 않는 자연 에너지를 활용하며, 낭비적 소비 형태를 지양하고, 기술적 효용만이 아닌 환경효용(eco-efficiency)을 추구한다.

08 다음 중 지속가능한 기술(sustainable technology)의 특징으로 옳지 않은 것은?

① 이용 가능한 자원과 에너지를 고려한다.
② 자원이 사용되고 재생산되는 비율의 조화를 추구한다.
③ 석탄·석유와 같이 효용성이 높은 에너지를 활용하는 기술이다.
④ 자원이 생산적인 방식으로 사용되는가에 주의를 기울이는 기술이다.

08 기술 능력

정답해설

지속가능한 기술이란 태양 에너지와 같이 고갈되지 않는 자연 에너지를 활용하는 기술이므로, 석탄·석유와 같은 고갈되는 화석 연료 활용하는 기술이라 할 수 없다. 지속가능한 기술은 이용 가능한 자원과 에너지를 고려하고, 자원이 사용되고 그것이 재생산되는 비율의 조화를 추구하며, 이러한 자원의 질을 생각하고, 자원이 생산적인 방식으로 사용되는가에 주의를 기울이는 기술이다.

09 다음 중 산업 재해에 해당되지 않는 경우는?

① 휴가 중인 근로자가 무거운 물건을 들다 떨어뜨려 부상당한 경우
② 건축 현장에서 먼지나 분진 등으로 인해 질병이 발생한 경우
③ 새벽에 출근하던 중 뇌경색이 발생한 경우
④ 프레스 작업 중 근로자의 손가락이 절단된 경우

정답해설

산업재해란 근로자가 업무에 관계되는 건설물 · 설비 · 원재료 · 가스 · 증기 · 분진 등에 의하거나 작업 또는 그 밖의 업무로 인하여 사망 또는 부상하거나 질병에 걸리는 것을 말한다(산업안전보건법 제2조 제1호). 따라서 휴가 중인 근로자가 부상당한 경우는 업무와 관계되는 일이 아니므로 산업재해로 볼 수 없다. 나머지는 모두 산업재해의 사례에 해당하다.

10 다음 내용에 해당하는 산업 재해의 원인으로 옳은 것은?

> • 전기 시설물의 누전　　• 소방기구의 미확보　　• 작업 환경 및 생산 공정의 결함

① 교육적 원인　　　　　　　　　② 작업 관리상 원인
③ 불안전한 행동　　　　　　　　④ 불안전한 상태

정답해설

전기 시설물의 누전, 소방기구의 미확보, 안전 보호 장치 결함, 작업 환경 결함, 생산 공정의 결함 등은 모두 산업 재해의 직접적 원인 중 불안전한 상태에 해당한다.

오답해설

① 산업 재해의 기본적 원인은 교육적 원인과 기술적 원인, 작업 관리상 원인으로 구분되며, 교육적 원인에는 안전 지식의 불충분, 안전 수칙의 오해, 경험이나 훈련의 불충분과 작업관리자의 작업 방법의 교육 불충분, 유해 위험 작업 교육 불충분 등이 있다.
② 작업 관리상 원인으로는 안전 관리 조직의 결함, 안전 수칙 미지정, 작업 준비 불충분, 인원 배치 및 작업 지시 부적당 등이 있다.
③ 직접적 원인 중 불안전한 행동에 해당하는 것으로는 위험 장소 접근, 안전장치 기능 제거, 보호 장비의 미착용, 위험물 취급 부주의 등이 있다.

Check Point **산업 재해의 직접적 원인**

• **불안전한 행동** : 위험 장소 접근, 안전장치 기능 제거, 보호 장비의 미착용 및 잘못 사용, 운전 중인 기계의 속도 조작, 기계 · 기구의 잘못된 사용, 위험물 취급 부주의, 불안전한 상태 방치, 불안전한 자세와 동작, 감독 및 연락 잘못 등
• **불안전한 상태** : 시설물 자체 결함, 전기 시설물의 누전, 구조물의 불안정, 소방기구의 미확보, 안전 보호 장치 결함, 복장 · 보호구의 결함, 시설물의 배치 및 장소 불량, 작업 환경 결함, 생산 공정의 결함, 경계 표시 설비의 결함 등

11 다음 기술 시스템(technological system)에 관한 설명 중 가장 적절하지 않은 것은?

① 개별 기술이 네트워크를 통해 기술 시스템을 만드는 것은 과학에서는 볼 수 없는 독특한 특성이다.

② 기술이 발전하면서 이전에 연관되어 있던 기술들은 개별 기술로 분리되는 현상이 뚜렷해지고 있다.

③ 기술이 연결되어 시스템을 만든다는 점을 파악해 기술 시스템이라는 개념을 주장한 사람이 토마스 휴즈(T. Hughes)이다.

④ 기술 시스템에는 기술적인 것과 사회적인 것이 결합해서 공존하고 있다는 점에서 사회기술시스템이라 불리기도 한다.

정답해설

반대로 서술되었다. 즉, 기술이 발전하면서 이전에는 없던 연관이 개별 기술들 사이에서 만들어지고 있다. 이는 산업혁명 당시 발전한 광산 기술과 증기기관, 운송기술이 이후 서로 밀접히 연결되는 현상이 나타났으며, 철도와 전신이 서로 독립적으로 발전한 기술이었지만 곧 통합되기 시작해 서로의 기술을 발전시키는 데 중요한 역할을 담당했다는 점 등에서 알 수 있다.

오답해설

① 개별 기술이 네트워크로 결합해서 기술 시스템을 만드는 것은 과학에서는 볼 수 없는 기술의 독특한 특성에 해당한다.

③ 기술이 연결되어 시스템을 만든다는 점을 파악하고 기술 시스템이라는 개념을 주장한 사람이 미국의 기술사학자 토머스 휴즈(T. Hughes)이다. 휴즈는 에디슨의 전력 시스템을 예로 들면서, 에디슨의 전력 시스템이 발전하는 과정을 일반화하여 기술 시스템의 특성을 일반화했다.

④ 기술 시스템은 인공물의 집합체만이 아니라 회사, 투자회사, 법적 제도, 정치, 과학, 자연자원을 모두 포함하는 것이기 때문에, 기술 시스템에는 기술적인 것(the technical)과 사회적인 것(the social)이 결합해서 공존하고 있다. 이러한 의미에서 기술 시스템은 사회기술시스템(sociotechnical system)이라고 불리기도 한다.

08
기술
능력

12 다음 중 기술 시스템의 발전 단계를 순서대로 바르게 나타낸 것은?

① 기술 경쟁 단계 → 기술 이전 단계 → 발명·개발·혁신 단계 → 기술 공고화 단계

② 기술 경쟁 단계 → 기술 공고화 단계 → 기술 이전 단계 → 발명·개발·혁신 단계

③ 발명·개발·혁신 단계 → 기술 이전 단계 → 기술 경쟁 단계 → 기술 공고화 단계

④ 발명·개발·혁신 단계 → 기술 경쟁 단계 → 기술 공고화 단계 → 기술 이전 단계

정답해설

기술 시스템은 기술 시스템이 탄생하고 성장하는 발명·개발·혁신의 단계, 성공적인 기술이 다른 지역으로 이동하는 기술 이전의 단계, 기술 시스템이 경쟁하는 기술 경쟁의 단계, 경쟁에서 승리한 기술 시스템의 관성화 단계인 기술 공고화 단계를 거치며 발전한다.

13 기술 시스템의 각 발전 단계별로 핵심적인 역할을 하는 사람들이 다르다. 다음 중 3단계에서 역할이 더욱 중요하게 부각되는 사람은 누구인가?

① 기술자   ② 기업가
③ 엔지니어   ④ 금융전문가

정답해설

기술 시스템의 발전 단계 중 3단계인 기술 시스템의 경쟁 단계에서는 기업가의 역할이 더 중요하게 부각된다.

오답해설

① 1단계인 발명·개발·혁신 단계와 2단계인 기술 이전 단계에서는 시스템을 디자인하고 초기 발전을 추진하는 기술자들의 역할이 중요하다.

③·④ 시스템이 공고해지는 4단계에서는 자문 엔지니어와 금융전문가의 역할이 중요해진다.

14 다음 중 기술 혁신의 특성으로 옳지 않은 것은?

① 기술혁신 과정은 매우 불확실하며, 장기간의 시간을 필요로 한다.
② 기술혁신은 지식 집약적 활동이다.
③ 혁신 과정의 명확성은 기업 내의 논쟁과 갈등을 방지할 수 있다.
④ 기술혁신은 조직의 경계를 넘나드는 특성을 갖고 있다.

정답해설

혁신 과정의 불확실성과 모호함은 기업 내에서 많은 논쟁과 갈등을 유발할 수 있다. 기술혁신은 기업의 기존 조직 운영절차나 제품구성, 생산방식뿐만 아니라 권력구조 자체에도 새로운 변화를 야기함으로써 조직 이해관계자간의 갈등이 구조적으로 존재하게 된다. 이 과정에서 조직 내에서 이익을 보는 집단과 손해를 보는 집단이 생길 수 있으며, 이들 간에 기술 개발의 대안을 놓고 상호 대립·충돌하여 갈등을 일으킬 수 있다.

오답해설

① 기술혁신은 그 과정 자체가 매우 불확실하며, 그 성과는 장기간의 시간을 필요로 한다. 새로운 기술을 개발하기 위한 아이디어의 원천이나 신제품에 대한 소비자의 수요, 기술 개발의 결과 등은 예측하기가 어려우며, 따라서 기술 개발의 목표·일정·비용 지출·수익 등에 대한 사전계획을 세우기 어렵다. 또한 기술 개발에 대한 기업의 투자가 가시적인 성과로 나타나기까지는 비교적 장시간을 필요로 한다.

② 기술혁신은 지식 집약적인 활동이므로, 연구개발에 참가한 연구원과 엔지니어들이 그 기업을 떠나는 경우 기술과 지식의 손실이 크게 발생하여 기술 개발을 지속할 수 없는 경우가 종종 발생한다.

④ 기술혁신은 조직의 경계를 넘나드는 특성을 지니므로 연구개발 부서 단독으로 수행될 수 없다. 새로운 제품에 관한 아이디어는 마케팅 부서를 통해 고객으로부터 수집될 수도 있고 구매 부서를 통해 원재료나 설비 공급업체로부터 얻어질 수도 있으며, 기술을 개발하는 과정에서도 생산부서나 품질관리 담당자 또는 외부 전문가의 자문을 필요로 하기도 한다. 또한 기술혁신은 상호의존성을 갖고 있어서, 하나의 기술이 개발되면 그 기술이 다른 기술 개발에 영향을 미칠 수 있다.

15 기술선택을 위한 의사결정에 관한 다음 설명 중 적절하지 않은 것은?

① 기술선택은 기업이 어떤 기술을 외부로부터 도입할 것인가를 결정하는 것으로, 자체 개발을 통한 활용은 여기에 포함되지 않는다.

② 상향식 기술선택은 기업 전체 차원에서 필요한 기술에 대한 체계적 분석이나 검토 없이 자율적으로 선택하는 것이다.

③ 상향식 기술선택은 시장의 고객들이 요구하는 제품이나 서비스를 개발하는데 부적합한 기술이 선택될 수 있다는 단점이 있다.

④ 하향식 기술선택은 기술경영진과 기획담당자들에 의한 체계적인 분석을 통해 대상기술과 목표 기술수준을 결정하는 것이다.

정답해설

기술선택이란 기업이 어떤 기술을 외부로부터 도입하거나 자체 개발하여 활용할 것인가를 결정하는 것을 말한다. 기술을 선택하는데 따른 의사결정은 크게 상향식 기술선택과 하향식 기술선택의 두 가지로 구분된다.

오답해설

② 상향식 기술선택(bottom up approach)은 기업 전체 차원에서 필요한 기술에 대한 체계적인 분석 · 검토 없이 연구자나 엔지니어들이 자율적으로 기술을 선택하는 것을 말한다.

③ 상향식 기술선택은 기술 개발 실무를 담당하는 기술자들의 흥미를 유발하고 창의적 아이디어를 활용할 수 있다는 장점이 있는 반면, 기술자들이 자신의 과학기술 전문 분야에 대한 지식과 흥미만을 고려하여 기술을 선택함으로써 시장의 고객들이 요구하는 제품이나 서비스를 개발하는데 부적합한 기술이 선택될 수 있으며, 경쟁기업과의 경쟁에서 승리할 수 없는 기술이 선택될 수 있는 단점이 있다.

④ 하향식 기술선택(top down approach)은 기술경영진과 기술기획담당자들에 의한 체계적인 분석을 통해 기업이 획득해야 하는 대상기술과 목표기술수준을 결정하는 것을 말한다. 이는 우선 기업이 직면하고 있는 외부환경과 보유 자원에 대한 분석을 통해 기업의 중장기적 사업목표를 설정하고, 이를 달성하기 위해 확보해야 하는 핵심 고객층과 그들에게 제공하고자 하는 제품과 서비스를 결정해야 한다. 그 다음으로는 사업전략의 성공적인 수행을 위해 필요한 기술을 열거하고, 각각의 기술에 대한 획득의 우선순위를 결정하게 된다.

08

기술
능력

16 다음 중 기술선택을 위한 우선순위 결정 요소로 적절하지 않은 것은?

① 쉽게 구할 수 있는 기술

② 매출과 이익 창출 잠재력이 큰 기술

③ 제품 및 서비스에 광범위하게 활용할 수 있는 기술

④ 최신 기술을 통해 진부화될 가능성이 적은 기술

정답해설

쉽게 구할 수 있는 기술이 아니라, 쉽게 구할 수 없고 기업 간에 모방이 어려운 기술이 우선순위 결정 요소로 적절하다.

② 제품의 성능이나 원가에 미치는 영향력이 크고, 기술을 활용한 제품의 매출과 이익 창출 잠재력이 큰 기술이어
야 한다.
③ 기업이 생산하는 제품 및 서비스에 보다 광범위하게 활용할 수 있는 기술이어야 한다.
④ 최신 기술로 진부화될 가능성이 적은 기술은 우선순위 결정 요소가 된다.

17 다음 중 벤치마킹에 대한 설명으로 적절하지 않은 것은?

① 벤치마킹은 단순한 모방과는 달리 우수한 기업이나 성공한 상품 등의 장점을 충분히 배워 자사
의 환경에서 재창조하는 것을 말한다.
② 벤치마킹은 쉽게 아이디어를 얻어 신상품 개발이나 조직 개선을 위한 기법으로 많이 이용된다.
③ 벤치마킹은 비교대상에 따라 직접적 벤치마킹과 간접적 벤치마킹, 경쟁적 벤치마킹과 비경쟁적
벤치마킹으로 구분된다.
④ 벤치마킹 대상을 직접 방문하여 수행하는 방법을 직접적 벤치마킹이라 한다.

정답해설
벤치마킹의 종류는 비교대상에 따라 내부 벤치마킹과 글로벌 벤치마킹, 경쟁적 벤치마킹, 비경쟁적 벤치마킹으로
구분되며, 수행 방식에 따라 직접적 벤치마킹과 간접적 벤치마킹으로 구분된다.

오답해설
① 벤치마킹이란 특정 분야에서 뛰어난 업체나 상품, 기술, 경영 방식 등을 배워 합법적으로 응용하는 것으로, 단순
한 모방과는 달리 우수한 기업이나 성공한 상품, 기술, 경영 방식 등의 장점을 충분히 배우고 익힌 후 자사의 환
경에 맞추어 재창조하는 것을 말한다.
② 벤치마킹은 쉽게 아이디어를 얻어 신상품을 개발하거나 조직 개선을 위한 새로운 출발점의 기법으로 많이 이용
된다.
④ 직접적 벤치마킹은 벤치마킹 대상을 직접 방문하여 수행하는 방법을 말한다. 간접적 벤치마킹은 인터넷 및 문서
형태의 자료를 통해서 수행하는 방법이다.

18 다음 중 간접적 벤치마킹에 대한 설명으로 옳지 않은 것은?

① 벤치마킹 대상의 수에 제한이 없고 다양하다.
② 비용이 상대적으로 많이 절감된다.
③ 벤치마킹 결과가 피상적이다.
④ 핵심자료의 수집이 상대적으로 용이하다.

19 다음 벤치마킹의 주요 단계들 중 직 · 간접적인 벤치마킹을 진행한 이후에 이루어지는 단계는 무엇인가?

① 목표와 범위결정 ② 개선계획 수립
③ 측정범위 결정 ④ 대상 결정

08
기술
능력

20 다음 중 매뉴얼에 대한 설명으로 옳지 않은 것은?

① 영어로 매뉴얼은 자동차의 수동식 변속기어를 의미하며, 사전적 의미로는 어떤 기계의 조작 방법을 설명해 놓은 사용 지침서를 의미한다.
② 제품 매뉴얼은 제품의 특징이나 기능, 사용방법, 고장 조치방법, 유지 보수 등 제품에 관련된 모든 서비스에 대해 소비자가 알아야할 정보를 제공하는 것을 말한다.
③ 업무 매뉴얼은 사용자의 유형과 사용 능력을 파악하고, 사용자의 오작동까지도 고려하여 만들어져야 한다.
④ 업무 매뉴얼은 '편의점 운영 매뉴얼', '품질 경영 매뉴얼', '올림픽 운영 매뉴얼' 등과 같은 식으로 사용된다.

정답해설

제품 사용자의 유형과 사용 능력을 파악하고 혹시 모를 사용자의 오작동까지 고려하여 만들어져야 하는 것은 제품 매뉴얼이다. 제품 매뉴얼은 제품의 의도된 안전한 사용과 사용 중 해야 할 일 또는 하지 말아야 할 일까지 정의해야 한다.

오답해설

① 자동차의 수동식 변속기어를 영어로 매뉴얼(manual)이라고 부른다. 사전적 의미의 매뉴얼은 어떤 기계의 조작 방법을 설명해 놓은 사용 지침서, 즉 사용서, 설명서, 편람, 안내서, 교범(敎範) 등을 의미한다.

② 제품 매뉴얼은 사용자를 위해 제품의 특징이나 기능 설명, 사용방법과 고장 조치방법, 유지 보수 및 A/S, 폐기까지 제품에 관련된 모든 서비스에 대해 소비자가 알아야할 모든 정보를 제공하는 것을 말한다.

④ 업무 매뉴얼은 어떤 일의 진행 방식이나 지켜야할 규칙, 관리상의 절차 등을 일관성 있게 여러 사람이 보고 따라 할 수 있도록 표준화하여 설명하는 지침서를 말하는데, 프랜차이즈 점포의 경우 '편의점 운영 매뉴얼', '제품 진열 매뉴얼', 기업의 경우 '부서 운영 매뉴얼', '품질 경영 매뉴얼', 올림픽이나 스포츠의 경우 '올림픽 운영 매뉴얼', '경기 운영 매뉴얼' 등과 같은 식으로 사용된다.

21 다음 중 지식재산권(지적 소유권)의 특징으로 적절하지 않은 것은?

① 국가 산업발전 및 경쟁력을 결정짓는 '산업자본'이다.

② 눈에 보이지 않는 무형의 재산이다.

③ 다국적기업화를 억제하는 역할을 한다.

④ 연쇄적 기술개발을 촉진하는 계기를 마련한다.

정답해설

지식재산권을 활용한 다국적기업화가 이루어지고 있다. 다국적기업화는 각국 경제의 상호관계를 긴밀하게 하여 기술 제휴 등 협력을 기반으로 국가 간 장벽을 허물어 세계화를 촉진시키고 있다.

오답해설

① 지식재산권은 국가의 산업발전과 경쟁력을 결정짓는 '산업자본'이 된다. 산업이 발전한 선진국은 산업재산권 등 지식재산권을 다수 확보하여 타인에게 사용권을 설정하거나 권리자체를 양도하여 판매수입이나 로열티를 받을 수 있게 하고 있다.

② 지식재산권은 눈에 보이지 않는 무형의 재산이다. 즉, 지식재산권은 실체가 없는 기술상품으로서 수출·입이 자유로워 국경 이동을 통한 세계적인 상품으로 전파될 수 있다.

④ 지적재산권은 연쇄적인 기술개발을 촉진하는 계기를 마련해 준다. 즉, 기술개발 결과에 대해 독점적 권리를 보장해 주고, 특허를 통한 기술개발의 성과가 알려지면서 더 나은 기술개발을 촉진하는 계기를 만들어 주고 있다.

22 다음 중 기술 적용 시 고려해야 할 사항과 가장 거리가 먼 것은?

① 기술 매뉴얼은 갖추어져 있는가?

② 기술 적용에 많은 비용이 드는가?

③ 기술의 수명 주기는 어떻게 되는가?

④ 잠재적으로 응용 가능성이 있는가?

정답해설

기술 적용 시 매뉴얼이 갖추어져 있는가는 고려해야 할 사항이 아니다. 기술 적용 비용과 수명 주기, 전략적 중요도, 응용 가능성 등이 일반적인 고려 사항에 해당한다.

Check Point ──── **기술 적용 시 고려 사항** ────────────────────────────────

• **기술 적용에 따른 비용이 많이 드는가?** : 아무리 직장에 적합하고 성과를 높일 수 있는 기술이라 할지라도 기술 적용에 따른 비용이 성과보다 더 많이 든다면 좋은 기술이라 할 수 없다. 좋은 기술이란 직장에서 반드시 요구되고, 업무 프로세스의 효율성을 높이고 성과를 향상시키며, 요구되는 비용이 합리적인 것이어야 한다.

• **기술의 수명 주기는 어떻게 되는가?** : 현재 자신의 직장생활에서 요구되는 기술이라 할지라도 단기간에 기술이 진보하거나 변화할 것이라고 예상되는 기술을 적용하는 것은 바람직하지 못하다. 기술을 익숙하게 활용할 수 있도록 적응하는 데에도 일정한 시간이 요구되는데, 그 기간 동안에 또 다른 새로운 기술이 등장하게 된다면 현재 활용하고 있는 기술의 가치는 떨어지게 될 것이다.

• **기술의 전략적 중요도는 어떻게 되는가?** : 새로운 기술을 선택하여 적용하는데 있어 해당 기술이 얼마나 성과 향상을 위해 전략적으로 중요한가를 확인하는 활동은 매우 중요한 고려 사항이 된다.

• **잠재적으로 응용 가능성이 있는가?** : 새롭게 받아들여 활용하고자 하는 기술이 단순한 기술인지, 아니면 가까운 미래에 또 다른 발전된 기술로 응용 가능성이 있는지를 검토하는 것은 매우 중요한 일이다. 따라서 현재 받아들이고자 하는 기술이 자신의 직장에 대한 특성과 회사의 비전과 전략에 맞추어 응용 가능한가를 고려해보는 것이 필요하다.

08

기술
능력

---

23 다음 중 기술경영자에게 요구되는 능력으로 적절하지 않은 것은?

① 기술을 기업의 전략 목표에 통합시키는 능력

② 기술을 효과적으로 평가할 수 있는 능력

③ 신제품 개발 시간을 단축할 수 있는 능력

④ 기술이나 추세에 대한 이해 능력

정답해설

기술이나 추세에 대한 이해 능력은 중간급 매니저라 할 수 있는 기술관리자에게 요구되는 능력이다. 나머지는 모두 기술경영자에게 필요한 능력에 해당한다.

Check Point ···· **기술경영자와 기술관리자에게 필요한 능력** ·····

㉠ 기술경영자에게 필요한 능력
- 기술을 기업의 전반적 전략 목표에 통합시키는 능력
- 빠르고 효과적으로 새로운 기술을 습득하고 기존의 기술에서 탈피하는 능력
- 기술을 효과적으로 평가할 수 있는 능력
- 기술 이전을 효과적으로 할 수 있는 능력
- 새로운 제품 개발 시간을 단축할 수 있는 능력
- 크고 복잡하고 서로 다른 분야에 걸쳐 있는 프로젝트를 수행할 수 있는 능력
- 조직 내의 기술 이용을 수행할 수 있는 능력
- 기술 전문 인력을 운용할 수 있는 능력

㉡ 기술관리자에게 요구되는 능력
- 기술을 운용하거나 문제를 해결할 수 있는 능력
- 기술직과 의사소통을 할 수 있는 능력
- 혁신적 환경을 조성할 수 있는 능력
- 기술적 · 사업적 · 인간적인 능력을 통합할 수 있는 능력
- 시스템적인 관점에서 인식하는 능력
- 공학적 도구나 지원방식에 대한 이해 능력
- 기술이나 추세에 대한 이해 능력
- 기술팀을 통합할 수 있는 능력

---

24 다음 중 네트워크 혁명의 역기능에 해당하는 내용으로 가장 적절하지 않은 것은?

① 디지털 격차 문제

② 인터넷 게임 중독

③ TV 중독 문제

④ 정보기술을 이용한 감시

정답해설

TV 중독 문제는 네트워크 혁명 이전부터 존재하던 문제로, 네트워크 혁명이 초래한 역기능으로 보기 어렵다. 네트워크 혁명이 초래하는 대표적인 역기능에는 디지털 정보격차, 정보화에 따른 실업 문제, 인터넷 게임과 채팅 중독, 범죄 및 반사회적인 사이트의 활성화, 범죄자들 간의 네트워크 악용, 정보기술을 이용한 감시 등이 있다. 네트워크 혁명 이전에도 정보의 격차나 정보 기술에 따른 실업, 네트워크의 악용 문제 등이 존재했으나, 네트워크 혁명의 진전으로 네트워크가 원격으로 온라인 침투가 용이해지고 누구나 접근가능한 개방시스템이 활성화되면서 이러한 문제들이 더욱 심각한 문제로 부각되었다고 할 수 있다.

01 다음에 제시된 빈칸에 공통적으로 들어갈 말로 가장 알맞은 것은?

> • ( )은/는 과학이론을 실제로 적용하여 사물을 인간에게 유용하도록 가공하는 수단이다.
> • 20세기 중엽 이후 1970년대까지는 ( )은/는 과학의 응용이라는 인식이 지배적이었는데, 바니바 부시(V. Bush)는 1944년에 쓴 『과학, 그 끝없는 개척자(Science, the Endless Frontier)』에서 과학이 ( )을/를 낳고 산업을 발전시킨다고 설명하였다.
> • 1970년대 들어서는 ( )은/는 과학과 같은 추상적 이론보다는 실용성, 효용성, 디자인을 강조한다고 생각하게 되었다.

① 기술　　　　　　　　　　② 지식
③ 가치　　　　　　　　　　④ 창조

정답해설
• '기술'은 과학이론을 실제로 적용하여 자연의 사물을 인간 생활에 유용하도록 가공하는 수단이라 정의된다. 이에 비해 과학은 인간이 원하는 방식으로 활용하도록 해주는 상호연관적인 지식들이므로, 기술은 과학의 응용이라 할 수 있다.
• 20세기 중엽 이후 1970년대까지는 기술이 과학의 응용이라는 인식이 지배적이었는데, 제2차 세계대전 동안 미국의 군사 연구를 총괄 지휘했던 바니바 부시(V. Bush)는 1944년에 쓴 『과학, 그 끝없는 개척자(Science, the Endless Frontier)』에서 과학이 '기술'을 낳고, 기술이 산업을 발전시킨다고 설명하였다.
• 1970년대 들어와서는 기술도 과학과 마찬가지로 지식이라는 시각으로 변화하였다. 과학과 기술의 상호작용은 지식이 사물에 응용되는 것이 아니라, 지식과 지식 사이의 상호작용이라는 것이다. 즉, '기술'은 과학과 같이 추상적인 이론보다는 실용성과 효용성, 디자인을 강조하고, 과학은 그 반대로 추상적 이론, 지식을 위한 지식, 본질에 대한 이해를 강조한다고 생각하게 되었다.

08
기술
능력

02 다음에 제시된 A씨의 사례와 관련된 기술능력으로 가장 알맞은 것은?

> A씨는 용접과 관련된 기술의 특성과 기술적 행동, 기술의 결과에 대해 일정 수준의 지식을 지니고 있다. 또한 용접과 관련된 문제 발생을 해결할 수 있는 생산력과 체제를 설계 · 개발해야 할 때 요구되는 비판적 사고력도 갖추고 있다. 즉, A씨는 용접 기술을 사용하고 이를 운영하며, 이해하는 능력을 지니고 있는 것이다.

① 기술지능　　　　　　　　② 기술직관
③ 기술상식　　　　　　　　④ 기술교양

정답해설

기술교양은 폭넓은 관점에서 기술의 특성과 기술적 행동, 기술의 힘, 기술의 결과에 대해 일정 수준의 지식을 모든 사람들이 가지는 것을 의미한다. 이는 실천적 문제(practical problem)를 해결할 수 있는 생산력과 체계, 환경을 설계·개발해야 할 때 비판적 사고를 갖게 되는 것을 포함한다. 즉, 기술교양을 갖춘 사람은 기술학의 특성과 역할을 이해하고, 기술관련 이익을 가치화하고 위험을 평가할 수 있으며, 기술과 관련한 윤리적 딜레마에 합리적으로 반응할 수 있는 능력을 지닌 사람이다.

03 A는 한 전자회사의 기술연구팀에서 연구원으로 근무하고 있는데, 어느 날 인사팀으로부터 기술능력이 뛰어난 신입사원 한 명을 추천해 달라는 요청을 받았다. A는 신입사원의 추천에 앞서 먼저 추천서에 필요한 평가 항목을 결정하려 한다. 다음 중 A의 추천서 평가 항목에 들어갈 내용으로 적절하지 않은 것은?

① 실제 문제를 해결하기 위해 지식이나 자원을 최적화시킬 수 있는 사람인가?
② 주어진 문제에 대한 다양한 해결책을 개발하고 평가할 수 있는가?
③ 한계나 제약이 없는 경우 자원을 충분히 활용할 수 있는가?
④ 다양한 상황에서 기술 체계와 도구를 사용하고 배울 수 있는가?

정답해설

기술능력이 뛰어난 사람은 주어진 한계 속에서 제한된 자원을 가지고 일할 수 있는 사람을 말한다. 따라서 한계나 제약이 없는 경우 충분한 자원 활용이 가능한가는 적절한 평가 항목으로 보기 어렵다.

오답해설

① 기술능력이 뛰어난 사람은 실제적 문제를 해결하기 위해 지식이나 기타 자원을 선택하고 최적화시키며, 적용할 수 있는 사람이다.
② 기술능력이 뛰어난 사람은 실질적 해결을 필요로 하는 문제를 인식하고, 인식된 문제를 위해 다양한 해결책을 개발하고 평가할 수 있다.
④ 여러 상황 속에서 기술의 체계와 도구를 사용하고 배울 수 있다는 것도 기술능력의 조건에 해당한다.

04 회사의 자재팀에서 근무하는 A과장은 자재관리의 효율성 향상을 위해 회사에서 도입하고자 하는 관리시스템과 관련된 기술을 습득하려고 계획하고 있는데, 무엇보다 이와 관련된 전산 관리시스템을 배우는데 관심을 두고 있다. 현재 A과장이 다음과 같은 근무 환경에 있다고 할 때, A가 선택할 수 있는 가장 적절한 기술 습득 방법은?

- 주로 야간과 주말에 시간을 낼 수 있지만, 퇴근 시간이나 근무일이 항상 일정한 것은 아니라 시간이 딱 고정되어 있지는 않다.
- 전산 관련한 사전 지식이 조금 있어, 필요한 부분만 집중적으로 학습할 필요가 있다.
- 집이나 주변에 인터넷이 잘 연결돼 있어 관련 동영상이나 텍스트, 사진 등의 다양한 자료를 이용할 수 있으면 한다.

① 전문 연수원을 통한 기술과정 연수
② 상급학교 진학을 통한 기술교육
③ e-learning을 활용한 기술교육
④ OJT를 활용한 기술교육

정답해설

A과장은 야간이나 주말에 시간을 낼 수 있지만 시간이 일정한 것은 아니다. 또한, 교육이 필요한 부분을 집중적으로 학습하는 것이 필요하며, 주변에 컴퓨터가 잘 연결되어 있어 관련 자료를 이용할 수 있었으면 하는 상태이다. 이러한 경우 기술 습득 방법 중 'E-learning을 활용한 기술교육'이 가장 효율적이다. e-learning을 통한 기술교육은 원하는 시간과 장소에서 인터넷을 통해 자유롭게 학습할 수 있고, 개인의 요구에 따른 학습의 개별화·맞춤화가 가능하며, 비디오나 사진, 텍스트, 동영상 등을 이용한 학습이 가능하다는 장점이 있다.

오답해설

① 전문 연수원을 통한 기술과정 연수를 실시할 경우는 연수 시설이 없는 회사의 경우 전문적 교육을 통해 양질의 인재양성 기회를 제공하며, 최신 실습장비와 시청각 시설, 전산시설 등 교육에 필요한 각종 부대시설을 활용할 수 있는 장점이 있다. 또한 각 분야의 전문가들로 구성하여 이론을 겸한 실무중심 교육을 실시할 수 있으며, 노하우를 토대로 한 체계적이고 현장과 밀착된 교육이 가능하다. 연수비가 자체적으로 교육을 하는 것보다 저렴하며, 고용보험환급을 받을 수 있어 교육비 부담이 적다는 것도 장점이 된다.
② 상급학교 진학을 통한 기술교육은 실무중심 전문교육기관이나 전문대학, 대학 및 대학원과 같은 상급학교 진학을 통해 학문적이고 최신 흐름을 반영하는 기술교육을 습득하는 것을 말한다. 이는 관련 산업체와의 프로젝트 활동으로 실무 중심의 기술교육이 가능하며, 관련분야에서 종사하고 있는 사람들과 함께 교육받기 때문에 인적 네트워크 형성에 도움이 되고, 경쟁을 통하여 학습효과를 향상시킬 수 있는 장점을 지닌다.
④ OJT는 조직 안에서 피교육자인 종업원이 직무에 종사하면서 받게 되는 교육 훈련방법으로, 교육자와 피교육자 사이에 친밀감을 조성하며, 시간의 낭비가 적고 조직의 필요에 합치되는 교육훈련을 할 수 있다는 장점이 있다.

08
기술능력

Check Point ····· e-learning을 통한 기술교육의 장점 ··

- 정해진 시간과 장소에 모여 학습할 필요가 없고 원하는 시간·장소에서 인터넷에 연결되어 있다면 학습이 가능하므로 시간적·공간적으로 독립적이다.
- 원하는 내용을 원하는 순서와 시간만큼 학습할 수 있다. 즉, 개인의 요구에 따른 개별화·맞춤화가 가능하기 때문에 학습자 스스로 학습을 조절·통제할 수 있다.
- 비디오나 사진, 텍스트, 소리, 동영상 등 멀티미디어를 이용한 학습이 가능하다.
- 이메일, 토론방, 자료실 등을 통해 의사교환과 상호작용이 자유롭게 이루어질 수 있다.
- 책에 비해 업데이트를 통한 새로운 내용 반영이 용이하므로, 새로운 교육의 요구나 내용을 신속하게 반영할 수 있어 교육에 소요되는 비용을 절감할 수 있다.

---

05 다음 제시문의 빈칸에 가장 알맞은 것은?

> (   )은/는 컴퓨터 온라인을 통하여 학생들의 성적과 진도는 물론, 출석과 결석 등 학사 전반에 걸친 사항들을 관리해 주는 학습 활동 지원 시스템이다. 따라서 (   )은/는 대학의 수강·출석·학점관리뿐 아니라 기업의 임직원 교육 및 평가에 이르기까지 다양한 분야에서 폭넓게 이용되고 있어, 최근 다수의 회사에서 도입을 검토하고 있다.

① LMS   ② OJT
③ JIT   ④ e-learning

정답해설

LMS(Learning Management System)는 가르치는 사람이나 학습을 관리하는 사람이 학생들의 공부 이력과 장·단점, 출·결 사항 등 학사에 관한 전반적 사항을 평가해 관리하는 학습 관리 시스템을 말한다. 따라서 온라인 학습이 원활하게 이루어지기 위해서는 이 학습 관리 시스템의 역할이 중요하다고 할 수 있다.

오답해설

② OJT는 조직 안에서 피교육자인 종업원이 직무에 종사하면서 받게 되는 교육 훈련방법을 말한다.
③ JIT(Job Instruction Training)은 작업교시법이라 하는데, 실제 작업교시를 위해서 주요 작업 단계를 분해하고 배울 수 있는 의욕을 고취시켜 분위기를 조성한 후, 작업교시를 통해 실습을 시키고 상황을 파악하여 교정 또는 재습 득시키는 방법을 말한다.

06 다음의 제시문은 한 기술과 관련된 기업의 사례들인데, 이러한 기술은 사례와 같이 기업의 경제적 이익을 높여주기도 하고 이미지 개선에 많은 도움을 주기도 한다. 이 기술은 지금 우리가 가진 기술과 그 형태에서 크게 다르지 않다. 더 중요한 것은 그 기술이 디자인될 때 얼마나 더 많이 사회적·환경적 연관에 중심을 두는가 하는 것이다. 해당하는 기술로 가장 알맞은 것은?

> • 1980년대 중엽에 K사 연구자들은 소비자들의 세계인들의 욕구를 반영하여 일회용 카메라를 개발했다. 그런데 이 카메라의 문제는 환경친화적이지 못해 환경운동가들의 공격을 받기 시작하여 회사 전체의 이미지에 안 좋은 결과를 가져왔다. 그래서 K사의 연구자들은 1989년부터 일회용 카메라의 주요 부품들을 재디자인하기 시작했고, 이 과정에서 인화와 현상을 담당하는 매장의 주인들과도 협력했다. 매장의 협력 없이는 환경 친화적인 제품을 만들 수가 없었기 때문이다. 그 결과 K사는 덜 복잡하고, 재활용이 쉽고, 재사용도 가능한 제품을 만들어내는 데 성공했다.
> • H그룹은 환경연구소를 설립하여 사후처리 환경기술과 사전 오염 예방을 위한 청정생산기술 진단 및 컨설팅뿐만 아니라 정부 및 환경단체와도 연대, 환경성과 평가 등 구체적인 실천 방안들을 연구하였다. H사는 석유화학, 화약, 기계 등 제조 공정에서부터 미리 친환경 여부를 살피는 청정생산기술을 도입했다. 즉, 사후 처리방식에서 사전평가 방식으로 환경에 대한 고려를 한 단계 높인 것이다.

① 재활용 기술   ② 지속가능한 기술
③ 미래형 기술   ④ 자원 및 에너지 절약 기술

정답해설

제시된 사례는 모두 지속가능한 기술이 가져다주는 이윤과 이미지 제고를 나타낸다. 지속가능한 기술이란 지속가능한 발전을 가능케 하는 기술로, 지속가능한 발전은 현재와 미래 세대의 발전과 환경적 요구를 충족하는 방향으로 이루어져야 하기 때문에, 환경보호가 발전의 중심적인 요소가 된다. 따라서 지속가능한 기술은 이용 가능한 자원과 에너지를 고려하고, 자원이 사용되고 재생산되는 비율의 조화를 추구하며, 자원이 생산적인 방식으로 사용되는가에 주의를 기울이는 기술이라고 할 수 있다. 즉, 지속가능한 기술은 되도록 태양 에너지와 같이 고갈되지 않는 자연 에너지를 활용하며, 낭비적인 소비 형태를 지양하고, 기술적 효용만이 아닌 환경효용(eco-efficiency)을 추구한다.

08

기술
능력

07 A는 한 기업의 프로젝트 개발 및 평가 책임자이다. 어느 날 A는 "환경보호와 경제적 발전이 반드시 갈등 관계에 있는 것이 아니다."라는 정부의 발표를 기사로 접하게 되었다. 정부는 후속 조치로 막대한 예산을 투입해 토양 청정화 기술을 지원할 계획이라고 한다. A가 이 지원 계획을 현재 추진 중인 프로젝트에 접목시켜 보려고 할 때, 다음 중 A가 선택할 만한 계획으로 적합한 것을 모두 고른 것은?

> ㉠ 현재 세대뿐만 아니라 미래 세대의 욕구 충족을 침해하지 않는 발전이 필요하다.
> ㉡ 환경적 요구를 충족하고 환경보호가 발전의 중심 요소가 되어야 한다.
> ㉢ 고갈되는 에너지를 최대한 활용하는 방향으로 추진해야 한다.
> ㉣ 자원의 재생산과 생산적 방식으로의 사용도 함께 고려해야 한다.

① ㉠
② ㉡, ㉢
③ ㉠, ㉡, ㉢
④ ㉠, ㉡, ㉣

정답해설

○ "환경보호와 경제적 발전이 반드시 갈등 관계에 있는 것이 아니다."라는 지속가능한 발전의 개념과 관련된다.
- ㉠ 지속가능한 발전은 지금 지구촌의 현재와 미래를 포괄하는 개념으로, 우리의 현재 욕구를 충족시키지만 동시에 후속 세대의 욕구 충족을 침해하지 않는 발전을 의미한다.
- ㉡ 지속가능한 발전은 경제적 활력과 사회적 평등, 환경의 보존을 동시에 충족시키는 발전을 의미하며, 현재와 미래 세대의 발전과 환경적 요구를 충족하는 방향으로 이루어져야 하므로 환경보호가 발전의 중심적인 요소가 되어야 한다는 것이다.
- ㉣ 지속가능한 발전은 자원의 재생산뿐만 아니라, 그것이 얼마나 생산적인 방식으로 사용되는지도 고려하는 것을 의미한다.

오답해설

○ ㉢ 지속가능한 발전을 가능케 하는 지속가능한 기술은 화석 에너지와 같은 고갈되는 에너지를 활용하는 것이 아니라, 환경을 고려하여 태양에너지와 같이 고갈되지 않는 자연에너지를 활용하는 기술을 의미한다.

08 산업 재해를 예방하기 위해서는 사고의 원인이 되는 불안전한 행동과 불안전한 상태의 유형을 이해하고, 이들을 잘 분석하여 적절한 대책을 수립해야 한다. 다음에 제시된 산업 재해의 예방 대책을 순서대로 바르게 나열한 것은?

> ㉠ 사고 조사, 안전 점검, 현장 분석, 작업자의 제안 및 여론조사, 관찰 및 보고서 연구 등을 통하여 사실을 발견한다.
> ㉡ 경영자는 안전 목표를 설정하고 안전 관리 책임자를 선정하며, 안전 계획을 수립하고, 이를 시행·감독해야 한다.
> ㉢ 안전에 대한 교육 및 훈련 실시, 안전시설과 장비의 결함 개선, 안전 감독 실시 등의 선정된 시정책을 적용한다.
> ㉣ 재해의 발생 장소, 재해 형태, 재해 정도, 관련 인원, 직원 감독의 적절성, 공구 및 장비의 상태 등을 통해 원인을 정확히 분석한다.
> ㉤ 원인 분석을 토대로 적절한 시정책, 즉 기술적 개선, 인사 조정 및 교체, 교육, 설득, 공학적 조치 등을 선정한다.

① ㉠ → ㉡ → ㉤ → ㉢ → ㉣
② ㉡ → ㉠ → ㉢ → ㉣ → ㉤
③ ㉡ → ㉠ → ㉣ → ㉤ → ㉢
④ ㉠ → ㉢ → ㉡ → ㉣ → ㉤

정답해설

산업 재해의 예방 대책은 '안전 목표의 설정 및 관리 조직(㉡) → 사실의 발견(㉠) → 원인 분석(㉣) → 기술 공고화(㉤) → 시정책 적용 및 뒤처리(㉢)' 순서의 5단계로 이루어진다.

08
기술
능력

09 기술혁신의 전 과정이 성공적으로 수행되기 위해서는 아이디어 창안, 챔피언, 프로젝트 관리, 정보 수문장, 후원 등의 다섯 가지 핵심적인 역할이 혁신에 참여하는 핵심 인력들에 의해 수행되어야 한다. 다음의 역할 중 리더십을 발휘하는 혁신 활동과 의사결정 능력, 업무 수행 방법에 대한 지식이 자질로서 필요한 것은 무엇인가?

① 아이디어 창안(idea generation)
② 프로젝트 관리(project leading)
③ 정보 수문장(gate keeping)
④ 후원(sponsoring or coaching)

정답해설

리더십을 발휘하는 혁신 활동과 의사결정 능력과 업무 수행방법에 관한 지식이 필요한 역할은 프로젝트 관리 (project leading)이다.

기술혁신의 전 과정이 성공적으로 수행되기 위해 필요한 다섯 가지 핵심적인 역할과 각 역할에서의 혁신 활동 및 필요한 자질·능력은 다음과 같다.

기술 혁신 과정	혁신 활동	필요한 자질과 능력
아이디어 창안 (idea generation)	• 아이디어를 창출하고 가능성을 검증 • 일을 수행하는 새로운 방법 고안 • 혁신적인 진보를 위한 탐색	• 각 분야의 전문지식 • 추상화와 개념화 능력 • 새로운 분야의 일을 즐김
챔피언 (entrepreneuring or championing)	• 아이디어의 전파 • 혁신을 위한 자원 확보 • 아이디어 실현을 위한 헌신	• 정력적이고 위험을 감수함 • 아이디어의 응용에 관심
프로젝트 관리 (project leading)	• 리더십 발휘 • 프로젝트의 기획 및 조직 • 프로젝트의 효과적인 진행 감독	• 의사결정 능력 • 업무 수행 방법에 대한 지식
정보 수문장 (gate keeping)	• 조직외부의 정보를 내부 구성원들에게 전달 • 조직 내 정보원 기능	• 높은 수준의 기술적 역량 • 원만한 대인 관계 능력
후원 (sponsoring or coaching)	• 혁신에 대한 격려와 안내 • 불필요한 제약에서 프로젝트 보호 • 혁신에 대한 자원 획득을 지원	• 조직의 주요 의사결정에 대한 영향력

10 다음의 사례에 나타난 실패 원인에 해당하는 것을 아래 〈보기〉에서 모두 고르면?

A자동차 회사는 자사 브랜드의 인지도와 시장점유율만 믿고 최근 출시된 차량의 작은 불량을 간과하였다. 담당 부서는 이와 관련된 사항을 상급자에게 보고하지 않았고, 언론 공개 시 회사 이미지에 부정적인 영향을 미칠까 우려하여 소비자의 반응도 적극적으로 확인·대응하지 않았다. 하지만 이후 동일한 불량으로 인한 소비자 불만이 급증하기 시작했고, 급기야 이로 인한 심각한 대형 사고가 발생하면서 국내외 언론을 통해 이러한 내막이 공개되기에 이르렀다. 이로 인해 A회사는 막대한 이미지 타격을 입었음은 물론, 손해 배상책임을 지게 되어 큰 손실을 입게 되었다.

┤ 보 기 ├

ㄱ 차례 미준수　　　　　　　　　ㄴ 오만
ㄷ 조사 및 검토 부족　　　　　　ㄹ 조직운영 불량

① ㄱ

② ㄴ, ㄹ

③ ㄱ, ㄴ, ㄹ

④ ㄴ, ㄷ, ㄹ

일본에서 '실패학'을 처음으로 제창했던 하타무라 요타로는 실패의 원인으로, 무지와 부주의, 차례 미준수, 오만, 조사·검토 부족, 조건의 변화, 기획 불량, 가치관 불량, 조직운영 불량, 미지 등 10가지를 제시하였다. 〈보기〉에 제시된 실패의 원인 중, A자동차 회사의 실패 원인으로 적절한 것은 ⓒ·ⓒ·ⓔ이다.

ⓒ A자동차 회사는 자사의 브랜드 인지도와 시장점유율만 믿고 작은 불량을 간과한 것은 오만에 해당한다.

ⓒ 불량을 간과하고 소비자의 반응도 적극적으로 확인·대응하지 않은 것은 조사 및 검토가 부족했음을 의미한다.

ⓔ 관련 사항을 상급자에게 보고하지 않았고 부정적 이미지를 우려하여 반응하지 않은 것은 조직운영의 불량이라 볼 수 있다.

11 다음은 '기술적 실패'에 대한 각자의 의견을 제시한 것이다. 가장 적절하지 않은 발언은 무엇인가?

① A : 혁신적 기술능력을 가진 사람들은 실패의 영역에서 성공의 영역으로 자신의 기술을 이동시킬 줄 알지.

② B : 실패 중에는 '에디슨식의 실패'도 있고 아무런 보탬이 되지 않는 실패도 있다고 해.

③ C : 개인의 연구 개발처럼 지식을 획득하는 과정에서 겪는 실패는 바람직하지 못한 실패의 예라고 할 수 있어.

④ D : 기업의 실패가 회사를 위태롭게 할 수도 있지만, 실패를 은폐하거나 또는 반복하는 것은 바람직하지 않아.

개개인은 연구 개발과 같이 지식을 획득하는 과정에서 항상 발생하는 실패는 용서받을 수 있으며, 오히려 바람직한 실패에 해당한다.

① 혁신적인 기술능력을 가진 사람들은 성공과 실패의 경계를 유동적인 것으로 만들어, 실패의 영역에서 성공의 영역으로 자신의 기술을 이동시킬 줄 안다.

② 실패에는 기술자들이 반드시 겪어야 하는 '에디슨식의 실패'도 있고, 아무런 보탬이 되지 않는 실패도 존재한다. 우리의 기술 문화는 지금까지 성공만을 목표로 달려온 경향이 있어 모든 실패를 다 나쁜 것으로 보는데, 이것은 올바른 태도가 아니다.

④ 실패를 은폐하거나 과거의 실패를 반복하는 것은 어떤 의미에서도 바람직하지 않다. 실패를 은폐하다보면 실패가 계속 반복될 수 있고, 결국 실패는 커다란 재앙을 초래하기도 한다.

08

기술
능력

12 다음은 기술선택을 위한 절차를 도식화한 것이다. 여기서 외부 환경의 분석은 수요 · 경쟁자 · 기술 변화 등의 분석을 의미하며, 중장기 사업목표의 설정은 기업의 장기비전과 중장기 매출 및 이익목표 설정을, 내부 역량 분석은 기술 · 생산능력, 마케팅, 영업 및 재무능력 등의 분석을 의미한다. 이를 토대로 빈칸의 ㉠~㉢을 채울 때, 순서대로 모두 바르게 연결한 것은?

㉠		㉡		㉢
① 사업 전략 수립	⇒	요구 기술 분석	⇒	기술 전략 수립
② 사업 전략 수립	⇒	기술 전략 수립	⇒	요구 기술 분석
③ 기술 전략 수립	⇒	사업 전략 수립	⇒	요구 기술 분석
④ 기술 전략 수립	⇒	요구 기술 분석	⇒	사업 전략 수립

정답해설

㉠ 사업 영역을 결정하고 경쟁 우위 확보방안을 수립하는 '사업 전략 수립' 절차가 적합하다.

㉡ 제품 설계 및 디자인 기술, 제품 생산공정, 원재료 · 부품 제조기술 분석을 실시하는 '요구 기술 분석' 절차가 와 야 한다.

㉢ 핵심기술을 선택하고 기술 획득 방법을 결정하는 '기술 전략 수립' 절차가 적합하다.

13 다음 사례에서 A와 B가 하는 일을 무엇이라 하는가?

- A사는 세계 최고의 복사기 회사로 전체 매출의 90% 이상을 차지하고 있었는데, 일본의 한 회사의 복사기가 낮은 가격을 무기로 시장에서 돌풍을 일으키게 되어 매출이 40%대로 추락하게 되었다. 이에 A사는 새롭게 떠오른 일본 회사와 제품을 참조해 자사 제품에 응용함으로써 생산성과 품질향상에 성공하였고, 생산 비용도 절감함으로써 다시 시장 점유율을 끌어 올리게 되었다.
- B씨는 네덜란드의 한 기관에서 하이베드 딸기 재배기법에 관한 교육을 받았다. B씨는 한국에 돌아온 후, 네덜란드에서 배운 기법을 단순 적용한 것이 아니라 우리나라 실정에 맞는 재배기법으로 변형하여 엄청난 수익을 얻을 수 있었다.

① 모방   ② 차용

③ 표절   ④ 벤치마킹

정답해설

A사와 B씨가 한 것은 모두 벤치마킹의 사례에 해당한다. 벤치마킹은 특정 분야에서 뛰어난 업체나 상품, 기술, 경영 방식 등을 배워 합법적으로 응용하는 것을 말한다. 이는 단순한 모방과는 달리 우수한 기업이나 성공한 상품, 기술, 경영 방식 등의 장점을 충분히 배우고 익힌 후 자사의 환경에 맞추어 재창조하는 것이다.

오답해설

① 모방은 다른 것을 그대로 본떠서 만들거나 옮겨 놓는 것을 말한다.

② 차용은 어떤 생각이나 형식 등을 다른 곳으로부터 흉내 내거나 받아들여 쓰는 것, 또는 돈이나 물건 등을 갚기로 하고 빌려 쓰는 것을 말한다.

③ 표절은 시나 글, 음악 등과 같이 다른 사람의 저작물이나 작품의 일부 또는 전부를 자기 것처럼 몰래 따다 쓰는 행위이다.

08

기술
능력

14 벤치마킹은 비교 대상에 따라 4가지 종류로 분류할 수 있다. 다음 설명이 제시하는 벤치마킹 종류로 가장 알맞은 것은 무엇인가?

- 경영 성과와 관련된 정보 입수가 가능하다.
- 업무 · 기술에 대한 비교가 가능하다.
- 윤리적 문제가 발생할 소지가 있다.
- 대상의 적대적 태도로 인해 자료 수집이 어렵다.

① 내부 벤치마킹   ② 경쟁적 벤치마킹

③ 비경쟁적 벤치마킹   ④ 글로벌 벤치마킹

정답해설

제시된 설명은 동일 업종에서 고객을 직접적으로 공유하는 경쟁기업을 대상으로 하는 경쟁적 벤치마킹의 장·단점에 대한 것이다. 앞의 두 개는 경쟁적 벤치마킹의 장점이며, 뒤의 두 개는 단점에 해당한다.

오답해설

① 내부 벤치마킹은 같은 기업 내의 다른 지역, 타 부서, 국가 간의 유사한 활용을 비교대상으로 하는 것으로, 자료 수집이 용이하며 다각화된 우량기업의 경우 효과가 큰 장점이 있는 반면, 관점이 제한적일 수 있고 편중된 내부 시각에 대한 우려가 있다는 단점이 있다.

③ 비경쟁적 벤치마킹은 제품과 서비스 및 프로세스의 단위 분야에 있어 가장 우수한 실무를 보이는 비경쟁적 기업 내의 유사 분야를 대상으로 하는 방법으로, 혁신적인 아이디어의 창출 가능성이 높은 반면, 다른 환경의 사례를 가공하지 않고 적용할 경우 효과를 보지 못할 가능성이 높다는 문제가 있다.

④ 글로벌 벤치마킹은 프로세스에 있어 최고로 우수한 성과를 보유한 동일업종의 비경쟁적 기업을 대상으로 하는 것이다. 이는 접근 및 자료 수집이 용이하고 비교 가능한 업무·기술 습득이 상대적으로 용이하다는 장점이 있는 반면, 문화 및 제도적인 차이로 발생되는 효과에 대한 검토가 없을 경우 잘못된 분석결과의 발생 가능성이 높다는 단점이 있다.

15 매뉴얼은 우리가 직장생활에 필요한 기술을 선택하고 적용하는 데 있어 가장 기본적으로 활용하는 것으로, 그 기술에 해당하는 가장 기본적인 활용 지침을 작성해 놓은 것이라 할 수 있다. 다음 중 이러한 매뉴얼 작성을 위한 방법으로 적절하지 않은 것은?

① 매뉴얼 내용 서술에 애매모호한 단어 사용을 금지해야 하며, 추측성 기능의 내용 서술도 절대 금물이다.

② 의미전달을 명확하게 하기 위해 수동태 동사를 사용하며, 명령을 사용함에 있어서 단정적으로 표현하기보다 약한 형태로 표현해야 한다.

③ 사용자가 매뉴얼을 한번 본 후 더 이상 필요하지 않도록, 빨리 외울 수 있도록 배려하는 것이 필요하다.

④ 짧고 의미 있는 제목과 비고(note)를 통해 사용자가 원하는 정보의 위치를 파악할 수 있도록 해야 한다.

정답해설

매뉴얼은 사용자가 알기 쉽게 쉬운 문장으로 써야 하는데, 의미전달을 명확히 하기 위해서는 수동태보다는 능동태 동사를 사용하며, 명령형은 약한 형태보다는 단정적으로 표현해야 한다.

오답해설

① 매뉴얼은 내용이 정확해야 하므로, 매뉴얼 내용 서술에 애매모호한 단어를 사용하거나 추측성 기능의 내용을 서술하는 것은 금지된다.

③ 매뉴얼 작성 시 사용자의 심리적 배려가 있어야 하므로, 사용자가 매뉴얼을 한번 본 후 더 이상 필요하지 않도록, 또 빨리 외울 수 있도록 배려할 필요가 있다.

④ 사용자가 찾고자 하는 정보를 쉽게 찾을 수 있어야 하므로, 짧고 의미 있는 제목과 비고(note)를 통해 사용자가 원하는 정보의 위치를 파악하는데 도움이 되도록 해야 한다.

Check Point — 매뉴얼 작성을 위한 Tip

• 내용이 정확해야 한다.
  − 매뉴얼의 서술은 가능한 한 단순하고 간결해야 하며, 비전문가도 쉽게 이해할 수 있어야 한다.
  − 매뉴얼 내용 서술에 애매모호한 단어 사용을 금지해야 한다. 매뉴얼 개발자는 제품에 대해 충분한 지식을 습득해야 하며, 추측성 기능의 내용 서술은 절대 금물이다.
• 사용자가 알기 쉽게 쉬운 문장으로 쓰여야 한다.
  − 한 문장은 통상 단 하나의 명령, 또는 밀접하게 관련된 몇 가지 명령만을 포함하여야 한다.
  − 의미전달을 명확하게 하기 위해서는 수동태보다는 능동태의 동사를 사용해야 하며, 명령을 사용함에 있어서 약한 형태보다는 단정적으로 표현하고, 추상적 명사보다는 행위동사를 사용한다.
• 사용자의 심리적 배려가 있어야 한다.
  − "어디서? 누가? 무엇을? 언제? 어떻게? 왜"라는 사용자의 질문들을 예상하고 사용자에게 답을 제공하여야 한다.
  − 사용자가 한번 본 후 더 이상 매뉴얼이 필요하지 않도록, 빨리 외울 수 있도록 배려하는 것도 필요하다.
• 사용자가 찾고자 하는 정보를 쉽게 찾을 수 있어야 한다.
  − 사용자가 필요한 정보를 빨리 찾기 쉽도록 구성해야 하며, 원하는 정보를 빠른 시간 내에 찾지 못한다면 어려운 매뉴얼이 된다.
  − 짧고 의미 있는 제목과 비고(note)는 사용자가 원하는 정보의 위치를 파악하는 데 도움이 될 수 있다.
• 사용하기 쉬워야 한다.
  − 매뉴얼 내용이 아무리 훌륭하게 만들어져도 사용자가 보기 불편하게 크거나 작은 것은 효용이 떨어진다.
  − 일부 전자 매뉴얼처럼 복잡하여 접근하기가 힘들다면 아무 소용이 없는 매뉴얼이 된다.

16 산업재산권이란 산업활동과 관련된 사람의 정신적 창작물이나 창작된 방법에 대해 인정하는 독점적 권리이다. 이는 새로운 발명과 고안에 대하여 그 창작자에게 일정기간동안 독점 배타적인 권리를 부여하는 대신, 일정 존속기간이 지나면 이용·실시하도록 함으로써 기술진보와 산업발전을 추구하는 권리라 할 수 있다. 다음에 제시된 설명에 해당하는 산업재산권은 무엇인가?

> • 이 권리는 벨이 전기·전자를 응용하여 처음으로 전화기를 생각해 낸 것과 같은 대발명의 권리를 확보하는 것을 말한다.
> • 이 권리의 요건으로는 발명이 산업상 이용 가능해야 하고, 새로운 진보적인 발명이라야 하며, 법적인 제약 사유에 해당되지 않아야 한다는 것이다.
> • 이 권리는 설정등록일 후 출원일로부터 20년간 권리를 인정받을 수 있다.

① 특허권 ② 실용신안권
③ 의장권 ④ 상표권

NCS 500제

정답해설

특허권은 발명한 사람이 자기가 발명한 기술을 독점적으로 사용할 수 있는 권리를 말하는데, 벨이 전기·전자를 응용하여 처음으로 전화기를 생각해 낸 것과 같은 대발명의 권리를 확보하는 것을 특허라 할 수 있다. 특허의 요건으로는 발명이 성립되어야 하고, 산업상 이용 가능해야 하며, 새로운 것으로 진보적인 발명이라야 하며, 법적으로 특허를 받을 수 없는 사유에 해당되지 않아야 한다.

오답해설

② 실용신안권은 기술적 창작 수준이 소발명 정도인 실용적인 창작(고안)을 보호하기 위한 제도로서, 보호 대상은 특허제도와 다소 다르나 전체적으로 특허제도와 유사하다. 실용신안은 발명처럼 고도하지 않은 것으로, 물품의 형상, 구조 및 조합이 대상이 된다. 실용신안권은 등록일로부터 출원 후 10년이다.

③ 산업재산권법에서 말하는 의장이란 심미성을 가진 고안으로서, 물품의 외관에 미적인 감각을 느낄 수 있게 하는 것을 말한다. 의장은 물품 자체에 표현되는 것으로 물품을 떠나서는 존재할 수 없으므로, 물품이 다르면 동일한 형상의 디자인이라 하더라도 별개의 의장이 된다. 의장의 보호기간은 설정등록일로부터 15년이다.

④ 상표는 제조회사가 자사제품의 신용을 유지하기 위해 제품이나 포장 등에 표시하는 표장으로서의 상호나 마크를 말한다. 현대 사회는 우수한 상표의 선택·관리가 광고보다 큰 효과를 나타낼 수 있으므로, 상표는 기업의 꽃이라고도 한다. 상표의 배타적 권리보장 기간은 등록 후 10년이다.

17

네트워크 혁명은 사람을 연결하고 정보를 교환하며, 교환한 정보를 지식으로 만드는 방법, 값싼 물건을 찾고 주문을 하는 방법, 광고를 하고 소비자를 끄는 방법 등에 혁명적인 변화가 생기고 있음을 의미하는 것으로, 인터넷이 상용화된 1990년대 이후에 시작되어 그 효과가 다양한 형태로 나타나고 있다. 다음에 제시된 설명은 네트워크 혁명의 3가지 법칙 중 어디에 해당하는가?

- 네트워크의 가치는 사용자 수의 제곱에 비례한다는 법칙으로, 네트워크에 기반한 경제활동을 하는 사람들이 특히 주목해야 할 법칙이라 할 수 있다.
- 이 법칙이 가져올 세상은 네트워크 시대의 복잡성 해결에 대한 압력이 증대해서 단품 위주의 서비스 제공에서 토털 솔루션(Total solution) 제공에 대한 요구가 증대할 것이며, 제품 판매 후에도 지속적인 요금 징수가 가능한 사업의 증가로 유지보수형 서비스의 발생을 촉진할 것이다.

① 무어(G. Moore)의 법칙　　　　② 메트칼피(R. Metcalfe)의 법칙
③ 카오(J. Kao)의 법칙　　　　　④ 코어스(Coase's Law)의 법칙

정답해설

메트칼피(R. Metcalfe)의 법칙은 네트워크의 가치는 사용자 수의 제곱에 비례하지만 비용의 증가율은 일정하다는 것으로, 근거리 통신망 이더넷(ethernet)의 창시자 로버트 메트칼피(Robert Metcalfe)에 의해 주장된 이론이다. 이는 많은 사람이 연결되도록 네트워크를 형성하는 것이 중요하다는 것으로, 네트워크에 기반한 경제활동을 하는 사람들이 특히 주목해야 할 법칙이라 할 수 있다. 메트칼피의 법칙과 무어의 법칙, 카오의 법칙을 네트워크 혁명이 3가지 법칙이라고 칭하기도 한다.

오답해설

① 무어(G. Moore)의 법칙은 컴퓨터의 반도체 성능(마이크로프로세서의 트랜지스터 수)이 18개월마다 2배씩 증가하고 비용(cost)은 유지된다는 법칙으로, 인텔의 설립자 고든 무어(Gordon Moore)가 처음으로 주장한 이론이다.

③ 카오(J. Kao)의 법칙은 창조성은 네트워크에 접속되어 있는 다양성에 지수함수로 비례한다는 법칙으로, 다양한 사고를 가진 사람이 네트워크로 연결되면 그만큼 정보교환이 활발해져 창조성이 증가한다는 내용의 이론이다. 법칙경영 컨설턴트 존 카오(John Kao)가 주장하였다.

④ 코어스(Coase's Law)의 법칙은 거래비용 감소에 따라 기업 내의 조직의 복잡성과 기업의 수는 감소한다는 법칙을 말한다.

18

2001년 12월 미국과학재단과 상무부가 여러 과학기술 전문가들이 참여한 워크숍을 개최하고 작성한 〈인간 활동의 향상을 위한 기술의 융합(Converging Technologies for Improving Human Performance)〉이라는 보고서에서 4대 핵심기술이 상호 의존적으로 결합되는 것(NBIC)을 융합기술(CT)이라 정의하고, 기술융합으로 르네상스 정신에 다시 불을 붙일 때가 되었다고 천명하였다. 다음 중 여기서의 4대 핵심기술인 융합기술에 해당되지 않는 것은?

① 나노기술(NT)
② 생명공학기술(BT)
③ 우주항공기술(ST)
④ 인지과학(Cognitive science)

정답해설

미국과학재단과 상무부가 작성한 〈인간 활동의 향상을 위한 융합기술(Converging Technologies for Improving Human Performance)〉라는 보고서에서 제시한 4대 핵심기술(NBIC)은 나노기술(NT), 정보기술(IT), 생명공학기술(BT), 인지과학(Cognitive science)이다. 우주항공기술은 여기에 포함되지 않는다.

08

기술
능력

Check Point · 4대 핵심 기술의 융합

- **제조 · 건설 · 교통 · 의학 · 과학기술 연구에서 사용되는 새로운 범주의 물질, 장치, 시스템** : 이를 위해서는 나노기술이 무엇보다 중요하며, 정보기술 역시 그 역할이 막중하다. 미래의 산업은 생물학적 과정을 활용하여 신소재를 생산하므로, 재료과학 연구가 수학, 물리학, 화학, 생물학에서 핵심이 된다.

- **나노 규모의 부품과 공정의 시스템을 가진 물질 중에서 가장 복잡한 생물 세포** : 나노기술, 생명공학기술, 정보기술의 융합 연구가 중요하다. 정보기술 중에서 가상현실(VR)과 증강현실(AR) 기법은 세포 연구에 큰 도움이 된다.

- **유비쿼터스 및 글로벌 네트워크 요소를 통합하는 컴퓨터 및 통신시스템의 기본 원리** : 나노 기술이 컴퓨터 하드웨어의 신속한 향상을 위해 필요하다. 인지과학은 인간에게 가장 효과적으로 정보를 제시하는 방법을 제공한다.

- **사람의 뇌와 마음의 구조와 기능** : 생명공학기술, 나노기술, 정보기술과 인지과학이 뇌와 마음의 연구에 새로운 기법을 제공한다. NBIC 융합기술의 상호관계는 "인지과학자가 생각한다면, 나노기술자가 조립하고, 생명공학기술자가 실현하며, 정보기술자가 조정 및 관리한다."로 표현하기도 한다.

19 다음 제시문을 읽고 A사가 몰락하게 된 원인으로 가장 적절한 것을 고르면?

> 1980년대 세계 필름 시장의 2/3을 장악했던 A사는 130년이 넘는 역사를 가지고 있다. 이런 A사의 몰락을 가져온 디지털 카메라를 처음 개발한 회사는 역설적이게도 A사 자신이었다. A사의 1975년 세계 최초로 디지털 카메라를 개발하였지만, 이 기술로 돈을 벌지 못하였다. 그 이유는 디지털 시대가 도래 했음에도 이 신기술에 대한 미온적인 태도로 디지털 카메라를 무시했기 때문이다. A사는 디지털 카메라보다 회사의 주요 제품인 필름이 필요한 즉석 카메라에 집중했다. 폴라로이드와 즉석 카메라 특허로 분쟁을 일으키기도 하였다. 한편 디지털 카메라를 적극적으로 받아들인 일본의 여러 회사들이 디지털 카메라 시장으로 진출하자, 필름 카메라의 영역을 급속하게 축소되었다. 뒤늦게 A사가 디지털 카메라 시장에 뛰어들었지만 상황을 바꾸기에는 역부족이었다.

① 지속적으로 새로운 분야에 도전하였다.

② 시대에 앞서 신기술을 개발하였다.

③ 변화하는 시대에 발맞춰 나가지 못하였다.

④ 즉석 카메라에 대한 집중 투자로 자금사정이 어려웠다.

정답해설

A사는 최초로 디지털 카메라 기술을 개발하였지만, 이 신기술에 대한 미온적 태도로 디지털 카메라를 무시했다. 이후 다른 회사들이 디지털 카메라에 적극적으로 뛰어들면서 필름 카메라 영역은 급속도로 위축되었고, 필름 카메라가 중심이던 A사는 상황이 어려워지게 되었다. 따라서 A사가 몰락하게 된 가장 큰 원인은 변화하는 시장을 제대로 읽지 못하여 먼저 대응하지 못하였기 때문이다.

20 최근 국내 전기설비 안전규격에 문제가 있다는 주장이 제기되고 있다. 일부 전기안전 전문가들은 차단기의 국내 전기설비 규격이 선진국에 비해 지나치게 낮다고 주장하기도 한다. 다음 중 세계 각국의 표준 규격과 차단기를 비교했을 때, 표준 규격 국가와 차단기의 연결이 옳지 않은 것은?

[국가 표준 규격]

구 분	ANSI	CSA	GOST	JIS	DVGW
국 가	A	B	C	D	E
정격전압(V)	380, 460	220	460, 690	220	380
정격전류(A)	50 ~ 110	15 ~ 35	1000 ~ 1500	30 ~ 60	50 ~ 110
정격차단전류(kA)	2 ~ 5	1 ~ 5	50 ~ 70	2 ~ 3	5 ~ 10

[차단기 종류]

구 분	EBS 103Fb	AN 13D	32 GRhc	AF 50	ABE 103AF	AN 20E
정격전압(V)	220, 380	690	220	220	460	690
정격전류(A)	60, 70, 100	1250	15, 20, 30	30, 40, 50	60, 75, 100	1600
정격차단전류(kA)	5	50	1.5	2.5	2.5	65

① A국 - ABE 103AF

② B국 - 32 GRhc

③ C국 - AN 20E

④ D국 - AF 50

정답해설
C국의 경우 국가 표준 규격의 정격전류가 '1000 ~ 1500'인데 비해, 차단기 'AN 20E'의 정격전류는 '1600'으로 국가 표준 규격의 전류범위보다 높다. 따라서 'AN 20E'는 C국에 적합하지 않다. C국에 적합한 차단기는 'AN 13D'이다.

08

기술
능력

21 회사의 공식 블로그를 담당하는 A사원은, 항상 게시물 마지막에 "영리적인 목적으로 사용해서는 안 되며, 저작자를 밝히는 경우 자유로이 이용이 가능함"을 뜻하는 저작권 마크를 입력한다. 다음 중 A가 사용하는 마크로 가장 알맞은 것은?

구 분	BY	NC	ND	SA
마 크	(BY)	(NC)	(ND)	(SA)
의 미	저작권표시	비영리목적	변경금지	동일조건변경허락

①

②

③

④

정답해설
'CC BY-NC'는 저작자표시와 비영리목적을 의미하는데, 이는 저작자를 밝히면 자유로운 이용이 가능하지만, 영리 목적으로 이용할 수 없다는 의미이다. 따라서 설문의 저작권 마크와 조건이 일치한다.

오답해설
① 'CC BY'는 저작권을 표시하는 경우 자유롭게 이용이 가능하다는 것을 의미한다. 저작권의 표시는 저작자의 이름과 저작물의 제목, 출처 등 저작자에 대한 표시를 해주어야 한다.
③ 'CC BY-SA'는 저작권표시-동일조건변경허락을 의미하는데, 이는 저작자를 밝히면 자유로이 이용할 수 있고 저작물 변경도 가능하지만, 2차 저작물에는 원저작물에 적용된 것과 동일한 라이선스를 적용해야 한다.
④ 'CC BY-NC-ND'는 저작권표시-비영리목적-변경금지로, 저작자를 밝히면 자유로운 이용이 가능하지만, 영리목적으로 이용할 수 없고 변경 없이 그대로 이용해야 한다.

[22~23] 다음은 에어컨 관리를 담당하는 경영지원팀의 A사원이 파악한 내용이다. 이를 토대로 다음 물음에 답하시오.

[사용 시 주의사항]
1. 에어컨 필터에 먼지가 끼는 경우 냉방 능력이 떨어지고 전기가 많이 소모됩니다. 구입 후 가정에서는 2주에 한 번씩, 식당에서는 1개월에 한 번씩, 기타 장소에서는 3개월에 한 번씩 청소해 주십시오.
2. 창문으로 햇빛이 들어오는 경우 커튼이나 블라인드로 막아주시면 실내 온도가 2℃ 정도 떨어집니다.
3. 필요 이상으로 온도를 낮추면 과도한 전기소모로 인해 전기요금이 많이 나올 뿐만 아니라 고장의 원인이 될 수 있습니다. 설정온도는 25~26℃가 적당합니다.

4. 사용 시 자주 껐다 켰다를 하지 않도록 주의해 주십시오. 이 경우 전기요금이 많이 나올 수 있습니다.

5. 냉방 시 열기기 사용을 삼가 주십시오.

6. 에어컨 바람을 막는 장애물이 없는 곳에 설치해 주십시오.

[장시간 사용하지 않을 경우의 제품 보관 방법]

1. 공기청정 버튼을 눌러 에어컨 내부의 습기와 곰팡이를 제거합니다. 맑은 날 1시간 이상 이 작업을 해야 합니다.

2. 주전원 스위치를 내리고, 전기 플러그를 뽑습니다. 전원을 차단하면 실외기로 전기가 흐리지 않아 천재지변으로부터 안전을 지킬 수 있습니다.

3. 부드러운 천을 사용하여 실내기와 실외기를 깨끗하게 청소합니다.

[A/S 신청 전 확인 사항]

제품이 이상이 발생한 경우, 서비스 센터에 의뢰하기 전에 아래의 사항을 먼저 확인해 주십시오.

증상	확인 사항	조치 방법
운전이 전혀 되지 않음	주전원 스위치가 내려져 있지 않은가?	주전원 스위치를 올려 주세요.
	전압이 너무 낮지 않은가?	정격 전압 220V를 확인하세요.
	정전이 되지 않았는가?	다른 전기기구를 확인해주세요.
정상보다 시원하지 않음	희망 온도가 실내 온도보다 높지 않은가?	희망 온도를 실내 온도보다 낮게 맞추세요.
	제습 또는 공기청정 단독운전을 하고 있지 않은가?	냉방운전을 선택해주세요.
	찬 공기가 실외로 빠져나가고 있지 않은가?	창문을 닫고 창문의 틈새를 막아주세요.
	햇빛이 실내로 직접 들어오지 않는가?	커튼, 블라인드 등으로 햇빛을 막아주세요.
	실내에 열을 내는 제품이 있는가?	열을 내는 제품과 같이 사용하지 마세요.
	실내기와 실외기의 거리가 너무 멀지 않은가?	배관 길이가 10cm 이상이 되면 냉방능력이 조금씩 떨어집니다.
	실외기 앞이 장애물로 막혀 있지 않은가?	실외기의 열교환이 잘 이루어지도록 장애물을 치워주세요.
찬바람이 연속으로 나오지 않음	제품을 정지한 후 곧바로 운전시키지 않았는가?	실외기의 압축기 보호장치가 동작하였기 때문입니다. 약 3분 후에 찬바람이 나올 것입니다.
실내기에서 물이 넘침	무거운 물건이 호스를 누르고 있지 않은가?	호스를 누르고 있는 물건을 제거해주세요.
	배수호스 끝이 물받이 연결부보다 높게 설치되어 있거나 호스가 꼬여 있지 않은가?	배수호스는 물이 잘 빠지도록 물받이 연결부보다 반드시 낮게 설치해야 합니다.
에어컨에서 이상한 소리가 남	전원코드를 연결하거나 주전원 스위치를 올리지 않았는가?	제품에 전원이 들어온 직후, 제품이 초기화 구동을 하여 소리가 날 수 있습니다.
	좌우 바람이 설정되어 있는가?	좌우 바람 설정 시 동작 10회당 1회씩 초기화 구동을 하게 되므로 소리가 날 수 있습니다.
운전 정지 후에도 동작이 멈추지 않음	자동건조 기능이 설정되어 있지 않은가?	자동건조 기능 설정 시 운전 정지 후 약 3분간 송풍운전을 통해 제품 내부 습기를 제거해 줍니다.

08

기술
능력

정답 **21.** ②

22 A사원은 전기 요금을 줄이라는 회사 지침에 따라 요금을 줄일 수 있는 방법을 찾아보았다. 다음 중 A가 해야 할 일로 적절하지 않은 것은?

① 필터 청소를 3개월에 한 번씩 실시한다.

② 설정온도를 25~26℃로 한다.

③ 전원 On/Off 버튼을 자주 누르지 않는다.

④ 배수호스가 물받이 연결부보다 낮은지 확인한다.

정답해설

배스호스 끝이 물받이 연결부보다 높게 설치된 경우 실내기에서 물이 넘치는 문제가 발생할 수 있으므로, 낮게 설치해야 한다. 그러나 이는 전기 요금을 줄일 수 있는 방법에는 해당되지 않는다.

오답해설

① 에어컨 필터에 먼지가 끼는 경우 전기가 많이 소모되므로, 전기 요금이 많이 나오게 된다. 따라서 필터 청소를 해주면 되는데, 회사는 3개월에 한 번씩 청소하면 된다고 하였다.

② 설정온도를 필요 이상으로 낮추면 과도한 전기소모로 인해 전기요금이 많이 나오게 된다. 따라서 설정온도를 권장 온도인 25~26℃로 맞추면 전기요금을 줄일 수 있다.

③ 사용 시 자주 껐다 켰다를 반복하는 경우 전기요금이 더 많이 나올 수 있다고 하였으므로, 전원 On/Off 버튼을 자주 누르지 않는 것도 전기요금을 줄일 수 있는 방법이 된다.

23 총무팀에서 에어컨을 켜도 시원하지 않다는 불만이 제기되었다. 다음 중 A사원이 확인해야 할 사항으로 적절하지 않은 것은?

① 정격 전압이 220V인지 확인한다.

② 희망 온도와 실내 온도를 대조해 본다.

③ 제습운전이나 공기청정운전 상태인지 확인한다.

④ 실외기 앞에 장애물이 없는지 확인한다.

정답해설

정격 전압이 맞지 않는 경우는 운전이 전혀 되지 않는 경우이므로, 에어컨이 시원하지 않은 경우 확인할 사항은 아니니다.

오답해설

② 희망 온도가 실내 온도보다 높은 경우 시원한 바람이 나오지 않으므로, 에어컨이 시원하지 않을 경우 확인해 볼 사항에 해당한다.

③ 냉방운전이 선택되지 않고 제습운전이나 공기청정운전 상태인 경우 시원한 바람이 나오지 않는다.

④ 실외가 앞에 장애물이 있는 경우 열교환이 잘 이루어지지 않아 정상보다 시원하지 않을 수 있다. 따라서 확인할 사항으로 적절하다.

정답 **22.** ④ | **23.** ①

조직이해능력

01 다음 중 경영전략 유형을 적용시킨 사례로 적절한 것은?

① 전자 업체 A사는 오프라인 매출이 감소하여 원가를 올린 뒤에 온라인 소매로 전환했다.

② A사는 프리미엄 제품의 선호도가 높아진 것을 분석하고 새로운 프리미엄 제품을 출시했다.

③ A사는 내부 환경 분석에서 회계부문에 약점이 있음을 알게 되어 부문전략을 수정했다.

④ A사는 최근 마스크를 생산하는 B사를 따라해 가격, 디자인이 비슷한 마스크를 출시했다.

정답해설

경영전략 유형 중 차별화 전략에 해당하며, 조직이 생산품이나 서비스를 차별화하여 고객에게 독특한 인상을 주는 전략이다. 차별화 전략을 활용하기 위해서는 연구개발을 시작으로 광고, 기술, 품질, 서비스, 브랜드 이미지를 개선하여 소비자의 인식을 변화시킬 필요가 있다. 국내 주요 가전업체들이 프리미엄 제품으로 고가 시장의 점유율을 높이는 사례가 대표적이다.

오답해설

① 원가우위 전략에 해당되며 온라인 소매 업체가 원가절감을 통해 오프라인에 비해 저렴한 가격과 구매의 편의성을 내세우는 사례가 대표적이다.

③ 경영전략을 추진하는 과정으로 조직의 효과적인 성과를 방해하는 자원, 기술, 능력 면의 약점을 분석하여 사업전략을 구체화하고 경쟁적 우위를 점하는 방법을 수립한다.

④ 집중화 전략에 해당되며 특정 시장이나 고객에 한정해 경쟁조직들이 소홀히 하고 있는 한정된 시장을 원가우위나 차별화전략을 써서 집중 공략하는 방법이다.

02 다음 중 직업인들이 업무를 공적으로 수행할 수 있는 힘을 무엇이라 하는가?

① 업무 기능 ② 업무 권한

③ 업무 역할 ④ 업무 책임

정답해설

직업인들이 업무를 공적으로 수행할 수 있는 힘을 업무 권한이라고 하며, 직업인은 업무 권한에 따라 자신이 수행한 일에 대한 책임도 부여받게 된다. 이러한 업무 권한은 자신의 결정에 다른 사람들이 따르게 할 수 있는 힘이 되기도 한다.

03 다음 중 조직에 대한 설명으로 옳지 않은 것은?

① 조직은 복수의 사람이 공동목표 달성을 위해 의식적으로 상호작용과 조정을 행하는 집합체이다.

② 직업인들은 자신의 업무를 효과적으로 수행하기 위해 조직이해능력을 기를 필요가 있다.

③ 조직은 공식화 정도에 따라 공식조직과 비공식조직으로 구분되며, 역사적으로 비공식조직으로부터 공식조직으로 발전하였다.

④ 영리조직에는 이윤을 추구하는 기업, 병원, 대학, 종교단체 등이 있다.

정답해설

조직은 영리성을 기준으로 영리조직과 비영리조직으로 구분할 수 있는데, 영리조직은 기업과 같이 이윤을 목적으로 하는 조직이며, 비영리조직은 정부조직을 비롯하여 공익을 추구하는 병원, 대학, 시민단체, 종교단체 등이 해당한다.

오답해설

① 조직은 두 사람 이상이 공동의 목표를 달성하기 위해 의식적으로 구성된 상호작용과 조정을 행하는 행동의 집합체이다. 조직은 목적을 가지고 있고 구조가 있으며, 목적을 달성하기 위해 구성원들은 서로 협동적인 노력을 하고, 외부 환경과 긴밀한 관계를 가지고 있다.

② 직업인들은 자신의 업무를 효과적으로 수행하기 위하여 국제적인 동향을 포함하여 조직의 체제와 경영에 대해 이해하는 조직이해능력을 기를 필요가 있다.

③ 조직은 공식화 정도에 따라 공식조직과 비공식조직으로 구분할 수 있는데, 조직이 발달해 온 역사를 보면 비공식조직으로부터 공식화가 진행되어 공식조직으로 발전해 왔다. 여기서 공식조직은 조직의 구조 · 기능 · 규정 등이 조직화되어 있는 조직을 의미하며, 비공식조직은 개인들의 협동과 상호작용에 따라 형성된 자발적인 집단 조직을 의미한다.

09
조직이해
능력

04 다음 중 조직의 체제에 대한 설명으로 옳지 않은 것은?

① 조직목표는 조직이 달성하려는 장래의 상태이다.

② 유기적 구조는 구성원의 업무가 분명하게 정의되는 구조이다.

③ 조직문화는 구성원들에게 일체감과 정체성을 부여한다.

④ 조직의 규칙과 규정은 조직구성원들의 활동범위를 제약한다.

정답해설

업무가 분명하게 정의되는 구조는 기계적 구조이다. 조직구조는 의사결정권의 집중정도와 명령계통, 최고경영자의 통제, 규칙과 규제의 정도에 따라 달라지는데, 구성원들의 업무나 권한이 분명하게 정의된 기계적 조직과 의사결정권이 하부구성원들에게 많이 위임되고 업무가 고정적이지 않은 유기적 조직으로 구분될 수 있다.

오답해설

① 조직목표는 조직이 달성하려는 장래의 상태로, 조직이 존재하는 정당성과 합법성을 제공한다. 조직목표에는 전체 조직의 성과, 자원, 시장, 인력개발, 혁신과 변화, 생산성에 대한 목표가 포함된다. 일반적으로 조직의 체제는 조직목표, 조직구조, 조직문화, 규칙 및 규정으로 이루어진다.

③ 조직문화는 조직구성원들 간에 생활양식이나 가치를 공유하는 것으로, 구성원들의 사고와 행동에 영향을 미치고 일체감과 정체성을 부여하며, 조직을 안정적으로 유지하는 기능을 한다.

④ 조직의 규칙과 규정은 조직의 목표나 전략에 따라 수립되며, 조직구성원들의 활동범위를 제약하고 일관성을 부여하는 기능을 한다.

05 다음 중 조직에서의 업무 배정에 관한 설명으로 옳지 않은 것은?

① 업무는 배정하는 것은 조직을 가로로 분할하는 것을 말한다.

② 업무는 조직 전체의 목적 달성을 위해 효과적으로 분배되어야 한다.

③ 업무의 실제 배정은 일의 동일성이나 유사성, 관련성에 따라 이루어진다.

④ 직위는 조직의 업무체계 중에서 하나의 업무가 차지하는 위치이다.

정답해설

조직의 업무 배정은 효과적인 목적 달성과 원활한 처리 구조를 위한 것으로, 이는 조직을 세로로 분할하는 것을 말한다. 조직을 가로로 분할하는 것은 직급이나 계층의 구분과 관련이 있다.

오답해설

② 조직의 업무는 조직 전체의 목적을 달성하기 위해 배분되는 것으로, 목적 달성을 위해 효과적으로 분배되고 원활하게 처리되는 구조가 되어야 한다.

③ 업무를 실제로 배정할 때에는 일의 동일성이나 유사성, 일의 관련성에 따라 이루어진다. 일의 동일성이나 유사성이란 일의 성격이 완전히 같거나 비슷할 때, 그것을 하나의 그룹으로 묶어 동일한 부문에 배정하는 것을 말한다. 일의 관련성의 경우 일의 상호관련성에 따라 구분하기도 한다.

④ 직위는 조직의 각 구성원들에게 수행해야 할 일정 업무가 할당되고 그 업무를 수행하는데 필요한 권한과 책임이 부여된 조직상의 위치이다. 즉, 직위는 조직의 업무체계 중에서 하나의 업무가 차지하는 위치를 말하며, 직업인이 조직 내에서 책임을 수행하고 권한을 행사하는 기반이 된다.

06 경영자의 역할에 대한 다음 설명 중 적절하지 않은 것은?

① 조직의 수직적 체계에 따라 최고경영자와 중간경영자, 하부경영자로 구분된다.

② 중간경영자는 경영부문별로 최고경영층이 설정한 목표·전략·정책의 집행 활동을 수행한다.

③ 민츠버그가 분류한 경영자의 역할 중 대인적 역할은 협상가, 분쟁조정자, 자원배분자로서의 역할을 의미한다.

④ 정보적 역할은 외부 환경 변화를 모니터링하고 이를 조직에 전달하는 역할을 의미한다.

정답해설

민츠버그(Mintzberg)가 분류한 경영자의 역할은 대인적·정보적·의사결정적 활동의 3가지로 구분되는데, 대인적 역할은 대외적으로 조직을 대표하고 대내적으로 조직을 이끄는 리더로서 역할을 의미하며, 의사결정적 역할은 조직 내 문제를 해결하고 대외적 협상을 주도하는 협상가, 분쟁조정자, 자원배분자로서의 역할을 의미한다.

오답해설

① 조직의 규모가 커지게 되면 한 명의 경영자가 조직의 모든 경영활동을 수행하는데 한계가 있으므로, 수직적 체계에 따라 최고경영자와 중간경영자, 하부경영자로 구분되게 된다.

② 중간경영자는 재무관리·생산관리·인사관리 등과 같이 경영부문별로 최고경영층이 설정한 경영목표와 전략, 정책을 집행하기 위한 제반활동을 수행하게 된다. 한편, 조직의 최상위층인 최고경영자는 조직의 혁신기능과 의사결정기능을 조직 전체의 수준에서 담당하게 되며, 하위경영자는 현장에서 실제로 작업을 하는 근로자를 직접 지휘·감독하는 경영층을 의미한다.

④ 경영자의 역할 중 정보적 역할은 조직을 둘러싼 외부 환경의 변화를 모니터링하고, 이를 조직에 전달하는 정보전달자의 역할을 의미한다.

07 다음 중 세계화와 국제감각에 대한 설명으로 옳지 않은 것은?

① 세계화가 진행됨에 따라 직업인들도 세계 수준으로 의식·태도를 확대해야 한다.

② 세계화 시대에 업무의 효과적 수행을 위해서는 관련된 국제 법규·규정을 숙지하고, 업무 동향을 점검해야 한다.

③ 국제감각을 배양함으로써 이문화의 우열을 객관적으로 파악할 수 있도록 한다.

④ 이문화 커뮤니케이션은 언어적·비언어적 커뮤니케이션으로 구분할 수 있다.

정답해설

이문화 이해는 내가 속한 문화와 다르다고 해서 무조건 나쁘거나 저급한 문화로 여기는 것이 아니라, 그 나라 고유의 문화를 인정하고 해야 할 일과 해서는 안 되는 일을 구별할 수 있는 것을 말한다. 국제감각은 단순히 외국어를 잘하는 능력이 아니라 나와 다른 나라의 문화를 이해하는 이문화 이해와 국제적 동향을 자신의 업무에 적용하는 능력을 모두 포함하는 개념이다.

오답해설

① 세계화가 진행됨에 따라 조직의 구성원들도 직장생활을 하는 동안에 직·간접적으로 영향을 받게 되고, 세계 수준으로 의식, 태도 및 행동을 확대해야 한다.

② 세계화 시대에 업무를 효과적으로 수행하기 위해서는 관련 국제동향을 파악할 필요가 있는데, 이는 조직의 업무와 관련된 국제적인 법규나 규정을 숙지하고 특정 국가에서 관련 업무 동향을 점검하며, 국제적인 상황변화에 능동적으로 대처하는 것을 말한다.

④ 이문화 커뮤니케이션은 상이한 문화 간의 의사소통으로 언어적 커뮤니케이션과 비언어적인 커뮤니케이션으로 구분될 수 있다. 국제관계에서는 언어적 커뮤니케이션보다 비언어적 커뮤니케이션에서 오해를 불러일으키는 경우가 많은데, 같은 행동이라 하더라도 문화적 배경에 따라 다르게 받아들여질 수 있으므로 인사하는 법이나 식사예절과 같은 국제매너를 알아둘 필요가 있다.

08 다음 중 조직변화에 대한 설명으로 옳지 않은 것은?

① 조직이 새로운 아이디어나 행동을 받아들이는 것을 조직변화라 한다.

② 조직변화의 과정은 환경변화를 인지하는 데에서 시작된다.

③ 제품이나 서비스의 변화는 고객이나 새로운 시장 확대를 위해서 이루어진다.

④ 기존의 조직구조와 경영방식 하에서 환경변화에 따라 조직변화가 이루어진다.

정답해설

전략이나 구조의 변화는 조직구조나 경영방식을 개선하는 것을 말하므로, 조직구조와 경영방식 하에서 조직변화는 옳은 설명으로 볼 수 없다. 조직변화는 제품과 서비스, 전략, 구조, 기술, 문화 등에서 이루어질 수 있는데, 조직변화 중 전략이나 구조의 변화는 조직의 목적을 달성하고 효율성을 높이기 위해서 조직의 경영과 관계되며, 조직구조와 경영방식, 각종 시스템 등을 개선하는 것을 말한다.

오답해설

① 조직이 새로운 아이디어나 행동을 받아들이는 것을 조직변화 혹은 조직혁신이라고 한다. 조직에서 일하는 직업인들은 환경의 변화를 인지하고, 이것의 수용가능성을 평가한 후 새로운 아이디어를 내거나, 새로운 기술을 채택하거나, 또는 관리자층의 변화방향에 대해 공감하고 실행하는 역할을 담당한다.

② 조직의 변화는 환경의 변화를 인지하는 데에서 시작된다. 환경의 변화는 해당 조직에 영향을 미치는 변화를 인식하는 것으로, 이는 조직구성원들이 현실에 안주하려는 경향이 있으면 인식하기 어렵다. 환경의 변화가 인지되면 이에 적응하기 위한 조직변화 방향을 수립하고 조직변화를 실행하며, 마지막으로 조직개혁의 진행사항과 성과를 평가한다(환경변화 인지 → 조직변화방향 수립 → 조직변화 실행 → 변화결과 평가).

③ 조직변화 중 제품이나 서비스의 변화는 기존 제품이나 서비스의 문제점을 인식하고 고객의 요구에 부응하기 위한 것으로, 고객을 늘리거나 새로운 시장을 확대하기 위해서 이루어진다.

09 조직과 관련된 다음 설명 중 옳지 않은 것은?

① 개인들의 소규모 그룹은 조직을 구성하는 가장 기본 단위이다.

② 조직 구성원들은 조직이 정해준 범위 내에서 업무를 수행한다.

③ 개인이 역량을 발휘해 조직에 공헌하게 되면 조직은 개인에게 보상을 제공한다.

④ 조직에서 오랫동안 주어진 업무를 수행하다보면 그 일은 하나의 직업이 된다.

정답해설

조직은 사람들로 이루어진 집합체이며, 개인은 조직을 구성하는 가장 기본 단위이다. 개인은 이미 존재하는 조직에 가입하거나 여러 명에서 공동의 목적을 가지고 조직을 만듦으로써 조직생활을 시작한다.

오답해설

② 개인은 조직에 필요한 지식·기술·경험 등 개인이 갖고 있는 여러 가지 자원을 제공하며, 조직은 구성원들이 할 일을 정해 주고 개인은 그 범위 내에서 업무를 수행한다. 조직의 목표에 어긋나거나 정해준 범위 외의 업무를 성취하게 되면, 오히려 조직에 불이익을 줄 수 있다.

③ 개인이 자신의 역량을 활용하여 조직에 여러 가지 공헌을 하게 되면 조직은 개인에게 보상을 제공한다. 조직에는 조직의 목표달성에 필요한 업무를 성취할 수 있는 개인의 역량이 중요하며, 이러한 개인별 역량의 결과가 조직의 성과로 이어진다고 볼 수 있다. 한편, 조직이 개인에게 제공하는 보상에는 연봉·성과급과 같은 물질적 보상과 인정·칭찬 등과 같은 비물질적 보상이 있다.

④ 직업이란 일정한 지식과 기술을 가지고 장시간에 걸쳐 종사하는 일을 말하는데, 사람들이 조직에 들어와서 오랫동안 조직으로부터 주어진 업무를 수행하다보면 그 일은 하나의 직업이 된다.

10 경영에 대한 다음 설명 중 적절하지 않은 것은?

① 일반경영은 조직의 특성에 관계없이 공통적으로 적용할 수 있다.

② 경영의 과정은 경영계획, 경영실행, 경영평가의 과정으로 이루어진다.

③ 경영계획 단계에서는 목적 달성을 위한 활동과 조직구성원을 관리한다.

④ 외부경영활동은 조직 내부의 관리·운영이 아니라, 외부에서 효과성 제고를 위해 이루어지는 활동이다.

정답해설

조직목적 달성을 위한 활동과 조직구성원을 관리하는 것은 경영실행 단계이다. 경영계획 단계에서는 조직 미래상의 결정과 대안분석, 실행방안 선정 등이 이루어진다.

09

조직이해
능력

오답해설

① 조직은 다양한 유형이 있으므로, 모든 조직에 공통적인 경영원리를 적용하는 것은 불가능하다. 그러나 특정 조직에게 적합한 특수경영 외에, 일반경영은 조직의 특성에 관계없이 공통적으로 적용할 수 있는 개념이다.

② 경영의 과정은 경영자가 경영목표를 설정하고, 경영자원을 조달 · 배분하여 경영활동을 실행하며, 이를 평가하는 일련의 과정으로 이해될 수 있다.

④ 경영활동은 외부경영활동과 내부경영활동으로 구분할 수 있는데, 외부경영활동은 조직 내부를 관리 · 운영하는 것이 아니라 조직외부에서 조직의 효과성을 높이기 위해 이루어지는 활동을 말한다. 내부경영활동은 조직내부에서 인적 · 물적 자원 및 생산기술을 관리하는 인사관리 · 재무관리 · 생산관리 등을 말한다.

Check Point 경영의 과정

㉠ **경영계획** : 조직의 미래상을 결정하고, 이를 달성하기 위한 대안을 분석하고 목표를 수립하며, 실행방안을 선정하는 과정이다.

㉡ **경영실행** : 조직목적을 달성하기 위한 활동들과 조직구성원을 관리하는 과정이다.

㉢ **경영평가** : 경영실행에 대한 평가를 말하며, 이는 수행결과를 감독 · 교정하여 다시 피드백하는 단계로 이루어진다.

11 조직에서의 의사결정 과정에 대한 설명으로 옳지 않은 것은?

① 조직에서의 의사결정은 혁신적 결정보다 점진적 방식으로 이루어진다.

② 진단 단계는 문제의 심각성에 따라 체계적 또는 비공식적으로 이루어진다.

③ 개발 단계는 확인된 문제에 대하여 해결방안을 모색하는 단계이다

④ 선택 단계는 기존 해결 방법 중에서 새로운 문제 해결 방법을 찾는 과정이다.

정답해설

조직 내의 기존 해결 방법 중에서 새로운 문제의 해결 방법을 찾는 것은 탐색과정으로, 개발 단계에 포함되는 과정이다. 선택단계는 해결방안을 마련한 후 실행 가능한 해결안을 선택하는 단계이다. 이렇게 해결방안이 선택되면 마지막으로 조직 내에서 공식적인 승인절차를 거친 후 실행된다.

오답해설

① 조직에서의 의사결정은 혁신적인 결정보다 현재의 체제 내에서 순차적 · 부분적으로 의사결정이 이루어져서, 기존의 결정을 점증적으로 수정해나가는 방식으로 이루어진다.

② 확인 단계(진단 단계)는 의사결정이 필요한 문제를 인식하고 이를 진단하는 단계로, 문제의 심각성에 따라서 체계적 또는 비공식적으로 이루어지기도 한다. 또한, 문제를 신속히 해결할 필요가 있는 경우에는 진단시간을 줄이고 즉각적인 대응이 필요하다.

③ 개발 단계는 확인된 문제에 대하여 해결방안을 모색하는 단계라 할 수 있다. 이러한 개발 단계는 2가지 방식으로 이루어질 수 있는데, 하나는 조직 내의 기존 해결 방법 중에서 새로운 문제의 해결 방법을 찾는 탐색과정으로, 조직 내 관련자와의 대화나 공식적인 문서 등을 참고하여 이루어질 수 있다. 다른 하나는 이전에 없었던 새로운 문제의 경우 이에 대한 해결안을 설계하는 것으로, 이 경우에는 의사결정자들이 모호한 해결방법만을 가지고 있기 때문에 다양한 의사결정 기법을 통하여 시행착오적 과정을 거치면서 적합한 해결방법을 찾아나간다.

12 다음 중 경영전략 추진과정을 적절하게 나열한 것은?

① 경영전략 도출 → 환경분석 → 전략목표 설정 → 경영전략 실행 → 평가 및 피드백

② 경영전략 도출 → 전략목표 설정 → 경영전략 실행 → 환경분석 → 평가 및 피드백

③ 전략목표 설정 → 환경분석 → 경영전략 도출 → 경영전략 실행 → 평가 및 피드백

④ 전략목표 설정 → 경영전략 도출 → 환경분석 → 경영전략 실행 → 평가 및 피드백

정답해설

• 조직은 먼저 경영전략을 통해 미래에 도달하고자 하는 미래의 모습인 비전을 규명하고, 전략목표(미션)를 설정한다.

• 전략목표를 설정하면 전략대안들을 수립하고 실행 및 통제하는 관리과정을 거치는데, 최적의 대안을 수립하기 위하여 조직의 내·외부 환경을 분석해야 한다.

• 환경 분석이 이루어지면 이를 토대로 경영전략을 도출하는데, 조직의 경영전략은 조직전략, 사업전략, 부문전략으로 구분할 수 있으며 이들은 위계적 수준을 가지고 있다.

• 경영전략이 수립되면 이를 실행하여 경영목적을 달성하고, 결과를 평가하여 피드백하는 과정을 거친다.

13 조직의 경영전략 추진과정 중 SWOT 분석이 가장 많이 활용되는 과정은 무엇인가?

① 전략목표 설정   ② 환경분석

③ 경영전략 도출   ④ 경영전략 실행

정답해설

조직의 내·외부 환경을 분석하는데 유용하게 이용될 수 있는 방법으로 SWOT 분석이 가장 많이 활용된다. SWOT 분석에서 조직 내부 환경으로는 조직이 우위를 점할 수 있는 장점(Strength)과 조직의 효과적인 성과를 방해하는 자원·기술·능력 면에서의 약점(Weakness)이 있다. 조직의 외부 환경은 기회요인(Opportunity)과 위협요인(Threat)으로 나뉘는데, 기회요인은 조직 활동에 이점을 주는 환경요인이며, 위협요인은 조직 활동에 불이익을 주는 환경요인이라 할 수 있다.

09

조직이해
능력

14 다음 조직목표에 관한 설명 중 옳지 않은 것은?

① 조직목표는 공식적 목표와 실제적 목표가 다를 수 있는데, 운영목표는 실제적 목표에 해당한다.

② 조직목표는 조직의 정당성과 합법성을 제공하고 조직설계의 기준이 된다.

③ 조직은 다수의 조직목표를 추구할 수 있으며, 조직목표간 상하관계는 존재하지 않는다.

④ 조직목표들은 계속 지속되는 것이 아니라 다양한 원인들에 의해 변동되거나 없어지기도 한다.

정답해설

조직은 다수의 조직목표를 추구할 수 있는데, 이러한 조직목표들은 위계적 상호관계가 있어 서로 상하관계에 있으면서 영향을 주고받는다.

오답해설

① 조직목표는 공식적 목표와 실제적 목표가 다를 수 있다. 조직의 사명은 조직의 비전, 가치와 신념, 조직의 존재 이유 등을 공식적인 목표로 표현한 것인데 비해, 세부목표나 운영목표는 조직이 실제적인 활동을 통해 달성하고자 하는 것으로, 사명에 비해 측정 가능한 형태로 기술되는 단기적인 목표이다

② 모두 조직목표의 기능에 해당한다. 조직목표의 기능에 해당하는 것으로는 조직이 존재하는 정당성과 합법성 제공, 조직이 나아갈 방향 제시, 조직구성원 의사결정의 기준, 조직구성원 행동수행의 동기유발, 수행평가 및 조직설계의 기준 등이 있다.

④ 조직목표들은 한번 수립되면 달성될 때까지 지속되는 것이 아니라, 환경이나 조직 내의 다양한 원인들에 의하여 변동되거나 없어지기도 하고, 새로운 목표로 대치되기도 한다.

Check Point — **조직목표의 특징**

• 공식적 목표와 실제적 목표가 다를 수 있음
• 다수의 조직목표 추구 가능
• 조직목표간 위계적 관계가 있음
• 가변적 속성을 지님
• 조직의 구성요소와 상호관계를 가짐

15 조직이 일차적으로 수행해야할 과업인 운영목표에 대한 설명으로 적절하지 않은 것은?

① 전체성과는 조직에 필요한 재료와 재무자원을 획득하는 것을 목표로 한다.

② 시장과 관한 조직목표는 시장에서의 지위향상과 같은 목표를 말한다.

③ 혁신과 변화는 환경변화에 대한 적응가능성과 내부 유연성을 향상시키기 위해 수립한다.

④ 생산성은 투입에 대비한 산출량을 증가시키기 위한 목표이다.

정답해설

조직에 필요한 재료와 재무자원을 획득하는 것은 자원에 관한 목표이다. 전체성과란 영리조직은 수익성, 사회복지기관은 서비스 제공과 같은 조직의 성장목표를 말한다.

오답해설

② 시장과 관련된 조직목표는 시장점유율이나 시장에서의 지위향상과 같은 목표이다.

③ 혁신과 변화는 불확실한 환경변화에 대한 적응가능성을 높이고 내부의 유연성을 향상시키고자 수립하는 것을 말한다.

④ 생산성은 투입된 자원에 대비한 산출량을 높이기 위한 목표로, 단위생산비용, 조직구성원 1인당 생산량 및 투입비용 등으로 산출할 수 있다.

16 세계적 기업인 맥킨지(McKinsey)에 의해서 개발된 것으로, 조직문화를 구성하고 있는 '7S' 중 구성원들이 행동이나 사고를 특정 방향으로 이끌어가는 기준에 해당하는 것은?

① 공유가치   ② 리더십 스타일

③ 시스템   ④ 전략

정답해설

맥킨지(McKinsey)에 의해 개발된 조직문화를 구성하는 '7S' 중, 조직 구성원들의 행동이나 사고를 특정 방향으로 이끌어 가는 원칙이나 기준을 '공유가치(Shared Value)'라 한다. 이러한 '7S'에는 공유가치(Shared Value), 리더십 스타일(Style), 구성원(Staff), 시스템(System), 구조(Structure), 전략(Strategy), 관리기술(Skill)이 있다.

오답해설

② '리더십 스타일'은 구성원들을 이끌어 나가는 리더의 전반적인 조직관리 스타일을 말한다.

③ '시스템'은 조직 운영의 의사 결정과 일상 운영의 틀이 되는 각종 시스템을 의미한다.

④ '전략'은 조직의 장기적인 목적과 계획 그리고 이를 달성하기 위한 장기적인 행동지침을 의미한다.

17 다음 중에 팀에 대한 설명으로 옳지 않은 것은?

① 팀은 구성원들이 상호 기술을 공유하는 집단이다.

② 개인적 책임뿐만 아니라 공동책임을 중요시한다.

③ 다른 집단에 비해 자율성을 가지나 신속한 의사결정이 어렵다.

④ 성공적 운영을 위해서는 관리자층의 지지가 요구된다.

정답해설

팀은 다른 집단과 비교하여 자율성을 가지고 스스로 관리하는 경향이 있다. 따라서 팀은 생산성을 높이고, 신속한 의사결정이 가능하다.

오답해설

① 팀은 구성원들이 공동의 목표를 성취하기 위하여 서로 기술을 공유하고 공동으로 책임을 지는 집단이다.

② 팀은 구성원들의 개인적 책임뿐만 아니라 상호 공동책임을 중요시하며, 공동목표의 추구를 위해 헌신해야 한다는 의식을 공유한다.

④ 팀이 성공적으로 운영되기 위해서는 조직 구성원들의 협력의지와 관리자층의 지지가 요구된다.

09
조직이해
능력

18 다음 중 조직의 업무에 관한 설명으로 옳지 않은 것은?

① 업무는 상품이나 서비스 창출을 위한 생산적 활동이다.

② 구성원들의 업무는 조직의 구조를 결정한다.

③ 개인에게 부여되는 업무 선택의 재량권은 매우 작다.

④ 개별업무에 요구되는 독립성의 정도는 동일하다.

정답해설

개별업무들은 요구되는 지식·기술·도구의 종류가 다르며, 업무에 따라 요구되는 독립성과 자율성, 재량권의 정도가 차이가 있다.

오답해설

① 조직에서 업무는 상품이나 서비스를 창출하기 위한 생산적인 활동이다

② 조직 내에서 구성원들이 수행하는 업무는 조직의 구조를 결정한다. 직업인은 자신이 속한 조직의 다양한 업무를 통해 조직의 체제를 이해할 수 있으며, 자신에게 주어진 업무의 특성을 파악하여 전체 조직의 체제 내에서 효과적으로 업무를 수행할 수 있다.

③ 조직의 목적을 달성하기 위하여 업무는 통합되어야 하므로, 업무는 직업인들에게 부여되며 개인이 선호하는 업무를 임의로 선택할 수 있는 재량권이 매우 적다.

19 다음 중 업무 방해요인에 관한 설명으로 옳지 않은 것은?

① 다른 사람의 방문이나 인터넷, 전화 등을 효과적으로 통제할 수 있는 주요 원칙은 시간을 정해 놓는 것이다.

② 갈등은 업무시간 지체와 정신적 스트레스 등 항상 부정적 결과를 초래한다.

③ 갈등의 직접적 해결보다 갈등상황에서 벗어나는 회피전략이 더 효과적인 경우도 있다.

④ 직무 재설계나 역할의 재설정 등은 조직차원의 스트레스 관리방법에 해당한다.

정답해설

갈등은 업무시간을 지체하게 하고 정신적인 스트레스를 가져오지만, 항상 부정적인 결과만을 초래하는 것은 아니다. 갈등은 새로운 시각에서 문제를 바라보게 하고 다른 업무에 대한 이해를 증진시켜주며, 조직의 침체를 예방해주기도 한다.

오답해설

① 다른 사람들의 방문, 인터넷, 전화, 메신저 등을 효과적으로 통제할 수 있는 제1의 원칙은 시간을 정해 놓는 것이다. 반드시 모든 메일에 즉각 대답할 필요가 없으며, 걸려오는 모든 전화에 그 시간에 통화할 필요는 없다. 또한 외부 방문시간을 정하거나 메신저에 접속하는 시간을 정함으로써 어느 정도 통제가 가능하다.

③ 어떤 경우에는 갈등의 직접적 해결보다 갈등상황에서 벗어나는 회피전략이 더 효과적일 수 있으므로, 갈등의 해결이 중대한 분열을 초래할 가능성이 있을 때에는 충분한 해결시간을 가지고 서서히 접근하도록 한다.

④ 스트레스를 관리하기 위한 조직차원의 방법에는 직무 재설계나 역할 재설정, 학습동아리 활동과 같은 사회적 관계형성의 장려 등이 있다.

20 다음 설명에 해당하는 용어로 가장 알맞은 것은?

- 한 문화권에 속한 사람이 다른 문화를 접하게 되었을 때 체험하는 것이다.
- 다른 문화권이나 하위문화 집단에서 기대되는 역할을 잘 모를 때 겪게 되는 혼란이나 불안을 의미하기도 한다.
- 문화는 종종 전체의 90%가 표면 아래 감추어진 빙하에 비유되는데, 우리가 눈으로 볼 수 있는 음악, 음식, 예술, 의복, 디자인, 건축, 정치, 종교 등과 같은 문화는 10% 밖에 해당되지 않는 것이다. 따라서 개인이 자란 문화에서 체험된 방식이 아닌 다른 방식을 느끼게 되면 의식적 혹은 무의식적으로 이질적으로 상대 문화를 대하게 되고 불일치, 위화감, 심리적 부적응 상태를 경험하게 된다.

① 문화충격　　　　　　　　　　　② 문화지체
③ 문화 상대주의　　　　　　　　　④ 문화융합

정답해설
문화충격(culture shock)은 한 문화권에 속한 사람이 다른 문화를 접하게 되었을 때 체험하는 충격 또는 다른 문화권이나 하위문화 집단에 들어가 기대되는 역할과 규범을 잘 모를 때 겪게 되는 혼란이나 불안을 의미한다. 문화충격에 대비하기 위해서 가장 중요한 것은 다른 문화에 대해 개방적인 태도를 견지하는 것이다. 자신이 속한 문화의 기준으로 다른 문화를 평가하지 말고, 자신의 정체성은 유지하되 새롭고 다른 것을 경험하는데 오는 즐거움을 느끼는 적극적 자세를 취하는 것이 필요하다.

오답해설
② 문화지체(cultural lag)란 급속히 발전하는 물질문화와 완만하게 변하는 비물질문화 간에 변동속도의 차이에서 생겨나는 사회적 부조화를 의미한다.
③ 문화융합이란 서로 다른 사회의 문화 요소가 결합하여 기존의 두 문화 요소와는 다른 성격을 지닌 새로운 문화가 나타나는 현상을 말한다. 서로 다른 문화가 접촉·전파되면서 문화 접변이 일어나면, 그 결과 문화동화, 문화공존, 문화융합 등 다양한 변동 양상이 나타나게 된다.
④ 문화 상대주의는 어떤 사회의 특수한 자연환경과 역사적 배경, 사회적 맥락 등을 고려하여 그 사회의 문화를 이해하는 태도를 말한다.

09

조직이해
능력

■ 응용문제

01 다음 중 A의 하루 일과를 통해 알 수 있는 사실로 옳은 것은?

> A는 대학생으로 월요일부터 금요일까지 학교 수업, 아르바이트, 스터디, 봉사활동을 한다. 다음은 A의 월요일 일과이다.
> • 오전 9시부터 3시까지 학교 수업이 있다.
> • 수업이 끝난 직후 학교 앞 레스토랑에서 3시간 동안 아르바이트를 한다.
> • 아르바이트를 마친 후, 취업 공부를 위해 밤 7시부터 8시까지 스터디를 한다.
> • 스터디 이후 전국적으로 운영되는 노인재가복지단체에서 2시간 동안 봉사활동을 한다.

① 공식조직에서 6시간 동안 있었다.

② 비공식조직이면서 소규모 조직에 4시간 동안 있었다.

③ 영리조직에 3시간 동안 있었다.

④ 비영리조직이면서 대규모 조직에 2시간 동안 있었다.

정답해설

⤷ 영리조직은 이윤을 목적으로 하는 조직이므로 제시된 장소 중 레스토랑뿐이다. 레스토랑에서 3시간 동안 아르바이트를 했으므로, 영리조직에 3시간 동안 있었던 것은 옳다.

오답해설

⤷ ① 공식조직은 학교와 레스토랑, 노인재가복지단체가 해당된다. 따라서 A는 11시간 동안 있었다.
② 비공식조직이면서 소규모 조직인 곳은 스터디뿐이므로, 1시간 동안 있었다.
④ 비영리조직이면서 대규모 조직인 곳은 학교와 노인재가복지단체이다. A는 여기에 8시간 동안 있었다.

02 다음 중 경영을 구성하는 4요소로 적합한 것을 모두 고른 것은?

> ㉠ 조직의 목적을 달성하기 위해 경영자가 수립하는 것으로, 보다 구체적인 방법과 과정이 담겨 있다.
> ㉡ 생산자가 팔려는 상품이나 서비스를 소비자에게 효율적으로 제공하기 위한 체계적인 경영활동이다.
> ㉢ 조직에서 일하는 구성원으로, 경영은 이들의 직무수행에 기초하여 이루어지기 때문에 배치 및 활용이 중요하다.
> ㉣ 경영을 하는데 사용할 수 있는 금전으로, 이것이 충분히 확보되는 정도에 따라 경영의 방향과 범위가 정해지게 된다.
> ㉤ 특정의 경제적 실체에 관하여 이해관계를 가진 사람들에게 합리적인 경제적 의사결정을 하는 데 유용한 재무적 정보를 제공하기 위한 일련의 과정 또는 체계이다.
> ㉥ 조직이 변화하는 환경에 적응하기 위하여 경영활동을 체계화하는 것으로, 목표달성을 위한 수단이 된다.

① ㉠, ㉡, ㉢, ㉣
② ㉠, ㉡, ㉤, ㉥
③ ㉠, ㉢, ㉣, ㉥
④ ㉡, ㉢, ㉣, ㉤

정답해설

㉠·㉢·㉣·㉥ 경영은 경영목적, 인적자원, 자금, 경영전략의 4요소로 구성되는데, ㉠은 경영목적에 대한 설명이며, ㉢은 인적자원, ㉣은 자금, ㉥은 경영전략에 대한 설명에 해당한다.

오답해설

㉡ 마케팅에 대한 설명이다. 마케팅은 소비자에게 최대의 만족을 주고 생산자의 생산 목적을 가장 효율적으로 달성시키는 것을 목표로 한다.
㉤ 회계(accounting)에 대한 설명이다.

03 다음 중 조직문화의 기능 또는 역할에 해당되지 않는 것은?

① 조직 몰입을 어렵게 한다.
② 조직구성원의 정체성을 부여한다.
③ 조직이 나아갈 방향을 유도한다.
④ 조직의 안정성을 유지한다.

정답해설

조직문화는 조직구성원들 간에 생활양식이나 가치를 공유하는 것으로, 구성원들의 일체감을 부여하고 조직몰입을 향상 시킨다.

② 조직문화는 조직구성원의 일체감과 정체성을 부여한다.
③ 조직구성원들이 가치를 공유하게 하고, 행동지침으로서 사고와 행동에 영향을 미쳐 조직이 나아갈 방향을 유도할 수 있다.
④ 조직문화는 조직을 안정적으로 유지하는 기능을 수행한다.

04 다음은 같은 직장동료들이 휴가 계획에 대해 이야기한 내용이다. 국제문화에 대해 적절히 이해한 말로 볼 수 없는 것은?

> 2017년 6월 점심식사 시간에 뉴스 방송에서 엔화가 계속 하락하고 있다는 기사를 보도하였다. 이를 함께 들은 직장동료들의 대화가 다음과 같이 이루어졌다.
> A : 환율이 많이 떨어져 일본으로 휴가가기에는 정말 좋겠어.
> B : 얼마 전까지만 해도 100엔에 1,100원이 넘었는데, 요즘엔 900원 정도 밖에 안해.
> C : 나는 여름휴가로 미국에 가려고 했는데, 비자가 없어 곧바로 신청하려고 해.
> D : 내가 아는 사람은 얼마 전 미국에 다녀왔는데, 전자여권으로 ESTA를 신청해 승인을 받았다고 해.

① A
② B
③ C
④ D

정답해설
미국을 관광이나 비즈니스 목적으로 방문하는 경우, 2008년 11월부터 원칙적으로 비자 없이 방문할 수 있게 되었다. 이 경우 미국정부의 전자여행허가제(ESTA)에 따라 승인을 받아야 한다. 따라서 C의 말은 적절하지 않다.

① 뉴스에서 엔화가 하락하고 있다고 했으므로, 엔화에 대비한 우리나라 화폐의 가치가 상대적으로 올라간 것이 된다(평가절상). 따라서 우리나라 사람이 일본에 휴가를 가는 경우 비용이 상대적으로 감소하는 장점이 있다.
② 엔화의 하락으로 우리 화폐가 평가절상되었으므로, 화폐가치가 100엔당 1,100원에서 900원으로 변하였다.
④ 미국에 방문하는 경우 비자를 받는 대신 ESTA에 따라 승인을 받아 방문할 수 있다.

05 직장생활 중 해외 바이어를 만나는 경우가 종종 있다. 다음 중 알아두어야 할 국제매너나 에티켓에 대한 설명으로 적절하지 않은 것은?

① 아프리카인들은 상대방의 눈을 똑바로 보며 대화하는 것을 실례라고 생각한다.
② 러시아와 라틴아메리카 사람들은 처음 보는 사람과는 포옹하지 않는다.
③ 미국 사람들의 경우 호칭을 어떻게 할지 먼저 물어 본다.
④ 아랍인들은 약속시간이 지나도 상대가 기다려줄 것으로 생각한다.

정답해설
러시아와 라틴아메리카의 여러 나라의 경우 포옹이 인사의 하나이므로, 상대를 처음 보는 때라도 가볍게 포옹하는 경우가 흔히 있다.

오답해설
① 아프리카에서는 대화 시 상대방의 눈을 똑바로 보는 것을 실례라고 생각하는 경우가 많으므로, 코 끝 정도를 보면서 대화하는 것이 좋다.
③ 미국에서는 이름이나 호칭을 자신의 마음대로 부르지 않고 어떻게 부를지 먼저 물어보는 것이 예의이다.
④ 아랍인들의 경우 약속시간을 지키지 않는 경우가 많으며, 약속시간이 지나도 상대가 기다려줄 것을 당연하게 생각하는 경향이 있다.

06 다음 중 커뮤니케이션에 대한 설명으로 적절하지 않은 것은?

① 직업인이 문화배경을 달리하는 사람과 함께 일하는 경우 이문화 커뮤니케이션 능력이 필요하다.
② 이문화 커뮤니케이션은 언어적 커뮤니케이션과 비언어적인 커뮤니케이션으로 구분될 수 있다.
③ 국제관계에서는 언어적 커뮤니케이션에서 오해를 초래하는 경우가 가장 많다.
④ 같은 행동이라도 국가별 문화배경에 따라 다르게 받아들여질 수 있다.

09
조직이해
능력

정답해설
국제관계에서는 언어적 커뮤니케이션 보다 비언어적 커뮤니케이션에서 오해를 불러일으키는 경우가 많다.

오답해설
① 직업인이 문화배경을 달리하는 외국인과 함께 일을 하려면 이문화 이해에 기반을 둔 이문화 커뮤니케이션 능력이 요구된다.
② 이문화 커뮤니케이션은 상이한 문화 간의 의사소통으로, 언어적 커뮤니케이션과 비언어적인 커뮤니케이션으로 구분될 수 있다.
④ 같은 행동이라 하더라도 문화적 배경에 따라 다르게 받아들여질 수 있으므로, 인사하는 법이나 식사예절과 같은 국제매너를 알아둘 필요가 있다.

07 다음 중 이슬람 문화와 관련된 설명으로 옳지 않은 것은?

① 파키스탄과 아프가니스탄은 이슬람 국가이다.

② 코란에서는 일부다처제를 허용하고 있다.

③ 술과 돼지고기는 할랄(Halal)에 해당한다.

④ 하지(Haji)는 이슬람 최대의 성지순례를 말한다.

정답해설

이슬람에서 금지된 것(먹지 않는 것)을 의미하는 말은 '하람(Haram)'이다. 술이나 돼지고기, 부적절하게 도축된 동물은 모두 하람에 해당하므로 먹지 않는다. '할랄(Halal)'은 '허용된 것(먹을 수 있는 것)'을 의미하는 말이다. 여기에는 알라의 이름으로 동물의 고통을 최소화해 죽인 낙타·양·소 등 초식 동물의 고기와 물고기, 채소, 과일류 등이 있다.

오답해설

① 파키스탄과 아프가니스탄은 모두 이슬람 국가이다. 대표적인 이슬람 국가로는 이란, 이라크, 사우디아라비아, 아랍에미리트, 예멘, 모리타니 등이 있다.

② 이슬람교의 코란에서는 일부다처제를 허용하는 규정을 두고 있다.

④ 하지(Haji)는 이슬람 최대의 성지순례 의식으로, 희생, 간결, 겸손을 기본 정신으로 한다. 하지 기간 동안 사우디아라비아의 메카나 메디나 등지에는 수많은 이슬람 성지순례자들이 모여 드는 것으로 유명하다.

08 G7은 1975년 두 차례의 석유위기에 대응하기 위해 세계경제 재건을 논의한 데서 출발하여 1976년 캐나다가 참석하면서 형성되었다. 이후 준회원으로 참석하던 러시아가 1997년 정회원이 되면서 G8이 되었다. 다음 중 G8에 포함되지 않는 국가는?

① 독일   ② 호주

③ 이탈리아   ④ 일본

정답해설

1975년 석유위기를 계기로 세계경제 재건을 위해 형성된 G7은 미국, 일본, 영국, 프랑스, 독일, 이탈리아, 캐나다 등 서방 7개 선진국을 말하며, 여기에 러시아를 합쳐 G8이라 한다. 따라서 호주는 여기에 포함되지 않는다. G8 국가들은 1년에 누세 차례 재무장관과 중앙은행총재가 연석회의를 통해 세계경제향방과 각국 간의 경제정책협조 조정문제를 논의하며, 1년에 한 번씩 각국 대통령 및 총리가 참가하는 G8 정상회담도 개최하고 있다.

09 근대 올림픽은 1896년 그리스 아테네에서 시작되어, 4년마다 개최되는 국제적인 스포츠 경기 대회이다. 하계 올림픽은 국제올림픽위원회(IOC)에서 회원국의 투표로 개최지를 선정하는데, 다음 중 2016년 올림픽과 2020년 올림픽을 개최하는 국가를 순서대로 바르게 나열한 것은?

① 러시아, 스페인   ② 스페인, 미국

③ 일본, 러시아   ④ 브라질, 일본

정답해설

2016년 제31회 하계 올림픽은 브라질의 리우데자네이루에서 개최되며, 2020년 32회 하계 올림픽은 일본의 도쿄에서 개최된다.

10 다음과 같은 사건이 발생한 국가를 바르게 나타낸 것은?

> 2010년 26살 청년 모하메드 부아지지가 부패한 경찰의 노점상 단속으로 생존권을 위협받자 이에 분신자살로 항의했다. 이 사건을 시작으로 독재정권에 저항하는 민중들의 반(反)정부 시위가 시작되었다. 민중들의 반(反)정부 투쟁은 2011년에 걸쳐 국내 전역으로 확대되었고, 군부가 중립을 지킴에 따라 대통령이 사우디아라비아로 망명하여 24년간 계속된 독재정권이 붕괴되었다. 또한 이 민주화 운동은 다른 국가에도 확대되었고, 각국에서 장기 독재 정권에 대한 국민의 불만이 폭발하면서 많은 정변과 정치 개혁을 일으켰다.

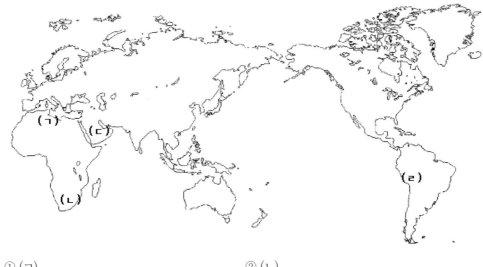

① (ㄱ)   ② (ㄴ)

③ (ㄷ)   ④ (ㄹ)

09

조직이해
능력

정답해설

○ 튀니지 혁명은 모하메드 부아지지라는 청년의 분신자살을 계기로 2010년부터 2011년에 걸쳐 튀니지에서 일어난 민중들의 혁명으로, 튀니지의 나라 꽃인 재스민에 빗대어 재스민 혁명(Jasmine Revolution)으로도 한다. 혁명의 결과 1987년부터 튀니지를 통치한 제인 엘아비디네 벤 알리 대통령이 24년 만에 대통령직을 사퇴하고 사우디아라비아로 망명하게 되었다. 또한 이 민주화 운동은 튀니지에 머무르지 않고 이집트, 리비아 등 다른 아랍 국가에도 확대되어 이집트의 호스니 무바라크 정권을 무너뜨렸으며, 각국에서 장기 독재 정권에 대한 국민의 불만과 결부되어 수많은 정변과 정치 개혁을 초래하기도 하였다. 지도상의 튀니지는 '(ㄱ)'이다.

11 조직이 새로운 아이디어나 행동을 받아들이는 것을 조직변화라고 한다. 이러한 조직변화는 제품과 서비스, 전략 및 구조, 기술, 문화 등에서 이루어질 수 있는데, 다음에서 설명하는 조직변화로 가장 알맞은 것은?

> 이것은 조직변화 중 구성원들의 사고방식이나 가치체계를 변화시키는 것을 말한다. 조직의 목적과 일치시키기 위해 이것을 유도하기도 한다.

① 제품이나 서비스의 변화

② 전략이나 구조의 변화

③ 기술의 변화

④ 문화의 변화

정답해설

○ 제시된 내용은 조직변화 중 문화의 변화에 해당하는 설명이다.

오답해설

○ ① 제품이나 서비스는 기존 제품이나 서비스의 문제점을 인식하고 고객의 요구에 부응하기 위한 것으로, 고객을 늘리거나 새로운 시장을 확대하기 위해서 변화된다.

② 전략이나 구조의 변화는 조직의 목적을 달성하고 효율성을 높이기 위해서 조직의 경영과 관계되며, 조직구조와 경영방식, 각종 시스템 등을 개선하는 것을 말한다.

③ 기술의 변화는 새로운 기술이 도입되는 것으로, 신기술이 발명되었을 때나 생산성을 높이기 위해 이루어진다.

12 경영활동은 외부경영활동과 내부경영활동으로 구분하여 볼 수 있다. 다음 중 외부경영활동에 대한 설명으로 적절한 것을 모두 고른 것은?

> ㉠ 조직 내부를 관리하고 운영하는 것이다.
> ㉡ 기업에서는 주로 시장에서 이루어진다.
> ㉢ 총수입을 극대화하고 총비용을 극소화하는 활동이다.
> ㉣ 인사관리, 재무관리, 생산관리 등이 해당된다.

① ㉠   ② ㉡, ㉢
③ ㉠, ㉡, ㉣   ④ ㉡, ㉢, ㉣

정답해설
㉡ 외부경영활동은 기업의 경우 주로 시장에서 이루어지는 활동을 말한다.
㉢ 외부경영활동은 총수입을 극대화하고 총비용을 극소화하여 이윤을 창출하는 것이다.

오답해설
㉠ 외부경영활동은 조직 내부를 관리·운영하는 것이 아니라, 조직외부에서 조직의 효과성을 높이기 위해 이루어지는 활동이다.
㉣ 내부경영활동은 조직내부에서 인적·물적 자원 및 생산기술을 관리하는 것으로, 여기에는 인사관리, 재무관리, 생산관리 등이 해당된다.

13 집단의 의사결정 방식 중 다음 설명에 해당하는 것으로 알맞은 것은?

> 집단에서 의사결정을 하는 대표적인 방법으로, 여러 명이 한 가지의 문제를 놓고 아이디어를 비판 없이 제시하여 그중에서 최선책을 찾아내는 방법을 말한다. 이 방법은 몇 가지 규칙을 준수해야 하는데, 자유롭게 제안할 수 있고 다른 사람이 제시한 아이디어를 비판하지 않으며, 최대한 많은 제안을 결합하여 해결책을 마련하는 것이 특히 중요하다.

① 의사결정나무   ② 다수결
③ 만장일치   ④ 브레인스토밍

09
조직이해
능력

정답해설
제시된 의사결정 방식은 브레인스토밍이다. 브레인스토밍은 한 가지 문제를 놓고 여러 사람이 회의를 통해 아이디어를 구상하는 방법으로, 짧은 시간에 많은 아이디어를 얻는 데 매우 효과적이다. 브레인스토밍은 다른 사람이 아이디어를 제시할 때 비판하지 않고 문제에 대해 자유롭게 제안할 수 있으며, 아이디어는 많이 나올수록 좋으며, 모든 아이디어들이 제안되고 나면 이를 결합하고 해결책을 마련한다는 규칙을 준수해야 한다.

오답해설

① 의사결정나무(Decision Tree)는 의사결정규칙을 나무구조로 도표화하여 분류와 예측을 수행하는 분석 방법으로, 분류나 예측의 과정이 나무구조에 의해 표현되기 때문에 다른 방법에 비해 연구자가 그 과정을 쉽게 이해하고 설명할 수 있는 장점이 있다.

② 다수결은 다양한 의견을 하나로 모으기 위해 보다 많은 사람들의 의견에 따라 결정하는 것을 말한다.

③ 만장일치는 모든 사람의 의견이 완전히 일치하거나 의견에 모두 동의하는 것을 말한다.

14 조직의 경영전략은 경영자의 경영이념이나 조직의 특성에 따라 다양하다. 이 중 대표적인 경영전략으로 마이클 포터(M. Porter)의 본원적 경쟁전략이 있다. 본원적 경쟁전략은 해당 사업에서 경쟁우위를 확보하기 위한 전략으로, 크게 3가지로 구분된다. 다음에 제시된 내용은 본원적 경쟁전략 중 무엇에 대한 설명인가?

> 이 전략은 특정 시장이나 고객에게 한정된 전략으로, 다른 전략이 산업 전체를 대상으로 하는 것에 비해 특정 산업을 대상으로 하는 특징을 지닌다. 이는 경쟁조직들이 소홀히 하고 있는 한정된 시장을, 다른 전략을 사용하여 집중적으로 공략하는 방법에 해당한다.

① 원가우위 전략   ② 차별화 전략

③ 집중화 전략   ④ 관대화 전략

정답해설

본원적 경쟁전략의 하나인 집중화 전략은 특정 시장이나 고객에게 한정된 전략으로, 원가우위 전략이나 차별화 전략이 산업 전체를 대상으로 하는 것에 비해 집중화 전략은 특정 산업을 대상으로 한다. 차별화 전략은 경쟁조직들이 소홀히 하고 있는 한정된 시장을 원가우위나 차별화 전략을 써서 집중적으로 공략하는 방법이라 할 수 있다.

오답해설

① 원가우위 전략은 원가절감을 통해 해당 산업에서 우위를 점하는 전략으로, 이를 위해서는 대량생산을 통해 단위 원가를 낮추거나 새로운 생산기술을 개발할 필요가 있다. 1970년대 우리나라의 섬유업체나 신발 및 가발업체 등이 미국시장에 진출할 때 취한 전략이 여기에 해당한다.

② 차별화 전략은 조직이 생산품이나 서비스를 차별화하여 고객에게 가치가 있고 독특하게 인식되도록 하는 전략이다. 차별화 전략을 활용하기 위해서는 연구개발이나 광고를 통하여 기술이나 품질, 서비스, 브랜드 이미지를 개선할 필요가 있다.

15 다음 중 각 부서와 업무 간의 연결이 적절하지 않은 것은?

① 총무부 – 이사회개최 관련 업무, 집기비품 및 소모품의 구입·관리, 출장 업무 협조, 법률자문과 소송관리

② 인사부 – 기구의 개편 및 조정, 업무분장, 인력수급계획 및 관리, 정원의 조정 종합, 노사관리, 인사발령

③ 회계부 – 경영계획 및 전략 수립, 경영정보 조사 및 기획보고, 경영진단업무, 종합예산수립 및 실적관리, 손익추정

④ 영업부 – 판매 계획 및 판매예산 편성, 시장조사, 견적 및 계약, 외상매출금의 청구 및 회수, 거래처 불만처리

정답해설
회계부의 업무가 아니라 기획부의 업무 내용이다.
- 기획부는 경영계획 및 전략 수립, 중장기 사업계획의 종합 및 조정, 경영정보 조사 및 기획보고, 경영진단업무, 종합예산수립 및 실적관리, 단기사업계획 종합 및 조정, 사업계획, 손익추정, 실적관리 및 분석 등을 담당한다.
- 회계부의 업무로는 회계제도의 유지 및 관리, 재무상태 및 경영실적 보고, 결산 관련 업무, 재무제표 분석 및 보고, 법인세·부가가치세 및 국세 업무자문 및 지원, 보험가입 및 보상업무, 고정자산 관련 업무 등이 있다.

오답해설
① 총무부의 업무에는 주주총회 및 이사회개최 관련 업무, 의전 및 비서업무, 집기비품 및 소모품의 구입·관리, 사무실 임차 및 관리, 차량 및 통신시설의 운영, 출장 업무 협조, 복리후생 업무, 법률자문과 소송관리, 사내외 홍보 광고업무 등이 있다.
② 인사부의 업무에는 조직기구의 개편 및 조정, 업무분장 및 조정, 인력수급계획 및 관리, 직무 및 정원의 조정 종합, 노사관리, 평가관리, 상벌관리, 인사발령, 교육체계 수립 및 관리, 임금제도, 복리후생제도 및 지원업무, 복무관리, 퇴직관리 등이 있다.
④ 영업무의 업무로는 판매 계획, 판매예산의 편성, 시장조사, 광고 선전, 견적 및 계약, 제조지시서의 발행, 외상매출금의 청구 및 회수, 제품의 재고 조절, 거래처로부터의 불만처리, 제품의 애프터서비스, 판매원가 및 판매가격의 조사 검토 등이 있다.

09

조직이해
능력

16 업무수행 시트 중 다음 설명에 해당하는 것은?

> • 일의 흐름을 동적으로 보여주는데 효과적이다.
> • 업무의 순서나 흐름을 그림으로 나타내는 것으로, 서로 다른 도형을 사용함으로써 업무를 구분할 수 있으며, 각 업무별 소요시간을 표시할 수 있다.

① 간트 차트(Gantt chart) ② 워크플로 시트(Work flow sheet)
③ 체크리스트(Checklist) ④ 스프레드시트(Spread sheet)

정답해설

제시된 내용은 워크플로 시트(Work flow sheet)를 설명한 것이다. 워크플로 시트는 워크플로 시트에 사용하는 도형을 다르게 표현함으로써 주된 작업과 부차적인 작업, 혼자 처리할 수 있는 일과 다른 사람의 협조를 필요로 하는 일, 주의해야 할 일, 컴퓨터와 같은 도구를 사용해서 할 일 등을 구분해서 표현할 수 있다는 것이 특징이다.

오답해설

① 간트 차트는 미국의 간트(H. Gantt)가 1919년에 창안한 작업진도 도표로, 단계별로 업무를 시작해서 끝나는데 걸리는 시간을 바(bar) 형식으로 표시한 것을 말한다. 간트 시트는 전체 일정을 한 눈에 볼 수 있고, 단계별로 소요되는 시간과 각 업무활동 사이의 관계를 보여줄 수 있다는 것이 특징이다.
③ 체크리스트(Checklist)는 업무의 각 단계를 효과적으로 수행했는지를 스스로 점검해볼 수 있는 도구로, 시간의 흐름을 표현하는 데에는 한계가 있지만, 업무를 세부적인 활동들로 나누고 각 활동별로 기대되는 수행수준을 달성했는지를 확인하는 데에는 효과적이라는 특징이 있다.
④ 스프레드시트(Spread sheet)는 작업표에 데이터를 입력한 후 사용자가 원하는 계산 처리, 검색 및 관리, 도표 작성 등을 손쉽게 하도록 개발된 응용 프로그램으로, 각종 통계 자료를 통계표나 그래프 형태로 출력할 수도 있다.

17 다음 중 한국산업인력공단이 추진하고 있는 윤리경영 4C시스템으로 옳지 않은 것은?

① 고객만족 ② 인프라
③ 모니터링 ④ 사회적 책임

정답해설

윤리경영 4C시스템이란 일반적 윤리경영 실천을 위한 조건인 3C, 즉 인프라(Code of ethics), 공감대 형성(Consensus by ethics), 모니터링(Compliance check organization)에 사회적 책임(Corporate social responsibility)을 더하여 전략방향 및 과제를 선정하는 고유의 윤리경영시스템을 말한다. 따라서 윤리경영 4C시스템에 해당하지 않는 것은 '고객만족'이다.

18 다음 중 금리 인하를 통한 경기부양 정책이 한계에 봉착한 경우, 중앙은행이 통화를 시중에 직접 공급함으로써 경기 위축의 방어 및 신용경색을 해소하고자 하는 통화 정책을 무엇이라 하는가?

① 출구전략
② 양적 완화
③ 테이프링
④ 바벨전략

정답해설
설문의 통화 정책에 해당하는 용어는 양적 완화(quantitative easing)이다. 양적 완화는 중앙은행의 금리 인하를 통한 경기부양 효과가 한계에 부딪쳤을 때, 중앙은행이 국채매입 등을 통해 유동성을 시중에 직접 푸는 정책을 의미한다.

오답해설
① 출구전략은 경기 침체 상태를 회복시키기 위해 실시했던 각종 완화정책을 정상으로 되돌려 놓는 전략을 말한다. 원래는 군사용어로 아군의 피해를 최소화하면서 전쟁을 끝내는 전략을 의미했으나, 최근에는 경제용어로 사용되어 경기 침체 시 경기부양을 위해 적용했던 각종 정책들을 서서히 거두어들이는 전략을 일컫는다.
③ 테이퍼링(tapering)은 양적완화 정책을 점진적으로 축소하는 것으로, 일종의 출구전략에 해당한다.
④ 바벨전략은 투자구조가 역기와 유사하다는 점에서 유래된 용어로, 중간위험도 자산에 투자하지 않고 보수적 자산과 위험도가 높은 자산 양쪽 값만으로 자산 배분을 하는 전략이다.

19 다음 중 회사 내에서의 기본적 예절로 가장 적절하지 않은 것은?

① 외부인이 회사를 방문한 경우 악수를 먼저 청하는 것이 기본적 예의이다.
② 악수를 하는 경우 오른손을 사용하여 힘을 빼고 살짝 잡는다.
③ 관계자를 대면시키는 경우 우리 회사의 관계자를 다른 회사 관계자에게 먼저 소개한다.
④ 명함은 바로 주머니에 넣기보다 명함에 대한 가벼운 대화를 나누는 것이 좋다.

09
조직이해
능력

정답해설
악수는 오른손으로 하되, 손에 적당히 힘을 주고 두세 번 흔드는 것이 좋은 예절이 된다.

오답해설
① 외부인에게 먼저 악수를 청하는 것이 예우의 표현에 해당한다.
③ 우리 측 관계자를 상대에게 먼저 소개하는 것이 상대에 대한 예의가 된다.
④ 명함을 받은 경우 바로 넣기보다는 명함에 대해 몇 마디 대화를 나눈 후 넣는 것이 좋다. 딱히 할 말이 없는 경우 받은 명함을 5초 정도 정독하고 상대방의 이름과 직위를 소리 내어 확인하는 것이 좋은 방법이 된다.

20 한 회사의 인사팀장 A는 신입사원 공채의 면접관으로 참석하게 되었다. A의 회사는 조직 내 팀워크를 무엇보다 중요하기 생각하기 때문에, A는 이러한 점을 고려하여 직원을 채용하려 한다. 다음의 지원자 중 A의 회사에 채용되기에 가장 적절하지 않은 지원자는 누구인가?

① B 지원자 − 조직이 항상 필요로 하는 구성원이 되도록 하겠습니다.

② C 지원자 − 조직의 목표가 곧 나의 목표라는 생각으로 일하겠습니다.

③ D 지원자 − 조직의 가치와 제 생각이 다른 경우라도 조직에 순응하겠습니다.

④ E 지원자 − 부족한 부분이 있다면 동료들과 함께 채워갈 수 있도록 하겠습니다.

정답해설

조직이 조직구성원들과 생활양식이나 가치를 공유하게 되는 것을 조직문화라고 하는데, 조직과 가치가 다른 경우는 조직과 일체감이나 정체성을 느끼기가 어렵다. D의 경우 조직의 가치와 자신의 생각이 다른 경우라도 조직에 순응하겠다고 하였는데, 이는 능동적인 적응의 과정이라기보다는 수동적이고 소극적인 복종 또는 순종의 과정으로 해석할 수 있다. 따라서 이 경우가 다른 지원자의 경우보다 상대적으로 채용되기가 어렵다.

21 생산팀 담당자로 근무하고 있는 A는 영업부장으로부터 '다음 달까지 거래처로 납부하기로 한 제품 수량이 3배 더 늘었다'는 문자를 받았다. 다음 중 A사원이 우선적으로 취할 행동으로 가장 적절한 것은?

① 영업부장에게 3배가 늘어난 이유를 따진다.

② 문자 오류라 생각하고 다른 조치를 취하지 않는다.

③ 생산할 제품 수량이 3배가 늘었다고 생산라인에 통보한다.

④ 거래처 담당자에게 수량이 3배 증가한 것이 맞는지 확인한다.

정답해설

사람이 하는 일에는 항상 실수나 오류가 있을 수 있으므로, 생산라인에 통보하기 전에 영업부장의 문자가 사실인지를 우선 확인하는 것이 필요하다. 따라서 거래처 담당자에게 수량이 3배 증가한 것이 맞는지 확인해 보는 것이 가장 먼저 할 일이다.

오답해설

① 이유를 따질 대상이 잘못되었고, 또한 따질 일도 아니다.

② 문자 오류일 수도 있지만, 이를 확인하는 조치를 취하여야 한다.

③ 영업부장의 실수나 오류일수도 있으므로, 이것이 사실인지를 확인하는 절차를 먼저 거친 후 통보해야 한다.

22 A의 회사는 지난 몇 년간 실적부진을 겪고 있다. 이를 해결하기 위해 A를 비롯한 회사의 임직원들이 모여 대책회의를 개최하였는데, 여기서 사원들은 회사의 문제점을 파악하고 구체적 해결책을 모색해보는 시간을 가졌다. 다음 중 각 사원들의 문제제기와 해결책으로서 가장 적절하지 않은 것은 무엇인가?

① 회사의 업무과정이 너무 유기적이어서 독립성이 부족하다는 것이 문제라 생각합니다. 직원들의 업무상 독립성을 강화하여, 일단 맡은 업무는 어려움이 있다 하더라도 담당자가 끝까지 해내고 또 책임질 수 있도록 해야 합니다.

② 업무계획을 보다 세부적으로 세우고, 그것을 매일 확인해가는 방식으로 일하는 것이 필요하다고 생각합니다. 지금의 회사는 구체적인 계획에 따르기보다 관행적으로 혹은 즉흥적으로 업무를 처리하는데, 이것이 문제의 시작이라 생각합니다.

③ 사실 근본적으로 판단할 때, 직원들이 자신의 부서 외에는 관심이 없는 것 같습니다. 이번 회의를 계기로 각 부서들의 소통을 강화하고, 다른 부서의 업무도 이해할 수 있도록 하는 노력이 필요하다고 생각합니다.

④ 부서별로 추구하는 목표가 다르다 보니까 전체적 성과는 떨어질 수밖에 없습니다. 전체 목표를 명확히 설정하고, 부서 간 주기적인 회의를 통해 그 과정을 점검할 수 있도록 해야 합니다.

┌ 정답해설
└─○ 회사가 실적부진을 겪고 있으므로 협력을 통해 실적향상을 추구하는 것이 요구된다. 그러므로 독립적인 업무 진행보다는 각 조직의 유기적 협력을 통한 업무 협조·처리가 더 바람직하다.

┌ 오답해설
└─○ ② 조직성과 향상을 위해서는 구체적인 업무계획을 세워 업무내용이나 진행과정을 점검하는 것이 필요하다.
③ 다른 부서와의 소통을 강화하고 협력을 통해 업무를 처리하는 것은 실적향상을 위한 효율적 방법이 된다.
④ 부서별 목표가 다른 경우 조직 전체의 성과는 하락할 수밖에 없으므로, 우선 전체 목표를 명확히 하고 부서 간에 협력을 통해 이를 확인·점검하는 것이 필요하다.

09

조직이해
능력

23 A대리는 입사한지 얼마 되지 않은 B사원에게 기안문 작성방법에 대해 알려주려고 한다. 다음에 제시된 작성법을 읽고, A대리와 B사원의 대화 중 옳지 않은 것을 고르면?

[기안문 작성법]

1. 구성
   (1) 두문 : 기관명, 수신, 경유로 구성된다.
   (2) 본문 : 제목, 내용, 붙임(첨부)로 구성된다.
   (3) 결문 : 발신명의, 기안자 및 검토자의 직위와 직급 및 서명, 결재권자의 직위와 직급 및 서명, 협조자의 직위와 직급 및 서명, 시행 및 시행일자, 접수 및 접수일자, 기관의 우편번호, 도로명 주소, 홈페이지 주소, 전화, 팩스, 작성자의 전자우편 주소, 공개구분(완전공개, 부분공개, 비공개)로 구성된다.

2. 일반 기안문 결재방법
   (1) 결재 시에는 본인의 성명을 직접 쓴다. 전자문서의 경우에는 전자이미지 서명을 사용한다.
   (2) 전결의 경우에는 전결권자가 '전결' 표시를 하고 서명을 한다.
   (3) 전결을 대결하는 경우에는 전결권자의 란에는 '전결'이라고 쓰고 대결하는 자의 란에 '대결'의 표시를 하고 서명한다. 결재하지 않는 자의 서명란은 별도로 두지 않는다.

---

① A대리 : 주소는 반드시 도로명 주소를 써야 합니다.

② B사원 : 기안문 작성 시 공개구분을 꼭 표시해야 하는군요.

③ A대리 : 업무는 D부장님이 C과장님께 위임하셨으니, C과장님이 '[과장] 전결 C'로 해야 합니다.

④ B사원 : C과장님이 휴가로 부재중인 경우 A대리님이 전결 서명을 하시겠군요.

정답해설

결재권자가 휴가나 출장 등으로 상당 기간 부재중일 때나 긴급한 문서를 결재권자의 사정에 의해 받을 수 없는 경우에는 대결이 이루어진다. 따라서 결재권자가 부재중일 경우 A대리가 대결 서명을 해야 한다. 전결을 대결하는 경우는 전결권자의 란에는 '전결'이라고 쓰고 대결하는 자의 란에 '대결'의 표시를 하고 서명해야 한다. 한편, 전결은 조직 내에서 기관장이 그 권한에 해당하는 사무의 일부를 일정한 자에게 위임하고, 그 위임을 받은 자가 위임 사항에 관하여 기관장을 대신해 결재하는 제도를 말한다.

오답해설

① 결문에서 '도로명 주소'를 쓴다고 하였으므로, 기존 지번 주소방식이 아닌 도로명 주소를 써야 한다.
② 결문에 '공개구분(완전공개, 부분공개, 비공개)로 구성'한다고 하였으므로, 공개구분을 선택해 표시해야 한다.
③ 결재 시에는 '전결' 표시를 해야 하므로, '[과장] 전결 C'로 하는 것이 맞다.

직업윤리

기본문제

01 다음 중 직업의 의미에 대한 설명으로 옳지 않은 것은?

① 사회 공동체적인 의미가 있는 활동이어야 한다.

② 무급 자원봉사나 전업 학생, 자연 발생적인 이득 수취도 직업의 의미로 볼 수 있다.

③ 비윤리적 영리 행위는 직업 활동이 될 수 없다.

④ 주기적으로 일을 하거나 주기가 없어도 계속 행해진다.

정답해설

직업이 갖춘 속성 중 경제성은 직업이 경제적 거래 관계가 성립되는 활동이어야 함을 의미한다. 따라서 무급 자원봉사나 전업 학생은 직업으로 보지 않는다. 또한 노력이 전제되지 않는 자연발생적인 이득의 수취나 우연한 경제적 과실에 의존하는 활동도 직업으로 보지 않는다.

오답해설

① 사회성은 모든 직업 활동이 사회 공동체적 맥락에서 의미 있는 활동이어야 한다.

③ 윤리성은 비윤리적인 행위나 반사회적인 이윤추구는 직업 활동으로 인정하지 않는다.

④ 계속성은 매일·매주·매월 등 주기적으로 일을 하거나 계절 및 명확한 주기가 없어도 계속 행해지고, 현재 하고 있는 일을 계속할 의자와 가능성이 있어야 한다.

02 다음 근면에 대한 설명 중 옳지 않은 것은?

① 근면은 성공의 기본조건이 된다.

② 근면이나 게으름은 본성에서 기인하는 측면이 크다.

③ 근면에는 외부로부터 강요당한 근면과 자발적인 근면 두 가지가 있다.

④ 자진해서 하는 근면에는 능동적·적극적 태도가 우선시되어야 한다.

정답해설

근면이라든가 게으름은 본성에서 나오는 것이라기보다 습관화되어 있는 경우가 많다. 인간의 본성은 괴로움을 피하고 편한 것을 향하기 마련이지만, 근면이 주는 진정한 의미를 알고 힘들지만 노력하는 태도를 길러야 할 것이다.

오답해설

① 근면한 것만으로 성공할 수 있는 것은 아니지만, 근면한 것은 성공을 이루게 되는 기본 조건임은 분명한 사실이다. 이는 근면하기 때문에 성공한 사람은 있어도 게을러서 성공했다는 사람의 이야기는 우리가 들어본 적이 없다는 사실에서 알 수 있다.

③ 근면에는 외부로부터 강요당한 근면과 스스로 자진해서 하는 근면의 두 가지 종류가 있다.

④ 근면하기 위해서는 일에 임할 때 '적극적이고 능동적인 자세'가 필요한데, 외부 조건으로부터 강요에 의해서가 아닌 자진해서 하는 근면에는 이러한 능동적 · 적극적 태도가 우선시된다.

03 다음 정직에 대한 설명 중 옳지 않은 것은?

① 사람은 혼자 살 수 없으므로 다른 사람을 믿고 협력해야 한다.

② 다른 사람의 말과 행동에 대한 신뢰가 없다면 보다 큰 사회체제의 유지자체가 불가능하다.

③ 사회시스템은 상호 신뢰를 통해 운영되며, 신뢰를 형성 · 유지하는데 필요한 가장 필수적인 규범이 정직이다.

④ 정직은 신뢰를 위해서는 빠질 수 없는 요소이므로, 신뢰를 형성하는 충분조건이 된다.

정답해설

신뢰를 얻기 위해서는 정직 이외에도 약속을 잘 지키거나 필요능력을 갖춰야 하는 등의 다른 필요사항도 있어야 하므로, 정직이 신뢰를 형성하는 충분조건은 아니다. 하지만 정직이 신뢰를 위해서는 빠질 수 없는 요소인 것만은 틀림없다.

오답해설

① 사람은 혼자서는 살아갈 수 없으므로 다른 사람을 믿고 그들과 협력을 해야 하며, 그것이 확대되어 사회시스템 전체의 유기적 협조가 이루어져야 한다.

② 다른 사람이 전하는 말이나 행동이 사실과 부합된다는 신뢰가 없다면 일일이 직접 확인해야만 하며, 그렇게 되면 사람들의 행동은 상당히 제약을 받을 수밖에 없고 보다 큰 조직과 사회체제의 유지자체가 불가능해진다.

③ 사회시스템은 구성원 서로가 신뢰하는 가운데 운영이 가능한 것이며, 그 신뢰를 형성 · 유지하는데 필요한 가장 기본적이고 필수적인 규범이 정직이다.

10

직업
윤리

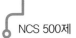

04 다음 중 성실과 관련된 설명으로 옳지 않은 것은?

① 성실은 조직 생활에서 성공할 수 있는 가장 큰 무기가 될 수 있다.

② 성실하면 사회생활에서 바보 소리 듣고 실패하기 쉽다는 것은 옳지 않은 말이다.

③ 현대 사회에서는 빨리 큰돈을 벌어야 한다고 성급하게 생각하기 때문에, 성실한 삶을 추구하게 된다.

④ 성실하게 돈을 벌지 않은 사람의 경우 유흥비 등으로 돈을 쉽게 낭비하는 경우가 많다.

정답해설

우리나라를 비롯한 현대 사회에서는 빨리 큰돈을 벌어야 한다고 성급하게 생각하는 사람들이 많이 있는데, 이러한 성급한 생각으로 인해 성실하지 않은 삶을 찾게 된다. 우리에게 꼭 필요한 것은 거액의 재산이 아니며, 기본 생활의 안정에 필요한 정도의 돈을 서서히 벌어도 늦을 것이 없다.

오답해설

① 조직의 리더가 조직 구성원에게 원하는 첫째 요건이 바로 성실성이라고 할 수 있으므로, 성실은 조직 생활에서 성공할 수 있는 가장 큰 무기가 될 수 있다.

② 사회생활을 하는 데 있어서 성실한 사람은 바보 소리 듣고 실패하기 쉽다는 말은 잘못된 내용이다. 성공한 사람들을 보면 성실하게 일을 한 사람들이 대부분이다.

④ 성실하게 번 돈과 달리 쉽게 번 돈은 유흥비 등으로 쉽게 낭비하는 경우가 많으며, 사기나 횡령 등과 같이 성실하지 않게 번 사람들은 자칫하면 패가망신할 수도 있다.

05 다음 중 윤리적 삶과 윤리적 인간에 대한 설명으로 옳지 않은 것은?

① 모두가 윤리적 가치보다 자기이익을 우선한다면 사회질서는 붕괴된다.

② 윤리적으로 살 때 모든 사람의 행복을 보장할 수 있다.

③ 윤리적 행동은 비윤리적 행동보다 큰 이익을 얻을 수 있다.

④ 윤리적 인간은 경제적 이득이나 안락보다는 삶의 가치와 도덕적 신념을 중시한다.

정답해설

윤리적 행동이 비윤리적 행동보다 큰 이익을 가져오는 것이라 할 수는 없다. 오히려 모든 사람이 윤리적으로 행동할 때 혼자 비윤리적 행동을 하는 경우 큰 이익을 얻을 수 있는 경우가 있다. 그럼에도 불구하고 윤리적 규범을 지켜야 하는 이유는 그것이 어떻게 살 것인가 하는 가치관의 문제와도 관련이 있기 때문이다.

오답해설

① 모든 사람이 윤리적 가치보다 자기이익을 우선하여 행동한다면 사회질서가 붕괴될 수 있다. 윤리적 인간은 공동의 이익을 추구하며, 도덕적 가치 신념을 기반으로 한다.

② 인간은 결코 혼자서는 살아갈 수 없는 사회적 동물이며, 사람이 윤리적으로 살 때 개인뿐만 아니라 모든 사람의 행복을 보장할 수 있다.

④ 윤리적인 인간은 눈에 보이는 경제적 이득과 육신의 안락만을 추구하기보다는 삶의 본질적 가치와 도덕적 신념을 존중한다.

06 다음 설명에 해당하는 것으로 가장 알맞은 것은?

- '인간과 인간 사이에서 지켜져야 할 도리를 바르게 하는 것'이라 할 수 있다.
- 동양적 사고에서 이것은 전적으로 인륜(人倫)과 같은 의미이며, 엄격한 규율이나 규범의 의미가 배어있는 느낌을 준다.
- 서양에서는 여러 폴리스가 이루어진 고대 그리스에서 이 의식이 형성되었다. 고대 그리스는 폴리스를 유지·발전하기 위해서 필요하고 바람직한 사항들을 인간의 가치 있는 자질이자 목표이며, 이것이라고 하였다.

① 윤리　　　　　　　　　　　　② 예의
③ 정의　　　　　　　　　　　　④ 양심

정답해설

'인간과 인간 사이에서 지켜져야 할 도리를 바르게 하는 것' 또는 '인간사회에 필요한 올바른 질서'는 바로 '윤리'의 의미에 해당한다. 윤리의 뜻을 지닌 그리스어의 'ethos', 라틴어의 'mores', 독일어의 'Sitte' 등이 모두 '습관이 된 풍속'을 뜻하는데, 이는 윤리가 자연환경의 특성에 순응하고 각기 그 집단과 더불어 생활하여 온 인간이 한 구성원으로서 살아간 방식과 습속에서 생겼다는 것을 의미한다. 즉, 생활관습의 경험을 정리해서 공존(共存)을 위해 인간집단의 질서나 규범을 정하고 그것을 엄격하게 지켜나간 데서 생긴 것이다. 우리나라의 경우는 고대국가의 형성과 함께, 통치권의 보존과 생명권의 확보, 혈연간의 질서 및 재산권의 보호라는 가장 원초적인 것을 바탕으로 윤리의 개념이 형성되었다. 이후 이러한 윤리관은 불교가 뒷받침하였고, 조선시대 이후로는 유교의식이 바탕이 되어 발전하였다.

07 다음 중 우리사회의 정직성 수준에 관한 내용으로 옳지 않은 것은?

① 사회의 정직성이 완벽하지 못한 것은 원칙보다 정과 의리를 소중히 하는 문화적 정서도 원인이 된다.
② 부정직한 사람이 사회적으로 성공하는 현상으로 인하여 정직한 사람이 어리석어 보이기도 한다.
③ 정직한 사람은 조급하거나 가식적일 수 있지만, 자신의 삶을 올바른 방향으로 이끄는 생각과 시각을 지니고 있다.
④ 국가 경쟁력을 높이기 위해서는 사회 시스템 전반의 정직성이 확보되어야 한다.

정답해설

정직한 사람은 숨길 것도 두려울 것도 없으므로, 정직함이 몸에 배인 사람은 조급하거나 가식적이지 않다. 정직함을 지닌 사람은 또한 자신의 삶을 올바른 방향으로 이끌 수 있는 생각과 시각을 지니고 있으며, 돈으로 계산할 수 없는 신뢰라는 자산을 지니고 있다.

10

직업
윤리

NCS 500제

오답해설

① 우리 사회의 정직성은 아직까지 완벽하지 못한데, 이는 거센 역사의 소용돌이 속에서 여러 가지 부당한 핍박을 받은 경험이 있어서 그럴 수도 있지만, 원칙보다는 집단내의 정과 의리를 소중히 하는 문화적 정서도 그 원인이라 할 수 있다.

② 부정직한 사람이 정치인도 되고, 대통령도 되고, 기업인도 되고, 사회적으로 성공하는 등의 이상한 현상으로 인하여 정직한 사람이 어리석어 보이는 측면도 무시할 수 없다.

④ 국가 경쟁력 제고를 위해서는 개개인은 물론 사회 시스템 전반의 정직성이 확보되어야 한다.

08 다음 중 성실함이 드러나지 않는 사례로 가장 적절한 것은?

① 외국어 점수를 빨리 올리기 위해 과외를 받고 학원을 여러 개 다니는 경우

② 주어진 프로젝트를 완료하기 위해 밤늦게까지 근무하는 경우

③ 보고서를 준비하기 위해 틈날 때마다 자료를 찾아보는 경우

④ 업무 능력을 향상시키기 위해 여가 시간에 컴퓨터를 배우는 경우

정답해설

과외를 받고 학원을 여러 개 다니는 경우는 단시간에 점수를 올리기 위해 과외를 받고 학원에 다니는 경우에 해당하므로, 성실함과는 거리가 멀다. 정직하고 성실한 태도는 단기간의 성과나 업적보다는 오랫동안 꾸준한 노력을 통해 필요한 것을 성취해 나가는 것이라 할 수 있다. 나머지는 모두 이러한 태도에 부합된다.

09 다음 중 고객접점서비스에 대한 설명으로 적절하지 않은 것은?

① 고객접점서비스는 스웨덴의 경제학자 리차드 노먼(R. Norman)이 최초로 주창하였다.

② 고객과 서비스 요원 간 15초 동안의 짧은 순간을 진실의 순간(MOT) 또는 결정적 순간이라 한다.

③ 고객접점에 있는 최일선 서비스 요원은 15초 동안 우리 회사를 선택한 것이 최선의 선택이었다는 사실을 고객에게 입증시켜야 한다.

④ 고객이 여러 번의 결정적 순간에서 단 한명에게 0점의 서비스를 받는다고 모든 서비스가 0이 되지는 않는다.

정답해설

고객접점 서비스가 중요한 것은, 소위 곱셈법칙이 작용하여 고객이 여러 번의 결정적 순간에서 단 한명에게 0점의 서비스를 받는다면 모든 서비스가 0이 되어버린다는 사실을 주지해야 한다. 예를 들어 백화점에서 만족한 쇼핑을 한 고객이 셔틀버스를 타고 집으로 돌아갈 때, 버스 출발이 지연되거나 버스기사가 불친절하고 난폭 운전까지 한다면 전체 서비스는 엉망이 된다.

① 고객접점서비스라는 용어를 최초로 주창한 사람은 스웨덴의 경제학자 리차드 노먼(Richard Norman)이며, 이 개념을 도입하여 성공을 거둔 사람은 스칸디나비아 에어라인 시스템 항공사(SAS)의 사장 얀 칼슨(Jan Carlzon)이다.
② 고객접점서비스란 고객과 서비스 요원 사이의 15초 동안의 짧은 순간에서 이루어지는 서비스로서, 이 순간을 진실의 순간(MOT; moment of truth) 또는 결정적 순간이라 한다.
③ 15초 동안에 고객접점에 있는 최일선 서비스 요원이 책임과 권한을 가지고 우리 회사를 선택한 것이 가장 좋은 선택이었다는 사실을 고객에게 입증시켜야 한다는 것이다. 즉 '결정의 순간'이란 고객이 기업조직의 어떤 한 측면과 접촉하는 사건이며, 그 서비스의 품질에 관하여 무언가 인상을 얻을 수 있는 사건이라 할 수 있다.

10 다음 중 서비스요원들이 고객을 상대로 서비스 할 때 금지해야 할 사항으로 적절하지 않은 것은?

① 고객 앞에서 업무상의 전화 통화를 하는 행위
② 고객을 방치한 채 근무자끼리 대화하는 행위
③ 고객 앞에서 서류를 정리하는 행위
④ 이어폰을 꽂고 음악을 듣는 행위

정답해설
고객 앞에서 서비스 중인 경우라도 업무상 전화는 양해를 구한 후 할 수 있다. 따라서 고객 앞에서 업무로 전화하는 것은 적절하지 않다. 또한 개인 용무의 전화 통화 행위는 금지되므로 주의한다. 나머지는 모두 고객을 상대로 서비스 할 때 금지되는 행위에 해당된다.

Check Point 고객 서비스 시 금지되는 행위
• 개인 용무의 전화 통화를 하는 행위
• 큰소리를 내는 행위
• 고객을 방치한 채 업무자끼리 대화하는 행위
• 고객 앞에서 음식물을 먹는 행위
• 요란한 구두소리를 내며 걷는 행위
• 옷을 벗거나 부채질을 하는 행위
• 고객이 있는데 화장을 하거나 고치는 행위
• 고객 앞에서 서류를 정리하는 행위
• 고객이 보이는 곳에서 흡연을 하는 행위
• 이어폰을 꽂고 음악을 듣는 행위

10
직업
윤리

11 다음 중 책임에 대한 설명으로 옳지 않은 것은?

① 책임이란 모든 결과는 나의 선택으로 일어난 것이라는 생각하는 태도이다.

② 미국의 대통령 트루먼은 일이 잘못됐을 때 그 책임을 회피하려고 타인을 비판하는 태도는 바람직하지 않다고 생각했다.

③ 사회적 역할 분담에 따른 책임과 이타주의는 공공 책임정신의 직업윤리라 할 수 있다.

④ 현대사회의 많은 문제들은 개인의 행위에 의해 발생하는 책임과 관련이 있다.

정답해설

현대사회에서 발생하는 많은 문제들은 대다수의 개인이 자신의 행위에 의해서가 아니라, 행위를 하지 않음으로써 발생하는 책임과 관련이 있다.

오답해설

① 책임이란 모든 결과는 나의 선택으로 말미암아 일어난 것이라 생각하는 식의 태도를 말한다.

② 트루먼의 책임의식을 분명히 인식하고 있었던 사람으로, 추진하던 일이 잘못됐을 때 그 일에 대한 책임을 회피하고자 다른 사람을 비판하는 태도는 문제를 해결하는 진정한 해결책이 될 수 없음을 인식하고 있었다.

③ 진화된 직업의식에서 강조되는 사회적인 역할 분담에 따른 책임과 이타주의는 공공 책임정신의 직업윤리라 할 수 있다.

12 다음 중 책임감이 높은 사람의 특징으로 볼 수 없는 것은?

① 다른 사람의 업무에 대해 비판한다.

② 동료의 일은 자신이 해결하도록 관여하지 않는다.

③ 업무 완수를 위해 사적 시간도 할애하는 경우가 있다.

④ 출근 시간을 준수하고, 업무를 적극적으로 수행한다.

정답해설

책임감이 높은 사람은 동료의 업무도 관심을 가지고, 필요한 경우 적극적으로 참여하여 도와줄 수 있는 사람이다.

오답해설

① 책임감이 강한 사람은 다른 사람의 업무에 문제가 있는 경우 자유롭게 비판할 수 있는 사람이라 할 수 있다. 다만, 단순한 비난이나, 자신의 업무와 비교해서 불만을 제기하는 것은 바람직하지 않다.

③ 업무 완수에 대한 책임감이 높은 경우 개인적인 시간을 할애하여 업무를 완수할 수 있다.

④ 책임감이 강한 사람은 근무 시간을 엄수하며, 적극적이고 활기차게 업무에 임하는 사람이다.

13 다음 중 준법의식에 대한 설명으로 가장 적절하지 않은 것은?

① 우리나라의 준법의식의 부재 수준은 큰 편이라 할 수 있다.

② 우리나라의 경우 미국과 일본에 비해 준법의식 수준이 낮다.

③ 국가의 준법의식 수준은 곧 국가경쟁력 수준과 직결된다.

④ 선진국과 경쟁하기 위해서는 개개인의 의식변화와 제도적 기반의 확립이 필요하다.

정답해설

준법의식 수준이 국가경쟁력에 영향을 미치는 것은 사실이나, 그것이 곧 국가경쟁력 수준을 나타내는 것은 아니다.

오답해설

① 우리나라의 아직까지 준법의식의 부재 수준이 큰 편이다. 그 결과 각계각층의 사회적 부패현상이 사회 곳곳에서 발생하고 있다.

② 우리나라의 경우 미국과 일본 등 선진국에 비해 준법의식 수준이 낮은 편이다.

④ 준법의식과 관련하여 선진국들과 경쟁하기 위해서는 개개인의 의식변화는 물론이고, 체계적 접근과 단계별 실행을 통한 제도적·시스템적 기반의 확립이 필요하다.

14 다음 중 우리나라가 OECD 국가 중 최상위 수준을 차지하고 있는 분야가 아닌 것은?

① 평균급여 수준　　　　② 연간 노동시간

③ 교통사고 사망자 수　　④ 자살률

정답해설

평균급여 수준은 OECD 국가 중 중·하위권 수준으로 그다지 높지 않다.

오답해설

② 연간 노동시간은 2015년 현재 2,280시간을 넘어, OECD 국가 중 가장 높은 수준을 나타내고 있다.

③ 2012년을 기준으로 할 때, 우리나라는 OECD 회원국 가운데 인구 10만 명 당 교통사고 사망자 수가 가장 많은 나라이다.

④ 자살률도 최근 몇 년간 OECD 국가 중 최상위 수준을 기록하고 있다.

10
직업
윤리

15 다음 중 직장에서의 예절에 대한 설명으로 옳지 않은 것은?

① 나이 어린 사람을 연장자에게, 신참자를 고참자에게 소개한다.

② 악수는 오른손으로 하며, 너무 꽉 잡지 않도록 한다.

③ 명함은 새 것을 사용하며, 받은 즉시 호주머니에 잘 챙겨 넣는다.

④ 정부 고관의 직급명은 퇴직한 경우라도 항상 사용한다.

정답해설

명함은 새 것을 사용하여야 하며, 받은 즉시 호주머니에 넣지 않도록 주의한다. 명함에 대해 몇 마디 한 후 집어넣는 것이 좋다.

오답해설

① 소개의 일반적 순서는 나이 어린 사람을 연장자에게 소개하고, 신참자를 고참자에게 소개하며, 동료임원을 고객·손님에게 소개하는 순서에 따른다.

② 악수는 오른손을 사용해 하며, 손을 잡을 때는 너무 꽉 잡아서도 안 되고 손끝만 잡아서도 안 된다.

④ 정부 고관으로 퇴직한 경우 직급명을 항상 붙여 사용하도록 한다.

Check Point ---- **명함을 주고받을 때의 유의할 점**

- 명함은 반드시 명함 지갑에서 꺼내고 상대방에게 받은 명함도 명함 지갑에 넣는다.
- 상대방에게서 명함을 받으면 받은 즉시 호주머니에 넣지 않으며, 명함에 관해서 한두 마디 대화를 건넨 후에 집어넣는 것이 좋다.
- 명함은 하위에 있는 사람이 먼저 꺼내는데, 상위자에 대해서는 왼손으로 가볍게 받치는 것이 예의이다.
- 쌍방이 동시에 명함을 꺼낼 때는 왼손으로 서로 교환하고 오른손으로 옮긴다.
- 명함은 새 것을 사용하여야 한다.
- 명함에 부가 정보는 상대방과의 만남이 끝난 후에 적는다.

16 다음 중 직장에서의 전화 예절로 가장 바람직하지 않은 것은?

① 전화는 근무 시간에 걸도록 하며, 업무 종료 시간이 임박하여 걸지 않도록 한다.

② 고객에게 전화하는 경우 비서를 통해 걸도록 하여 정확한 내용을 전달할 수 있게 한다.

③ 전화벨이 3~4번 울리기 전에 전화를 받도록 하며, 당신이 누구인지를 즉시 말한다.

④ 스마트 폰의 경우 업무 중 SNS 사용을 자제하며, 알림 설정은 무음으로 한다.

정답해설

고객에게 하는 전화는 직접 걸도록 하는 것이 좋다. 비서를 통해 전화를 걸게 하는 것은 고객으로 하여금 당신의 시간이 고객의 시간보다 더 소중하다는 느낌을 갖도록 한다는 점을 주의해야 한다.

오답해설

① 전화는 정상적인 업무가 이루어지고 있는 근무 시간에 걸도록 한다. 업무 종료 5분 전에 전화를 거는 경우 제대로 통화할 수 없으며, 상대에게 뜻하지 않은 피해를 줄 수 있다는 점을 고려한다.

③ 전화를 받는 경우 전화벨이 3~4번 울리기 전에 받으며, 명확하고 밝은 목소리로 당신이 누구인지를 즉시 밝히도록 한다.

④ 지나친 SNS의 사용은 업무에 지장을 주므로 휴식시간을 이용하도록 하며, 알림은 무음으로 하여 타인에게 폐를 끼치지 않도록 한다.

17 다음 중 직장 내에서의 성희롱에 해당하는 것을 모두 고르면?

> ㉠ 특정한 신체부위를 만지는 행위
> ㉡ 어깨를 잡고 밀착하는 행위
> ㉢ 음란한 농담을 하는 행위
> ㉣ 성적인 내용의 정보 유포 행위
> ㉤ 정보기기를 이용하여 음란물을 보내는 행위

① ㉠, ㉡, ㉣
② ㉠, ㉡, ㉢, ㉣
③ ㉠, ㉢, ㉣, ㉤
④ ㉠, ㉡, ㉢, ㉣, ㉤

정답해설

㉠ 원하지 않는 신체 접촉이나 특정한 신체부위를 만지는 행위는 모두 육체적인 성희롱에 해당한다.

㉡ 어깨를 잡거나 밀착하는 행위도 육체적 성희롱이 된다.

㉢ 음란한 농담이나 음란한 전화 통화는 모두 언어적 성희롱에 해당한다.

㉣ 성적인 내용의 정보를 유포하는 행위도 언어적 성희롱에 해당한다.

㉤ 정보기기를 이용하여 음란물을 보내는 행위는 시각적 행위로서의 성희롱이다.

따라서 모두 직장 내에서의 성희롱에 해당된다.

10

직업
윤리

응용문제

01 다음 중 '직업(職業)'에 대한 설명으로 옳은 것을 모두 고른 것은?

> ㉠ 직업(職業)의 '職'은 직분(職分)을 의미한다.
> ㉡ 직업(職業)의 '業'은 일 또는 행위를 의미한다.
> ㉢ 직업은 경제적인 보상이 있어야 한다.
> ㉣ 직업은 성인뿐 아니라 청소년도 할 수 있는 일이다.
> ㉤ 취미활동이나 아르바이트 등도 포함된다.

① ㉠, ㉡, ㉢　　　　　　② ㉠, ㉡, ㉣
③ ㉠, ㉢, ㉣, ㉤　　　　④ ㉡, ㉢, ㉣, ㉤

정답해설

㉠ 직업(職業)에서 '職'은 사회적 역할의 분배인 직분(職分)을 의미한다.
㉡ 직업(職業)에서 '業'은 일 또는 행위를 의미한다. 따라서 직업(職業)은 사회적으로 맡은 역할, 하늘이 맡긴 소명 등으로 해석해 볼 수 있다.
㉢ 직업은 경제적 보상을 받는 일이다.
㉣ 직업은 성인이 하는 일이다.
㉤ 직업은 경제적 보상을 받는 일이고 계속적으로 수행하는 일이며, 자기의 의사에 따라 하는 일로서 사회적 효용성이 있어야 한다. 따라서 취미활동, 아르바이트, 강제노동 등은 직업에 포함되지 않는다.
따라서 직업(職業)에 대한 올바른 설명은 ㉠, ㉡, ㉢이다.

02 직장에서의 근면한 생활로 보기에 적절한 것은?

① 업무 시간이 남아있음에도 인터넷 서핑으로 옷을 구매했다.
② 연인과 여름휴가로 새벽까지 연락했기 때문에 업무 중에 아무도 없는 창고에서 잤다.
③ 맡은 업무를 적극적이고 능동적인 마음가짐으로 임한다.
④ 아침에는 교통이 혼잡하기 때문에 직장에서 정한 출근시간을 무시하고 지각해도 된다.

정답해설

자진해서 하는 근면은 자신의 것을 창조하며 조금씩 자신을 발전시키고 자아를 확립시켜 나간다. 자기개발을 위해 하는 활동은 능동적이며 적극적인 태도 아래 이루어지게 된다.

① 근면은 장기적이고 지속적인 행위 과정으로 가치 지향적이다. 그러므로 업무 시간에 인터넷 서핑을 하는 것은 부적절하다.
② 개인의 절제나 금욕을 반영한다. 때문에 고난을 극복하기 위해서는 시간, 에너지를 사용할 수 있도록 준비해야 한다.
④ 고난의 극복이라는 의미를 가지며, 스스로가 환경과의 대립을 극복해나가는 과정에서 발현된다. 과거의 고난을 극복한 경험으로 현재의 고난을 극복하는 원동력이 된다.

03 다음 중 개인윤리와 직업윤리에 대한 설명으로 옳지 않은 것은?

① 직업윤리는 개인윤리에 비해 특수성을 지닌다.
② 직업윤리는 개인윤리를 바탕으로 성립한다.
③ 모든 사람은 직업의 성격에 따라 각각 다른 직업윤리를 지닌다.
④ 개인윤리와 직업윤리가 업무상 충돌하는 경우 개인윤리를 우선한다.

정답해설
상황에 따라 개인윤리와 직업윤리는 서로 충돌하거나 배치되는 경우도 발생하는데, 직업인인 경우나 업무수행 상에서 양자가 충돌할 경우 행동기준으로는 직업윤리가 우선되어야 한다.

오답해설
① 직업윤리는 개인윤리에 비해 특수성을 갖고 있는데, 개인윤리의 덕목에는 타인에 대한 물리적 행사(폭력)가 절대 금지되어 있지만, 경찰관이나 군인 등의 경우 필요한 상황에서 그것이 허용된다는 것을 그 예로 들 수 있다.
② 직업윤리는 기본적으로 개인윤리를 바탕으로 성립되는 규범이다. 개인윤리가 보통 상황에서의 일반적 원리규범이라고 한다면, 직업윤리는 좀 더 구체적 상황에서의 실천규범이라고 이해할 수 있다.
③ 직업에 종사하는 현대인으로서 누구나 공통적으로 지켜야 할 윤리기준을 직업윤리라 하는데, 모든 사람은 직업의 성격에 따라 각각 다른 직업윤리를 가질 수밖에 없다. 고도화 된 현대사회에서 직업인으로서 지켜야 할 윤리에는 사회시스템 전체의 관계를 규정하고 질서를 유지시키는 보편적 윤리와, 그러한 사회를 구성하는 개체로서 각자의 목적달성을 위해 노력하는 기업, 단체 등 특정 조직체 내부 구성원간의 관계를 규정하고 효율을 도모하는 특수윤리가 있다.

10
직업
윤리

04 직업에 종사하는 과정에서 요구되는 특수한 윤리규범인 직업윤리에 대한 설명으로 옳지 않은 것은?

① 직업윤리란 직업에 종사하는 과정에서 요구되는 특수한 윤리규범이다.

② 직업에 종사하는 현대인은 누구나 공통적으로 지켜야 할 윤리기준이 된다.

③ 분명한 비전과 바람직한 태도로 부와 명예를 획득한 경우는 곧 직업적 성공을 의미한다.

④ 직업적 활동이 개인 차원에만 머무르지 않고 사회전체의 질서와 발전에 중요한 역할을 수행하기 때문에 직업윤리가 강조된다.

정답해설

직업윤리의 중요성은 개인적 차원에서도 매우 중요한데, 개인이 분명한 비전과 바람직한 태도를 통하여 부와 명예를 획득했다하더라도 그것이 곧 직업적 성공을 의미하지는 않는다. 진정한 직업적 성공은 부와 명예를 포함한 그 이상의 것, 즉 도덕성을 함께 포함하는 것이다. 도덕성이 결여된 부와 명예는 결코 그 생명이 길지 않다.

오답해설

① 직업윤리란 개인윤리를 바탕으로 각자가 직업에 종사하는 과정에서 요구되는 특수한 윤리규범이며, 기본적으로는 직업윤리도 개인윤리의 연장선이라 할 수 있다.

② 직업윤리는 직업에 종사하는 현대인으로서 누구나 공통적으로 지켜야 할 윤리기준이라 할 수 있다. 현대인은 필연적으로 직장이라고 하는 특정 조직체에 소속되어 동료들과 협력하여 공동으로 업무를 수행하지 않으면 안된다.

④ 직업윤리가 강조되는 것은 직업적 활동이 개인적 차원에만 머무르지 않고 사회전체의 질서와 안정, 그리고 발전에 매우 중요한 역할을 수행하기 때문이다. 어느 나라의 직업윤리의 수준이 낮을 경우 경제 행위에 근간이 되는 신뢰성이 결여되어 국가경쟁력을 가질 수 없으며, 경제발전 또한 이룰 수 없게 될 것이다.

05 다음 중 근면에 대한 특성이 나머지와 다른 하나는?

① 기획부의 A대리는 최근 맡은 프레젠테이션에서 좋은 평가를 받기 위해 노력하고 있는데, 준비를 보다 철저히 하여 완성도를 높이기 위해 야근도 마다하지 않고 있다.

② 해외영업을 담당하는 B과장은 중국어가 약해 업무에 어려움이 있다. B는 중국어 실력 향상을 위해 새벽반을 신청해 하루도 빠지지 않고 공부하고 있다.

③ 평소 잦은 음주와 운동 부족으로 어려움을 겪던 인사부의 C과장은 회사 임·직원들이 모임을 만들어 하는 헬스모임에 참여하기로 하였다.

④ 새로운 팀장의 지시로 이번 주까지 마감해야 하는 일을 맡게 된 D대리는 매일 야근을 통해 주어진 업무를 완료하고자 노력하고 있다.

정답해설

근면에는 외부로부터 강요당한 근면과 스스로 자진해서 하는 근면의 두 가지가 있는데, 외부로부터 강요당한 근면에 해당하며, 나머지는 모두 자진해서 하는 근면에 해당한다. 외부로부터 강요당한 근면은 가난한 시절에 삶을 유지하기 위해 오랜 시간 동안 열악한 노동 조건하에서 기계적으로 일을 하던 것에서부터 샐러리맨들의 잔업이나 야근까지를 예로 들 수 있다. 이러한 근면은 외부로부터의 압력이 사라져버리면 아무것도 남지 않게 되는 문제가 있다. 이에 비해 일을 자진해서 하는 근면은 자신의 것을 창조하고 조금씩 자신을 발전시켜 나가며, 시간의 흐름에 따라 자아를 확립시켜 가게 되는 근면이라 할 수 있다.

06 A는 팀장으로부터 신입사원에게 근면한 직장생활에 대해 알려주라는 지시를 받고, 이를 위해 몇 가지 사례를 생각해보았다. 다음의 상황 중 A가 예로 들기에 적절한 근면의 사례를 모두 바르게 묶은 것은?

- A는 가족들의 생계를 유지하기 위해 열심히 회사를 다니고 있다.
- B는 자신의 발전과 성과 향상을 위해 철저한 자료준비와 꼼꼼한 업무처리에 힘쓴다.
- C는 하루 업무를 완료하지 못한 경우 늦게까지 야근을 해서라도 완료하려고 노력한다.
- D는 조직의 분위기와 상사의 눈치를 살펴 야근 여부를 결정한다.

① A, B   ② B, C
③ A, B, D   ④ B, C, D

정답해설

근면을 외부로부터 강요당한 근면과 자발적인 근면으로 구분할 때, B와 C는 자발적인 근면에 해당하므로 신입사원에게 추천할 만한 사례라 할 수 있다. 이에 비해 A와 D는 생계유지를 위해서나 상사의 눈치를 살펴보고 야근을 하는 경우에 해당하므로, 외부로부터 강요당한 근면의 사례라 할 수 있다.

07 다음 중 정직과 신용의 예를 설명한 것으로 가장 적절하지 않은 것은?

① 영업부의 A는 입사 후 항상 출장 후에 남은 경비를 항상 회사에 반납해 왔다.

② 총무부의 B대리는 자신의 잘못이나 업무상의 실수를 인정하여 손해를 보기도 한다.

③ 인사부의 C사원은 사규를 어긴 친한 동료로부터 다시는 규율을 어기지 않겠다는 다짐을 받은 후 이를 보고하지 않았다.

④ 기획부의 D팀장은 그동안 문제가 많이 제기되었던 기존의 관행을 인정하지 않고 바꾸어 나갔다.

정답해설
정직과 신용을 구축하기 위해서는 정직하지 못한 것을 눈감아 주지 말아야 한다. 개인적인 인정에 치우쳐 부정을 눈감 주거나 타협하는 것은 결국 자신의 몰락은 물론, 또 다른 부정을 일으키는 결과를 가져오게 된다. 조그마한 구멍에 물이 새면 구멍이 점점 커지듯이, 이러한 부정이 결국 관행화 되고 전체에게 피해를 주는 결과를 가져온다는 것을 명심해야 한다. 따라서 보고하지 않은 사례는 적절하지 않은 태도가 된다.

오답해설
① 정직과 신용을 구축하기 위해서는 항상 정직과 신뢰의 자산을 매일 조금씩 쌓아가는 태도가 필요하다. A의 사례는 이러한 태도에 해당한다.

② 잘못된 것을 정직하게 밝히는 태도가 필요하다. 잘못된 것, 실패한 것, 실수한 것에 대하여 정직하게 인정하고 밝히는 것은, 잘못을 줄이고 더 큰 잘못을 막기 위한 최고의 전략이 된다. 고객에게나 동료 및 상사에게도 마찬가지이다. 모든 일은 투명하고 남이 알 수 있도록 진행하며, 사실 그대로 보고하고 사실 그대로 알려주어야 한다.

④ 부정직한 관행은 인정하지 않는 것도 정직과 신용을 구축하는 방안이 된다. 과거의 부정직하고 잘못된 관행을 고수해서는 변화하는 시대에 살아남기 어렵고, 경쟁력을 확보할 수도 없다. 관행 때문에 그렇게 했다는 것은 잘못을 합리화하는 근거가 될 수도 없다. 따라서 정직과 신용을 구축하기 위해서는 부정직한 관행을 깨는 도전정신이 필요하다.

08 다음 중 성실에 대한 설명으로 옳지 않은 것은?

① "최고보다는 최선을 꿈꾸어라."라는 말은 성실의 중요성을 나타낸 말로, 성실은 세상을 살아가는데 있어 가장 큰 무기이기도 하다.

② "천재는 1퍼센트의 영감과 99퍼센트의 노력으로 만들어진다."는 말도 성실의 중요성을 의미하는 말이다.

③ 단시일 내에 왕창 큰돈을 벌고자 한다면, 정직하고 성실한 태도를 유지하는 것이 보다 유리하다.

④ 어떠한 종류의 직업에 종사하든 정직하고 성실한 태도를 지닌 사람들이 국가와 사회에 이바지하는 바가 크다.

정답해설

우리가 단시일 내에 왕창 큰돈을 벌고자 한다면 정직하고 성실한 태도로 그 목적을 달성하기는 대체로 어렵다. 그러나 단시일 내에 왕창 떼돈을 버는 것이 아니라 기본 생활이 요구하는 필요한 정도의 돈을 장기간에 걸쳐서 벌자고 한다면, 정직하고 성실한 태도가 보다 안전하고 바람직한 태도가 된다.

오답해설

① "최고보다는 최선을 꿈꾸어라."라는 말은 성실의 중요성을 나타내는 말로서, 삶의 경험에서 나오는 자연스러운 진리라 할 수 있다. 이러한 성실은 삶의 기본자세이기도 하지만 세상을 살아가는데 있어 가장 큰 무기이기도 하다.

② "천재는 1퍼센트의 영감과 99퍼센트의 노력으로 만들어진다."는 말도 성실의 중요성을 표현하는 말로, 성실만 뒷받침된다면 1퍼센트 모자란 부분은 그리 중요하지 않다.

④ 어떠한 종류의 직업에 종사하는 경우든 정직하고 성실한 태도로 일하는 사람들이 국가와 사회에 이바지하는 바가 크다. 또한, 직장 생활을 통한 자아 성장을 성취하기 위해서도 정직하고 성실한 태도가 바탕이 되어야 좋은 결과를 가져올 확률이 높다.

09 다음 영어 'SERVICE'란 단어 속에 숨겨진 의미로 옳지 않은 것은?

① S : Steadiness
② R : Respect
③ V : Value
④ C : Courtesy

정답해설

'SERVICE' 중 'S'는 'Smile & Speed', 즉 '서비스는 미소와 함께 신속히 하는 것'을 의미한다.

Check Point --- **"SERVICE"의 7가지 의미** ---

- S(Smile & Speed) : 서비스는 미소와 함께 신속하게 하는 것
- E(Emotion) : 서비스는 감동을 주는 것
- R(Respect) : 서비스는 고객을 존중하는 것
- V(Value) : 서비스는 고객에게 가치를 제공하는 것
- I(Image) : 서비스는 고객에게 좋은 이미지를 심어 주는 것
- C(Courtesy) : 서비스는 예의를 갖추고 정중하게 하는 것
- E(Excellence) : 서비스는 고객에게 탁월하게 제공되어져야 하는 것

10 다음 중 부패에 대한 설명으로 옳지 않은 것은?

① 오늘날의 부패는 사회 곳곳에서 벌어지며, 부패 대상에도 제한이 없다.

② 지나친 경쟁의식은 부패 발생을 촉진하기도 한다.

③ 자신의 이익만을 추구하는 경우 부패로 이어지기 쉽다.

④ 사회적 해악이 막대한 부패의 경우 처벌이 제한되는 경우가 많다.

정답해설

사회적 해악이 큰 부패일수록 끝까지 파헤쳐 엄하게 처벌하는 것이 더 큰 사회적 피해를 방지하는 방안이 된다.

오답해설

① 오늘날의 부패는 사회 곳곳에서 발생하며, 정치인부터 공직자, 기업인 등등 대상을 가리지 않는다는 특성을 지닌다.

② 경쟁의식이 지나치거나 경쟁상황이 불완전한 경우 부패 발생이 증가한다.

③ 자신의 이익에만 관심을 가지는 경우 부패가 발생하기 쉽다.

11 다음 중 처음 만나는 사람에게 건네는 첫 인사 예절로 적절하지 않은 것은?

① 상대방보다 먼저 인사한다.

② 명랑하고 활기차게 인사한다.

③ 사람에 따라 인사법이 다르다.

④ 타이밍을 맞추어 응답한다.

정답해설

사람에 따라 인사법이 다르면 안 되고, 기분에 따라 인사의 자세가 달라서도 안 된다. 상대가 누구인가에 상관없이 정해진 일관된 인사법을 따르는 것이 좋다. 따라서 인사법이 다른 것은 인사 예절로 옳지 않다. 나머지는 모두 적절한 인사 예절에 해당한다.

12 A의 회사는 조직 혁신의 차원에서 전 임직원을 대상으로 비즈니스 예절 교육을 실시하였다. 교육 후 A가 가진 생각으로 적절하지 않은 것은?

① 업무차 회사를 방문한 손님에게 내가 속해 있는 회사의 관계자를 먼저 소개해야 한다.

② 명함은 상위에 있는 사람이 먼저 꺼내며, 쌍방이 동시에 명함을 꺼낼 경우 오른손으로 받도록 한다.

③ 상대방이 있는 곳에서는 받은 명함에 중요한 내용이나 정보를 적지 않도록 주의한다.

④ 전화를 해달라는 메시지를 받았다면 가능한 한 48시간 안에 답해주도록 한다.

정답해설

일반적으로 명함은 하위에 있는 사람이 먼저 꺼내는데, 상위자에 대해서는 왼손으로 가볍게 받치는 것이 예의이다. 또한 쌍방이 동시에 명함을 꺼낼 때는 왼손으로 서로 교환하고, 오른손 쪽으로 옮긴다.

오답해설

① 비즈니스 관계에서의 소개는 내가 속해 있는 회사의 관계자를 타 회사의 관계자에게 소개하는 것이 기본예절이다.
③ 명함에 중요 내용이나 부가 정보를 적는 경우 상대방과의 만남이 끝난 후에 적도록 한다.
④ 전화를 해달라는 메시지를 받았다면 가능한 한 48시간 안에 답해주도록 한다. 하루 이상 자리를 비우게 되는 경우 다른 사람이 대신 전화를 받아줄 수 없을 때는, 자리를 비우게 되었다는 메시지를 남겨놓는 것이 예의이다.

10 직업 윤리

13 기획팀의 팀장인 A는 어느 날 팀원인 한 여직원으로부터 메일 한 통을 받았다. 다음의 메일 내용 중 직장 내의 성희롱에 해당하는 행동으로 볼 수 없는 것은 무엇인가?

> A팀장님께
>
> 팀장님 안녕하세요?
>
> 다름이 아니라 어제 팀 회식자리에서 B과장님께서 제가 한 행동들 중 오해할 만한 것이 있어 이렇게 메일을 보냅니다.
>
> 팀장님께서도 아시다시피 B과장님은 회식 내내 제가 하는 말마다 큰 소리로 지적하곤 했잖아요. 또한 ㉠ 작은 실수에도 너무 과하다고 생각이 들 만큼 크게 웃으셨고요. 이뿐만이 아니라 자꾸 간식을 사오라고 시켰고, ㉡ 사다 드리자 제 어깨를 두드리고 또 잡기도 하며 고맙다는 말씀도 반복하셨어요. 그리고 회식자리가 끝난 후 방향이 같아 B과장님과 함께 택시를 탔습니다. 그런데 대뜸 ㉢ 제게 자신의 상반신 탈의 사진을 보여주면서 어떻게 생각하는지 물어보는 게 아니겠습니까? 저는 순간 수치심이 들었지만, 내색은 하지 않고 집으로 곧장 들어왔습니다. 그런데 집에 도착할 무렵 B과장님께서 전화를 하셨어요. ㉣ 과장님은 전화 통화 중 농담이라며 자꾸 제 외모를 이상하게 비유하기도 하셨어요. 저는 듣기가 거북하여 그냥 끊겠다고 말하고 끊었습니다.
>
> 이에 대한 팀장님의 의견을 듣고 싶습니다.
> 답장 부탁드릴게요.

① ㉠

② ㉡

③ ㉢

④ ㉣

정답해설
작은 실수에도 과하게 크게 웃는 행동은 상대방을 불쾌하게 할 수 있는 행동이나, 이를 성희롱으로 볼 수 없다.

오답해설
② 이성 상대의 어깨를 잡거나 두드리는 행동은 육체적 성희롱에 해당된다.
③ 자신의 특정 신체부위를 노출하는 행위도 시각적 행위로서 성희롱에 해당된다.
④ 외모를 성적으로 비유하는 것도 언어적 성희롱에 해당된다.

Check Point --- **직장 내에서 발생하는 성희롱 유형** ----------------------

㉠ 육체적 행위
- 입맞춤 · 포옹 등 원하지 않는 신체 접촉
- 가슴이나 엉덩이 등 특정한 신체부위를 만지는 행위
- 어깨를 잡고 밀착하는 행위

㉡ 언어적 행위
- 음란한 농담을 하는 행위
- 외모에 대한 성적 비유
- 성적인 내용의 정보를 유포하는 행위
- 음란한 내용의 전화 통화

㉢ 시각적 행위
- 음란한 사진이나, 낙서, 그림 등을 게시하거나 보여주는 행위
- 정보기를 이용하여 음란물을 보내는 행위
- 자신의 특정 신체부위를 노출하거나 만지는 행위

---

14 출판사에 새로 입사한 A는 신입사원 환영에 참석하였다. 대표이사는 신입사원 모두에게 '중석몰족(中石沒鏃)'의 자세를 잊지 말아야 한다고 말했다. 다음 중 이 말을 들은 A가 가져야할 생각으로 옳은 것은?

① "항상 정직하게 사람을 대해야겠다."
② "다른 사람의 입장을 이해하는 관대한 사람이 되어야겠다."
③ "업무 시간에는 항상 집중해 일해야겠다."
④ "다른 직원들과 모두 친하게 지내야겠다."

정답해설
'중석몰족(中石沒鏃)'은 '쏜 화살이 돌에 깊이 박혔다'는 뜻으로, 정신을 집중해서 전력을 다하면 어떤 일에도 성공할 수 있음을 이르는 말이다.

10
직업
윤리

15 A는 한 전자회사에 판매원으로 근무하고 있다. 다음과 같은 상황에서 A가 취할 행동으로 가장 적절한 것은 무엇인가?

> A가 근무하는 회사의 전자제품은 몇 년째 경쟁사인 B회사의 전자제품과의 경쟁에서 밀리고 있다. 그러던 중 70대 부부가 손자에게 줄 태블릿PC를 구매하려고 A의 매장을 방문하였다. 부부는 태블릿PC에 관한 사전 정보가 거의 없는 상태이며, 고등학생이 쓰기에 가장 좋은 태블릿PC를 추천해 달라고 부탁하고 있다.

① 자사의 제품 중 최고급 사양의 전문가용 태블릿PC를 추천한다.

② B회사의 제품 중 값비싼 신제품을 추천한다.

③ 교환이나 반품이 가능하기 때문에 고객이 직업 고르도록 한다.

④ 제품을 사용할 학생의 주요 용도를 고려하여 추천한다.

정답해설

태블릿PC를 사용할 학생의 용도를 고려한 제품을 추천하는 것이 가장 바람직하다.

오답해설

① 최고급 사용의 전문가용 태블릿PC는 고등학생이 쓰기에 가장 좋은 제품은 아니다.

② 가장 비싼 신제품을 추천하는 것도 학생의 용도에 어울리지 않는다.

③ 고객인 70대 부부는 태블릿PC에 대해 사전 정보가 거의 없다고 했으므로, 직접 고르게 하는 것도 적절한 태도로 볼 수 없다.

16 한 회사의 워크숍에 참석한 팀원들이 서로의 직장생활에 대해 아래와 같은 대화를 나누고 있다.
다음 중 각 사원의 직장생활을 평가한 내용으로 가장 적절하지 않은 것은?

> A사원 : 나는 근무 중 SNS를 자주 확인하는 편이야. 대신 내가 맡은 일은 꼭 끝내야 한다는 책임감이 있
> 어서 야근을 해야 하는 날이 많아.
> B사원 : 나는 주어진 업무는 신속히 하려고 해. 빨리 끝내면 그 시간만큼 다른 개인적 업무도 할 수 있지.
> C사원 : 나는 동료들과의 관계가 회사 생활에서 무척 중요하다고 생각해. 그래서 업무를 끝내지 못해도
> 저녁 회식에는 빠지지 않고 참석하지.
> D사원 : 나는 업무시간에 개인적인 업무를 하지 않고 주로 퇴근 후에 하는 편이야. 그래서 회식에 잘 가지
> 못해.

① A사원은 사적인 일로 인해 야근을 해야 하는 경우가 많으므로, 적절한 근무 자세라 할 수 없다.

② B사원의 경우 업무를 신속히 처리하더라도 남은 근무시간에 개인적 업무를 하는 것은 바람직한
근무 태도라 할 수 없다.

③ C사원은 동료들과의 관계를 무척 중요시하므로, 저녁 회식에 빠지지 않고 참석하는 것은 적절
한 행동으로 볼 수 있다.

④ D사원은 회사 업무에 피해를 주지 않으려 하기 때문에 저녁 회식에 참석하지 못하는 것으로 볼
수 있다.

정답해설

C사원의 경우 동료들과의 관계를 무척 중시하는 것에는 문제가 없으나, 업무를 끝내지 못해도 저녁 회식에는 빠지
지 않고 참석하는 것을 적절하다고 보기는 어렵다. 저녁 회식에 꼭 참석하려는 경우에는 근무 시간에 더 열심히 하
여 업무를 마무리하고 참석하는 것이 바람직하다.

오답해설

① SNS를 확인하는 것은 사적인 일에 해당하므로, 이로 인해 야근이 잦은 경우를 적절한 근무 태도라 할 수는 없다.
② 업무를 빨리 끝내는 경우라 하더라도 근무시간에 개인적 업무를 하는 것은 바람직하지 않다.
④ D사원이 업무시간에 개인적인 업무를 하지 않는 것은 회사 업무에 피해를 주지 않기 때문이라 할 수 있다. 따라
서 적절한 평가라 할 수 있다.

10

직업
윤리

MEMO

시스컴은 여러분을 응원합니다!

Challenges are what make life interesting;
overcoming them is what makes life meaningful.

도전은 인생을 흥미롭게 만들며, 도전의 극복이 인생을 의미있게 한다.

– Joshua J. Marine 조슈아 J. 마린

He makes no friend who never made a foe.

원수를 만들어보지 않은 사람은 친구도 사귀지 않는다.

– Alfred, Lord Tennyson(알프레드 테니슨 경)[英시인, 1809–92]

Nothing is more despicable than respe! ct based on fear.

두려움 때문에 갖는 존경심만큼 비열한 것은 없다.

– Albert Camus(알베르 카뮈)[프랑스 작가, 1913–1960]

Business? It's quite simple. It's other people's money.

사업? 그건 아주! 간단하다. 다른 사람들의 돈이다.

– Alexandre Dumas(알렉산드르 뒤마)